中职升学

基础知识梳理
JICHU ZHISHI SHULI

语文
YUWEN

◆ 主　编　吴　勇　蔡沁云
◆ 副主编　董　融　黄元珍　乔　苇　王　虹　肖　欣
◆ 参　编　常　松　程晓艳　邓　华　杜永清　付　贝
　　　　　郭　华　胡　璐　刘晴燕　许明娟　严　明
　　　　　殷　婷　余　宙　周幼丽　章燕君

武汉理工大学出版社
·武　汉·

内 容 提 要

　　本书是依据教育部颁布的《中等职业学校语文教学大纲》和《普通高等学校招收中职毕业生技能高考文化综合考试大纲》的要求编写的复习教材,供参加技能高考的学生使用。本书分为语言知识和语言表达、文学常识、文言文阅读、古诗词鉴赏、现代文阅读和写作六个部分。每个部分从"考情精析""考点精讲""文体精讲""对点训练""知识梳理"几个方面进行指导。

图书在版编目(CIP)数据

语文基础知识梳理/吴勇,蔡沁云主编. ——武汉 ：
武汉理工大学出版社,2018.6(2019.5 重印)
中职升学
ISBN 978 - 7 - 5629 - 5816 - 1

Ⅰ.①语… 　Ⅱ.①吴… 　②蔡… 　Ⅲ.①语文课-中等
专业学校—升学参考资料 Ⅳ.①G634.303

中国版本图书馆 CIP 数据核字(2018)第 141303 号

项目负责人:吴正刚	责任编辑:丁 　冲
责 任 校 对:刘 　凯	封面设计:毛 　娟

出 版 发 行:武汉理工大学出版社
社　　　　址:武汉市洪山区珞狮路 122 号
邮　　　　编:430070
网　　　　址:http://www.wutp.com.cn
经　　　　销:各地新华书店
印　　　　刷:江阴市天源印刷有限公司
开　　　　本:787×1092　1/16
印　　　　张:19.5
字　　　　数:312 千字
版　　　　次:2018 年 6 月第 1 版
印　　　　次:2019 年 5 月第 2 次印刷
定　　　　价:54.00 元

购书热线电话:027 - 87152077

前　言

随着中等职业教育改革的不断深入,中职毕业考试的考试内容在原有的基础上越来越重视对考生综合分析能力、概括能力和表达能力的检测。考生急需一本针对性强、实用性强的复习用书。

本书以中职毕业生考试纲要为依托,严格按照大纲所呈现的考点编排,供参加考试的考生复习备考之用。全书分为"语言知识和语言表达""文学常识""文言文阅读""古诗词鉴赏""现代文阅读""写作"六大部分,按照考纲条目、考试试卷顺序分版块讲解与设置练习。我们摒弃题海战术,在经过对几十所学校调研的基础上合理安排知识容量和练习题量,确保考生课上有题可做,课下有题可练,空余时间有知识可记,严谨有序、张弛有度地进行复习,从而提高复习效率。

本书栏目简介如下。

【考情精析】　本书的考情分析,重在对近几年的真题进行纵向比较,总结出考查点、分值题型等内容,目的在于让师生在较短的时间内直观快速地把握重点,帮助师生明确本地区的考试规律及特点。

【考点精讲】　对考纲的进一步解读,能让老师和考生迅速定位考试的命题点、设题方式等信息。必备知识点的整合,让考生在复习时对一些模棱两可的概念及时进行整合梳理,从而将复习备考中的盲区消除,全面明晰地掌握复习的重点、难点及要点。

【文体精讲】　本栏目下设"文体概念""题型示例""方法指导"三个子栏目。"文体概念"给出相关文体的概念、特点的解读。"题型示例"给出典型题目示例以及近年真题。"方法指导"给出相关文体阅读的方法指导(按照文体常考点、整体阅读等讲解)。

【对点训练】　针对相应专题的内容,结合典例精析设置适量有针对性的、有难易区分度的练习题,以提高考生的实战能力。

【知识梳理】　设置对应章节的知识积累,整理各专题中一些易混淆的内容及重要知识点,梳理考纲中要求掌握的相关字词、句式,以拓展考生的备考知识面。

本书内容安排重基础、重训练、重方法,力图体现语文课程的基本理念和该地区的基本精神,帮助广大考生在有限的时间内,迅速而又全面地完成艰巨的复习任务。由于时间仓促,本书难免有一些不足,欢迎读者批评指正。

本书编写组

目 录
Contents

扫一扫,购详解

语言知识和语言表达

第一章 汉 字

第一节 识记字音

考 情 精 析

年份	考查内容	考查形式	设问类型	分值
2018 年	多音字、易误读字	选择题,3 组词语注音形式(2 2 4)	选读音全都正确的一组	3 分
2017 年	多音字、形声字	选择题,3 组词语注音形式(2 2 4)	选读音全都正确的一组	3 分
2016 年	多音字	选择题,3 组词语注音形式(2 2 2)	选读音全都正确的一组	3 分
小结	近几年字音题型分值稳定,考查内容以多音字为主,考查形式丰富。考查的内容还是常用字的字音,考查的字音基本都是学生平时容易读错的			

考 点 精 讲

题型示例

例1（2018 年湖北技能高考卷）下列各组词语中,加点字的读音全都正确的一组是（ ）
A.忏(chàn)悔　　抖擞(shǔ)　　流水淙淙(cóng)
B.濒(bīn)临　　侥(jiǎo)幸　　戛(jiá)然而止
C.给(gěi)予　　造诣(yì)　　良莠(xiù)不齐
D.静谧(mì)　　禅(chán)让　　如法炮(páo)制
【试题答案】 B
【试题分析】 A 项中,抖擞的"擞"字应读"sǒu","擞"是多音字,方言还读作"sòu",如:擞一擞炉子,意思是用通条捅到火炉里抖动;C 项中,"给"是多音字,"给以"的时候念"gěi","给予"的时候念"jǐ",同样念"jǐ"的词组有:"供给""补给""配给""自给自足"等;"良莠不齐"的"莠"字只有"yǒu"这个音,切不可读成"xiù";D 项中,"禅"是多音字,"禅让"时念"shàn","禅"意为"在祖宗面前大力推荐","让"指"让出帝位"。还有"chán"的读音。

例 2 (2016年湖北技能高考卷)下列各组词语中,加点字的读音全都正确的一组是 (　　)

A.泄露(lòu)　　　相(xiāng)中　　　慰藉(jiè)

B.奢靡(mǐ)　　　熨(yù)贴　　　　宝藏(cáng)

C.记载(zǎi)　　　厌恶(è)　　　　转(zhàng)动

D.投奔(bèn)　　　拓(tuò)展　　　行(xíng)伍

【试题答案】　A

【试题分析】　B项中,"宝藏"的"藏"字应读"zàng",不能读作"cáng",意为储放东西的地方;C项中,"厌恶"的"恶"字应读"wù",不能读作"è","转动"的"转"字应读"zhuàn"这个音,没有"zhàng"这个音,也切不可读成"zhuǎn"或"zhuǎi";D项中,"行伍"的"行"字读音为"háng","行伍"泛指军队。古时兵制,五人为伍,二十五人为行。所以,读音全部正确的是A项。

例 3 (2015年湖北技能高考卷)下列各组词语中,加点字的读音全都相同的一组是 (　　)

A.严禁　禁受　情不自禁　　　　B.差错　差别　差强人意

C.朝向　朝鲜　朝晖夕阴　　　　D.堵塞　边塞　敷衍塞责

【试题答案】　B

【试题分析】　A项中,"严禁"读"jìn","禁受"读"jīn","情不自禁"读"jīn";B项中,都读"chā";C项中,"朝向"读"cháo","朝鲜"读"cháo","朝晖夕阴"读"zhāo",词语释义为或早或晚(一天里)阴晴变化;D项中,"堵塞"读"sè","边塞"读"sài","敷衍塞责"读"sè",词语释义为工作不认真负责,表面应付了事。所以,读音全部相同的是B项。

方法指导

一、答题技巧

总原则:常见字注音不正确的可能性小,生僻字一般不会标错音。

1.认真读懂题干,确定是选"读音全都正确""读音有错误"还是"读音全部相同"的一组。排除法是较好的方法。

2.多音字有一个是常读音,其他的为次常读音,考核的多音字标"次常读音"正确的可能性大,标"常读音"正确的可能性小。

3.形声字辨析谨防声旁误导。形声字标"不同声旁读音"的正确可能性大,标"同声旁读音"的正确可能性小。

4.成语一般都有出处、典故。成语的意思弄明白了,读音基本就不会错了,平时多积累成语,遇到新的成语一定要查工具书。

5.易误读字是生活中常见的词语,记忆时要注意寻找其中的规律,不要都作形声字读一半的发音。

二、多音字的概念精讲

多音字,是指一个字有两个或两个以上的读音,不同的读音表义不同,用法不同,词性也往往不同。读音有区别词性和词义的作用;根据使用情况不同,读音也不同,读音有区别用法的作用。

多音字有以下几种用法。

1.读音有区别词性和词义的作用。这种类型的多音字在文言文中叫作"破音异读",约占到全部多音字的 80％。对这类多音字,我们应该根据不同的读音加以辨析、记忆。如"将":jiāng(可作动词或副词等),动词可作"带领"解,副词可作"将要"解;jiàng(名词),作"将帅"或"大将"解;qiāng(动词),作"愿""请求"解,如"将子无怒"(请你别生气)。

2.使用情况不同,读音也不同,读音有区别用法的作用。如"薄":báo,不厚的意思,一般单用,薄饼、薄纸;bó,一般用于合成词,薄礼、厚古薄今;bò,薄荷(专有名词)。

3.语体不同,读音不同,读音有区别语体的作用,主要体现为口语和书面语等。如"给":口语读 gěi;书面语读 jǐ,给予、给养。

4.方言词汇的存在造成多音。这类多音字比较少,仅限于部分地区。如"忒":tè,差忒(差错之意);tuī(方言),风忒大、房子忒小(忒:太)等。

对 点 训 练 课后巩固训练

训练 1

1.下列各组词语中,加点字的读音全都正确的一组是 （ ）

A.煲汤(bāo)　　脐带(jì)　　整齐划一(huà)

B.古刹(chà)　　衣钵(bō)　　言为心声(wèi)

C.暮霭(ǎi)　　凝噎(yē)　　弃甲曳兵(yè)

D.笃定(dǔ)　　痤疮(cuò)　　血气方刚(xuè)

2.下列各组词语中,加点字的读音全都正确的一组是 （ ）

A.累卵(léi)　　玷辱(zhān)　　万恶不赦(shè)

B.稍息(shào)　　诓骗(kuāng)　　恪尽职守(kè)

C.洗漱(shù)　　供奉(gōng)　　魂牵梦萦(yíng)

D.庇佑(bì)　　浸透(qīn)　　脍炙人口(kuài)

3.下列各组词语中,加点字的读音全都正确的一组是 （ ）

A.灯泡(pào)　　照片(piān)　　唯唯诺诺(wéi)

B.干瘪(biē)　　缱绻(juǎn)　　残羹冷炙(zhì)

C.颓垣(yuán)　　自诩(yǔn)　　沁人心脾(qìn)

D.褶皱(zhě)　　马厩(jiù)　　命途多舛(chuǎi)

4.下列各组词语中,加点字的读音全都正确的一组是 （ ）

A.颛臾(zhuān)　　彩笺(qiān)　　不可胜食(shí)

B.不谙(yīn)　　鱼鳖(biē)　　鸡豚狗彘(tún)

C.掣肘(chè)　　卤味(lǔ)　　寅吃卯粮(yín)

D.槛车(kǎn)　　憔悴(cuì)　　虎兕出柙(sì)

5.下列各组词语中,加点字的读音全都正确的一组是 （ ）

A.酒馔(zuàn)　　撮合(cuō)　　安然无恙(yàng)

B.尴尬(gài)　　熹微(xī)　　逸兴遄飞(chuán)

C.庇佑(pì)　　角隅(yú)　　命途多舛(chuǎn)

D.嗔视(chēn)　　抽搐(chù)　　叱咤风云(zhà)

3

6.下列各组词语中,加点字的读音全都正确的一组是 （　　）

A.扼要(é)　　　解送(jiè)　　　气吞斗牛(dǒu)

B.朔风(shuò)　　魄力(pò)　　　屏气凝神(bǐng)

C.句读(dòu)　　强辩(qiáng)　　弥留之际(mí)

D.画帖(tiè)　　坎坷(kē)　　　涕泗横流(sì)

7.下列各组词语中,加点字的读音全都正确的一组是 （　　）

A.鞭笞(chì)　　游说(shuì)　　面面相觑(qù)

B.机杼(zhù)　　刷白(shuà)　　踽踽独行(jǔ)

C.悲恸(tòng)　　市侩(huì)　　栉风沐雨(zhì)

D.瞅见(chǒu)　　伛偻(lóu)　　揠苗助长(yà)

8.下列各组词语中,加点字的读音全都正确的一组是 （　　）

A.耸峙(zhì)　　烙印(lào)　　蹴就(cù)

B.落枕(lào)　　角逐(jué)　　露面(lù)

C.削弱(xuē)　　剽悍(biāo)　　比翼(yì)

D.骨髓(suǐ)　　夹克(jiá)　　邯郸(dān)

9.下列各组词语中,加点字的读音全都正确的一组是 （　　）

A.铁骑(jì)　　夙愿(sù)　　黎民(lí)

B.汲水(jí)　　灰烬(jìng)　　妩媚(mèi)

C.匀称(chèn)　　晌午(shǎng)　　鹊桥(què)

D.瑰丽(guī)　　对峙(shì)　　孤独(gū)

10.下列各组词语中,加点字的读音全都正确的一组是 （　　）

A.灰烬(jìn)　　发轫(rèn)　　峥嵘(zhēng)

B.禁锢(gù)　　开涮(shuàn)　　气氛(fèn)

C.拂晓(fó)　　潜水(qián)　　剔骨(tī)

D.雀跃(yuè)　　粗犷(kuàng)　　粳米(jīng)

11.下列各组词语中,加点字的读音全都正确的一组是 （　　）

A.荫庇(yìn)　　着落(zhuó)　　逶迤(wěi)

B.噱头(xué)　　澎湃(pài)　　揣度(duó)

C.怠慢(dài)　　雾霾(mán)　　寒噤(jìn)

D.脂肪(zhǐ)　　肖像(xiào)　　归省(xǐng)

12.下列各组词语中,加点字的读音全都正确的一组是 （　　）

A.脸颊(xiá)　　颓唐(tuí)　　恻隐(cè)

B.绯红(fēi)　　诘责(jié)　　生肖(xiào)

C.笨拙(zhuō)　　框架(kuāng)　　并蒂(dì)

D.纤细(qiān)　　风靡(mǐ)　　鲜少(xiǎn)

13.下列各组词语中,加点字的读音全都正确的一组是 （　　）

A.拾级(shí)　　尽管(jǐn)　　杜撰(zhuàn)

B.挟持(xié)　　晕船(yūn)　　惩戒(chéng)

C.俏丽(qiào)　　震颤(chàn)　　恼怒(nǎo)

D.前瞻(zhān)　　　　瓜蔓(wàn)　　　　娉婷(pīn)

14. 下列各组词语中,加点字的读音全都正确的一组是　　　　　　　　　　　(　　)

A.黝黑(yòu)　　　　甲胄(zhòu)　　　　惶恐(huáng)

B.驯良(xùn)　　　　踮脚(diǎn)　　　　污秽(huì)

C.胡髭(cī)　　　　迁徙(xǐ)　　　　跋涉(bá)

D.侮辱(wǔ)　　　　殷红(yīn)　　　　匿名(nì)

15. 下列各组词语中,加点字的读音全都正确的一组是　　　　　　　　　　　(　　)

A.荒谬(miù)　　　　跟帖(tiě)　　　　面面相觑(qù)

B.饿莩(piǎo)　　　　赭色(zhě)　　　　强劲有力(jìn)

C.窈窕(yáo)　　　　恣意(zì)　　　　咫尺天涯(zhǐ)

D.诳语(kuáng)　　　　愧煞(shà)　　　　铩羽而归(shā)

16. 下列各组词语中,加点字的读音全都正确的一组是　　　　　　　　　　　(　　)

A.发酵(jiào)　　　　档案(dǎng)　　　　片言只语(zhī)

B.舌苔(tāi)　　　　攒射(cuán)　　　　宁缺毋滥(wù)

C.剽窃(piáo)　　　　供销(gōng)　　　　浑身解数(xiè)

D.按捺(nà)　　　　惭怍(zuò)　　　　图穷匕见(xiàn)

17. 下列各组词语中,加点字的读音全都正确的一组是　　　　　　　　　　　(　　)

A.妖娆(náo)　　　　五行(xíng)　　　　强聒不舍(qiǎng)

B.单于(dān)　　　　亵渎(xiè)　　　　一抔黄土(póu)

C.剥皮(bāo)　　　　猝死(cù)　　　　无稽之谈(jī)

D.扶掖(yè)　　　　伫立(chù)　　　　颔首低眉(hàn)

18. 下列各组词语中,加点字的读音全都正确的一组是　　　　　　　　　　　(　　)

A.档期(dàng)　　　　供养(gòng)　　　　济济一堂(jǐ)

B.罡风(gāng)　　　　启碇(diàn)　　　　冰冷成坨(tuó)

C.甄别(zhēn)　　　　处方(chù)　　　　外强中干(gān)

D.瘢痕(jī)　　　　苔藓(tái)　　　　长歌当哭(dāng)

19. 下列各组词语中,加点字的读音全都相同的一组是　　　　　　　　　　　(　　)

A.处理　好处　为人处世　　　　　　B.强迫　强制　强人所难

C.着想　着手　着力推进　　　　　　D.角斗　犄角　角色扮演

20. 下列各组词语中,加点字的读音全都相同的一组是　　　　　　　　　　　(　　)

A.差遣　参差　阴错阳差　　　　　　B.薄弱　单薄　薄利多销

C.露脸　露骨　原形毕露　　　　　　D.落差　落枕　丢三落四

训练2

21. 下列各组词语中,加点字的读音全都正确的一项是　　　　　　　　　　　(　　)

A.扳平(bān)　　　　包庇(bì)　　　　居心叵测(pǒ)

B.嘈杂(cáo)　　　　奔波(bēn)　　　　退避三舍(shě)

C.波涛(bō)　　　　差错(chà)　　　　一望无垠(yín)

D.蓓蕾(péi)　　　　呆板(dāi)　　　　奇闻轶事(yì)

22. 下列各组词语中,加点字的读音全都正确的一项是 （ ）

A. 埋怨(mái)　　口讷(nè)　　近在咫尺(zhǐ)

B. 狡黠(jié)　　冗长(rǒng)　　一曝十寒(pù)

C. 暂时(zàn)　　聒噪(guō)　　杀一儆百(jǐng)

D. 贿赂(luò)　　棕榈(lǚ)　　同仇敌忾(kài)

23. 下列各组词语中,加点字的读音全都正确的一项是 （ ）

A. 攻讦(jiān)　　勒索(lè)　　参差不齐(cēn)

B. 上颌(hé)　　追悼(dào)　　刀耕火种(zhòng)

C. 阿谀(ē)　　绮丽(qǐ)　　匍匐前进(pú fú)

D. 哈达(hǎ)　　结冰(jié)　　情不自禁(jīn)

24. 下列各组词语中,加点字的读音全都正确的一项是 （ ）

A. 和泥(huó)　　模样(mó)　　坎坎坷坷(kě)

B. 湮没(yān)　　头晕(yūn)　　恶劣天气(liè)

C. 拟人(nì)　　羁绊(jī)　　遍地尸骸(hái)

D. 针砭(biǎn)　　肤浅(fū)　　穿着打扮(zhuó)

25. 下列各组词语中,加点字的读音全都正确的一项是 （ ）

A. 分娩(miǎn)　　河沿(yán)　　拙手拙脚(zhuō)

B. 膝盖(qī)　　虽然(suī)　　苦苦挣扎(zhá)

C. 蜕化(tuì)　　字帖(tiè)　　肇事司机(zhào)

D. 斡旋(wò)　　吸吮(yǔn)　　温柔恬静(tián)

26. 下列各组词语中,加点字的读音全都正确的一项是 （ ）

A. 蹒跚(pán)　　癖好(pǐ)　　大腹便便(pián)

B. 颀长(xīn)　　抚恤(xù)　　阵阵喝彩(hè)

C. 角斗(jiǎo)　　兑换(duì)　　泥泞不堪(nìng)

D. 酗酒(xù)　　囤积(tún)　　丢三落四(luò)

27. 下列各组词语中,加点字的读音全都正确的一项是 （ ）

A. 肖像(xiào)　　叶韵(yè)　　风流倜傥(tì tǎng)

B. 客栈(zhàn)　　星宿(sù)　　恸哭不已(tòng)

C. 逶迤(wéi yí)　　娱乐(yú)　　牟取私利(móu)

D. 商贾(jiǎ)　　玷污(diàn)　　大声恫吓(dòng)

28. 下列各组词语中,加点字的读音全都正确的一项是 （ ）

A. 稔知(rěn)　　订正(dìng)　　重重关卡(qiǎ)

B. 孝悌(dì)　　笑靥(yè)　　风尘仆仆(pú)

C. 毗邻(bí)　　伴装(yáng)　　快快不乐(yàng)

D. 恪守(kè)　　友谊(yì)　　如火如荼(chá)

29. 下列各组词语中,加点字的读音全都正确的一项是 （ ）

A. 倔强(jiàng)　　栖息(qī)　　前仆后继(pū)

B. 切磋(qiē)　　亲家(qīn)　　一丘之貉(hé)

C. 禅师(shàn)　　提高(tí)　　遗臭万年(chòu)

D．扁舟(biǎn)　　　歧途(qí)　　　大声咆哮(páo)

30．下列各组词语中,加点字的读音全都正确的一项是　　　　　　　（　　）

A．塑料(sù)　　　轧钢厂(zhá)　　　甘之如饴(yí)

B．复辟(pì)　　　萝卜(bo)　　　士气高涨(zhǎng)

C．参与(yù)　　　彷徨(fáng)　　　心宽体胖(pán)

D．酩酊(mǐng dǐng)　擂台(léi)　　　倥偬岁月(kǒng zǒng)

知 识 梳 理

磨刀不误砍柴工

一、多音字

1.书面语和口语的区别

(1)薄(书)bó　　薄面　薄弱　单薄
　　　　　　　　日薄西山　薄利多销

　　(口)báo　这种纸很薄

(2)剥(书)bō　　剥削　剥夺　盘剥

　　(口)bāo　剥皮　剥花生

(3)差(书)chā　差别　差价　差额
　　　　　　　　阴错阳差　差强人意

　　(口)chà　差不多　差劲

　　(书)cī　参差不齐　犬牙差互

　　(口)chāi　差事　当差　出差

(4)澄(书)chéng　湖水澄清　澄清事实

　　(口)dèng　这水不澄清了不能喝

(5)逮(书)dài　逮捕　力有未逮

　　(口)dǎi　逮老鼠

(6)给(书)jǐ　　供给　配给　补给
　　　　　　　　给养　给予
　　　　　　　　家给人足

　　(口)gěi　拿给他　给大家服务

(7)嚼(书)jué　咀嚼　过屠门而大嚼

　　(口)jiáo　细嚼慢咽　咬文嚼字
　　　　　　　　味同嚼蜡

(8)勒(书)lè　　勒令　勒索
　　　　　　　　悬崖勒马

　　(口)lēi　把绳子勒紧点

(9)露(书)lù　　露骨　露天
　　　　　　　　原形毕露　崭露头角

　　(口)lòu　露头　露脸　露相
　　　　　　　　露马脚

(10)落(书)luò　落差　落地　着落
　　　　　　　　回落

　　(口)lào　落枕　没着没落

　　(口)là　丢三落四

(11)翘(书)qiáo　翘首以待　翘楚

　　(口)qiào　翘尾巴　两头翘
　　　　　　　　翘辫子

(12)壳(书)qiào　地壳　甲壳　躯壳
　　　　　　　　金蝉脱壳

　　(口)ké　外壳儿　鸡蛋壳儿
　　　　　　　脑壳

(13)塞(书)sè　阻塞　堵塞
　　　　　　　　敷衍塞责

　　(口)sài　塞外　要塞

　　(口)sāi　瓶塞儿　活塞
　　　　　　　塞得严严实实

(14)厦(书)xià　厦门

　　(口)shà　大厦　巨宅广厦

(15)色(书)sè　颜色　脸色
　　　　　　　　花色品种　变色
　　　　　　　　褪色

　　(口)shǎi　掉色　落色
　　　　　　　色子(骰子)

(16)熟(书)shú　熟悉　成熟
　　　　　　　　深思熟虑　熟视无睹

　　(口)shóu　烧熟了　熟透了

(17)削(书)xuē　剥削阶级　削减
　　　　　　　　瘦削　日削月割

　　(口)xiāo　削梨　削球　切削
　　　　　　　削铅笔

(18)血(书)xuè　贫血　心血

呕心沥血　狗血喷头

鲜血　血债

（口）xiě　流了不少血　血淋淋

(19)钥(书)yuè　北门锁钥

（口）yào　钥匙

2.多音字补充汇集

(1)挨āi　挨家挨户

　　　ái　挨打　挨时间

(2)奔bēn　奔腾　奔流

　　　bèn　投奔

(3)扁biǎn　扁豆　扁担　扁桃体

　　　　扁圆　看扁　扁鹊

　　　piān　扁舟

(4)别bié　告别　辨别　鉴别

　　　　职别　别致　天渊之别

　　　biè　别扭　别嘴

(5)藏cáng　躲藏　隐藏　收藏

　　　　冷藏　藏书　藏头露尾

　　　zàng　宝藏　藏青　藏族

(6)参cān　参谒　参见　参禅

　　　　参军　参劾

　　　cēn　参差

　　　shēn　参商

(7)称chèn　对称　匀称　称心

　　　　称职　相称　称体裁衣

　　　　称心如意

　　　chēng　俗称　简称　称赞

　　　　称便　称呼　称道

　　　　名称　称许　称霸

　　　　称一称

　　　chèng　同"秤"

(8)乘chéng　乘机　乘凉　上乘

　　　　乘风破浪　乘人之危

　　　　乘虚而入

　　　shèng　千乘之国

(9)重chóng　重复　重逢　重申

　　　　重审　重蹈覆辙

　　　　重足而立

zhòng　重量　比重　慎重

尊重　老成持重　重创

重任

(10)臭chòu　臭气　臭名　臭味相投

　　　　臭棋　臭氧

　　　xiù　乳臭未干

(11)处chǔ　处方　处罚　处理

　　　　处女　处心积虑

　　　　处之泰然　处世　处分

　　　　处置

　　　chù　住处　处处　处所

　　　　办事处　大处着眼

　　　　小处着手　处长　益处

　　　　深处

(12)传chuán　传本　传布　传说

　　　　传奇

　　　zhuàn　经传　传记　别传

　　　　自传

(13)担dān　承担　分担　担保

　　　　担待　担心　担忧

　　　　担惊受怕

　　　dàn　担子　勇挑重担

　　　　一担水

(14)当dāng　相当　罚不当罪

　　　　当今　当家

　　　　独当一面　螳臂当车

　　　　锐不可当

　　　dàng　恰当　妥当　典当

　　　　当铺　当真

　　　　安步当车

(15)度dù　温度　度牒　度假

　　　　高度　风度　国度

　　　　知名度

　　　duó　揣度　测度

　　　　度德量力　审时度势

(16)恶è　恶霸　恶毒　恶意

　　　　恶骂　作恶　丑恶

　　　　惩恶劝善　疾恶如仇

　　　　恶作剧

ě	恶心
wù	好恶　厌恶
	深恶痛绝
(17)更gēng	更次　更换
	更仆难数　变更
	除旧更新　更衣
gèng	更加　更好
	更上一层楼
(18)供gōng	供稿　供给　供需
	供应　供销　供求
	提供　供不应求
gòng	供词　供奉　供认
	供职　录供　供品
	招供
(19)骨gǔ	骨干　骨肉　骨鲠在喉
	媚骨　傲骨
gū	骨朵儿　骨碌碌
(20)龟guī	龟甲　龟缩
jūn	龟裂
qiū	龟兹
(21)号háo	号叫　号丧　号啕
	哀号　北风怒号
hào	号称　号角　号码
	号脉　发号施令
(22)和hé	和蔼　和服　和煦
	和事佬　和颜悦色
	和衷共济　和盘托出
hè	和诗　唱和　附和
	曲高和寡　一唱百和
huó	和面　和泥
huò	和药　和弄　和稀泥
hú	麻将和了
huo	搅和　掺和
(23)喝hē	喝茶　喝闷酒　喝西北风
hè	喝彩　喝倒彩　喝令
he	吆喝
(24)结jiē	结巴　结实
jié	结案　结彩　结合
	结石　结怨　打结

	蝴蝶结
(25)节jiē	节骨眼
jié	节哀　节目　节省
	关节　开源节流
	高风亮节
(26)量liáng	量杯　量度　量具
	量筒　测量　丈量土地
liàng	量变　量词　量入为出
	量体裁衣　量刑
liang	打量　掂量　思量
	估量
(27)绿lǜ	绿茶　绿地　绿化
	青山绿水
lù	绿林　绿营　绿林起义
	绿林好汉
(28)闷mēn	闷沉沉　闷热
	闷声闷气
mèn	闷棍　闷雷　闷闷不乐
	愁闷　窒闷
(29)蒙mēng	蒙蒙亮　蒙骗　蒙头转向
méng	蒙蔽　蒙哄　蒙难
	蒙头盖脸　启蒙
měng	蒙古包　蒙族
(30)模mú	模样　模具　模板
mó	楷模
(31)抹mā	抹布　抹桌子
mǒ	抹脖子　抹黑　抹杀
	抹粉　涂抹
mò	抹墙　转弯抹角
	抹不开
(32)磨mó	磨蹭　磨工夫　磨损
	折磨
mò	磨不开　磨房　磨面
	电磨
(33)泊pō	湖泊　梁山泊　血泊
bó	停泊　漂泊　泊位
(34)扎zā	扎彩
zhā	扎堆　扎根　扎实
	扎手　扎营　扎针

zhá 挣扎

(35)爪 zhǎo 爪牙 鹰爪 张牙舞爪

zhuǎ 爪尖 爪子

二、形近字

1. 忏悔(chàn) 歼灭(jiān)
迁移(qiān) 阡陌(qiān)
芊绵(qiān) 纤绳(qiàn)

2. 苛求(kē) 荆轲(kē)
沉疴(kē) 坎坷(kě)
交柯错叶(kē) 百舸争流(gě)

3. 稍息(shào) 俏丽(qiào)
陡峭(qiào) 树梢(shāo)
消灭(xiāo) 肖像(xiào)
削弱(xuē) 剑鞘(qiào)
悄无声息(qiǎo) 宵衣旰食(xiāo)
不屑一顾(xiè)

4. 如鲠在喉(gěng) 梗概(gěng)
哽咽(gěng) 粳米(jīng)
坚硬(yìng) 便宜(pián)
便宜行事(biàn) 大腹便便(pián)

5. 聘请(pìn) 娉婷(pīng)
驰骋(chěng) 伶俜(pīng)

6. 央浼(měi) 分娩(miǎn)
傍晚(wǎn) 挽救(wǎn)
冠冕堂皇(miǎn)

7. 栖息(qī) 洒脱(sǎ)
晾晒(shài) 哂笑(shěn)
牺牲(xī)

8. 哺育(bǔ) 逮捕(bǔ)
果脯(fǔ) 胸脯(pú)
铺垫(pū) 葡萄(pú)
苗圃(pǔ) 相辅相成(fǔ)

9. 抠门(kōu) 讴歌(ōu)
沤肥(òu) 枢纽(shū)
呕心沥血(ǒu) 老妪(yù)
怄气(òu) 伛偻(yǔ)
海鸥(ōu) 殴打(ōu)

10. 安静(jìng) 靓妆(jìng)
靖边(jìng) 倩影(qiàn)

11. 谙熟(ān) 黑暗(àn)
韵味(yùn) 黯然失色(àn)
万马齐喑(yīn)

12. 诰命(gào) 桎梏(gù)
浩瀚(hào) 皓月(hào)
鸿鹄之志(hú)

13. 偶尔(ǒu) 寓言(yù)
遭遇(yù) 藕断丝连(ǒu)
向隅而泣(yú) 喁喁私语(yú)

14. 亵渎(dú) 案牍(dú)
穷兵黩武(dú) 读书(dú)
继续(xù) 赎罪(shú)
买椟还珠(dú)

15. 估量(gū) 沽名钓誉(gū)
故旧(gù) 训诂(gǔ)
怙恶不悛(hù)

16. 关隘(ài) 谥号(shì)
自缢(yì) 溢于言表(yì)
黄金百镒(yì) 鹢首徐回(yì)

17. 阐明(chǎn) 禅让(shàn)
婵娟(chán) 箪食壶浆(dān)
殚精竭虑(dān) 肆无忌惮(dàn)
鸡毛掸子(dǎn) 金蝉脱壳(chán)

18. 傍晚(bàng) 滂沱(pāng)
膀胱(páng) 磅礴(páng)

19. 应该(gāi) 骸骨(hái)
弹劾(hé) 核实(hé)
咳嗽(ké) 刻苦(kè)
言简意赅(gāi) 垓心(gāi)

20. 惨怛(dá) 担任(dān)
胆识(dǎn) 袒护(tǎn)
但是(dàn)

21. 坚持(chí) 诗歌(shī)
侍奉(shì) 特别(tè)
对峙(zhì) 有恃无恐(shì)

22. 浇铸(jiāo) 侥幸(jiǎo)
蹊跷(qiāo) 妖娆(ráo)

绕道(rào) 焚烧(shāo)
拂晓(xiǎo) 饶恕(ráo)
桡骨(ráo) 骁勇善战(xiāo)
不屈不挠(náo)

23. 玷污(diàn) 草苫子(shān)
妥帖(tiē) 粘贴(tiē)
砧石(zhēn) 钻研(zuān)
沾沾自喜(zhān)

24. 不啻(chì) 谛听(dì)
缔造(dì) 啼叫(tí)
马蹄(tí) 瓜熟蒂落(dì)

25. 瞅见(chǒu) 啁啾(jiū)
揪心(jiū) 铁锹(qiāo)
楸树(qiū) 愀然(qiǎo)

26. 秕谷(bǐ) 先妣(bǐ)
包庇(bì) 纰漏(pī)
砒霜(pī) 批评(pī)
枇杷(pí) 毗连(pí)

27. 蛊惑(gǔ) 痰盂(yú)
酒盅(zhōng) 春意盎然(àng)

28. 姓龚(gōng) 佛龛(kān)
田垄(lǒng) 陇山(lǒng)
袭击(xí)

29. 抽象(chōu) 远岫(xiù)
邮局(yóu) 柚子(yòu)
压轴(zhòu) 宇宙(zhòu)
舳舻(zhú)

30. 皲裂(jūn) 皴裂(cūn)
险峻(jùn) 疏浚(jùn)
竣工(jùn) 唆使(suō)
俊俏(jùn) 逡巡(qūn)
穿梭(suō) 骏马(jùn)
怙恶不悛(quān)

31. 椽子(chuán) 掾吏(yuàn)
机缘(yuán) 不容置喙(huì)
管窥蠡测(lí) 篆书(zhuàn)

32. 绸缪(chóu) 调查(diào)
倜傥(tì) 啁啾(zhōu)
稠密(chóu)

33. 俾有所悟(bǐ) 婢女(bì)
抚髀长叹(bì) 裨将(pí)
脾气(pí) 啤酒(pí)
碑碣(bēi) 睥睨(pì)
稗官野史(bài) 纵横捭阖(bǎi)

34. 狙击(jū) 沮丧(jǔ)
咀嚼(jǔ) 龃龉(jǔ)
趔趄(qie) 趑趄(jū)
租赁(zū) 诅咒(zǔ)
阻止(zǔ) 刀俎(zǔ)

35. 犄角(jī) 掎角之势(jǐ)
畸形(jī) 崎岖(qí)
铁骑(qí) 绮丽(qǐ)
涟漪(yī) 旖旎(yǐ)
倚马可待(yǐ)

36. 翅膀(chì) 翎毛(líng)
翩跹(piān) 飞翔(xiáng)
自诩(xǔ) 栩栩如生(xǔ)

37. 呐喊(nà) 纳闷(nà)
木讷(nè) 蚊蚋(ruì)
老衲(nà) 方枘圆凿(ruì)

38. 成绩(jì) 沙碛(qì)
债务(zhài) 啧啧称赞(zé)

39. 谦虚(qiān) 歉收(qiàn)
嫌弃(xián) 赚取(zhuàn)
廉正(lián) 镰刀(lián)
兼收并蓄(jiān)

40. 土炕(kàng) 抗战(kàng)
坑人(kēng) 引吭高歌(háng)
沆瀣一气(hàng)

41. 卓越(zhuó) 阔绰(chuò)
悼念(dào) 掉头(diào)
泥淖(nào) 船棹(zhào)

42. 刮风(guā) 聒噪(guō)
括号(kuò) 甜美(tián)
舔舐(tiǎn) 恬静(tián)

43. 顾长(qí) 分析(xī)
忻州(Xīn) 欣赏(xīn)
沂河(Yí) 折磨(zhé)

11

砍斫(zhuó)　　　金柝(tuò)

拆散(chāi)

44. 铁锅(guō)　　　灾祸(huò)

漩涡(wō)　　　千刀万剐(guǎ)

45. 挣揣(chuài)　　喘息(chuǎn)

端正(duān)　　瑞雪(ruì)

湍急(tuān)　　惴惴不安(zhuì)

逸兴遄飞(chuán)

46. 磨蹭(cèng)　　僧侣(sēng)

憎恨(zēng)　　增加(zēng)

赠送(zèng)

47. 揩油(kāi)　　　楷书(kǎi)

和谐(xié)　　　钟鼓喈喈(jiē)

白头偕老(xié)

48. 田畴(chóu)　　筹划(chóu)

祈祷(dǎo)　　　海涛(tāo)

铸造(zhù)

49. 勘探(kān)　　　狼狈不堪(kān)

戡乱(kān)　　　桑葚(shèn)

湛蓝(zhàn)　　斟酌(zhēn)

50. 遏止(è)　　　拜谒(yè)

喝水(hē)　　　揭发(jiē)

竭尽(jié)　　　石碣(jié)

口渴(kě)　　　歇息(xiē)

51. 基础(chǔ)　　　倔强(jué)

笨拙(zhuō)　　苗壮(zhuó)

相形见绌(chù)　咄咄逼人(duō)

52. 契约(qì)　　　楔子(xiē)

楔事(xì)　　　锲而不舍(qiè)

提纲挈领(qiè)

53. 玄妙(xuán)　　船舷(xián)

炫耀(xuàn)　　眩光(xuàn)

泫然泪下(xuàn)　弦外之音(xián)

54. 戊戌(xū)　　　戍守(shù)

戒备(jiè)　　　戎马倥偬(róng)

55. 美丽(lì)　　　姓郦(Lì)

骈俪(lì)　　　迤逦(lǐ)

骊山(lí)　　　酾酒临江(shī)

56. 糜烂(mí)　　　羁縻(mí)

奢靡(mí)　　　望风披靡(mǐ)

麋鹿(mí)

57. 香蕉(jiāo)　　谯楼(qiáo)

憔悴(qiáo)　　樵夫(qiáo)

瞧见(qiáo)　　焦点(jiāo)

礁石(jiāo)

58. 坟茔(yíng)　　晶莹(yíng)

营生(yíng)　　萦纡(yíng)

萤火虫(yíng)　荧光屏(yíng)

59. 昳丽(yì)　　　佚名(yì)

轶事(yì)　　　抶而扑之(chì)

卷帙浩繁(zhì)

60. 耶稣(sū)　　　酥松(sū)

簌簌落下(sù)　山肴野蔌(sù)

万籁有声(lài)

61. 珊瑚(shān)　　蹒跚(shān)

栅栏(zhà)　　　姗姗来迟(shān)

删繁就简(shān)

62. 怠慢(dài)　　　绐骗(dài)

百战不殆(dài)　春风骀荡(dài)

怡然自乐(yí)　　贻笑大方(yí)

甘之如饴(yí)

63. 谨慎(shèn)　　缜密(zhěn)

嗔怪(chēn)　　滇池(diān)

瞋视(chēn)

64. 重创(chuāng)　疮痍(chuāng)

怆然(chuàng)　苍天(cāng)

寒伧(chen)　　踉跄(qiàng)

沧海桑田(cāng)

65. 跻身(jī)　　　侪辈(chái)

剂量(jì)　　　荠菜(jì)

济济一堂(jǐ)　　光风霁月(jì)

66. 入殓(liàn)　　眼睑(jiǎn)

验证(yàn)　　横征暴敛(liǎn)

勤俭(jiǎn)　　变脸(liǎn)

签证(qiān)　　检查(jiǎn)

捡拾(jiǎn)

67. 反扑(pū)　　　讣告(fù)

朴实(pǔ)　　　前仆后继(pū)

赴汤蹈火(fù)

68. 箩筐(kuāng)　诓骗(kuāng)

哐当(kuāng)　匡国济民(kuāng)

眼眶(kuàng)　木框(kuāng)

69. 酿酒(niàng)　踉跄(liàng)

粮饷(liáng)　螳螂(láng)

阆苑(làng)　晴朗(lǎng)

银铛入狱(láng)　良莠不齐(liáng)

稂莠(láng)

70. 潼关(tóng)　瞳孔(tóng)

憧憬(chōng)　灯影幢幢(chuáng)

71. 践踏(jiàn)　信笺(jiān)

饯别(jiàn)　客栈(zhàn)

低贱(jiàn)　溅落(jiàn)

浅浅流水(jiān)　把盏言欢(zhǎn)

72. 辍学(chuò)　啜泣(chuò)

拾掇(duo)　缀文成篇(zhuì)

忧心惙惙(chuò)

73. 秸秆(jiē)　拮据(jié)

诘难(jié)　颉颃(xié)

佶屈聱牙(jí)

74. 漂泊(piāo)　剽窃(piāo)

飘摇(piāo)　缥缈(piāo)

镖局(biāo)　骠骑(piào)

瞟一眼(piǎo)　瓢泼大雨(piáo)

75. 彩霞(xiá)　假条(jià)

目不暇接(xiá)　瑕不掩瑜(xiá)

闻名遐迩(xiá)

76. 干燥(zào)　浮躁(zào)

洗澡(zǎo)　做操(cāo)

水藻(zǎo)　害臊(sào)

三、四字词语

1.词语中的多音多义

方兴未艾(ài)　自怨自艾(yì)

便(biàn)宜行事　大腹便便(pián)

热情伺(cì)候　伺(sì)机下手

臭(chòu)味相投　乳臭(xiù)未干

重(chóng)峦叠嶂　安土重(zhòng)迁

称(chèn)心如意　称(chēng)兄道弟

差(chā)强人意　参差(cī)不齐

箪食(shí)壶浆　度(duó)德量力

度(dù)日如年　安步当(dàng)车

螳臂当(dāng)车　供(gòng)认不讳

供(gōng)不应求　几(jǐ)次三翻

窗明几(jī)净　禁(jìn)网疏阔

忍俊不禁(jīn)　间(jiàn)不容发

亲密无间(jiàn)　飞来横(hèng)祸

横(héng)行霸道　和(hé)衷共济

曲高和(hè)寡　哄(hōng)堂大笑

一哄(hòng)而散　一声不吭(kēng)

引吭(háng)高歌　果实累累(léi)

危如累(lěi)卵　仔细打量(liang)

量(liàng)体裁衣　落(luò)井下石

丢三落(là)四　靡靡(mǐ)之音

奢靡(mí)之风　含情脉脉(mò)

一脉(mài)相承　息事宁(níng)人

宁(nìng)缺毋滥　泥(ní)沙俱下

泥(nì)古不化　炮(pào)火连天

如法炮(páo)制　前仆(pū)后继

风尘仆仆(pú)　前仆(pū)后继

身体肥胖(pàng)　心广体胖(pán)

强(qiáng)弩之末　牵强(qiǎng)附会

呼天抢(qiāng)地　塞(sài)翁失马

茅塞(sè)顿开　斗转参(shēn)横

舍(shě)本逐末　退避三舍(shè)

相(xiāng)得益彰　穷形尽相(xiàng)

为(wéi)恶不悛　为(wèi)虎作伥

鲜(xiǎn)为人知　屡见不鲜(xiān)

反躬自省(xǐng)　省(shěng)吃俭用

形单影只(zhī)　只(zhǐ)争朝夕

千载(zǎi)难逢　载歌载(zài)舞

刀耕火种(zhòng)　种(zhǒng)族主义

种(zhòng)瓜得豆

2.词语中的通假和古今异读现象

余勇可贾(gǔ)　一曝(pù)十寒

暴虎冯(píng)河　虚与委蛇(wēi yí)

图穷匕见(xiàn)　博闻强识(zhì)

臧否(zāng pǐ)人物

3.词语中的难读字

麻痹(bì)大意	奴颜婢(bì)膝
擘(bò)肌分理	纵横捭阖(bǎi hé)
稗(bài)官野史	并行不悖(bèi)
针砭(biān)时弊	刚愎(bì)自用
敛声屏(bǐng)息	吹毛求疵(cī)
一蹴(cù)而就	疾首蹙(cù)眉
相形见绌(chù)	忧心忡忡(chōng)
风驰电掣(chè)	瞠(chēng)目结舌
大笔如椽(chuán)	命运多舛(chuǎn)
穷兵黩(dú)武	咄咄(duō)逼人
户枢不蠹(dù)	缠绵悱(fěi)恻
股肱(gōng)之臣	焚膏继晷(guǐ)
蛊(gǔ)惑人心	亘(gèn)古未有
羽扇纶(guān)巾	浑(hún)水摸鱼
病入膏肓(huāng)	飞扬跋扈(hù)
官运亨(hēng)通	不容置喙(huì)
插科打诨(hùn)	一丘之貉(hé)
揠(yà)苗助长	沆瀣(hàng xiè)一气
睚眦(yá zì)必报	封妻荫(yìn)子
负隅(yú)顽抗	怏怏(yàng)不乐
良莠(yǒu)不齐	光风霁(jì)月
含英咀(jǔ)华	汗流浃(jiā)背
噤(jìn)若寒蝉	掎(jǐ)角之势
戛(jiá)然而止	前倨(jù)后恭
杀一儆(jǐng)百	不胫(jìng)而走
佶(jí)屈聱牙	矫(jiǎo)枉过正
草菅(jiān)人命	老骥(jì)伏枥
一蹶(jué)不振	时乖命蹇(jiǎn)
同仇敌忾(kài)	脍(kuài)炙人口
喟(kuì)然长叹	振聋发聩(kuì)
不落窠(kē)白	功亏一篑(kuì)

风声鹤唳(lì)	身陷囹圄(líng yǔ)
管窥蠡(lí)测	暴戾(lì)恣睢(suī)
寥(liáo)若晨星	无耻谰(lán)言
厉兵秣(mò)马	扪(mén)心自问
赧(nǎn)颜苟活	拈(niān)轻怕重
呕(ǒu)心沥血	蚍蜉(pí fú)撼树
鞭辟(pì)入里	步履蹒(pán)跚
休戚(qī)相关	沁(qìn)人心脾
提纲挈(qiè)领	锲(qiè)而不舍
罄(qìng)竹难书	茕茕(qióng)孑立
面面相觑(qù)	通衢(qú)广陌
繁文缛(rù)节	色厉内荏(rěn)
推本溯(sù)源	鬼鬼祟祟(suì)
莘莘(shēn)学子	舐(shì)犊情深
歃(shà)血为盟	众口铄(shuò)金
暴殄(tiǎn)天物	韬(tāo)光养晦
恬(tián)不知耻	如火如荼(tú)
长吁(xū)短叹	绚(xuàn)丽多姿
垂涎(xián)三尺	煊(xuǎn)赫一时
弦(xián)外之音	邂逅(xiè hòu)相遇
徇(xùn)私枉法	卖官鬻(yù)爵
杳(yǎo)如黄鹤	因噎(yē)废食
甘之如饴(yí)	魂牵梦萦(yíng)
鹬(yù)蚌相争	皮开肉绽(zhàn)
惴惴(zhuì)不安	别出机杼(zhù)
鳞次栉(zhì)比	越俎(zǔ)代庖
饮鸩(zhèn)止渴	渐臻(zhēn)佳境
咫(zhǐ)尺天涯	卷帙(zhì)浩繁
炙(zhì)手可热	
怙(hù)恶不悛(quān)	
卑鄙龌龊(wò chuò)	

第二节　识记并书写字形

年份	考查内容	考查形式	设问类型	分值
2018 年	词语、成语	选择题,3 组词语(2 3 4)	没有错别字的一组	3 分
2017 年	词语、成语	选择题,3 组词语(2 2 4)	没有错别字的一组	3 分
2016 年	词语、成语	选择题,3 组词语(2 2 4)	没有错别字的一组	3 分
小结	正确识记现代汉字的字形,是汉语运用的基本功,由近几年高考命题的情况来看,所选的汉字都是考生平时易错的字。此题每年都出现,分值、顺序均未曾改变,题型、题量较稳定,变动很小,命题内容无难字、偏字,考查重点主要集中在别字上			

考 点 精 讲　　技能高考考什么

题型示例↓

例 1　(2018 年湖北技能高考卷)下列各组词语中,没有错别字的一组是　　　(　　)

A.驿站　炒鱿鱼　即往不咎　　　　　B.贻害　攻坚战　歪风斜气

C.跻身　东道主　易如反掌　　　　　D.委惋　发祥地　心驰神往

【试题答案】　C

【试题分析】　A 项中,"即往不咎"应为"既往不咎";B 项中,"歪风斜气"应为"歪风邪气";D 项中,"委惋"应为"委婉"。所以,没有错别字的是 C 项。

例 2　(2017 年湖北技能高考卷)下列各组词语中,没有错别字的一组是　　　(　　)

A.家俱　辗转　恣意妄为　　　　　　B.倾注　精捍　苦心孤诣

C.竞走　心仪　虎视眈眈　　　　　　D.勉励　萧瑟　明辩是非

【试题答案】　C

【试题分析】　A 项中,"家俱"应为"家具";B 项中,"精捍"应为"精悍";D 项中,"明辩是非"应为"明辨是非"。所以,没有错别字的是 C 项。

例 3　(2014 年湖北技能高考卷)下列词语中,书写全部正确的一项是　　　(　　)

A.拮据　消声匿迹　根深蒂固　　　　B.泯灭　心旷神怡　提心掉胆

C.轮廓　骇人听闻　前仆后继　　　　D.馈赠　莫衷一事　格尽职守

【试题答案】　C

【试题分析】　A 项中,"消声匿迹"应为"销声匿迹";B 项中,"提心掉胆"应为"提心吊胆";D 项中,"莫衷一事"应为"莫衷一是","格尽职守"应为"恪尽职守"。所以,没有错别字的是 C 项。

识记现代常用汉语的字形,能区别常见的同音字、形似字、形声字和多音多义字;并掌握一些辨别汉字的技巧。

1.同音字

同音字是指声母、韵母、音调都完全相同而意义、字形不同的字。如:"再""在";"像""向"等。

了解字义,注意字形,就不会混淆了。

2.形似字

形似字是指字形相近而读音、意义不同的字。由于形似字长得像,如果不求甚解,就会念错写错。如:掉(悼)念;辣(棘)手;舂(春)米。对成语中的一些字的意思如果理解不透彻,也会出错。如:如火如荼(茶);吹毛求疵(庇)。

因此,在读形似字时一定要看准了再读,写的时候特别注意区分。

3.形声字

汉字中80%以上是形声字。形声,就是一个字由表意的形旁和表音的声旁两部分组成。如:"株"字,"木"是形旁,表示与树木有关;"朱"是声旁,表示读音与"朱"相近。

形声字的结构方式有六种,即左形右声、右形左声、上形下声、下形上声、外形内声、内形外声。

懂得形声字的造字方法可以帮助我们记字、认字及少写错别字。

4.多音多义字

一个字不止一个读音,不止一个意义,这类字就是多音多义字。如:"差",chāi(差遣);chā(差别);chà(差不多);cī(参差不齐)。

识别一个字,一定要注意它是否只有一个读音,只表示一种意思;如果不是,就要弄清到底有哪几个读音,分别表示什么意思,经常和哪些字组合在一起,并掌握它们的习惯用法。

5.理清源头

很多词语、成语都有出处——历史典故、成语故事、寓言故事等。如:"班门弄斧","班"指鲁班,在鲁班门前摆弄斧头,比喻在行家面前卖弄本领。了解了这一点,就不会写成"搬门弄斧"。

找到字词的源头,就能避免写错别字。

对点训练

训练1

1.下列各组词语中,没有错别字的一组是 （ ）

　　A.亵渎　水源地　真知灼见　　　　B.聒噪　代金券　根深蒂故

　　C.暮霭　间隔号　纭纭众生　　　　D.挥霍　踢脚板　手足无挫

2.下列各组词语中,没有错别字的一组是 （ ）

　　A.慰籍　堰塞湖　独抒己见　　　　B.修订　映声虫　世外桃源

　　C.家具　责任制　明枪暗箭　　　　D.反馈　头盖骨　再接再励

3. 下列各组词语中,没有错别字的一组是 （　　）

A.借鉴　缄默　风雨如海　　　　　　B.装潢　抉择　殉私舞弊

C.融洽　流览　寸草春晖　　　　　　D.留守　彩排　姗姗来迟

4. 下列各组词语中,没有错别字的一组是 （　　）

A.恣意　迁徙　暴殄天物　　　　　　B.虐待　谬论　如火如荼

C.扭曲　烦燥　蓬头垢面　　　　　　D.寒暄　松弛　好高骛远

5. 下列各组词语中,没有错别字的一组是 （　　）

A.放射　惊蛰　甘拜下风　　　　　　B.撕杀　蛰伏　流言蜚语

C.陷井　赡养　不经之谈　　　　　　D.庖厨　宁谧　别出新裁

6. 下列各组词语中,没有错别字的一组是 （　　）

A.缘故　诡谲　流金铄石　　　　　　B.惋惜　频率　粗制烂造

C.砝码　脉膊　首屈一指　　　　　　D.胁迫　尾随　细水常流

7. 下列各组词语中,没有错别字的一组是 （　　）

A.暴涨　辨驳　背水一战　　　　　　B.牟利　葱茏　崭露头脚

C.爆满　泊位　既往不究　　　　　　D.慰藉　诅咒　史无前例

8. 下列各组词语中,没有错别字的一组是 （　　）

A.精粹　精络　精疲力竭　　　　　　B.赠予　授予　祸福予共

C.即将　立即　一言即出　　　　　　D.简陋　鲜美　千钧一发

9. 下列各组词语中,没有错别字的一组是 （　　）

A.旋转　膨胀　怦然心动　　　　　　B.桥礅　碑帖　原物璧还

C.简练　宽宥　犯而不较　　　　　　D.更迭　歆享　暗剑难防

10. 下列各组词语中,没有错别字的一组是 （　　）

A.养分　频率　凭心而论　　　　　　B.模型　渲泄　断章取义

C.黯淡　针砭　功亏一篑　　　　　　D.匮乏　漂悍　披星戴月

11. 下列各组词语中,没有错别字的一组是 （　　）

A.妆束　泻漏　与时俱进　　　　　　B.陨落　针砭　不计其数

C.隐蔽　玷污　反躬自省　　　　　　D.勾消　秸秆　不可理喻

12. 下列各组词语中,没有错别字的一组是 （　　）

A.彷徨　愁怨　凄婉惆怅　　　　　　B.顾盼　精捍　步履稳健

C.描摹　惶恐　法网恢恢　　　　　　D.辩难　典藉　旁稽博采

13. 下列各组词语中,没有错别字的一组是 （　　）

A.行善　和睦　养尊处忧　　　　　　B.鸿毛　肃然　功无不克

C.魁梧　相处　死的其所　　　　　　D.挥毫　毫发　毫无二致

14. 下列各组词语中,没有错别字的一组是 （　　）

A.拖沓　伶俐　娇生贯养　　　　　　B.造次　迁徙　惨绝人圜

C.睿智　禀赋　趋善避恶　　　　　　D.窥测　装祯　提要钩玄

15. 下列各组词语中,没有错别字的一组是 （　　）

A.卓见　疾驶　疾风劲草　　　　　　B.商灼　恣睢　格物致知

C.班师　潮讯　前仆后继　　　　　　D.要诀　庸碌　原弛蜡象

16. 下列各组词语中,没有错别字的一组是   (   )

  A.烦躁   诸候   掎角之势   B.呼噜   摔倒   坐镇指挥

  C.萧索   俊逸   不可明状   D.哂笑   能量   如座春风

17. 下列各组词语中,没有错别字的一组是   (   )

  A.瞌睡   惶恐   犄角之势   B.羸弱   辐射   不计前嫌

  C.辨别   福禄   额首称庆   D.索取   挖掘   老生长谈

18. 下列各组词语中,没有错别字的一组是   (   )

  A.婉转   寒噤   孤漏寡闻   B.赡养   缘故   如火如荼

  C.呵诉   稀疏   情急智生   D.销毁   揣摩   冥思暇想

19. 下列各组词语中,没有错别字的一组是   (   )

  A.契约   癖好   遥无音信   B.半晌   自栩   前合后偃

  C.赦免   罪孽   委屈求全   D.沧桑   瞭望   食不果腹

20. 下列各组词语中,没有错别字的一组是   (   )

  A.喝彩   赝品   惮精竭虑   B.告罄   座落   声名鹊起

  C.账单   磕睡   言简意赅   D.亲眷   混淆   繁文缛节

训练 2

21. 下列词语中,没有错别字的一组是   (   )

  A.风靡   色利内荏   言不由衷

  B.诋毁   乔装打扮   扪心自问

  C.草芥   遗事独立   枉费心机

  D.璀璨   颠沛流离   毛骨耸然

22. 下列词语中,没有错别字的一组是   (   )

  A.商确   明查暗访   猝不及防

  B.隔阂   投笔从戎   休戚相关

  C.遴选   真知灼见   两全齐美

  D.振幅   束之高阁   一劳永益

23. 下列词语中,没有错别字的一组是   (   )

  A.宣泄   好高骛远   纷至沓来

  B.诨号   相辅相承   促膝谈心

  C.闭幕   自惭形秽   兵慌马乱

  D.安谧   心有灵犀   荒芜人烟

24. 下列词语中,没有错别字的一组是   (   )

  A.座谈   开源节流   呕心沥血

  B.赝品   唇枪舌剑   鬼鬼祟祟

  C.告罄   声名鹊起   计日成功

  D.赃款   居心颇测   功亏一篑

25. 下列词语中,没有错别字的一组是   (   )

  A.跨跃   缘木求鱼   平心而论

  B.啃噬   绵里藏针   措手不及

C.装潢　　　　　甘败下风　　　　不翼而飞

D.取缔　　　　　浮想联篇　　　　百步穿杨

26.下列词语中,没有错别字的一组是　　　　　　　　　　　　（　　）

A.一愁莫展　　　礼仪之邦　　　滥竽充数

B.危在旦夕　　　汗流浃背　　　安分守纪

C.崭露头角　　　酒酣耳热　　　针贬时弊

D.名副其实　　　鸦雀无声　　　结党营私

27.下列词语中,没有错别字的一组是　　　　　　　　　　　　（　　）

A.未雨绸缪　　　克勤克俭　　　良晨美景

B.礼尚往来　　　追悔莫及　　　坐收鱼利

C.闲情逸致　　　高枕而卧　　　手屈一指

D.走投无路　　　中流砥柱　　　墨守成规

28.下列词语中,没有错别字的一组是　　　　　　　　　　　　（　　）

A.人心不古　　　通宵达旦　　　铤而走险

B.伶牙利齿　　　包罗万象　　　改弦更张

C.折戟沉沙　　　酒足饭饱　　　同病相连

D.纸醉金迷　　　貌和神离　　　鸦雀无声

29.下列词语中,没有错别字的一组是　　　　　　　　　　　　（　　）

A.天差地远　　　拈轻怕重　　　不禁而走

B.上下齐手　　　欲盖弥彰　　　余音绕梁

C.运筹帷握　　　锱铢必较　　　一枕黄粱

D.苦心孤诣　　　数典忘祖　　　神魂颠倒

30.下列词语中,没有错别字的一组是　　　　　　　　　　　　（　　）

A.更叠　　　　　别致　　　　　不辨真伪　　　前倨后恭

B.通牒　　　　　陨石　　　　　刎颈之交　　　梳装打扮

C.国籍　　　　　奖赏　　　　　蜂涌而上　　　以逸待劳

D.誊写　　　　　砥砺　　　　　如鲠在喉　　　绿草如茵

知 识 梳 理　　　　　　　　　　　磨刀不误砍柴工

一、双音节、三音节词(括号内是正确字)

A

唉(哀)叹　　　暖(暖)昧　　　安份(分)

安祥(详)　　　按(安)装　　　澳州(洲)

B

蔽(弊)病　　　部(布)置　　　布(部)署

并(进)发　　　报消(销)　　　频(濒)临

敝(憋)气　　　编纂(纂)　　　白内瘴(障)

白晰(皙)　　　搬(班)师　　　斑澜(斓)

板(扳)机　　　报(抱)负　　　报孝(效)

倍(备)尝　　　鞭鞑(挞)　　　辩认(辨)

别变挂(卦)　　憋曲(屈)　　　摒(屏)气

病殃(秧)子　　不勉(免)　　　不防(妨)

C

篡(篡)夺　　　参予(与)　　　操做(作)

仓(沧)桑　　　怆(仓)皇　　　敞蓬(篷)车

苍穷(穹)　　　伥(怅)然　　　伧(伧)促

苍(沧)海　　　馋(谗)言　　　穿带(戴)

19

掺(搀)扶	掺合(和)	蝉(婵)娟
拆御(卸)	吵(嘈)杂	潮洲(州)
沉伦(沦)	沉缅(湎)	诚垦(恳)
橱(厨)房	船弦(舷)	纯静(净)
缀(辍)学	慈详(祥)	聪惠(慧)
葱笼(茏)	粗旷(犷)	催(摧)毁
叉(岔)路口		

D

急漫(慢)	颠复(覆)	沾(砧)板
导至(致)	稻杆(秆)	呆楞(愣)
带(戴)帽	打渔(鱼)	大慨(概)
徒(陡)坡	斗欧(殴)	凋蔽(敝)
掂(踮)脚	惦(掂)量	钓杆(竿)
赌搏(博)	啼(谛)听	对恃(峙)

E

俄倾(顷)

F

发泻(泄)	发楞(愣)	法(砝)码
返(反)悔	方园(圆)	防(妨)碍
烦燥(躁)	范筹(畴)	粉沫(末)
愤(奋)发	愤概(慨)	绯(徘)恻
废(费)力	纷云(纭)	蜂踊(拥)
风彩(采)	奉(俸)禄	分岐(歧)
复(覆)没	符(附)会	俘捗(虏)
福(辐)射	腑(俯)瞰	付(副)刊

G

高吭(亢)	橄揽(榄)	干炼(练)
气慨(概)	过份(分)	估(姑)息
观摹(摩)	魁(瑰)丽	孤伶伶(零零)
功(攻)势	工(公)费	顾(雇)用
挂勾(钩)	关健(键)	贯(惯)例
光采(彩)	鬼崇(祟)	

H

函(涵)养	寒喧(暄)	害躁(臊)
号淘(啕)	浩翰(瀚)	号码薄(簿)
徨(惶)惑	火(伙)食	喝采(彩)
何偿(尝)	祸秧(殃)	红朴朴(扑扑)
糊(胡)话	欢渡(度)	晃(幌)子
狐(弧)度	焕(涣)散	化装(妆)品
会(荟)萃	谎(荒)谬	和葛(蔼)

合(和)盘	合(和)衣	护拦(栏)
会(汇)报	黄莲(连)	昏慵(庸)
怀惴(揣)		

J

肌(饥)肠	辣(棘)手	疾(急)促
既(即)使	寂廖(寥)	机秘(密)
驾奴(驭)	教梭(唆)	寂莫(寞)
急燥(躁)	即(既)然	羁拌(绊)
敬配(佩)	精焊(悍)	佼(皎)洁
阻(狙)击	教悔(诲)	惊赅(骇)
接恰(洽)	技(伎)俩	简漏(陋)
掘(崛)起	家俱(具)	简炼(练)
僵(缰)绳	枷索(锁)	解谗(馋)
绵(锦)绣	精减(简)	决(抉)择
竭立(力)	竞(竟)然	九洲(州)
精(经)典	拘紧(谨)	竞(竞)技场
结(节)骨眼		

K

偕(楷)书	嗑(磕)头	磕(瞌)睡
肯(恳)求	跨(垮)台	狂忘(妄)
苦脑(恼)	阔卓(绰)	夸讲(奖)
馈(匮)乏	困挠(扰)	

L

腊(蜡)纸	挛(孪)生	雷震(阵)雨
冷陌(漠)	俐(利)落	拢(笼)络
落弟(第)	老俩(两)口	历(厉)害
流(留)恋	凉(晾)干	伦(沦)落
玲(伶)俐	拉扰(拢)	邻坐(座)
棱(菱)形	留(刘)海	

M

马夹(甲)	慢(漫)谈	肓(盲)目
脉膊(搏)	耗(牦)牛	默挈(契)
摩(摹)仿	煤碳(炭)	美藉(籍)
门弟(第)	魁(魅)力	抿(泯)灭
瞄(描)摹	谜(迷)宫	幕(暮)色
暮蔼(霭)		

N

农俱(具)	霓红(虹)灯	辗(碾)碎

O

呕(讴)歌	偶而(尔)	呕(怄)气

蹒姗(跚) 拍扳(板) 陪赔(赔)偿
配(佩)带 膨涨(胀) 贫脊(瘠)
凭(平)添 拼挣(争) 频律(率)
披糜(靡) 偏辟(僻) 偏坦(袒)

Q

亲合(和)力 轻篾(蔑) 倾(顷)刻
强焊(悍) 迁徙(徙) 清沏(澈)
欠(歉)疚 敲榨(诈) 趋(驱)使
倦(蜷)缩

R

挠(饶)恕 诺(偌)大 溶(融)洽

S

撤(撒)手 撒慌(谎) 杀戳(戮)
山拗(坳) 闪铄(烁) 瞻(赡)养
手宛(腕) 上贡(供) 响(晌)午
守(狩)猎 松驰(弛) 熟炼(练)
授与(予) 身裁(材) 撕(厮)杀
视查(察) 师付(傅) 使换(唤)
时晨(辰) 抒(舒)缓 手(首)饰
手序(续)

T

贪脏(赃) 摊(瘫)倒 坦(袒)护
塘(搪)塞 拖踏(沓) 托(拖)鞋
托咐(付) 椭园(圆) 通霄(宵)
通辑(缉) 题(提)纲 甜(恬)静
调济(剂)

W

蜿延(蜒) 婉(惋)惜 婉(宛)若
妄(枉)费 污(诬)告 诬诣(陷)
无耐(奈) 卫戊(戌)

X

喜(嬉)笑 心菲(扉) 先躯(驱)
羡幕(慕) 陷井(阱) 消(逍)遥
谐(协)奏曲 协(胁)迫 修练(炼)
熏淘(陶) 循(徇)私 修(休)憩
寻(询)问 寻(巡)视 喧(渲)染
渲(宣)泄 暄(喧)闹 漩窝(涡)
眩(炫)耀

Y

眼框(眶) 沿习(袭) 涌(踊)跃
尤(犹)如 竭(谒)见 严悛(峻)
莹(荧)光 萤(荧)屏 摇憾(撼)
游戈(弋) 隐密(秘) 赢(赢)得
予(预)定 原(元)气 缘(原)委
渔(鱼)水情 一副(幅)画

Z

扎(札)记 贬(眨)眼 折迭(叠)
衷(钟)爱 真缔(谛) 针贬(砭)
针灸(灸) 振(震)荡 震憾(撼)
证卷(券) 震(振)奋 至(致)使
姿(恣)意 专功(攻) 嫌(赚)钱
装钉(订) 尊(遵)从 咀(诅)咒
凑(奏)效 做(作)揖 坐(做)客
座(坐)标 座佑(右)铭

二、四字词语(括号内是正确字)

A

和霭(蔼)可亲 哀(唉)声叹气
暗(黯)然泪下 桀傲(骜)不驯
独占鳌(鳌)头 按(安)装机器

B

搬(班)门弄斧 白壁(璧)微瑕
金璧(碧)辉煌 刚腹(愎)自用
英雄倍(辈)出 民生凋蔽(敝)
蔽(敝)帚自珍 遮天避(蔽)日
大有稗(裨)益 原形必(毕)露
并行不背(悖) 飞扬拔(跋)扈
纵横俾(捭)阖 明辩(辨)是非
辨(辩)证分析 脉膊(搏)微弱
赤博(膊)上阵 按步(部)就班
对薄(簿)公堂 布(部)署已定
令人恐布(怖) 可见一般(斑)
自曝(暴)自弃

C

扬常(长)而去 无精打彩(采)
兴高彩(采)烈 残(惨)无人道
惨(残)酷无情 清彻(澈)见底
趁(称)心如意 计日成(程)功
墨守陈(成)规 弛聘(骋)疆场

一张一驰(弛)　一愁(筹)莫展
冲(充)耳不闻　相形见拙(绌)
穿(川)流不息　戮(戳)穿阴谋
义不容词(辞)　拼拼揍揍(凑凑)
出类拔粹(萃)　鞠躬尽粹(瘁)
为虎作帐(伥)　提纲契(挈)领

D

披星带(戴)月　以逸代(待)劳
惮(殚)精竭虑　肆无忌弹(惮)
拙拙(咄咄)逼人　坠(堕)落腐化
虎视耽耽(眈眈)　投机捣(倒)把
中流抵(砥)柱　沾(玷)污清白
调(掉)以轻心　横度(渡)长江
欢渡(度)春节　度(渡)过难关

F

三翻(番)五次　反覆(复)无常
翻云复(覆)雨　浪废(费)金钱
愤(奋)发图强　认识浮(肤)浅
破斧(釜)沉舟　原子幅(辐)射
入不付(敷)出　感人肺府(腑)

G

阴谋鬼(诡)计　言简意该(赅)
英雄气慨(概)　一股(鼓)作气
性格粗旷(犷)　明知固(故)犯
卑恭(躬)屈膝　供(贡)献巨大
贯(灌)输知识　发扬广(光)大
步入正规(轨)

H

随声附合(和)　合(和)盘托出
惨绝人环(寰)　万事享(亨)通
曲高合(和)寡　风雨如海(晦)
融汇(会)贯通　混(浑)身是胆
宽洪(宏)大量　声音宏(洪)亮
轰(哄)堂大笑　划(画)地为牢
精神焕(涣)散　病入膏盲(肓)
富丽堂黄(皇)　张慌(皇)失措
心恢(灰)意懒　言谈恢(诙)谐

J

丰功伟迹(绩)　模范事绩(迹)
不颈(胫)而走　径(泾)渭分明

迫不急(及)待　即(既)然如此
既(即)使如此　不记(计)其数
佳(嘉)宾满座　绝代嘉(佳)人
千钧(钧)一发　工程峻(竣)工
披沙捡(拣)金　箴(缄)口不言
坚(艰)难困苦　直接(截)了当
情不自尽(禁)　竞竞(兢兢)业业
针炙(灸)疗法　纠纠(赳赳)武夫
相矩(距)不远　规规距距(矩矩)
面面具(俱)到　决(绝)对服从

K

克(刻)苦耐劳　吭(坑)害好人
恐(空)前绝后　不卑不抗(亢)

L

再接再励(厉)　变本加利(厉)
雷历(厉)风行　史无前列(例)
厉(利)害得失　励(厉)行节约
百练(炼)成钢　无耻滥(谰)言
可做篮(蓝)本　蜡(腊)梅盛开
味同嚼腊(蜡)　心狠手棘(辣)
陈词烂(滥)调　大多类(雷)同
蓝(篮)球健将　身体赢(羸)弱
劳动锻练(炼)　军事训炼(练)
语无仑(伦)次　脉胳(络)分明
书写了(潦)草　留恋(流连)忘返
流(浏)览一遍　逼上梁(梁)山
廖廖(寥寥)无几　惨遭屠戳(戮)
戮(戳)力同心　庸庸录录(碌碌)
高官厚录(禄)

M

默(墨)守成规　满(漫)山遍野
无理漫(谩)骂　免(勉)强答应
临摩(摹)字帖　风糜(靡)一时
望风披糜(靡)　观磨(摩)教学
甜言密(蜜)语　莫(漠)不关心
磨(摩)拳擦掌

O

沤(呕)心沥血　无独有隅(偶)
打架斗欧(殴)

P

如法泡(炮)制　　艰苦扑(朴)素
前扑(仆)后继　　风尘扑扑(仆仆)

Q

磐(罄)竹难书　　感情融恰(洽)
一窍(窍)不通　　洽(恰)如其分
巧(乔)装打扮　　倾(顷)刻之间
卑躬曲(屈)膝　　为国捐驱(躯)
委屈(曲)求全

R

儒(孺)子可教　　耳儒(濡)目染
含辛如(茹)苦　　熙熙嚷嚷(攘攘)
当人(仁)不让　　矫柔(揉)造作

S

有持(恃)无恐　　手不失(释)卷
礼上(尚)往来　　大事(是)大非
手(首)屈一指　　挑拨事(是)非
瞻(赡)养父母　　珊珊(姗姗)来迟
海市唇(蜃)楼　　肄(肆)无忌惮
毛骨耸(悚)然　　千里跋陟(涉)
喜上眉捎(梢)　　少(稍)纵即逝
鬼鬼崇崇(祟祟)　到处传颂(诵)
受(授)与奖章　　军事部暑(署)

T

如火如茶(荼)　　挺(铤)而走险
列出题(提)纲　　淌(趟)水过去

W

妄(枉)费心机　　痴心忘(妄)想
勿(毋)庸置疑　　好高鹜(骛)远
闻鸡起武(舞)　　戍(戊)戍政变
定期会悟(晤)　　深为婉(惋)惜

X

饶(骁)勇善战　　通霄(宵)不眠
撤消(销)处分　　学识休(修)养
直上重宵(霄)　　歪风斜(邪)气
不宵(屑)一顾　　月明星希(稀)
声闻暇(遐)迩　　暇(瑕)瑜相见
自顾不遐(暇)　　照本喧(宣)科
全家迁徒(徙)　　条分缕折(析)
雨声渐(淅)沥　　一切就序(绪)
宣(喧)宾夺主　　诩诩(栩栩)如生
寻(循)序渐进　　修(休)养生息

殉(徇)私舞弊　　睡眼醒(惺)松
寒喧(暄)客套　　气喘嘘嘘(吁吁)
想(向)往光明　　容止端祥(详)

Y

一(异)口同声　　一劳永易(逸)
遗(贻)笑大方　　一望无银(垠)
不可思义(议)　　良秀(莠)不齐
偃(揠)苗助长　　沓(杳)无音信
苦心孤旨(诣)　　举行晏(宴)会
打躬作揖(揖)　　忧(优)柔寡断
生杀与(予)夺　　记忆尤(犹)新
怨天由(尤)人　　手头宽余(裕)
演译(绎)归纳　　专程竭(谒)见
词不达义(意)　　滥芋(竽)充数
生死悠(攸)关　　原(元)气大伤
始终不逾(渝)　　大学肆(肄)业
绿树成阴(荫)　　绿草如荫(茵)
式样新颖(颖)　　反应(映)意见
化学反映(应)　　敷演(衍)塞责
世外桃园(源)　　渝(逾)期作废

Z

呱呱堕(坠)地　　揣揣(惴惴)不安
心浮气燥(躁)　　鼓躁(噪)而进
口干舌躁(燥)　　姿(恣)意妄为
故作恣(姿)态　　仗义直(执)言
计划慎(缜)密　　举世振(震)惊
销脏(赃)灭迹　　敲榨(诈)勒索
压诈(榨)平民　　招摇装(撞)骗
梳装(妆)打扮　　孤柱(注)一掷
改弦易章(张)　　出奇致(制)胜
抛(掷)地有声　　接踪(踵)而来
高瞻远嘱(瞩)　　真知卓(灼)见
有所尊(遵)循　　编篡(纂)字典
满脸绉(皱)纹　　读书扎(札)记
通货膨涨(胀)　　不贬(眨)眼睛

扫一扫，购详解

第二章 　词　语

年份	考查内容	考查形式	设问类型	分值
2018 年	近义实词 虚词的用法	选择题,3 个语境中考查近义实词的含义、虚词的含义以及关联词的使用	依次填入下列句中横线处的词语,最恰当的一项是	3 分
2017 年	近义实词 关联词	选择题,3 个语境中考查 2 对近义实词,1 对近义虚词的辨析	依次填入下列横线上的词语,最恰当的一组是	3 分
2016 年	近义实词 关联词	选择题,1 个语境中考查 2 对近义实词,1 对近义虚词的辨析	依次填入下面一段话中横线处的词语,最恰当的一项是	3 分
小结	近几年词语题型分值稳定,考查内容以近义词为主,考查形式以根据语境判断用词为主			

题型示例

例 1 (2018 年湖北技能高考卷)依次填入下列句中横线处的词语,最恰当的一项是 (　　)

①实践证明,对腐败分子的_____,就是对人民的犯罪。

②客厅里挂着_____对联,上联是"海到尽头天作岸",下联是"山至绝顶我为峰"。

③_____天气变化,飞机航班延误了,因此王教授晚上才能抵达上海。

A.姑息　一副　由于　　　　　　　　B.迁就　一副　因为

C.姑息　一幅　因为　　　　　　　　D.迁就　一幅　由于

【试题答案】　A

【试题分析】　"姑息"意思是苟且求安,无原则地宽恕别人。"迁就"意思是降格相就,曲意迎合。根据第一句的语境情况,应该使用"姑息"。"一幅"用在画或布,可以是单数;"一副"用在一组或一套,不能是单数。因此只能说"一副对联"。"由于"作为关联词,只能用于前一分句,"因为"作为关联词需要和"所以"搭配。所以,本题的正确答案是 A 项。

例 2 (2017 年湖北省技能高考卷)依次填入下列横线上的词语,最恰当的一组是 (　　)

①劳动合同是劳动者与用人单位之间_____劳动关系,明确双方权利和义务的协议。

②春天来了,一只美丽的蝴蝶在花丛中灵巧地_____着轻盈的翅膀。

③习惯有好习惯和坏习惯之分,好习惯应该慢慢养成,_____坏习惯就应该有意识地克服掉。

A.确立　煽动　可是　　　　　　　　B.建立　扇动　可是

C.建立　煽动　而　　　　　　　　　D.确立　扇动　而

【试题答案】 D

【试题分析】 此题考查在特定的语境中准确使用词语的能力。"确立"指牢固地建立或树立;而"建立"更强调让事物从无到有的一个过程,有开始成立、产生、设置、设立、兴建、建设等的含义在内。根据①句的句意,用带有强调"牢固"的"确立"更为合适。"煽动"指怂恿、鼓动人做坏事;"扇动"有摇动扇子的含义,明显更适合②句的句意。"可是"一般用于连接分句、句子或段落,表示转折关系,常和"虽然""尽管"搭配使用,先由"虽然"引出一层意思,后用"可是"一转,引出相反或不一致的意思,相当于但是。两相比较,同样也表示转折但是没有这种使用惯例的"而"更适合③句。

例 3 (2016年湖北省技能高考卷)依次填入下面一段话中横线处的词语,最恰当的一项是 （ ）

追求成熟,已成为当今社会的一种_____,尤其是涉世不深的年轻人,更想以老到、_____、成熟的面孔引起别人的重视,_____有的年轻人尽管还很不成熟,却陶醉于自我认定的成熟状态之中。

A.时髦　深沉　而且 　　　　　　　B.时尚　深沉　甚至

C.时尚　深刻　而且 　　　　　　　D.时髦　深刻　甚至

【试题答案】 B

【试题分析】 此题考查在特定的语境中准确使用词语的能力。"时髦"和"时尚"是一组近义词,是对同一时期引领时代主题事物的修饰。区别在于时间长短的表述。"时髦"一般是指流行时间比较短暂的事物和习惯,通常在解读和使用时夹杂着稍许的贬义;而时尚是一种风尚,一种潮流,比如时尚文化、时尚衣着,可以经得起时间的推敲。即使经过时间的变化也会慢慢的被遗忘,但人们每每回想起,是可以作为一个时期的象征点。两相比较,第一处选用"时尚"更为合适。"深沉"意思是指深而不外露、程度深、声音低沉;"深刻"有两层含义,其意一是指达到事情或问题的本质的,二是指内心感受程度很大的,均不适合形容面部表情,因此第二处选用"深沉"。"而且"只表示一般性的递进,"甚至"表示所提出的是突出的、进一步的事例,因此第三处选用"甚至"更为合适。

方法指导

一、实词

实词的辨析是技能高考词语运用的主要内容,特别是近义词,因为词义相近,差别细微,所以辨析起来就显得困难,就技能高考而言考查的重点不是词语的结构、词性等知识,而是辨析词语的语境义,辨析的要点在于"存同求异",两个词的"同"一定多于"异",所以要在"异"上下功夫,这样就能辨别出它们的细微差别。

1.要扎实地了解词语的含意

现代汉语中近义词语的数量比较大,使用这一类词语是要留心辨别其相同与不同之处。考查的重点不是词语的结构、词性等知识,而是。如"爱护""爱惜"两个词语,相同之处在于都有喜欢、重视的含义。但是"爱护"侧重"护",使不受损害。如:爱护树木。"爱惜"侧重"惜",珍惜,不浪费。如:爱惜时间。"爱惜"还指疼爱。如:全家百般爱惜他。有了这样的辨析,再根据语境来选用,就不会用错。

2.要把握词义的轻重

词义的轻重不同,它的用法也就不一样。一组词的意义基本相同,但是有的适用于重要的、较大的事物,有的适用于一般的事物;有的表示程度深、性质重,有的表示程度浅、性质轻。如"惭愧""羞愧","惭愧"侧重表示内心的不安,感到有愧。"羞愧"侧重表示内心的羞耻,感到不光彩。"羞愧"的语义比"惭愧"重。

3.要辨明词语的使用范围

不同词语用于不同范围。例如:"战争"和"战役"都是指武装斗争,但"战争"所指范围较大,如"抗日战争""解放战争";"战役"所指范围较小,如"淮海战役""渡江战役"等。

4.要把握词语的感情色彩

许多词语具有褒、中、贬不同的感情色彩,是褒义的不能贬用,是贬义的不能褒用,如"爱护"与"庇护",前褒后贬,不可混用。又如:"果断""决断""武断"都有"毫不犹豫地作出决定"的意思,但"果断"是褒义词,"武断"是贬义词,"决断"是中性词。

5.要区分词语的语体风格

有一些词语具有语体风格的差异,有的是口头语,有的是书面语;有的是政论用语,有的是描写性用语。如果不注意词语的语体色彩,用得不合适,就会使人感到很不协调。如"亟待"和"急需",前者的书面语体色彩更浓;"启程"和"动身","启程"书面语体色彩浓,"动身"口头语体色彩浓。

6.要明确搭配,辨清词性

不同的词语有不同的搭配对象,使用和辨别的时候一定要根据搭配习惯仔细分析。如"充分""充足""充沛"都有"满"和"够"的意思。经常说"阳光(水源、理由)充足""条件充分""精力充沛",不可乱搭配。

7.要从词语用法方面辨析,分辨对象

有一些词语,使用时要注意它的对象,是用于自己还是用于他人,是表谦称还是表敬称,不能不弄明白。如"抛砖引玉"是谦辞,只能用于自己;"惠赠""惠存"是敬辞,只能用于他人。对于这类词,若不分辨对象,随意使用,就会闹笑话。

8.要从具体语境上辨析,灵活选用词语

正确使用词语的基础是能够根据语境辨析词语的意义。语境即语言环境,它包括语言因素,也包括非语言因素。上下文、时间、空间、情景、对象、话语前提等与词语使用有关的都是语境因素。语境分析极其重要,因为只有依靠具体语境,才能更好地把握词义。虽然我们很重视词义分析,但是面对最新考情,"词不离句"显得尤为重要。也就是说,我们在做题的时候,必须弄清楚整个段落的意思,或者体会到这个段落隐含的一些信息,分析判断,才能挑选出最恰当的词。

二、虚词

虚词在语句中起着调节各种语言关系的作用,它的使用尤为频繁。技能高考中虚词题目,主要考查包括一些副词、介词、连词及关联词语等的使用,近年来不再单独出题,而是和近义实词一起以选择题的形式出现。

1.分清常见虚词的用法规则,多做积累

有些虚词的用法是有规定的,它的使用必须遵守既定的规则。如"或者",不能用于疑问句,只能用于肯定句中表选择。对于这样的词语,学生在备考的时候一定要充分了解,多做积累。

2.分清是成套使用还是单独使用

关联词语在使用中有着固定的搭配关系,一般不能换用。在辨析虚词时,结合例句中出现的词语,看清是不是成套出现,是否构成了固定搭配关系。一些虚词有几种搭配关系,就要结合语境来选择。比如,"不但"和"而且""反而"都能搭配,如果前后分句意思相反,"不但"只能与"反而"搭配。"无论"只能和表选择的词语"或""还是"等搭配,不能和表并列的词语(如"和")搭配。

常用成套关联词语如下

表并列的:不是……而是……、是……不是……、既(又)……又……

表选择的:不是……就是……、是……还是……、与其……不如……、宁可……也不……

表递进的:不但……而且……、尚且……何况……

表转折的:虽然……但是……、尽管……可是……

表条件的:只要……就……、只有……才……、除非……才……、无论……都……、不管……总是……

表假设的:如果……那么……、即使……也……

表因果的:因为……所以……、既然……就……

常见单独使用的关联词语如下

表并列的:同时、同样

表递进的:并且、况且、而且、进而、甚至

表转折的:然而、只是、不过、却

表因果的:因而、因此、从而

3.分清是假设口气还是既成事实

关联词语中有些表示的是假设语气,比如"即使""不管";有些表示既成事实,如"虽然""尽管"。如果辨别不清,就可能出错。

4.分清是用于前一分句还是后一分句

关联词语有固定的位置,有的只能用于前一分句,比如"由于";有的只能用于后一分句,比如"却""然而""至于""以致"。

5.分清虚词前后连接的是词语还是句子

有些虚词用来连接词语或短语,有些虚词用来连接句子,了解了这种用法,辨析时就不会出错。比如"又……又……"一般用来连接并列词语,而"既……又……"一般来连接并列的句子。其他类似的虚词有"或"与"或者","乃至"与"以至""以致"。

6.借助句子表达的语气辨析

有些虚词必须用在表疑问的句子中,如"还是""何况"用在陈述句中就不合语法。有些虚词用来表达委婉语气,如"与其""不过",有些用来表达强调语气,如"宁可"。如果分辨不清就会误用。

7.借助标点符号进行辨析

有些关联词语在使用时可以用标点符号与分句隔开,比如"因此""其实""确实""相反"。借助这一点,对辨析虚词也有帮助。

训练 1

1.依次填入下列句中横线处的词语,最恰当的一项是 （　　）

①这所古老的建筑正当窗口,_____交通。要不要拆除,有关部门正在研究。

②这种树的表皮可以一层层剥下来,做成精致的小盒子,并不_____它的生长。

③还有难于计算的尘埃和气体组成的星云,浮游在星星与星星之间,浮游在宇宙空间里,_____星光的通过。

    A.妨碍　阻碍　妨害   B.妨害　阻挡　妨碍

    C.妨害　阻止　中断   D.妨碍　妨害　阻碍

2.依次填入下列句中横线处的词语,最恰当的一项是 （　　）

①寺院里有几棵银杏树,枝繁叶茂的,看上去它们的_____足有上千岁。

②京珠高速的建成,_____全国多个省、市,是又一条南北大动脉。

③该公司_____要退出竞争,私下里却加紧活动,谋划战胜对手的策略。

    A.年龄　贯串　扬言   B.年龄　贯穿　佯言

    C.年纪　贯穿　扬言   D.年纪　贯串　佯言

3.依次填入下列句中横线处的词语,最恰当的一项是 （　　）

①价值最初是在商品交换中_____出来的一个经济学概念。

②对文学作品中的许多知识内容,同学们不必从概念上去_____,而应重在感受和体验。

③没有_____过人生的苦辣,又怎能懂得长辈们创业的艰难呢?

    A.概括　推敲　体察   B.抽象　推求　体验

    C.概括　推敲　体会   D.抽象　推求　体味

4.依次填入下列句中横线处的词语,最恰当的一项是 （　　）

①历史上的反动统治者,曾经在我们各民族中间制造种种_____,使得民族纠纷不断。

②苏州河就像大病初愈的老人,需要精心_____,千万不能把各种额外的负担加到他的身上。

③东方木材厂的这场火灾,是该厂领导思想_____,忽视安全生产造成的,各厂一定要引以为戒。

④经济学家认为金融体系_____,法治体系不健全、政府保护、体制惰性等弱点对中国入世后融入国际经济构成不小的阻力。

    A.隔阂　看护　麻痹　脆弱   B.隔膜　看护　麻木　脆弱

    C.隔阂　保护　麻痹　软弱   D.隔膜　保护　麻木　软弱

5.依次填入下列句中横线处的词语,最恰当的一项是 （　　）

①在著名中医专家特诊部_____的大夫,都可以称得上"专家"。

②教师节前夕,他搁下生意,_____拜访读高中时的老师。

③千百年来,九寨沟的景物一直_____在荒野蔓草之中。

A.就诊　专诚　埋没　　　　　　　　　B.应诊　专诚　埋没

C.就诊　专程　湮没　　　　　　　　　D.应诊　专程　湮没

6.依次填入下列句中横线处的词语,最恰当的一项是 　　　　　　　　　(　　)

①古典诗词的艺术美感是光彩照人、美不胜收的,在一定意义上甚至还是不可_____和无法复制的。

②亚洲金融危机烙下的累累伤痕催人_____,发人深思。

③要想使自己的生活扁舟轻驶,务必让它承载的仅限于必不可少之物,不然则_____无以进。

A.超脱　警醒　徘徊　　　　　　　　　B.超越　警醒　徘徊

C.超脱　惊醒　徜徉　　　　　　　　　D.超越　惊醒　徜徉

7.依次填入下列句中横线处的词语,最恰当的一项是 　　　　　　　　　(　　)

①郑州是京广、陇海两条铁路的_____点。

②无论谬论的声音有多大,最终都_____不了真理的话语。

③假日里,好友相聚桃园酒楼,_____好友去上洗手间,回来后发现自己放在椅子上的皮包竟然不翼而飞。

④我们坚信不仅目前的女子乒坛世界霸主是中国,而且_____数十年内的女子乒坛世界霸主依然还是中国。

A.交汇　淹没　期间　尔后　　　　　　B.交会　淹没　其间　尔后

C.交会　湮没　期间　而后　　　　　　D.交汇　湮没　其间　而后

8.依次填入下列句中横线处的词语,最恰当的一项是 　　　　　　　　　(　　)

①"中国印"的原创者郭春宁在谈到他的创作思路时,曾说"奥运徽宝"所有尺寸都有特殊_____。

②为了早日抓到犯罪嫌疑人,警察在各交通要道设卡_____过往行人。

③在阅读的过程中,我们可能发现,_____每个作家都有自己的风格,但同时代的作品总还会有某些共同的特点。

A.含义　盘问　即使　　　　　　　　　B.含义　盘查　虽然

C.寓意　盘查　虽然　　　　　　　　　D.寓意　盘问　即使

9.依次填入下列句中横线处的词语,最恰当的一项是 　　　　　　　　　(　　)

①学好本民族的语言尚且要花许多气力,_____学习另一种语言呢?

②伪制紫砂壶即系冒仿名家产品,在新壶上直接冒刻上名人的_____是作伪手段之一。

③他不愿意再跟他们谈下去,就_____走了。

A.何况　款式　借口　　　　　　　　　B.况且　款式　借故

C.况且　款识　借口　　　　　　　　　D.何况　款识　借故

10.依次填入下列句中横线处的词语,最恰当的一项是 　　　　　　　　　(　　)

①我从南方到北京求学,毕业后能在北京工作_____好,回家乡也不错。

②现在,国际形势很复杂,我们_____把困难估计得严重些为好。

③放眼地图,如织的铁路线与公路线将大大小小的城市_____起来。

④市教委制定的新的《小学生守则》和《中学生行为规范》从本学期起开始_____。

A.固然　宁可　贯穿　施行　　　　　　　　B.虽然　宁肯　贯串　施行

C.固然　宁肯　贯穿　实行　　　　　　　　D.虽然　宁可　贯串　实行

11.依次填入下列句中横线处的词语,最恰当的一项是　　　　　　　　　　　　(　　)

①在欧元区十二国中,作为龙头老大的德国经济的低迷,很可能_____其他国家。

②新任市长每天都会接到大量的群众来信,即便工作再忙,他也_____作出答复。

③严格地讲,语言和文化的关系,不是一般的并列关系,_____部分和整体的对峙关系,_____说是点面对峙的关系。

A.波及　择要　而是/或者　　　　　　　　B.涉及　择要　就是/或许

C.涉及　摘要　而是/或者　　　　　　　　D.波及　摘要　就是/或许

12.依次填入下列句中横线处的词语,最恰当的一项是　　　　　　　　　　　　(　　)

①课堂教学对话是平等的对话,是打破了时空_____的对话,是心灵的交流与撞击。

②去年,41家大型企业派人专程到西安翻译学院表达了对210名在校大三学生的预聘_____。

③_____职业教育能将科学技术与现实生产力结合,使科技成果迅速地转化为生产力,_____备受重视。

A.界限　意向　由于/因而　　　　　　　　B.界限　意见　因为/从而

C.界线　意见　由于/因而　　　　　　　　D.界线　意向　因为/从而

13.依次填入下列句中横线处的词语,最恰当的一项是　　　　　　　　　　　　(　　)

①加入WTO以后,出版业同样面临着严峻的挑战,该杂志社首先提出了"适应出版新形势,构建版协新_____"的口号。

②这次活动承蒙贵公司慷慨解囊热情赞助取得了圆满成功,他日有托,本人定投桃报李,_____相助。

③李某在反贪局的同志找他谈话时,_____不如实交代自己的贪污受贿问题,_____大吵大闹,装出一副很廉洁的样子。

A.机制　全力　不仅/还　　　　　　　　　B.体制　全力　不但/反而

C.机制　鼎力　不仅/还　　　　　　　　　D.体制　鼎力　不但/反而

14.依次填入下列句中横线处的词语,最恰当的一项是　　　　　　　　　　　　(　　)

①"非典"疫情在我国部分地区出现后,全国各地积极开展_____"非典"工作。

②青年如果不有效地利用自己的黄金时期,那将是对个人青春年华和国家教育_____的浪费。

③人们_____要对质量、花色进行挑选,_____要追求品牌和时尚,体现个性与修养,服装业也由此演变成了一个色彩斑斓的时尚产业。

A.防治　资金　不但/还　　　　　　　　　B.防止　资金　不单/也

C.防止　资源　不但/还　　　　　　　　　D.防治　资源　不单/也

训练2

15.依次填入下列句中横线处的词语,最恰当的一项是　　　　　　　　　　　　(　　)

①骄傲自满的人,都是夸大了个人的作用,_____这个作用是如何的渺小。

②在这片荒无人烟的草地上,哪来的牦牛呢?现在_____有了一头牦牛,怎么不叫人高兴呢?

③你昨天迟到_____不论,今天又旷课半天,你自己说怎么办?

　　A.尽管　竟然　姑且　　　　　　　　B.不管　果然　姑且

　　C.尽管　果然　尚且　　　　　　　　D.不管　竟然　尚且

16.依次填入下列句中横线处的词语,最恰当的一项是 （　　）

　　①专家提醒消费者,购买商品房一定要注意,对于"_____"依据《合同法》相关规定,双方有约定的按照约定执行;如果无约定,经营者违约时应双倍返还,消费者违约时不予返还。

　　②既然称作"中学生新概念作文选",就要编得_____中学生阅读。

　　③来自中国银监会的信息显示,四大银行的上市时间表基本排定,并_____以先海外、后国内的顺序进行。

　　A.定金　合适　大概　　　　　　　B.订金　合适　大致

　　C.定金　适合　大致　　　　　　　D.订金　适合　大概

17.依次填入下列句中横线处的词语,最恰当的一项是 （　　）

　　①税务部门出售的发票是严格按照国家的政策法规执行的,价格由国家物价部门统一_____。

　　②由于北方没有明显的冷空气南下,我市受地面暖低压_____,气温不会明显下降。

　　③现在提倡的"研究性学习"模式,实质上就是将学生置于问题情景中,让学生体验、_____动脑、动手,感受方案的设计、现象的观察、数据的处理、结果的分析。

　　④老先生深有感触地说:"叶落归根,那_____他乡的滋味实在不好受呀!"

　　A.商定　限制　试验　作客　　　　　B.核定　控制　实验　作客

　　C.核定　控制　试验　做客　　　　　D.商定　限制　实验　做客

18.依次填入下列句中横线处的词语,最恰当的一项是 （　　）

　　①中央、教育部在京举行新闻发布会,全面_____2004年大学生志愿服务西部计划。消息_____发布,全国各地大学生反响强烈。

　　②要积极鼓励有条件的乡村集体经济组织对本地新型农村合作医疗给予适当_____,但集体出资部分不得向农民摊派。

　　③第二轮北京六方会谈虽然未能使美朝之间的分歧有明显减少,_____确定了6月底前举行第三轮会谈,_____决定成立工作组,六方会谈的解决机制得以确认。

　　A.起动　一经　扶植　但　还　　　　B.启动　一旦　扶持　但　并

　　C.起动　一旦　扶植　并　还　　　　D.启动　一经　扶持　但　并

19.依次填入下列句中横线处的词语,最恰当的一项是 （　　）

　　①当地有关部门固执己见,坚持这种破坏历史文化遗产的"旧城改造",_____拆除了遵义会议会址周围的大片历史建筑。

　　②北京的圆明园,自康熙四十八年起,先后_____了一百五十多年,荟萃了中外盛景,被誉为"万园之园"。

　　③大家_____这个问题意见是一致的。

　　④为了侦破"12.6"特大银行抢劫案,我公安人员_____了大量目击者,从中发现了一些破案的线索。

　　A.私自　建造　关于　查访　　　　　B.擅自　营造　关于　察访

C.擅自　营造　对于　查访　　　　　　　　　D.私自　建造　对于　察访

20.依次填入下列句中横线处的词语,最恰当的一项是　　　　　　　　　　　（　　）

①由达成共识到制订计划,_____欧盟在军事一体化道路上迈出了可喜的一步。

②领导既然这样要求,虽然时间紧,任务重,我们也只能_____而为之了。

③实践证明,人的大脑愈用愈发达,不用则会_____。

④假日里,好友相聚桃园酒楼,_____好友去上洗手间,回来后发现自己放在椅子上的皮包竟然不翼而飞。

A.表明　勉励　蜕化　期间　　　　　　　　　B.说明　勉力　蜕化　其间

C.说明　勉励　退化　期间　　　　　　　　　D.表明　勉力　退化　其间

21.依次填入下列句中横线处的词语,最恰当的一项是　　　　　　　　　　　（　　）

①"我思故我在"是笛卡儿哲学的代表思想,它不仅语言简洁明了,而且富含深刻的哲理,因此_____甚广。

②正义战争的_____目的,在于以战止战,缔造和平,而不是以战养战,以暴易暴。

③看课外书刊,时间长了,接触面宽了,越看越有趣,越有趣就越想看,成了良性循环。_____,不博览,知识面便窄,懂的东西就少;懂的少,对许多事物就不感兴趣,_____也就越不想多看专业以外的书,于是便容易陷入恶性循环。

A.流传　终结　所以/反而　　　　　　　　　B.留传　终极　所以/从而

C.流传　终极　反之/从而　　　　　　　　　D.留传　终结　反之/反而

22.依次填入下列句中横线处的词语,最恰当的一项是　　　　　　　　　　　（　　）

①政协委员们建议市政府要建立与首都地位、作用相适应的功能齐全的传染病救治中心,以从容_____突发公共卫生事件。

②大型盆景可以用来_____强烈的视觉感而成为室内焦点,在家具较少的客厅里,还可以成为填补空间的重要角色。

③像其他国家的大城市一样,这里也是高楼林立,交通拥挤。大都市的喧嚣_____给人以繁华之感,_____难免有时会让人感到烦躁。

A.应付　营造　即使/也　　　　　　　　　　B.应对　创造　即使/也

C.应付　创造　尽管/但　　　　　　　　　　D.应对　营造　尽管/但

23.依次填入下列句中横线处的词语,最恰当的一项是　　　　　　　　　　　（　　）

①第一次庭审时,原告律师向法庭所作的_____,揭露了三年来原告在这起家庭暴力案件中遭受虐待的真相。

②人应当讲信用,对已经作出的允诺就决不_____。

③汪曾祺先生终生主要从事创作,即使偶尔也写些评论,甚至这些评论可以归入学术论文一类,_____总的说来,他天生就是一个作家,_____很难算是一个纯粹的学者。

A.申述　食言　但/而　　　　　　　　　　　B.申述　失言　不过/也

C.申诉　失言　但/而　　　　　　　　　　　D.申诉　食言　不过/也

24.依次填入下列句中横线处的词语,最恰当的一项是　　　　　　　　　　　（　　）

①古往今来,总有一些勇敢者在钱塘潮涌之际,与潮搏击,_____出人的活力和勇气。

②"五一"黄金周期间,十多万游客来到杨柳青_____这里的民俗艺术。

③_____目前对于地球磁场的变化和倒转提出了不少理论或模型,_____基本上

都处在假设和推测的阶段，并没有一个十分成熟的理论。

    A.展示　观赏　即使/也　　　　　　　B.展现　参观　即使/也

    C.展现　观赏　尽管/但　　　　　　　D.展示　参观　尽管/但

25. 依次填入下列句中横线处的词语，最恰当的一项是　　　　　　　　（　　）

  ①经过一个赛季的征战，广州恒大足球队勇夺亚冠冠军。各大报纸对此都＿＿＿＿宣传，极大地振奋了人心。

  ②出了差错，要多从自己身上找原因，不要老是埋怨别人，＿＿＿＿责任。

  ③贪图小利的人往往只看到自己的小圈子，打自己的小圈子，打自己的小算盘，忽视了集体和国家的利益。这种人＿＿＿＿他有多大的本领，我们也不能委以重任。

    A.大肆　推脱　不管　　　　　　　　B.大事　推托　尽管

    C.大肆　推托　尽管　　　　　　　　D.大事　推脱　不管

26. 依次填入下列横线处的词语，最恰当的一项是　　　　　　　　　（　　）

  亚洲金融危机的爆发深刻暴露了亚洲各国在协调经济政策、共同＿＿＿＿危机方面的苍白无力。一种流行的观点认为，正是由于亚洲各国存在着经济与社会发展方面的差异性、多样性和文化的多元性，缺少一种强有力的＿＿＿＿力量，才使亚洲各国在金融危机中吃尽苦头，元气大伤。因此，地区合作＿＿＿＿和大量的双边援助是十分必要的。

    A.防御　整合　沟通　　　　　　　　B.防御　整治　勾通

    C.抵御　整治　沟通　　　　　　　　D.抵御　整合　勾通

27. 依次填入下列横线处的词语，最恰当的一项是

  咬文嚼字有时是一个坏习惯，＿＿＿＿这个成语的含义通常不很好。但是在文学，无论阅读或写作，我们＿＿＿＿有一字不肯放松的谨严。文学借文字＿＿＿＿思想情感；文字上面有含糊，就显得思想还没有＿＿＿＿，情感还没有凝练。

    A.所以　必须　表现　透彻　　　　　B.虽然　必需　表示　精确

    C.虽然　必须　表现　精确　　　　　D.所以　必需　表示　透彻

28. 依次填入下列横线处的词语，最恰当的一项是　　　　　　　　　（　　）

  "人有七情六欲"＿＿＿＿不错，但＿＿＿＿物欲怎样膨胀，都不应该折损祖国在心目中的光芒和庄严，＿＿＿＿真是"欲壑难填"，＿＿＿＿作为伟大民族光荣的一员，难道可以置国家、民族于脑后吗？

    A.当然　尽管　纵使　但　　　　　　B.当然　无论　哪怕　但

    C.固然　无论　纵使　而　　　　　　D.固然　尽管　哪怕　而

29. 依次填入下列句中横线处的词语，最恰当的一项是　　　　　　　　（　　）

  ①经过一年的苦干实干，我公司产值大幅度增长，全年共＿＿＿＿50多万元。

  ②原文"终能不复入石矣"有失望而放弃得很斩截的＿＿＿＿，改为"终不能入"便觉索然无味。

  ③汉武帝曾筑扶荔宫，把荔枝移植到长安，没有栽活，迁怒于养护的人，＿＿＿＿对他们施以极刑。

    A.盈利　意义　果然　　　　　　　　B.渔利　意味　竟然

    C.盈利　意味　竟然　　　　　　　　D.渔利　意义　果然

30.依次填入下列句中横线处的词语,最恰当的一项是 （ ）

①利用激光的单色性特征制成的激光测距仪,是目前世界上最标准、最＿＿＿＿的"尺子"。

②飞船是中国载人航天工程七大系统的核心,研制飞船要＿＿＿＿"三大难题"。

③太阳好像是天空中最亮的天体,＿＿＿＿把它放到恒星的位置上,那也只是一颗不太明显的小星星,＿＿＿＿肉眼完全看不见它。

A.精致　破译　如果/以至　　　　　B.精致　破解　即使/甚至

C.精细　破解　如果/甚至　　　　　D.精细　破译　即使/以至

知 识 梳 理

磨刀不误砍柴工

常用近义实词

1.保护　保卫　捍卫

都是动词。护卫着,看守住,使不受伤害。"保护"着重于"护",妥善护卫、照顾,不使受损伤。手段不一定是用武力。对象多是人或某些事物。"保卫"着重于"卫",尽力防守住,使得到安全,不受侵犯。手段多指用武力或强大的力量。对象多是重大的抽象的事物,或者是重要人物、众人。"捍卫"着重于"卫",抵御各种外来势力,确保安全,比"保卫"语义重。色彩较庄重。对象不能是人。

2.爆发　暴发

都是动词。突然猛烈的发生。有时通用。如"我极力压住感情的爆发（暴发）"。"暴发"使用范围较窄,常用于洪水,有时指以不正当的手段发财,与"户"字连用,或突然兴起。如山洪、流行病、雪崩。"爆发"本义是弹药爆炸。比喻"像弹药一样突然、迅猛地发生"。使用范围较广,由于爆炸而突发或发生重大事变。如战争、火山、革命、大笑。

3.颁布　公布

"颁布"的内容常是法令等。"公布"的内容常是方案、名单、账目、成绩、数字等。

4.辨别　鉴别

"辨别"指分辨、区别。如"辨别方向""辨别是非"。"鉴别"指通过审察而确定事物的性质或特征。

5.包含　饱含

"包含"是事物本身所含有的意思。"饱含"是充满的意思。

6.报怨　抱怨

"报怨"是对所怨恨的人做出反应,词义重。"抱怨"是心中不满,数说别人不对;埋怨,词义轻。

7.充分　充足

"充分"大多与比较抽象的事物搭配,如"理由充分""条件充分"。"充足"大多用于比较具体的事物,如"光线充足""经费充足"。

8.摧残　摧毁

"摧残"和"摧毁",都有加以破坏的意识,但"催毁"的含义比"摧残"的重。"摧毁"表示从根本上加以破坏,以至于毁灭。"摧残"仅指伤害或破坏人、物的部分,使之残缺不全,不一定到毁灭的地步。

9.传颂　传诵

"传颂"意为辗转传布颂扬,"传诵"意为辗转传布诵读。

10.充分　充足　充沛　充实

"充分"同为形容词。足够,不缺乏。"充分"着眼于程度或限度方面,有时指足够,常形容理由、信心等抽象事物;有时指尽量、完全,常形容休息、利用等行动,多作状语。"充足"着重指数量足够,能满足需要。常形容物品、资金、光线、空气等具体的东西;有时也形容理由、论据等抽象的事物。

"充沛"指不仅足够,而且丰富、旺盛。一般形容精力、感情等。"充实"着眼于内部,是"虚空"的反面。一般只形容内容、知识、力量、人员等。还可以作动词,使充实、加强之义。

11.苍茫　苍莽

"苍茫"多指夜色、水域、大地等旷远、迷茫。引申为模糊不清。"苍莽"多指树林、山岭、大地等广阔无边。引申为意境心胸开阔。

12.长年　常年

"长年"指一年到头,整年。如"长年积雪""长年劳作"。"常年"指终年、常期,如"常年坚持体育活动"。

13.斥责　叱责

都含"用严厉的语言指责别人的错误或罪行"的意思。"斥责"偏重于严辞指责。"叱责"偏重于大声喝叱,强调声音大。

14.弛缓　迟缓

"弛缓"指放松、缓和,如"紧张的情绪慢慢弛缓下来"。

"迟缓"指缓慢,与"迅速"相对,如"迟缓地迈着步子"。

15.查看　察看

前者指检查、观察事物存在的情况。后者指为了解情况而细看。

16.篡改　窜改

前者指用作伪的手段对历史、理论、政策等故意改动或曲解。后者对文本、文件、成语、古籍等的改动。

17.处世　处事

前者泛指在社会上的活动、人际交往。后者指处理事务。

18.典范　典型

"典范"是可以作为学习、仿效标准的人或事物,只能用于好的方面,为名词。"典型"是具有代表性的人物或事件。有正面的、有反面的,为名词;另一种意义是具有代表性的,为形容词,可受副词修饰。而"典范"不能受副词修饰。

19.度过　渡过

"度过"通常用于时间方面,"渡过"常用于江河湖海或通过困难、难关、危机等。

20.淡泊　淡薄

"淡泊"指不追求名利。"淡薄"意思有(云雾等)密度小;(味道)不浓;(感情、兴趣等)不浓厚;(印象)因淡忘而模糊。

21.大义　大意

"大义"指大道理,如"微言大义"。"大意"指主要的或大概的意思。

22.独立　独力

前者指不依靠别人。后者指靠自己的力量完成某项任务。

23.督促　敦促

"督促"指监督催促。常用于上级对下级或长辈对晚辈。"敦促"指恳切地催促。常用于外交场合。

24.恩惠　恩赐

前者是名词,给予或受到的好处。后者是动词,泛指因怜悯而施舍。

25.遏制　遏止

"遏制"指控制,制止,对象多是情绪、事态或某种力量。"遏止"指阻止,对象多是战争、暴动、洪流等来势凶猛而突然发生的重大事件。

26.反映　反应

"反映"指把情况告诉、传达到有关部门(多用于对上级)。"反应"指由外来刺激引起的某种活动或回应,如"药物反应"或者物质相互作用引起的变化,如"化学反应"。还有事情引起的意见、态度或行为,如"反应如此之快"。

27.妨害　妨碍

前者指有害于事物发展(程度重)使受损害。如"妨害健康""妨害要表达的义理"。后者指使事物不能顺利进行。如"妨碍交通""妨碍政策的实施"。

28.发奋　发愤

"奋"本义指鸟振翅飞翔,后来引申为振作、鼓动。"愤"指因为不满意而感情激动。"发奋"指振作起来,如发奋努力、发奋有为等。"发愤"指决心努力,如发愤忘食、发愤图强等。"发奋"强调精神振作;"发愤"突出精神受到刺激而产生向上的内动力。"发奋"使用的范围要比"发愤"大,"发奋"可以指个人,也可以指群体或国家,而"发愤"一般指个人。功能上,"发奋"可以说"奋发",而"发愤"则不能说"愤发"。

29.肤浅　浮浅

"肤浅"指(学识)浅,理解不深。"浮浅"指(思想作风、文章风格)浅薄、不切实。

30.伏法　服法

"伏法"指依法处以死刑。"服法"指认罪。("伏罪""服罪"是同义词)

31.风气　风俗　风尚

"风气"指社会上或某个集体流行的爱好和习惯。"风俗"指社会上长期形成的风尚、礼节、习惯等的总和,范围较大。"风尚"指在一定时期中社会上流行的风气和习惯。

32.违犯　违反

"违犯"指违背或触犯法律制度,程度较重。"违犯"常与"法律""宪法"等词语搭配。"违反"指不遵守纪律或不符合规章制度,程度稍轻。"违反"常与"纪律""制度""政策""原则"等词语搭配。

33.贯串　贯穿

从头到尾穿过一个或一系列事物叫"贯串"。"贯穿"是穿过、连通的意思。

34.贯注　灌注

"贯注"指在精神、精力、注意力等方面集中投入,不能带宾语,常带补语。"灌注"原指液态物质浇进注入,引申为精神力量的输入,带宾语。

35.雇佣　雇用

"雇佣"是用货币购买劳动力,为名词,作定语不加助词"的",如"雇佣军""雇佣劳动"等。"雇用"是出钱让人为自己做事,为动词,如"雇用临时工""雇用职员"等;如作定语,一定要加助词"的"。

36.国是　国事

"国是"指国家大计、方针、政策之类,是较为抽象的事。"国事"指国家大事,是较为具体的情况。

37.伺候　侍候

"伺候"可用于人,不分地位高低;也可用于牲畜等。用于人时,对长、对幼、对平级都可以。"侍候"用于对长辈或地位高者。

38.爱好　嗜好

这两个词都有对某种事物很喜欢的意思,但"嗜好"比"爱好"意义更深一层,不仅是喜欢,而且还有了瘾,成了习惯,喜欢到无法与之分离的地步。

39.会合　汇合

"会合"指聚集到一起,常用于具体事物。"汇合"指水流聚集、汇合。也可用于抽象事物。

40.服侍　侍奉

"服侍(伏侍)"一般用于人,不限于对长,对上。"侍奉"只用于对长、对上,比"侍候"有明显的尊敬色彩。

41.交代　交待

"交代"一是指把经手的事务移交给接替的人,一是指嘱咐,也指把事情或意思向有关人员说明;把错误或罪行坦白出来。"交待"有完结的意思。如"要是飞机出了事,我这条命就算交待了。"

42.交换　交流

"交换"和"交流"都指双方把自己的东西给对方,但是它们的搭配对象却不同。"交换"一般与"礼物、意思、资料、产品"等搭配;"交流"则与"思想、经验、文化、物资"等搭配。"交换"搭配的对象大都是意义较具体的或所指范围较小的词;"交流"搭配的对象大都是意义较抽象或所指范围较大的词。

43.节余　结余

"节余"是指因节约而剩下。"结余"是指结算后余下。

44.接受　接收

"接受"表示采纳承受的意思，"接受"的对象多指抽象事物。"接收"表示接纳、收受的意思，一般多指人或具体事物。

45.截止　截至

"截止"是指活动到一定期限停止，不再进行了，不能带宾语。"截至"即"截止到"，可能还要延续下去。后面能带宾语。

46.界限　界线

"界限"是不同事物的分界，也指尽头、限度，多指抽象事物。"界线"指两个地区的分界线，也指不同事物的分界，多指具体事物。

47.降服　降伏

"降伏"是用强力使驯服的意思，主语为使别人顺从的人。"降服"指驯服、投降，主语为屈服的人。

48.考查　考察

"考察"是实地观察调查，细致深刻地观察；"考察"的对象多是重大的客观事物，也可指干部、领导者、工作人员等。"考查"是用一定的标准来检查衡量；"考查"的对象多是人的活动，如学习、工作、业务、活动、言论、成绩等。

49.联结　连接

"联结"是结合在一起的意思，无具体动作，仅在人们的意念中，两物没有移动。"连接"是事物或事物衔接的意思，有具体动作或假设动作，通过动作将两物连结起来，在人们意念中两物移动，也作"联接"。

50.留传　流传

"留传"是遗留下来传给后代，大多指物。"流传"是传下来或传播开，大多指事或作品。

51.历程　里程

"历程"是指经历的过程。"里程"指路程，也指发展的过程，如革命的里程等。

52.暴露　揭露

都是动词。使隐藏着的事物显露出来。对象可以是矛盾、本质、问题、阴谋、弱点、缺点等。"暴露"多是无意地显露，有时是有意地揭露出来。可以用于自己、自身事物、目标等。"揭露"都指有意地揭出来。一般能用于自己、自身事物、目标等。

53.蔓延　漫延　曼延

"曼延"，连绵不断的意思；曼，长或远。形容词，可作形容词谓语或定语。"漫延"是指水过满向外流，喻像水过满向外流一样向外扩展。动词，常作谓语中心语。"蔓延"像蔓草一样不断延伸、滋长，引申为传播、散布。动词，也常作谓语中心。"漫延"和"蔓延"有所不同，前者强调像水流一样向外延展，后者则指像蔓草一样向外延展，且能引申为传播、散布。

54.内涵　内含

"内涵"是概念的内容，又指人的内在涵养，使一个名词。"内含"是内部含有的意思，使一个短语。

55.年轻　年青

"年轻"对年纪而言，意谓年纪不大，既可指人，又可指物，如年轻人、年轻力壮、年轻的国家、年轻有为。"年青"是处在青少年时期，一般指人；指事物时，可用于精神面貌或活动。

56.偶尔　偶然

"偶尔"跟"经常"相对，表示次数少。"偶然"跟"必然"相对，表示意外。

57.期望　希望

"期望"是对别人的，如父母对子女的期望，教师对学生的期望。"希望"可以对自己，也可以对别人。

58.情义　情意　情谊

"情义"指亲属、同志、朋友相互间应有的感情。"情谊"指人与人相互关切、爱护的感情。"情意"是指对人的感情，如"情意绵绵"。

59.启用 起用

"起用"是指提拔使用或重新任用已退职免职的官员。"启用"是开始使用,常指事物。

60.祛除 驱除

"祛除"是除去的意思,一般指除去疾病、疑惧或迷信等;"祛除"一般用于抽象事物;"驱除"是赶走、除了的意思;"驱除"一般用于具体事物。

61.日前 目前

"日前"指几天前,"目前"指说话的时候。

62.权利 权力

"权力"指政治上的强制力量或职权范围内的支配力量。"权利"是应当享有的权力和利益,相当于"权益",跟"义务"相对。

63.摈弃 抛弃 放弃

"摈弃"同为动词。丢掉不要。"摈弃"指很坚决地排除、扔掉,语义较重。对象以抽象的事物居多,如思想、观点、文化遗产中的糟粕等。一般用于书面语体。"抛弃"坚决扔掉。语义较"摈弃"轻。对象除抽象的事物外,还常是具体事物和人。"放弃"不要,不再保留。对象常是抽象事物(如主张、权利、机会等)和具体事物(如阵地、财产等)。

64.人生 人身

"人生"指人的生存和生活,如"人生观"。"人身"指个人的生命、健康、行动、名誉等(着眼于保护或损害),如"人身自由"。

65.溶化 熔化

"溶化"是指固体溶解,或冰雪化成水。"熔化"指固体加热到一定温度变成液体。

66.收集 搜集

"收集"和"搜集",都有把不在一起的事物集中起来的意思,但两者意义侧重的方面不同。"收集"侧重于"收",即收拢,对象是现成的事物。"搜集"则重于"搜",即搜寻,对象是须到处寻找的事物。

67.事情 事件 事故

不论大事儿、小事儿,如何发生的事儿,都可以叫"事情",概括的范围最大。"事件"指由于某种原因而发生的不平常的重大事情,概括的范围小。"事故"则专指偶然发生的不幸事情,概括范围最小。

68.树立 竖立

"树立"是建立的意思,多用于抽象的好的事情。"竖立"是物体垂直,一端向上,一端接触地面或埋在地里。

69.草率 轻率

前者指(做事)不认真,敷衍行事。后者(说话做事)随随便便,不经过慎重考虑。

70.申明 声明

"申明"只作动词,指郑重地申诉理由或道理。"声明"是向公众宣布或说明,这里是作动词用,作动词时,"声明"后常用逗号或冒号,其后是"声明"的内容;也可作名词用,指所声明的文告。

71.审定 审订

"审订"是审阅修订,如"审订书稿",这是对编写人员而言的。"审定"是审查决定,如"审定计划",这是对出版单位或上级单位而言的。

72.实行 施行

"实行"是按照某种方式或办法去做,或实行的意思。"实行"是用行动来实现纲领、政策、计划等。

73.十足 实足

"十足"指成色纯,如"十足的黄金";也指十分充足的意思,如"十足的理由""神气十足"。"实足"指确实足数,是属性词。

74.事态 势态

"事态"局势、情况,往往指坏的情况,多就事情的现状而言。"势态"指情势,多就事情的发展趋势而言。

75.熟悉 熟习

"熟悉"指知道地很清楚。"熟悉"指(对某种技术或学问)学习得很熟练或了解得很深刻。

76.擅长　善于

"擅长"和"善于"两者含义相同,但用法上有区别,"擅长"可不带宾语单独作谓语中心语,而"善于"则不行。

77.停止　停滞

"停止"表示不再前进的意思,行为动作终止。"停滞"原指液态物质积存不能流通,引申为工作或事业受到阻碍,不能顺利发展的意思。

78.退化　蜕化

"蜕化"是虫类脱壳,比喻腐化堕落。"退化"原指生物体在进化过程中某一部分器官变小,构造简化,机能减退甚至完全消失,泛指事物由优变劣,由好变坏。

79.推脱　推托

"推脱"是推卸、推辞的意思,而"推托"是借故拒绝的意思。

80.委屈　委曲

"委曲"指事情的底细和原委。"委屈"指受到不应该的指责或待遇,心里难过。

81.学历　学力

"学历"指学习的经历。"学力"指经过学习达到的程度。

82.消失　消逝

"消失"逐渐减少以至没有,不存在了。"消逝"是失去、失掉或离开的意思,未必不存在,常用于时间、声音、流水等。

83.效力　效率

"效力"有两层意思,一是指效劳;二是指效果、作用。"效率"是指在一定时间里完成工作量的大小,即时间利用率。

84.休养　修养

"休养"指休息调养,为动词。"修养"指理论、知识、艺术、思想等方面的一定水平,或指养成的正确的待人处事的态度,多为名词。

85.形迹　行迹

"形迹"指举止和神色,"行迹"指行动的踪迹。

86.秩序　次序

"秩序"是就事物的整齐或混乱说的,跟先后没有关系。"次序"则是指事物的先后。

87.呈现　浮现

都是表示动作的词,指具体的事物在眼前显现出来。"呈现"较清楚,持续的时间长,多是直接看到的(不是想象的);"呈现"多在事物本身,有时在人的眼前;对象多是现实的事物,如颜色、景色、神情、气氛等。"浮现"往往是影影绰绰的,持续的时间较短,多是想象的,有时是直接看到的;"浮现"多在脑中、眼前、脸上等。对象多是人的形象、印象、往事、表情等。有时可换用,如"脸上呈现(浮现)出喜悦的神情"。

88.嘲笑　讥笑

都含有看不起人、取笑人的意思,只是语意轻重程度不同。"嘲笑"是一般的取笑,语意比较轻。"讥笑"指带有讽刺、挖苦意味的取笑,语意较重。

89.淹没　湮没

"淹没"是指大水漫过,盖过。"湮没"是埋没的意思,词义比较抽象。

90.盈利　营利

"营利"是谋求利润,为动词。"盈利"也可以写作"赢利",是企业单位的利润,为名词。

91.抚养　扶养

都有"供养"之意。前者包含教养、爱护之意,多用于长辈对晚辈。后者多用于晚辈对长辈、平辈之间或对残疾人或用于法律关系(父子、夫妻等)。

92.逐步　逐渐

二者都有"逐渐""一步一步"的意思,所以有时可以互换,如"事业逐渐发展"也可说"事业逐步发展"。但二者也有区别,"逐步"更多地指人为地按计划发展的过程,而"逐渐"有时则仅指一种自然发展的过程。

93.作客 做客

"作客"是寄居在别处的意思,"做客"是访问别人,自己当客人。

94.沉重 繁重

都有分量重的意思,但"沉重"指精神或思想负担重,而"繁重"则指工作、任务的数量。

95.争论 争执

两者都有各执己见的意思。"争论"指因此而"互相辩论"。"争执"指因此而"不肯相让"。

96.自愿 志愿

都与愿望、志向有关。"自愿"指自己愿意且自觉干某事,多为能愿动词。"志愿"指志向、愿望,名词。

97.质疑 置疑

"质疑"是指出问题、提出疑问。"置疑"是怀疑,常用于否定形式,如"无可置疑""毋庸置疑"。

98.制服 治服

"治服"指通过治理使其驯服。"制服"指用强力压制使之驯服。

99.侦察 侦查

"侦察"是为了弄清敌情、地形及其他有关作战的情况而进行活动,主要与军事有关。"侦查"是指检察机关或公安机关为了确定犯罪事实和犯罪人而进行调查,主要同破案有关。

100.震动 振动

"震动"指物体突然受外力影响而迅速、剧烈地颤动,多指一次的,引申为精神思想受到重大事件、消息的刺激或强烈影响。"振动"指物体通过一个中心位置,不断地作往复运动,也称"震荡"。

101.捉摸 琢磨

"捉摸"是猜测、预料的意思,多与否定或带有否定意义的词语组合,如"不可捉摸""难以捉摸""捉摸不定"。"琢磨"是反复思索的意思。

常用近义虚词

1.不止 不只

"不止"一是指继续不停,一是指超出某个数目或范围。"不只"相当于"不但""不仅"。如"同去的不止他一人。"

2.以至 以致

"以至"表示在时间、数量、程度、范围上的延伸。"以致",用于下半句开头,表因果关系,但多指不好的或陈述者不愿看到的结果。

3.进而 从而

"进而、从而"都可表示进一步的行动。"从而"还表示跟上文有条件或因果的关系。如"我们进行了合理的分工,从而大大提高了工作效率"这句话就只能用"从而"。

4.而后 尔后

都是连词,常用于书面语言。"而后"指以后,然后,表示在某事之后。"尔后"指从此以后,此后。"尔"有指代义,相当于"这""此"。

5.虽然 固然

"虽然""固然"都表示转折关系,"虽然"侧重于确认某种事实。"固然"侧重于让步,先确认某一事实,接着说同时也应承认另一事实。

6.关于 对于

"关于"表示关联、涉及的事物,"对于"指出对象。"关于"只用在主语前,"对于"用在主语前后均可。

7.只有 除非

"只有"从正面提出某个唯一的条件。"除非"从反面强调不能缺少某个唯一的条件,语气更重。"除非"可以用在"是……"前,"只有"不能。

8.不免 难免 未免

同由于某原因而导致不如意的结果。常换用,如"脱离实际,难免(不免)要犯错误"。"不免"指免不了。后面只跟肯定形式。副词,一般作状语。"难免"指不容易避免,后面可以跟否定词,意思未变。形容词,除作状语以外,还可以作谓语(常放在"是……的"中间)。"未免"指人对过分的事情不以为然,委婉地给以否定的评价。如"这样说未免太简单了"。

9.本来　原来

同为副词。拿先前的情况和现实的情况对比,表示语气的前后转变。"本来"更着重于强调原先的情况,多用于上半句,下半句有时有"可是""但是"与之呼应。"原来"更多的是强调对先前的真实情况有所发现或醒悟,多用于下半句,它时常是用真实情况对上半句加以说明或解释。

10.毕竟　究竟

同为副词。到底,说明事物的终究。用于非疑问句,表示强调或肯定。"毕竟"只用于非疑问句,表示强调或肯定语气。"究竟"用处较广,既可用于非疑问句。表示强调或肯定,这种句子里用"毕竟"居多,用"究竟"较少;表示追查和推求,又经常用于疑问句,表示追究。另外还可作名词。如"为了早知道个究竟,我们特地去调查。"

11.不但　不单

同为连词。不光、不仅。用在递进结构的前一个部分里;后一个部分里通常有连词"而且""并且""反而",副词"也""还"或"连"等相呼应。"不但"通用于书面语体和口头语体。"不单"多用于口头语体。另外还有"不止"的意义,如"这不单是我一个人的意见。""不但"不能这么用。

12.不管　不论　无论

都是连词。用于上一分句,表示任指各种条件;下一分句常有"都、总、全、就、也"等词与之呼应,表示结果不变,常通用,如"不管(不论,不管)大小,都要。""不管"用于口头语体居多。最适宜跟它搭配的是口语,后面不能用"如何、何、是否、与否"等文言成分,后面可跟上"名词+不+名词""形容词+(还是)+不+形容词",表示强调排除条

件,"不论""无论"一般不能这么用。"不论"口头语体,书面语体都常用。"不论"和"无论"后面可以跟上"形容词+还是+不+形容词","还是"可换成"跟""与"。"无论"用于书面语体居多。它跟"如何"组成常见格式"无论……如何……"

13.必须　必需

"必须",副词,后跟动词或动词性短语。"必需",动词,作谓语、定语。

14.从来　历来　向来

同为副词。从过去到现在一直是这样。"从来"后面跟否定形式居多,也可跟肯定形式。多用于口语,也用于书面语体。"历来"后面跟肯定形式,很少跟否定形式。用于书面语中,语气也不如"从来""向来"强。"向来"后面跟肯定形式和跟否定形式都常见。书面语和口头语都常用。

15.大抵　大概　大约　大致

"大抵"在表示推测语气时,比"大概""大约"偏重肯定(不是偏重猜测),比"大约"多用于对情况的推测,少用于对数量的推测。也表示约略的数量或范围,以及大略的情况。"大概"只表示推测语气,但比"大抵""大致"多偏重于猜测(不是偏重于肯定)。表示有很大的可能性。比"大约"较多用于对情况、对时间、数量的推测。"大概"还有不精确、不详尽等意思。"大约"跟"大概"同,只是比"大概"多用于对数量的推测。"大致"在表示推测语气时,比"大概""大约"多偏重于肯定(不是偏重于猜测),比"大抵"多用于口语。还可以表示大略的情况,这时跟"大抵"相同。

16.忽然　突然　猛然　骤然

同为"来得迅速而出乎意料"之意。"忽然"程度较轻。且在谓语前面居多,用在主语前面较少。"突然"程度较重。强调"突如其来",用于谓语或主语前面都常见。"猛然"程度更重,强调"气势猛、强而有力"。一般用于谓语前面。"骤然"程度更重,强调

"急剧、迅速"。常用于谓语前面。

17.几乎　简直

"几乎"强调的语气轻一些，只表示相差之微小。"简直"带夸张或强调语气，强调相差微小或几乎相同，接近于完全、等于。

18.竟然　居然

"竟然"出乎意料或超出常理、常情。用于主语后面，动词谓语前面。"居然"有时语气较重，可用于主语前面，"竟然"一般不这样用。

19.所以　因此　因而

"所以"表示结果，作用在于连接。还可以用在前一分句的主语和谓语之间。常跟"因为""原因""如此"搭配。"因此"不只表示结果，还表示原因。意为"因为这个，所以……"。作用是复指上文，承上启下。"因而"不只表示结果，还表示推论。作用是连接上文，承上启下。不能用于句号后面，"因此"则不然。

20.一概　一律

"一概"相当于"全、都"，常用于对事物的概括。一般只用于动词前面。"一律"相当于"全一样地""都一样地"，除了常用于对事物的概括（可以换成"一概"），还常用于对人的概括（不能换成"一概"），除了可以用在动词前面，还可以用于名词或名词性短语前面（可以理解为在名词前省略了一个"是"）。

第三章　判断病句、分析病句

考情精析

年份	考查内容	考查形式	设问类型	分值
2018年	成分残缺、搭配不当、不合逻辑	选择题,4组句子选择一组	没有语病的一项是	3分
2017年	搭配不当、句式杂糅	选择题,4组句子选择一组	没有语病的一项是	3分
2016年	成分残缺、语序不当、成分赘余	选择题,4组句子选择一组	没有语病的一项是	3分
小结	从近几年技能高考真题看,判断病句最常考查的出错类型有语序不当、搭配不当、成分残缺或赘余、结构混乱、不合逻辑、表意不明等,特别是结构混乱、不合逻辑两类出题率较高			

考点精讲

题型示例

例1　(2018年湖北技能高考卷)下列各项中,没有语病的一项是　　　　　（　　）

A.通过参加这次培训后,使他思路开阔,境界提升,真令人刮目相看。

B.这一歌唱组合创作的高品质词曲,很难让人相信这是平均年龄仅 20 岁的作品。

C.书法作品看上去是静止的,实际上它凝结着书法家的智慧和激荡的情感。

D.山东、山西、河南分别召开工会代表大会,选举产生三省总工会领导机构。

【试题答案】　C

【试题分析】　A项中,缺主语,多用了介词或介宾结构,使原来的主语变为状语。应去掉"通过"或"使";B项中,主宾搭配不当,其中的"高品质词曲"与后面的"作品"不搭配;D项中,"三省总工会领导机构"有歧义。所以,没有语病的是 C 项。

例2　(2017年湖北技能高考卷)下列各项中,没有语病的一项是　　　　　（　　）

A.远远看去,东湖绿道上的自行车流形成了一道奇特的风景。

B.夜晚,天安门城楼的灯光灿烂辉煌,更显得雄伟壮丽。

C.这两起走私案件,不仅数额巨大,而且长期作案,竟一直未被发现。

D.这件产品深受广大消费者所欢迎,因为它的确是质优价廉。

【试题答案】　A

【试题分析】　本题错误的都属于"搭配不当"。B项误用"的"字,偷换主语,造成"灯光"与"雄伟壮丽"搭配不当,应删去"的"字;C项主谓搭配不当,"长期作案"的对象不是"案件";D项句式杂糅,"所"字单独使用时,常常用在动词前,与动词组成所字结构,相当于一个名词。句中的"所欢迎"就是一个所字结构,相当于一个名词"所欢迎的……"。从句意看,并没有此意,"所"字可与"为"字组成"为……所……"的被动句式。因而本句可改为"深为……所欢迎"或"深受……的欢迎"。所以,没有语病的是A项。

例3 (2016年湖北技能高考卷)下列各项中,没有语病的一项是 ( )

A.通过特级教师的这次讲课,对大家的启发很大。

B.我们图书馆关于科技方面的书收藏的有几万册。

C.《教育法》颁布后,教育优先发展的战略地位得到了进一步落实。

D.加强对全民环保意识的教育,是当前非常至关重要的问题。

【试题答案】 C

【试题分析】 A项缺主语,多用了介词,使原来的主语变为状语。应去掉"通过"或"对";B项语序不当,"收藏的"提到"关于"前;D项成分赘余,"非常"与"至关"重复,应删去一个。所以,没有语病的是C项。

方法指导

六种常见病句类型及示例分析

一、搭配不当

(1)**主谓搭配不当**。如:"他那崇高的革命品质和伟大的形象,经常浮现在我的脑海中。"

辨析:"品质"不能"浮现",多主(语)与一谓(语)不能全搭配。

(2)**动宾搭配不当**。如:"成千上万的奥运志愿者都在忙碌着,他们在共同努力,完成举办一次令亚洲乃至全世界都瞩目的文明亚运的理想。"

辨析:"完成"与"理想"搭配不当。可改为"完成……任务"或"实现……理想"。

(3)**主宾搭配不当**。如:"周保科同志在担任营长、团长期间,多次被评为训练先进单位和后勤保障模范单位。"

辨析:主语"周保科"和宾语"单位"搭配不当。把第一个"单位"改为个人,第二个"单位"去掉。或者前面改为"周保科同志在担任营长、团长时所带的部队"。

(4)**附加语和中心词搭配不当**。如:"张达返校后,对抢救落水儿童的事只字未提,直到一封感谢信送到校长室,这件好人好事才为大多数人知晓。"

辨析:"这件好事"可以,"这件好人"不通,应该去掉"好人"。

(5)**关联词语搭配不当**。如:"他自己不跟老师讲,并且要我讲。"

辨析:是转折关系,不是递进关系。滥用"并且",使语意表达不清,应把"并且"改为"却"。

二、语序不当

(1)**词序不当**。如:"自1993年北京大学生电影节诞生以来,已经累计有超过100万人次参与了影片的观摩。"

辨析:"已经"与"累计"应该换位置。

(2)**关联词语位置不当**。如:"他如果不能实事求是,事业就会受到损失。"

辨析:"他"应移到"如果"的后面。两个分句同一主语时,关联词语在主语后边;不同主语时,关联词语在主语前边。

(3)**多项定语排列顺序不当**。如:"一位优秀的有20多年教学经验的国家队的篮球教练到我校指导。"

辨析:多项定语一般可以按以下次序排列,表领属性的或时间、处所的,指称或数量的短语,动词或动词短语,形容词或形容词短语,名词或名词短语。另外,带"的"的定语放在不带"的"的定语之前。本题考查多项定语的次序排列问题,应该把表领属性的成分放在最前面,修改为"国家队的一位有 20 多年教学经验的优秀的篮球教练到我校指导"。

(4)**多项状语排列顺序不当**。如:"在白宫办公室即将离任的布什总统及政府要员昨天都同奥巴马热情地交谈。"

辨析:复杂状语排列大致为:a.表目的或原因的介宾短语;b.表时间或处所的;c.表语气(副词)或对象的(介宾短语);d.表情态或程序的。表示对象的介宾短语一般紧挨在中心语前,目的或原因、时间、处所、语气、范围、否定、程度、情态、对象。应该改为"即将离任的布什总统及政府要员昨天(时间)在白宫办公室(处所)都(范围)热情地(情态)同奥巴马(对象)交谈"。

(5)**主客体颠倒**。如:"罗贯中的《三国演义》对于许多日本企业家是不陌生的。"

辨析:主客体颠倒,应改为"许多日本企业家对罗贯中的《三国演义》是不陌生的"。

(6)**分句位置不当**。如:"如果能够学得超过前人,也不要自满自足,大夸自己的成绩,否则就会一落千丈,就会停滞不前。"

辨析:此类语病常出现于递进、承接、因果关系的复句中。例句中"一落千丈"和"停滞不前"应有先后的程度的差异。"停滞不前"先于"一落千丈",而程度也比较轻。习惯上总是语意重的放在后面,两者应调换位置,才能显示其递进关系。

三、成分残缺或赘余

(1)**主语残缺**。如:"冬奥会上,经过中国小将周洋的奋力拼搏,终于获得女子 1500 米短道速滑金牌。"

辨析:常见的原因是滥用介词淹没句子的主语,造成主语残缺。只需要把省略掉的主语补充完整就行了。补充主语有两种补充方法。可以把状语中的"中国小将周洋"提前到"经过"之前,删除掉其后的助词"的",整个句子就修改成"冬奥会上,中国小将周洋经过奋力拼搏,终于获得女子 1500 米短道速滑金牌";也可以把"中国小将周洋"这个主语直接从状语中提取出来放到后面作主语改成"冬奥会上,经过奋力拼搏,中国小将周洋终于获得女子 1500 米短道速滑金牌"。

(2)**谓语残缺**。如:"南堡人民经过苦战,一道大坝巍然屹立在天目溪边。"

辨析:句首陈述对象缺乏相应的谓语,却另起一个头,造成谓语残缺。该句缺谓语,句中主语"南堡人民"和状语"经过",而没有谓语,若把"经过"一词前置句首,"经过南堡人民"便成为状语,"一道大坝"便成为主语,"屹立"成为谓语,这样句子成分就不残缺。

(3)**宾语残缺**。如:"为了全面推广利用菜籽饼或棉籽饼喂猪,加速发展养猪事业,这个县举办了三期饲养员技术培训班。"

辨析:宾语残缺。句中"推广"的宾语应该是"经验",而不应是"喂猪";在"喂猪"后面加上"的经验"句子就通了。

(4)**定语、状语缺少或不完整**。如:"细菌是有害的。"

辨析:这句话的主语"细菌"是泛指,会给人这样的信息,所有的细菌都是有害的。事实上,有些种类的细菌是有益的,如帮助消化的酵母菌。因此正确的说法是"有些细菌是有害的"。

(5)**虚词残缺**。如:"各级财政部门要提高科学管理水平,特别是对农村基础设施经费的管理上,要做到心中有数,全盘考虑,周密安排。"

辨析:介词残缺。在"特别是"后加"在"。

(6)**成分赘余**。如:"明天就是截止日期的最后一天。"

辨析:"截止日期"就是最后一天。"截止日期"之后"的最后一天"赘余,应去掉。

四、结构混乱

(1)**句子杂糅式**。如:"我们的部队一队一队一批一批扛着枪支火药都运在济南城外了。"

辨析:一个意思应该分成两句话来说,却并在一句话里说,思想跳跃得太快,语言表达跟不上,造成句式杂糅。这个句子可以改为"我们的部队一队队都扛着枪支弹药,这些武器都运在济南城外了"。

(2)**暗换主语式**。如:"登陆青岛前他们专门对青岛市场作了调查,除了地摊货,青岛还没有布鞋的品牌店。"

辨析:前半句主语是"他们",后半句变成了"青岛"。

(3)**话题转移式**。如:"中国人民自从接受了马列主义思想之后,中国的革命就在毛泽东同志领导下大大改了样子。"

辨析:"中国人民自从接受了马列主义思想之后"就怎么样?作者不接下去说,却用"中国革命"另起一句。应该改为"自从中国人民接受了马列主义思想之后"。

五、表意不明

(1)**语意不明**。如:"离退休不到五年的职工不得享受此种待遇。"

辨析:句中"离退休不到五年"具有多义性,可理解为"离休或退休不到五年",也可理解为"距离退休不到五年"。

(2)**指代不明**。如:"对于那些指责这一学说缺乏理论支持、说它不以实验而以先验方式作一般性推理的人,这表明他们对这一学说缺乏深入认识,还没有掌握其精髓。"

辨析:"这"指代不清,应将前半句改为"那些人指责这一学说缺乏理论支持、说它不以实验而以先验方式作一般性推理"。

(3)**歧义**。如:"爷爷看见我俩很高兴,急忙上前打招呼。"

辨析:句子由于停顿不同而产生歧义,可理解为"爷爷很高兴"或"我俩很高兴"。

六、不合逻辑

(1)**自相矛盾**。如:"当你伫立岸边,放眼无边的大海,眼前会涌现出一幅我们的祖先日出而作、日落而归的壮丽图画。"

辨析:既然"放眼大海",后面所呈现的图画应是大海上的情景,此句表述所看到的是土地上的情景,前后矛盾。可将"无边的大海"改为"辽阔的大地",并将"伫立岸边"改为"伫立原野"等。

(2)**分类不当**。如:"我国的江河湖泽出产鱼、虾、盐、碱等水产品。"

辨析:"鱼""虾"是水产品,"盐""碱"不是水产品,不是同一范围的概念,而句中却说"盐""碱"是水产品。

(3)**强加因果**。如:"由于我很喜欢英语,所以对化学不感兴趣。"

辨析:"很喜欢英语"与"对化学不感兴趣"两者之间不存在因果关系,理由不充分,不能让人信服。

（4）**否定不当**。如："雷锋精神当然要赋予它新的内涵，但谁又能否认现在就不需要学习雷锋了呢？"

辨析：反问句本身就是一重否定，再加上"否认"和"不"，意思成了否认学习雷锋。

（5）**不合事理**。如："我每次向他借书，他都不顾年老体弱，亲自冒着酷暑和严寒到小书房去找。"

辨析："酷暑"与"严寒"分别是在夏天、冬天，不可能同时到来，"他"怎么能每次都"冒着酷暑和严寒"呢？

（6）**两面对一面**。如："做好生产救灾工作，决定于干部能否深入到群众中去，了解群众困难，关心群众疾苦。"

辨析："做好"是一面的，而"能否深入"是两面的，是病句。可以这么修改："生产救灾工作做得好不好，决定于干部能否深入到群众中去，了解群众困难，关心群众疾苦"。

对点训练
课后巩固训练

训练1

1.下列各项中，没有语病的一项是　　　　　　　　　　　　　　　　（　　）
　　A.南京阳山有三块巨石，专家认为这是朱棣给朱元璋修建神功圣德碑的碑材。
　　B.这些角色不同类型，距离相当大，如果没有塑造人物性格的技巧，那是演不好的。
　　C.如果人们连续看上四五个小时的电视节目，就会使人十分疲劳。
　　D.日前，武汉市两学生玩"蹦极"摔裂颅骨，事故发生的原因和设备的质量问题正在调查之中。

2.下列各项中，没有语病的一项是　　　　　　　　　　　　　　　　（　　）
　　A.他生长在偏僻的山区，因而从小就对农民有深厚的感情。
　　B.现代阅读理论认为，读者的参与才意味着意义的生成及作品的最终完成。
　　C.冯小刚的《芳华》能够获奖的原因是电影中想象元素组合的力量造成的结果。
　　D.在安徽省文物考古研究所对地下文物进行抢救性发掘时，在堰墩发现了西周中晚期的村落遗址。

3.下列各项中，没有语病的一项是　　　　　　　　　　　　　　　　（　　）
　　A.为了防止今后不再发生类似的事件，有关部门进一步完善了安全生产措施。
　　B.若想让孩子长成有用之材，家庭和学校教育首先应将孩子的自立精神培养放在首位。
　　C.水生植物之所以能够生活在水里面不腐烂，是因为它们能在水中呼吸，有抗腐烂的能力才不腐烂。
　　D.现代科学技术发展日新月异，研究领域不断拓展。

4.下列各项中，没有语病的一项是　　　　　　　　　　　　　　　　（　　）
　　A.大熊猫受到病饿威胁，当地群众得知后，给病饿熊猫喂食、治疗，减少了大熊猫的死亡率。
　　B.在新中国的建设事业上，他们发挥着无穷的蕴藏着的力量。
　　C.夜深人静，想起今天发生的一连串事情，我怎么也睡不着。
　　D.许多附近的妇女、老人和孩子都跑来看他们。

5.下列各项中,没有语病的一项是 （　　）

A.在随机抽取的 83 份药品说明书中,有 36 份存有"只说不明","缺斤少两"的问题。

B.互联网的服务公司应运而生,它们吸收了众多的用户,向市场推出了更加优惠的服务方式。

C.对于议论文的语言,要求有高度的概括性,这是议论文的一个显著特征。

D.在戏剧学院学习时,只有我跟他学过弹钢琴。

6.下列各项中,没有语病的一项是 （　　）

A.在这首充满活力与希望的大建设、大发展、大繁荣的乐曲声中,我们听到了极为和谐而又令人震撼的音符。

B.这两起走私案件,不仅数额巨大,而且长期作案,竟一直没有被发现。

C.作为人民公仆的成克杰,从他的办公室里竟搜出上百万的钱物。这就是腐败分子的"腐败"。

D.今天开会他为什么不来?大概是对我们的工作有意见。

7.下列各项中,没有语病的一项是 （　　）

A.广州火车站等待乘车回家过春节的旅客大约 50 万人左右,把整个火车站围得水泄不通。

B.他们把重点转向照顾幸存者,为避免地震滑坡可能带来的灾害而奔忙。

C.要想提高语文写作能力,学生平时就应该多读美文,多积累好词佳句是行之有效的方法。

D.批评和自我批评是有效的改正错误提高思想水平的方法。

8.下列各项中,没有语病的一项是 （　　）

A.造成中小学生负担过重的根本原因是我国教育总体水平偏低,教育观念落后。

B.这本杂志的对象,主要是面向中小学语文教师及其他语文工作者。

C.在世界杯外围赛前的热身赛中,米卢执教的中国队连遭败绩,这一结果大大超出中国球迷的意料之外。

D.国足的健儿们清楚,一个球的输赢不仅关系到个人的前途,而是关系到祖国母亲的荣誉。

9.下列各项中,没有语病的一项是 （　　）

A.这期研究班是全国职工教育管理委员会和国家经委联合于今年 5 月底举办。

B.走到屋外,迎面吹来的寒风不禁打了个冷战,我的头脑也清醒了许多。

C.在语文课堂上,我的快乐就是在文本的解读中感受大家的思想,分享大家的情怀。

D.我们常把人生比作一次旅行,辛劳和苦难算做我们不能不花的旅费。

10.下列各项中,没有语病的一项是 （　　）

A.军队建设要根据国家的现实经济状况出发,控制军队员额及武器装备的数量。

B.为了写好《中国民歌》这本书,近几年来,王梓几乎无时无刻不在搜集、整理民歌,精心进行研究。

C.对社会深刻的观察,使他的批判往往独抒新见。

D.查理先生曾到过几个济南的周边城市,其中威海给他留下了深刻的印象。

11.下列各项中,没有语病的一项是 （　　）

A.我们图书馆关于科技方面的书收藏的有几万册。

B.从西方医学的历史来看,外科学的发展与解剖学和病理学的发展相联系的。

C.黄毒泛滥之所以那么严重,原因是思想政治教育薄弱。

D.陈彤没日没夜地赶写报告,终于,赶在研讨会召开之前脱稿了。

12. 下列各项中,没有语病的一项是 （　　）

A.小碑座雕刻着八个大花圈,这些花朵象征着纯洁、坚韧和品质高贵。

B.人们喜欢把教师比作"红烛",因为教师像红烛一样,燃烧了自己,照亮了别人。

C.他对群众问寒问暖,和群众的苦难休戚与共,这正是他崇高品德的体现。

D.凡在本店购货满 300 元者,本店将惠赠一份精美的礼品。

13. 下列各项中,没有语病的一项是 （　　）

A.政府应利用政策、法律和经济手段来引导,使企业走上资源节约之路。

B.有的儿童文学偏重于教育和理性,孩子天性中的爱游戏、爱求知、爱趣味、爱幻想被忽略了。

C.目前,主张勤俭节约的呼声,似乎并没有唤醒和阻止住一些人追求豪华的势头。

D.湖北省对贵州省的援助是早有准备的。

14. 下列各项中,没有语病的一项是 （　　）

A.对被侵权的作者,应该及时在刊物上予以揭发。

B.为了争权夺势,曹丕竟然不顾手足情,威逼曹植在七步之内吟成一首诗,否则"决不宽恕"。

C.南市区政府连续五年授予该厂"重合同、守信誉"单位。

D.安斯落考上了纽纳姆学院,在那里,她在现代语学习中首屈一指。

15. 下列各项中,没有语病的一项是 （　　）

A.一踏进图书楼,最动人的感觉便是他们都在那儿专心致志地做学问。

B.兔子泛滥成灾,糟蹋了绵羊的牧场,使誉满全球的澳洲绵羊成倍减少。

C.厂长采纳了两位工人的合理化建议,调动了全厂职工出谋献策的积极性。

D.小品在每届春节晚会都会让观众抹几把感动的泪水,有时甚至达到让人欢喜让人忧、台上台下齐动情。

16. 下列各项中,没有语病的一项是 （　　）

A.有些店铺退出韩国市场,是其文化受到韩国人民排斥导致经营情况恶化的必然结果。

B.若全国所有场所都采用节能灯,其效益相当于发电量是两座的三峡电站。

C.随着地壳上升,将地下的硅化木剥露出地表,成为今天最鲜活的记忆。

D.在过去的二三十年内,我国的粮食生产长期不能自给。

17. 下列各项中,没有语病的一项是 （　　）

A.采用各种办法培养现代企业人员的水平,尤其是青年同志的水平,是我国许多企业的当务之急。

B.起初他只是为犯罪分子提供窝点,到后来则亲自上阵,打着推销保温材料的名义拐骗妇女。

C.他把 6 位团的干部召集到一起,部署了下一阶段的任务。

D.当然要搞好渗透和结合,并非易事,需要下一番苦功夫不可。

18.下列各项中,没有语病的一项是 （ ）

A.银行对申请贷款购车的客户的还贷能力的核查,是决定发放贷款的一项重要内容。

B.把孩子逐出校门,实质上等于剥夺了他们受教育的权利,把他们变成社会的边缘人甚至可能一辈子进不了主流社会。

C.参加世界妇女大会的各国代表兴致勃勃地观看了中国艺术家演出的富有民族特色的音乐和舞蹈。

D.美国总统克林顿3月8日向国会提交给予中国永久性正常贸易关系的议案。

19.下列各项中,没有语病的一项是 （ ）

A.《纪念孙中山先生》是毛泽东同志纪念孙中山先生写的文章。

B.大部分电台英语广播的语速较快,对于初学英语的人听起来确实感到困难。

C.正是这些无私奉献的知识分子,用生命筑就了中华文化史上又一座新的长城。

D.王亮学习成绩一直平平,进入高三以后,成绩大有进步,特别用功,真该刮目相看了。

20.下列各项中,没有语病的一项是 （ ）

A.请永远保存向往和平、向往自由、向往未来的美好愿望,反对战争、专制和恐怖主义。

B.多读多写,至今仍不失为一种好的学习语文的方法。

C.1940年大旱,我们村500户就逃荒了300户。

D.数字化时代,很多人提笔忘字,从此以往,将影响到汉字文化能否很好的传承。

训练2

21.下列各项中,没有语病的一项是 （ ）

A.市卫生监督部门加大了对市场上牛肉的抽样检测,防止不合格肉制品重现百姓餐桌。

B.干不干一个样,干多干少一个样,干好干坏一个样,这是很不合理的。

C.在几年的教学实践中,使他逐渐形成了自己的教学风格。

D.随着"天舟一号"的成功发射,标志着我国航天科技已经达到世界领先水平。

22.(2012年湖北省高职统考试题)下列各项中,没有语病的一项是 （ ）

A.夜深人静,想起今天一连串发生的事情,我怎么也睡不着。

B.3月5日,抱着宣传"雷锋精神"的想法,我们的黑板报也创刊了。

C.你可知道,要出版一本译作是要经过多少人的努力以后,才能与读者见面。

D.一些伟人的思想,有时觉得离我们很近,有时又觉得离我们很远。

23.(2008年湖北省高职统考试题)下列各项中,没有语病的一项是 （ ）

A.银行对于申请贷款购车客户的还贷能力的核查,是决定是否发放贷款的一项重要内容。

B.我们坚信:任何恶雨邪风都吹不垮正义的力量。

C.厂家本着保证质量、降低成本、便于服务为原则,改革了处方和工艺。

D.观摩了这场庭审后,对我们这些政府官员的法律水平又有了提高。

24.(2009年湖北省高职统考试题)下列各项中,没有语病的一项是 （ ）

A.对于小张来说,通往大枣庄的这条路太熟悉了。

B.夜深了,整栋教学楼一片漆黑,只有高三(2)班的教室还亮着灯。

C.在全国政协会议上,对恶意不执行法院判决的人,有的主张判刑,有的不主张判刑。他同意这种主张。

D.在新的一年里,中华民族这条巨龙一定会腾飞于无垠的天际,创造出令世界惊异的奇迹来。

25.(2010年湖北省高职统考试题)下列各项中,没有语病的一项是 （　　）

A.她看上去很年轻,不超过三十岁上下的年龄。

B.听到你的一席话,使我一下子感到天空开阔起来,信心也增强了。

C.我在战栗中体验高原雪域博大深长的余韵时,突然感悟到——这就是苍茫。

D.一位热爱鲁迅小说的朋友向我问道:"你过去看过《阿Q正传》吗?"

26.(2011年湖北省高职统考试题)下列各项中,没有语病的一项是 （　　）

A.校领导对"减负"工作作了具体安排,全体教师对教育局的有关规定也引起了足够的重视。

B.有些作家背离了大众的欣赏习惯,弄些非驴非马的东西,却自诩是在进行探索。

C.走出洞口,我们看见了弯曲的小路、河流、村庄。

D.市政府组织的全市万名干部下基层的队伍中,有青年,有妇女,还有企事业的领导。

27.(2011年技能高考文化综合试题)下列各项中,没有语病的一项是 （　　）

A.小军拿了三本书籍,就急匆匆地离开了家。

B.日本发生的九级地震灾害,得到了世界许多国家政府的支援。

C.他家的墙上挂着一幅他祖母的肖像。

D.她大约五十岁左右的年龄,但精神饱满,嗓音很高。

28.(2012年技能高考文化综合试题)下列各项中,没有语病的一项是 （　　）

A.认真复习,是能否通过这次考试的关键。

B.和分别了十年的亲人重逢,他流下了辛酸而又欢喜的眼泪。

C.海边的沙滩上,留下了我们一串串脚印的痕迹。

D.即使烈日狂风也吹不垮我们战胜困难的意志。

29.(2013年技能高考文化综合试题)下列各项中,没有语病的一项是 （　　）

A.创作同摆渡一样,目的都是把人渡到前面的彼岸去,只是方法有所不同而已。

B.20世纪50年代,美国所有出版社拒绝接受《花鼓歌》,只有纽约一家出版社同意出版该书。

C.刚刚结束的全国"文代会"要求:文学创作无论在思想内容还是在艺术形式上,都要力求创新。

D.银行对申请贷款购车的客户的还贷能力的核查,是决定发放贷款的一项重要内容。

30.(2014年技能高考文化综合试题)下列各项中,没有语病的一项是 （　　）

A.中日关系能否走向正常化,取决于日本政府是否坚持正确的历史观。

B."中国梦"凝聚了几代中国人的夙愿,况且是每一个中华儿女的共同期盼。

C.城际铁路建成后,谁也不能否认不会为市民出行带来更大的便利。

D.莫泊桑的《项链》这篇短篇小说对我是再也熟悉不过的了。

梳理病句中常见标志性错误例析例说

1.句子中出现并列短语

有些病句具有特殊的标志,掌握了这些标志就能帮助我们快速辨析句子出了什么毛病。

①并列成分的包含问题。如:"我上街买了些蔬菜、花菜和小白菜。"

【分析】 名词性的并列短语中有重复、交叉、从属现象。"蔬菜"和"花菜、小白菜"之间有包含关系,不能并列。

②考查各并列成分的语序问题。如:"通过检查,大家讨论、发现、解决了课外活动中的一些问题。"

【分析】 "讨论、发现、解决"的正确顺序应是"发现、讨论、解决"。

③考查并列短语前后搭配问题。如:"今年春节期间,这个市的 210 辆消防车、3000 多名消防官兵,放弃休假,始终坚守在各自执勤的岗位上。"

【分析】 "210 辆消防车"和"3000 多名消防官兵"是一个并列短语,"消防官兵"能"放弃休假",而"消防车"却不能。

2.句子中出现正反两方面的词语

句子中看到"是否、能不能、有无"等诸如此类的词时,应该立即想到句子前后是否照应。如:"我们能不能培养出创新人才,是关系到我们国家前途命运的大事,也是教育战线的根本任务。"

【分析】 句中"能""不能"是两个方面,显然不能说都是"根本任务"。修改为"我们培养创新人才,是关系到我们国家前途命运的大事,也是教育战线的根本任务"。

3.谓语是"是""成为"

主语和宾语应该都表示同一事物或同类事物,或都表示某种行为活动。如:"今年麦子的收成是几年来麦子收成最好的

一年。"

【分析】 本句从外形上看,"是"将主语"收成"和宾语"一年"等同起来,表示同一关系,但是它们不是同一关系。可以删去"一年"或"麦子的收成"。

4.句子的开头出现了介词

考查主语残缺的问题。如:"经过这次下乡调查,使我们看到了改革开放政策给农村带来的变化。"

【分析】 因句首介词"经过",使"这次下乡调查"的主语地位丧失,可去掉"经过",如果要保留"经过",则可去掉"使",从而整个句子的主语变为"我们"。

5.句子中有多层定语和多层状语

一是语序是否不当,二是是否产生歧义。如:"夜深人静,想起今天一连串发生的事情,我怎么也睡不着。"

【分析】 "一连串"应移到"事情"前。

6.句子中出现"与""和"

要考虑主客的位置是否倒置。如:"去年的收成和今年比较起来大不相同。"

【分析】 本句本来要表达的是"今年"和"去年"相比较,"今年"收成的情况,但是因为有了"和",表达成了"去年"的情况,所以要将这两个词语换位置。

7.句子中出现多个否定词

如果句子中出现两个以上的否定词,就要条件反射的想到可能要考查多重否定的问题。如:"谁能否认优异的学习成绩不是靠勤奋学习得来的呢?"

【分析】 确定作者要表达的意思是"好成绩靠勤奋",原句中表"不"意的个数,"否认""不是"再加上反问句式,共有三个负号,和原句意不通,去掉一个否定。

8.句子中出现代词

如果句子中出现代词时,要考虑代词是

否指代不明。如:"今天老师又在班会上表扬了自己,但是我觉得还需要继续努力。"

【分析】 "自己"指代不明,是指"老师"还是指"我",不清楚,应改为"我"。

9.句子中出现关联词

①关联词是否搭配。如:"只有你意识到这一点,你就能深刻地了解我们战士的胸怀是多么宽广。"

【分析】 "只有"与"才"搭配,去掉"就"。

②是否使用该套关联词。如:"不管气候条件或地理环境都极端不利,登山队员仍然克服了困难,胜利攀登到顶峰。"

【分析】 "不管"应改为"尽管"。

③关联词位置。如:"他如果不能实事求是,事业就会受到损失。"

【分析】 前后两个分句主语一致,关联词应放在主语之后;主语不一致,关联词应放在主语之前。本句"他"应移到"如果"后。

10.句子中出现谦辞或敬辞

考虑是否用错对象。如:"欢迎各位朋友到本人府上相聚。共叙友情,探讨学问。"

【分析】 府上:敬辞,是对别人的家或老家的尊称。不能称自己的家为"府上"。可改为"敝处""寒舍"。

11.句子中出现数词

考虑是否符合事理。如:"今年以来,全厂产量提高到百分之二十。"

【分析】 "提高到"表示增长后的总量,应改为"提高了"。

12.句子中出现"关于""对于""对"

考虑是否混淆三个词的用法。如:"老师对于我就像对待她的亲生孩子一样。"

【分析】 "对"所保留的动词性较强,当"对"引进动作行为的方向、目标或者含有"对待"的意思时,"对"不能换成"对于"。

扫一扫,购详解

第四章 标点符号

考情精析

年份	考查内容	考查形式	设问类型	分值
2018 年	引号、问号、书名号、分号	选择题,语句形式	选标点符号使用规范的一项	3分
2017 年	书名号、分号、引号、叹号、问号	选择题,语句形式	选标点符号使用规范的一项	3分
2016 年	问号、引号、顿号、书名号、冒号	选择题,语句形式	选标点符号使用正确的一项	3分
小结	纵观近几年试题,标点符号考查的分值稳定,题型均是以语句的形式选出正确选项。考查的重点为常见的标点符号。其中问号、引号、书名号近几年均有出现,冒号出现在2016年,分号出现在2017年和2018年,顿号出现在2016年,叹号出现在2017年。而省略号、括号、破折号、连接号、着重号在近几年的试题中均没有出现			

考点精讲

题型示例

例1 (2018年湖北技能高考卷)下列各项中,标点符号使用规范的一项是　　　　(　　)

A."千寒易除,一湿难去"。湿与寒在一起,称为湿寒,在南方地区很常见。

B.一个月来我感到很迷惘,不知道是继续考研呢,还是去求职?

C.二胡名曲"二泉映月"抒发了辛酸悲抑之情,有强烈的艺术感染力。

D.国家的强盛,往往离不开文化的支撑;民族的复兴,常常伴随着文化的繁荣。

【试题答案】　D

【试题分析】　A项中,"千寒易除,一湿难去"为完整引文,句号应该放在反引号前面;B项中,"不知道是继续考研呢,还是去求职"不是选择问句,只是陈述"我感到很迷惘"的具体内容,句末应该用句号;C项中,《二泉映月》为歌曲名,应该用书名号。

例2 (2017年湖北技能高考卷)下列各项中,标点符号使用规范的一项是　　　　(　　)

A.《纪念孙中山先生诞辰150周年》图片展在首义博物馆隆重举办。

B.我爱黄昏的落日,庄严宁静;我更爱初升的红日,灿烂辉煌。

C.登临黄鹤楼远眺长江对岸,我高声朗诵了古人诗句:"晴川历历汉阳树,芳草萋萋鹦鹉洲"!

D.老师亲切地问董晶晶:"你妈妈的病好了没有,你的作业做了没有?"

【试题答案】　B

【试题分析】　B项考查的是分号用法:并列分句有逗号才能用分号。A项中,图片展作为一种文化传播活动的组织形式,其名称一般不用任何标号,必要时用引号;C项中,引文独立成句,意思又完整,句末点号应放在引号里面;D项是连续发问,并列连续发问的问句,每一问句后须用问号。

例3　(2016年湖北技能高考卷)下列各项中,标点符号使用正确的一项是　　　　(　　)

A.老师惊讶地问道:"你是什么时候进来的,王立辉同学?"

B.我们家乡的物产可丰富啦,例如粮食啊、棉花啊、各种水果啊、还有很多土特产!

C.据说,列宁最爱听的一首俄罗斯民歌就是我们至今还经常唱的"三套车"。

D."学知识是很重要的,"叔叔对我说:"但更重要的是学会做一个堂堂正正的人。"

【试题答案】　A

【试题分析】　A项考查的是倒装句中问号的用法:倒装句中问号放在句末。B项中,并列词语后有语气词应该用逗号;C项中,《三套车》为歌曲名,应该用书名号;D项中,"某某说"放在引用话之间,后面应该用逗号。

方法指导

一、反复试读,以停顿长短来确定句中点号

点号不同,表示停顿的长短不同。在一个句子中,句末点号(句号、问号、感叹号)停顿最长,分号其次,逗号较短,顿号最短。把握了停顿的长短,便于确定点号。

例:由于教练员的科学指导;由于运动队全体同志的热心帮助;由于家人的大力支持,他才在这次竞赛中夺得冠军。

【分析】　句中前三句的停顿都是同样长的,却用了不同的点号,显然是错误的,应把分号改为逗号。

二、理解文意,依据层次和语义确定标点

一句话或一段话的内部,总有一定的层次,把握了语意层次,便于准确地确定停顿,点清标点。

例:我在武汉听了毛委员演说三个月后,又在郑州听到谭延闿对湖南农民运动的恶毒攻击,什么"糟得很""痞子运动"等。

【分析】　由于不明文意,而未断开层次,结果使人误以为是"听了三个月的演说"。据文意,这句话有两个层次:一是"我"听了演说,二是三个月后又听到有人对演说进行否定、攻击。根据上述层次,应在"演说"后有较大的停顿,书面上用逗号表示。

三、成分分析法确定逗号、顿号

例1:台湾与大陆,同根同源、同文同种,为了民族的利益,两岸应尽快携起手来。

【分析】　上句中的"同根同源、同文同种"在句中作谓语,所以,它们之间不能用顿号,应该用逗号。

例2:十九大报告指出,要更好地满足人民在经济,政治,文化,社会,生态等方面日益增长的需要。

【分析】　"经济,政治,文化,社会,生态"在句中作定语,它们之间必须用顿号,用逗号则割裂了它们与中心词之间的限制关系。

四、根据语气确定句末点号

一个句子,总有一定的语气。句末标点一方面表示停顿,另一方面也是一定语气的书面形式。因此,根据句子的语气可以确定句末点号。

例:旧社会学校里的一个小小职员,要干的杂务多着呢?

【分析】 这个句子中的语气助词"呢"不表疑问语气。揣摩文义和语气,可知文中是在指明事实,而又带有气愤的情绪,表明说话人有不平的情绪,所以应该改问号为感叹号。

五、拟用答语判断逗号、问号

例1:你是懦弱地等待?①还是勇敢地应对呢?

【分析】 在给上句拟答语时,我们只要选择其一,或等待,或应对,就可以了。由此我们可以判断例句是选择问句,是一句话,中间是不能用问号的,应把①处改为逗号。

例2:茫茫宇宙到底有没有外星人,①生命能不能合成,②人果真由命运主宰?这一切都引起人们深深地思考。

【分析】 在给上句拟答语时,不能简单选择其中的一问回答,而是每一问都得回答。这就告诉我们例子是多重问句,各自独立,所以①②处的逗号应改为问号。

六、图示法解决句末标点在引号内外的问题

例:"冰冻三尺,非一日之寒。"做好一件事往往需要一个长期的积累过程,写作更是"路漫漫其修远兮。"

【分析】 用图示法表示为"××××××。"①××××××××,×××"××××××。"②

①句引号内独立成句,故句号应在引号内;②句如果认可引号内的句号,那么全句就没有了句末标点,不伦不类,所以,②句句号应在引号外。

七、主动画句号,品评冒号的用法

例:鲁迅认为,中国的历史只有两个时代:①"想做奴隶而不得的时代"和"暂时做稳了奴隶的时代",②"这一种循环,也就是'先儒'之所谓'一治一乱'"。

【分析】 从"两个时代"看,句号应加在②处,既然②处用了逗号,说明与后面还是有密切关系的,而后面的内容又不是"两个时代"的内容,所以说,①处的冒号属于用错情况。

对点训练

课后巩固训练

训练1

1.下列各项中,标点符号使用规范的一项是 （　　）

　A.詹姆斯·乔伊斯是现代派文学巨匠,他的创作"宣告了19世纪的末日","标志着人类意识新阶段"。

　B.我想知道古物收藏家是什么样的人? 多半是些退役的上校,领着一伙上了年纪的工人爬到这顶上,检查泥块和石头。

　C."福娃妮妮"的造型创意来源于北京传统的沙燕风筝,"燕"代表燕京。(古代北京的称谓)

　D.传染病能够在人群中流行,必须同时具备三个基本环节:传染源、传播途径和易感染的人群,否则无法传播流行。

2.下列各项中,标点符号使用规范的一项是 (8)

A.他最要好的朋友,——一个房地产商——告诉他,市场正在调整,眼下买房要慎重。

B.大陆同胞、台湾、香港、澳门同胞,还有海外侨胞,都是中华民族的子孙。

C.昨天,看见好朋友赵曼丽独自在操场一角哭泣,王婷婷连忙跑过去问怎么回事。

D.有人认为:儿童天真烂漫,无忧无虑,不可能发生心理异常,心理学家并不认同这种观点。

3.下列各项中,标点符号使用规范的一项是 ( )

A.4G 手机到底贵不贵,消费者说,尽管有预存话费送手机的优惠活动,但感觉手机还是有些贵。

B.《现代汉语词典》对"脉脉"的释义是:"用眼神表达爱慕之意,如'含情脉脉'。"

C.一副棉布套袖,我说不清到底联系着什么?联系着质朴、节俭?联系着勤劳、创造和开拓?好像都不完全。

D.老歌曲"你把我灌醉""北京,北京"分别由中国好声音学员张赫宣、梁博翻唱。

4.下列各项中,标点符号使用规范的一项是 ( )

A."我们的社会没有训练家长怎样培育孩子,"他为此痛心疾首:"这或许是个悲剧。"

B.你是懦弱地等待,还是勇敢地应对呢?

C.一年来,学校先后开设了《图书发行学概论》《图书发行企业管理》等十几门课程,培养了各类学生 2900 余名。

D.一个认真的作者总是要弄清楚,他所引用的事实材料是否可靠?他所引用的文献材料是不是恰如原意?

5.下列各项中,标点符号使用规范的一项是 ( )

A.张华考上了大学,李涛进了中专,我在百货公司当营业员:我们都有美好的前途。

B.参加国庆献礼的影片:《风暴》《青春之歌》《林则徐》等,将在各大城市放映。

C.他也说过:"文学史稿编制太草率","挂漏滋多"的话。

D.啊! 这儿的庄稼长得多神气!

6.下列各项中,标点符号使用规范的一项是 ( )

A.今天去呢? 还是明天去呢? 我实在拿不定主意。

B.今天下午一、二组的同学打扫教室,三、四组的同学打扫清洁区。

C."此前已经开过几次会议,都强调今年高考要保持水平的稳定,与去年难度持平"。专家表示。

D.树缝里也漏着一两点路灯。没精打采的。

7.下列各项中,标点符号使用规范的一项是 ( )

A.俗话说:"吃一堑,长一智"。

B."有事。"高旭初答,这两个字吐得很重,像两块石头,砸得霍永诚有些发蒙。

C."三个电话——一个移动手机,一个联通手机,还有办公室固定电话同时在响,不知道该接哪一个?"他说。

D.邵一鸣在《建议》中提出,应将现在入园、入托前对"乙肝病毒"检测的做法改为检查免疫接种记录。

8. 下列各项中,标点符号使用不规范的一项是 （　　）

A.文天祥常拿"千年成败俱尘土,消得人间说丈夫"和"一死鸿毛或泰山,之轻之重安所处"这几句诗来勉励自己。

B.尼采说艺术世界的构成源于两种精神:一是"梦",梦的境界是无数的形象;一是"醉",醉的境界是无比的豪情。

C.四项协议顺利签署后,两岸大体上就能完成"三通"进程(通邮、通航、通商)。

D.中国作协主席铁凝希望广大作家以更加自觉的姿态,贴近群众,沉潜生活,冷静思考,与人民同心,与时代同行。

9. 下列各项中,标点符号使用规范的一项是 （　　）

A.小张兴趣很广,唱歌啊、跳舞哇、打球呀,什么文体活动她都喜欢。

B.北大方正创始人王选把科技领域的人才喻为三类:指兔子的人,打兔子的人,捡兔子的人,他自认为是第二种人。

C.金,原指一切金属,如"金就砺则利"(《荀子·劝学》),现在专指黄金。

D.高考是人生一次严峻的挑战,对此,你是懦弱地等待和逃避呢?还是勇敢地迎接和应对呢?

10. 下列各项中,标点符号使用规范的一项是 （　　）

A.屋里有一面镜子,在镜子旁边有一个告示:只有一个人能够限制你的发展:那个人就是你自己。

B.读了拜伦的诗,就想到西班牙,想看看女郎的头发是黑的,还是金黄的。

C.我出来一看就愣住了,这里居然一下子冒出十多个人来。他们对我齐声喊道:"大叔! 早上好。"

D.这三十年里,我数不清自己到底采访过多少人? 一千? 一万? 我想肯定是有的!

11. 下列各项中,标点符号使用不规范的一项是 （　　）

A.我最近读了《惠崇〈春江晚景〉》这首诗,觉得诗中的意境十分优美。

B.但他有时却有意采用繁笔,甚而至于借重"啰嗦"。

C.景阳冈上的武松:要么把老虎打死,要么被老虎吃掉,二者必居其一。

D."不,我不反悔!"他轻轻地、坚定地说,"哪怕像塞尔维特一样被他们烧死。"

12. 下列各项中,标点符号使用规范的一项是 （　　）

A.进入杜甫草堂,便能感到淡淡的诗气。它的沉静,它的淡然,它的坦荡,它的优雅,都有让人心驰神往的无限魅力。

B."以前觉得国学都是些高深的学术研究,"一位成都市民告诉记者说:"听了讲座,才发现它其实就在生活中。"

C.往日的绿色,忽然显得那么厚重斑斓。是被秋风所感染? 还是绿色已经疲惫? 是个性的宣泄? 还是世界本身的灿烂?

D.聂绀弩入选中学课本的作品《我若为王》选自《聂绀弩杂文集》。(生活·读书·新知三联书店 1981 年版)

训练 2

13. 下列各项中,标点符号使用规范的一项是 （　　）

A.我站经销的各种规格动力卡盘,是适用于各种车床和普通转度的内、外圆磨床及自动化机床上的高效自动化夹具。

B.边城已是面目全非:采矿机的声响粉碎了竹雀的歌唱;如墨的废水扼杀了角角鱼的梦想;冲天的恶臭淹没了虎耳草的馨香。

C.李敖访问大陆时曾说,此行"不是怀乡,没有乡愁;不是近乡,没有情怯;不是还乡,没有衣锦;不是黛玉,没有眼泪。"

D.休闲方式各种各样:古人看戏,今人看电视;乡下人大树下闲聊,城里人手机上玩微信;真是因时而变,因人而异啊!

14.下列各项中,标点符号使用规范的一项是 （   ）

A.奥运会开幕式焰火燃放的传统品种包括:喷泉——红闪;花束——彩色花束、爆裂花束;罗马烛光——红绿金银等各种颜色。

B.月光女神莎拉·布莱曼携手刘欢,唱响了北京奥运会开幕式的主题歌。

C.承认不懂,才能从不懂变懂;承认不会,才能从不会变会。

D.这次作文特别强调文面整洁、字迹工整,不少于800字(一律用方格纸誊清)。

15.下列各项中,标点符号使用规范的一项是 （   ）

A.温家宝总理在作政府工作报告时提出,要继续推进地震灾区交通、通信、能源、水利……基础设施恢复重建。

B.三元集团是否会继续参与竞拍?竞拍的底价究竟会达到怎样的数字?已成为百姓议论的话题,更成为市场关注的热点。

C.艺术教育在德育、智育、在人格的完善、性情的陶冶等方面都是教育行为中的一个重要组成部分。

D."你真个姓唐吗?""真个姓唐。"我说。

16.下列各项中,标点符号使用规范的一项是 （   ）

A.《我爱这土地》的形象的核心,是一名不懈地为土地、河流、风和黎明歌唱,死后连羽毛也献给土地的多情鸟。

B.为什么孔子和孟子之间会有这样一段距离,为什么春秋阶段与战国阶段会有巨大的差别?

C.鲁迅一直保持着旺盛的创作热情,晚年还完成了一部小说集《故事新编》。(1936年出版)

D.荒诞派剧作家提倡"纯粹戏剧性",认为"艺术家通过直喻把握世界。"

17.下列各项中,标点符号使用规范的一项是 （   ）

A.200多名少先队员发出:"坚决抵制一次性方便用品,坚决抵制使用塑料袋……""环保每一天,行动在身边"的庄严承诺。

B.为了庆祝伟大祖国60周年诞辰,《人民网》举办"共和国60年记忆征稿活动"。

C.我问:"怎么回事呢,那棵树?""这是一次雨天被雷击后形成的,"老乡摸着残存的树干说,"主干已经碳化了。"

D.这里的"木叶"不同于"美女妖且闲,采桑歧路间;柔条纷冉冉,落叶何翩翩。"中的落叶(曹植《美女篇》)。

18.下列各项中,标点符号使用不规范的一项是 （   ）

A.对于中国"新星"号货船被俄罗斯边防军击沉一事,俄罗斯于2月19日发表声明说,俄边防军的开火行为是合法的。

    B."问我吗？记者。"57岁的李文斌激动地说,"过年了,我们有新房住,有肉吃,有酒喝,这哪像是刚刚受了大灾。"

    C.假若我们都能对那些给我们提供"理所当然"方便的人说声"谢谢",我们这个社会还会不和谐吗？还会不温暖吗？

    D."高考之痛",并非新症状。上海、北京"痛"过,后来在单独命题中治好了伤疤。

19.下列各项中,标点符号使用规范的一项是 （   ）

    A.他的节奏、他的理念,超越了大多数人,所以容易产生争议;有争议,说明他受关注;有争议,说明他人气旺。

    B.他说他的改变来自学校温暖的关怀:"现在我对学校很有感情,因为我在这里能够时时感受到成长的力量。"小杰说。

    C.正值植树季节,这组策划报道时效性强,"用数据说话",不仅具有说服力,更具有号召力。

    D.作为新华社的首席记者,聂晓阳新近出版了一本深入解读伊拉克战场的报告《为历史流泪》。(中信出版社出版)

20.下列各项中,标点符号使用不规范的一项是 （   ）

    A.他身材很高大,青白脸色;皱纹间时常夹些伤痕,一部乱蓬蓬的花白胡子。

    B.我的日本朋友告诉我樱花的种类,我知道了最常见的樱花的名称,它们是山樱、吉野樱和八重樱。

    C.我问他:"为什么代你收信的女士是这么一个怪名字？"他说:"她就喜欢起得这么怪。"

    D.他大约因为在别人的祝福时候,感到自身的寂寞了,然而会不会含有别的什么意思的呢？——或者是有了什么预感了？

21.下列各项中,标点符号使用规范的一项是 （   ）

    A.细细的秋雨——大约是今年的最后一场雨了吧——在窗外静静地飘洒着。

    B.教育部门要积极引导中小学生参加力所能及的社会实践活动,使学生在每一次活动中都能有所体验、有所感悟、有所收获。

    C.东家说:"我家地里杏树上有一窝斑斑,(斑斑,方言,即斑鸠)你看那树上斑斑乱飞,怕是有孩子在摘杏儿呢。"

    D.陆游《游山西村》中的一句诗"山重水复疑无路,柳暗花明又一村。"被许多学生写成"山穷水尽疑无路,柳岸花明又一村"。

22.下列各项中,标点符号使用规范的一项是 （   ）

    A.大学毕业的时候,几乎每个同学都雄心勃勃,希望能成就一番事业,正所谓:"书生意气,挥斥方遒。"

    B.他家对面二、三十米处有一个网吧,每次放假他都会跑去玩一玩,对此,他的父母非常担忧。

    C.她是从四叔家出来就成了乞丐呢？还是先到卫老婆子家再成乞丐的呢？

    D.老子思想中,充满了戒惧心态,"豫呵其若冬涉水"(《道德经》15章),就是说人生要随时保持如履薄冰的状态。

23.下列各项中,标点符号使用规范的一项是 （ ）
A.他从1990年开始"赋闲"(仍担任商务印书馆顾问),时间多了,除了讲学,便是写作。
B.不过,他表示:"除非国家急需,否则就算探明也不会开采这些矿藏。对可可西里的保护绝对重于开发"。
C.怎样进行国学研究?怎样振兴国学?是学术界关注的问题。为此,《新华文摘》2007年第17期编发了"重振国学"的一组争论文章。
D."500公斤大米,200公斤挂面,500吨柴油,500卷卫生纸……"清点着一路的辎重,队员刘建、刘康明告诉记者:这次科考,组织者仔细考虑到每一个细节,力争万无一失。

24.下列各项中,标点符号使用规范的一项是 （ ）
A.想想那答案的雏形将是:我生命中最宝贵的东西——空气、水、阳光、气管、心脏……哈!充满了严谨的科学意识,飘着药品的味道。
B."在哲学领域里,没有一条真理是能够不引起争论和怀疑的;而其他的科学又都从哲学里取得原理(《方法论》)。"因此,在笛卡儿看来,疑问是无处不在的。
C.他可真是脏小鬼:脸上溅满西瓜汁,尽是灰土,头发蓬乱,脏得要命。可是他那对眼睛呀!却亮得像雨后黑夜的星星。
D.她一手提着竹篮,内中一个破碗,空的;一手拄着一支比她更长的竹竿,下端开了裂——她分明已经纯乎是一个乞丐了。

25.下列各项中,标点符号使用规范的一项是 （ ）
A.王维的《竹里馆》写人物活动,只用六个字组成三个词,就是"独坐""弹琴""长啸"。
B.近日,五部委联合发出通知,将2月29日定为2006年全国中小学生"安全教育日",主题是《预防校园侵害,提高青少年儿童自我保护能力》。
C.避讳之风可谓源远流长,"其俗起于周,成于秦,盛于唐宋,其历史垂二千年"。(《史讳举例·序》)
D.中小学生自杀问题日渐引起人们的关注。为什么在一般人都视若至宝的花季里,他们却选择了绝路?是这一代人承受了比父辈更多的艰辛?还是精神上有了更多的压力?

26.下列各项中,标点符号使用规范的一项是 （ ）
A.目前大学毕业生就业存在一种奇怪的现象:一方面很多学生毕业后找不到工作,另一方面很多民营以及西部边远地区招不到工作人员,出现这种现象的原因之一在于大学毕业生没有树立正确的择业观。
B.出版社除出了《读书生活》和《认识》两种杂志(均因抗战爆发而停刊。后一种好像只出了两期,现已少为人知,然而很有分量。)外,还出了若干译著。
C.语文教学的问题,叶老有一句精辟的话,那就是"教是为了不教。"
D.王先生到底称赞我的什么呢?是有几处画得好,还是勇气可嘉,什么都敢画?或者根本就不是称赞,只是一种对于失败者的无可奈何的安慰?

27.下列各项中,标点符号使用不规范的一项是 （ ）
A.徐老师出了题目——写下"你生命中最宝贵的五样东西"。我拿起笔,面对一张白纸,周围静寂无声。

B.识字,不等于有知识;有知识,不等于有文化;有文化,不等于有教养。获得教养,能提高生存质量,能获得有价值的人生。

C.至于青菜、白菜、扁豆、毛角豆、黄瓜、菠菜……等等,大多数是直接由城外担来送到家门口的。

D.有的倦于奔竞,跳出名利场,远离是非地,"只应守寂寞,还掩故园扉"。

28.下列各项中,标点符号使用规范的一项是   （   ）

A.于岳阳楼倚柱远望,茫茫洞庭湖尽收眼底。杜甫诗云:"气蒸云梦泽,波撼岳阳城。"就是真实的写照。

B.如何理解这种新变化和特点,如何评价西方各种社会形态(后工业社会论、信息社会论、知识社会论、全球社会论、消费社会论等)理论,学术界一直存在着争论。

C.这个大导演的卧室和书房可谓杂乱无章,柜子、桌子、沙发、地板、窗台,所有的地方都堆满了书报、杂志、相片等,给人的感觉就是一个字,乱!家人要帮他整理,他却一口拒绝。

D.通过搜索,我们发现关于世界一流的大学的词条成千上万,而且很多院校——从位于加拿大中部的相对一般化的学术性大学到新成立的位于波斯湾的学院——都自称为"世界一流"。

29.下列各项中,标点符号使用规范的一项是   （   ）

A.什么叫有中国特色的社会主义?什么叫社会主义的初级阶段?我们过去对这个问题的认识不是完全清醒的。

B.据克鲁普斯卡娅说,列宁"从不凭记忆'大致不差地'来叙述事实,他叙述事实是极确切的。"

C."没有调查研究就没有发言权",这句话虽然曾经被人讥为"狭隘经验论"的,我却至今不悔。

D.李卜克内西回忆说:"马克思在语言和风格问题上十分考究,有时到了咬文嚼字的程度","他对于语言的简洁和正确是一丝不苟的","马克思是个严格的修辞家;他常常花很多时间力求找到需要的字句。"(《回忆马克思恩格斯》第104、108页)

30.下列各项中,标点符号使用规范的一项是   （   ）

A.时下,一些娱乐新闻成了"愚乐新闻",有些娱乐记者被视为"狗仔队",人们不禁要问我们需要怎样的娱乐新闻?

B.出版社在2007年第四季度社科新书征订单上提醒邮购者:务必在汇款单上写清姓名及详细地址。(汇款单附言栏内注明所购的书名、册数。)

C.有人说傅雷"孤傲如云间鹤。"傅雷却不止一次在钱钟书和我面前自比为"墙洞里的小老鼠"——是否因为莫罗阿曾把王尔德比作"一头在窟中的野兔",他就这样滑稽地自比?

D.中国农大博士刘红霞在青海省人才招聘会上留下了简历。她说,她是甘肃人,喜欢西部;还认为只要摆脱掉"大城市、高薪水、舒适岗位"等想法的局限,就业空间还是很大的。

标点符号是现代书面语言里不可缺少的一个组成部分,表示说话的间歇、停顿、语气和语调,它可以帮助读者分清结构、辨明语气,正确地了解文意。

《2018年湖北省技能高考(文化综合)考试大纲》(以下简称《考试考纲》)对本考点的要求是:正确使用标点符号。要求掌握句号、问号、叹号、逗号、顿号、分号、冒号、引号、括号、书名号、破折号、省略号、连接号、间隔号和着重号15种标点符号的用法。

根据国家语委和新闻出版署修订发布的《标点符号用法》,标点符号分为两大类,即点号和标号。

点号主要表示语句的停顿、结构关系和语气,标号主要表明某些成分(主要是词语)的性质和作用。

点号						
句号	问号	叹号	逗号	顿号	分号	冒号
。	？	！	，	、	；	：

标号						
省略号	括号	破折号	引号	书名号	连接号	间隔号	着重号
……	（　）	——	""	《》	—	·	.

一、问号的使用与辨析

问号:表示一句问话说完之后停顿的点号。

1.连续问与选择问。

(1)连续问句,问话人一个接一个地发问,构成一串相对独立的问句时,每个问句末尾都用问号(承接较紧密的,中间可用逗号)。

例:除了他能去,谁还能去呢? 你吗? 你能去吗?

到底怎么办,(也可用"?")去还是不去? 亲爱的,我将用什么来比拟你呢? 我怎么比拟得出呢?

(2)选择问句,在句末用问号,句中用逗号。

例:这是临赛前的胆怯呢,还是身体不舒服呢?

对这样的青年,我们是应该支持他呢,还是应该指责他呢?

判断选择问句和连续问句的方法:选择问句的回答是从多个中选择一个,只有一个答案;连续问句的每个问句都需要作答,会有多个答案。

2.陈述句与疑问句。

有的句子虽使用了疑问词,但整个句子不是疑问句,句末不用问号。即当一个问句做某一句子的主语或宾语时,则整个句子不是问句,并不需要回答,其目的只在于陈述一种情况,这种句子是陈述句,不用问号。

例:我们应该研究一下,这件事究竟应该怎么办。

谁也说不清他到底是什么人。

3.主谓倒装句,问号放在句末,谓语后用逗号。

例:安排工作了吗,这些新来的同志?

"你到底去不去呀,我的小祖宗?"妈妈"咚咚咚"地敲着我的房门。

二、感叹号的使用与辨析

感叹号:用于句末表强烈感情。

1.如果有成分倒置,感叹号用在句末。

例:多美呀,秋天的北京!

2.两个叹词连用,一般后一个用叹号,前一个用逗号。

例:啊,啊! 又到春天了。

3.语气强烈的反问句有时可用感叹号。

例:你怎么可以做出这样的事!

三、顿号的使用与辨析

顿号:表示句中较短的并列词语或短语之间的停顿。一般为词、短语的并列,合起来做同一成分,句子间并列不能用顿号。

1.大并列与小并列,如果并列词语中还有并列词语,小的并列词语用顿号,大的并列词语要用逗号。

例:原子弹、氢弹的爆炸,人造卫星的发射、回收,标志着我国科学技术的发展达到新的水平。

2.概数与确数,表概数的地方不能用顿号,但表确数的地方必须有顿号。

例:三四里路　十五六岁

今天做值日的是四、五组

3.有些并列成分是习惯性配合,无停顿不会产生歧义,可不用顿号。

例:中小学生　省市领导　城乡交流

工农兵　调查研究

4.较长的并列成分间可不用顿号而用逗号。

例:这翻滚的麦浪,这清清的河水,这大雁的歌唱,使年轻人深深地陶醉了。

5.并列词语之间有"和""与""及"等连词,连词前不再用顿号。

例:我国科学、文化、艺术、卫生、教育和新闻出版业有了很大发展。

6.并列词语作谓语、补语,并列词语之间不用顿号,而用逗号。

例:你要不断进步,识字,生产。

这个故事讲得真实,生动。

7.并列成分间已有问号或叹号,不应再用顿号,也不用其他点号。

例:这时课堂里响起了"向孔繁森学习!""向孔繁森致敬!"的口号。

8.并列成分后有语气词时,并列成分使用逗号。

例:乌鲁木齐的大街上到处摆着水果摊,甜瓜啊,西瓜啊,伊犁苹果啊,库尔勒香梨啊……走到哪儿都能闻见诱人的香味。

9.互相包含的内容之间和复指成分之间不能用顿号,也不能用逗号。

例:这次受到沙尘暴袭击的共三省五十六个县(市)。

她的女儿郑萍,是个优秀的小学教师。

四、逗号的使用与辨析

逗号:表示一句话中间的停顿,比顿号停顿稍长些。

1.可以用在主谓之间,但一般有一定条件。

(1)主语较长。

例:这巨大的打击和难言的悲痛,几乎把他击倒了。

这个演员表上排列在最后一名的小角色,却赢得了观众最热烈的掌声。

(2)强调主语。

例:北京,是我们伟大祖国的首都。

(3)主语后有语气词。

例:你啊,还是那个老样子。

(4)主谓倒装句。

例:怎么啦,你?

多么美丽,这一朵朵鲜花。

(5)谓语是主谓短语。

例:自行车,我骑出去了。

2.用在较长的宾语(主谓短语作宾语)前。

例:我曾想,蝴蝶大概是云南所特有的自然环境的产物吧。

3.用在句首状语后。

例:在学校,他就把作业做完了。

在一个明媚的早晨,他踏上了去石家庄的列车。

4.用在后置定语前。

例:我们应该有新的生活,为我们所未经历过的。

5.某些关联词后有时也可用逗号。这往往是出于强调的需要,一般关联词后是不必停顿的。(成对出现的关联词,只能用在后一个关联词的后面。)

例:但是,我还有话要对你说。

虽然劳动很艰苦,可是,我们根本不怕。

五、分号的使用与辨析

分号:表示并列复句内部分句之间的停顿,停顿比逗号要长。但只有一重关系的复句,分句间一般用逗号,不用分号;而如果分句内部已用了逗号,并列分句之间则必须用分号。在句中凡用逗号不能清楚地表达并列分句关系的地方就用分号。

例:谦虚使人进步,骄傲使人落后。

他的神色,还是那么的安详;他的举止,还是那么的凝重。

分号使用时应注意如下几点。

1.在分号与句号之间,分号与分号之间至少有一个逗号。

例:张家界石峰林立,峭壁万仞;天子山居高临下,气势磅礴;索溪峪群峰环抱,粗壮雄峻。

2.在某些转折复句的"但"前可用分号。

例:我国年满十八岁的公民,不分民族、种族、性别、财产,都有选举权与被选举权;但是依法被剥夺政治权利者除外。

3.并列的分句出于分清结构和强调的需要,即使分句内部没有逗号,分句之间也可用分号。非并列关系(如转折关系、因果关系等)的多重复句,第一层的分界处也可用分号。

例:这正如地上的路;其实地上本没有路,走的人多了,也便成了路。

我心里暗笑他的;他们只认得钱,托他们只是白托。

经验告诉我们:天上的薄云,往往是天气晴朗的象征;那种低而厚密的云层,常常是阴雨风雪的预兆。

4.分项列举的各项之间,可用分号。

例:一、学习贵在自觉,要有笨鸟先飞的精神,自我加压;二、学习贵在刻苦,要有锲而不舍的精神,持之以恒。

六、冒号的使用与辨析

冒号:用在提示语的后面或前面,表示提示下文或总括上文的点号。

例:下午,他拣了好几件东西:两条长桌,四个椅子,一副香炉烛台,一杆台秤。

他不爱学习,喜欢体育,人缘挺好:我知道的就这些。

冒号使用时应注意如下几点。

1.冒号一般管到句终,不能管到句终则不能用冒号。

例:这种惊人的事实证明:人如果老想着钱,看不到敌人的腐蚀进攻,就会步入歧途,可见这些事实是可以作为活教材的。(错。句中冒号只管到"歧途",应把"歧途"后面的逗号改为句号。)

2.同一句中不能出现两个冒号。

例:晚上开大会,张书记宣布:"厂里要实行两项改革措施:一是持证上岗,二是脱产培训。"(错。"宣布"后面是冒号,"措施"后面又是冒号,第二个冒号应改为逗号。)

3.说话人放在所说的话中间不能用冒号,要用逗号,放在所说的话的后边要用句号。

例:他说:"这个问题让我好好考虑考虑。"

"这个问题,"李明说,"让我好好考虑考虑。"

"落后就要挨打。"邓小平告诫我们说。

4.转述大意,不能用冒号。(人称发生变化)

例:老师说,他今天不舒服,不来给同学们上课了。

5.如果不是引用原话,人称又未发生变化,既可用冒号,也可用逗号。

例:邓小平指出,(:)科学技术是第一生产力。

6.没有比较大的停顿不用冒号。(用冒号就肯定有停顿)

例:我认为:这首诗很好。(错,应去掉冒号。)

七、引号的使用与辨析

引号:表示文中引用的标号。

1.直接引用,一般引号冒号同时使用,引号内的内容必须忠实于原文。

例:毛泽东教导我们说:"好好学习,天天向上。"

2.间接引用,引文已成为说话人句子中的一个组成部分,分两种情况。

(1)引文结束前不需停顿,其后不能有任何点号。

例:"横眉冷对千夫指,俯首甘为孺子牛"是鲁迅先生的人生写照。

(2)引文结束时刚好需要停顿,点号应在引号后。

例:黑格尔曾指出过,错误本身乃是"达到真理的一个必然的环节",这是很有见解的。

3.引文末了是问号、感叹号的,无论直引、夹引均放在引号内。

例:"中国人民大团结万岁!"是我们的口号。

我一进教室,就看见"你在浪费时间吗?"的标语。

八、括号的使用与辨析

括号:表示文中的注释部分的标号。分为句内括号和句外括号两种。

1.句内括号指注释或补充说明句子中一部分词语的括号。

(1)句内括号要紧贴被解释或被补充的词语后。

例:中国猿人(全名为"中国猿人北京种"或简称"北京人")在我国的发现,是对古人类学的一个重大贡献。

(2)括号内的注释语如果带有标点,其最后一个标点(问号、叹句除外)应省去。

例:1861年以后,那拉氏(慈禧)曾经在这里搞所谓"垂帘听政"(这是那拉氏直接掌握政权的一种形式),指使曾国藩、李鸿章、左宗棠等勾结帝国主义,疯狂地镇压太平天国运动。

(3)如果要在被解释或被补充的词语后加点号,点号放在后括号后面。

例:如果有什么疑问,可以查阅《现代汉语词典》(商务印书馆出版),相信你会找到答案。

2.句外括号是指注释或补充说明全句内容的括号。

(1)句外括号要放在被注释或被补充的句子末尾的点号后。

例:懒,使人脾气大。(老舍《骆驼祥子》)

(2)在任何情况下,括号前后不能同时有点号。

例:"人生得意须尽欢,莫使金樽空对月。"(李白《将进酒》)

(3)句外括号内的注释语如果是一句话,那么句末点号应该保留;如果不成句,就不加句末点号。

例:他培育了许多香花,繁殖和训练了许多小动物。(他后来还曾照顾动物园里一只没有母虎的乳虎,每天一匙匙地用牛奶喂它。)

"锲而舍之,朽木不折;锲而不舍,金石可镂。"(荀子《劝学》)

九、书名号的使用与辨析

书名号:主要用以标明书名、篇名、报刊名、文件名、戏曲名、歌曲名、图画名等。

1.书名号之间可用顿号,也可不用任何点号。

例:"激流三部曲"——《家》《春》《秋》

2.书名与篇名连用时,先写书名,后写篇名,中间用间隔号,然后加上书名号。

例:《荀子·劝学》

3.书名号用来标明书名、报名、期刊名、篇章名、剧目名、歌曲名和法规文件等名;引号多用来标明称谓、活动名等。

十、省略号的使用与辨析

省略号:表示行文中省略了的话语。

1.引文的省略。

例:《通志略》里记载:"葡萄藤,传自西域……张骞使西域,得其种而还,中国始有。"

2.列举的省略,一般列举三项后才用。

例:他打了许多野物皮子:狐狸、鹿、野猫……

3.重复词语的省略。

例:球迷高喊"加油! 加油! ……"

4.表示静默或思考。

例:"你以后有什么打算?""……"他只是埋头吸着烟。

5.表示虚缺。

例:"不但……而且……"是一组表递进的关联词。

6.表示说话断断续续或表示语言的中断或未完。

例:他手指前方:"好……好同志……你……你把它带给……"

7.表示意犹未尽。

例:当黑夜又一次来临的时候,我将用生命点燃微笑,为我远行的孤寂灵魂唱起最后的歌……

省略号使用时应注意如下几点。

(1)省略号表示列举省略时,相当于"等"或"等等",所以省略号与"等""等等"不能同时出现。

例:他喜欢足球、篮球、跳远、百米……等。(错)

(2)"等"在表示总结列举诸项的数目时,不能与省略号互换。

例:领导认真听取了 a、b、c、d、e、f、g 等七位代表的发言。(对)

(3)破折号与省略号的区别:破折号表声音延长,省略号表说话断断续续。

例:"我……不行……了,请……你……"

(4)省略号前后标点的使用。

省略号前后的点号可有可无的不保留,如果有助于表达文意,可酌情保留。一般来说,避免在省略号前后同时保留两个点号。

十一、破折号的使用与辨析

1.起解释说明前文、补充说明的作用。

例:我踏上了联邦德国的旅途,到了海涅的故乡——莱茵河畔的杜塞尔多夫。

如果解释的语句是插在句子中间,可在插入语的前后各用一个破折号,相当于一个括号。

例:灯光,不管是谁家的灯光,都可以给行人——甚至像我这样的一个异乡人——指路。

2.表话题转换或转折。

例:今天好热啊!——你什么时候去广州?

我本来不想去,可是俺婆婆非叫我再去看看他——有什么看头啊!

3.表语气的延长和说话的中断。

例:"小林——我来了!"他大喊着。

那个时候在无锡的人,我倒问过,可是——

4.表意思递进(紧承)。

例:团结——批评——团结

5.表分项列举。

例:根据研究对象不同,环境物理分为以下五个分支学科:

——环境声学;

——环境光学;

——环境热学;

——环境电磁学;

——环境空气动力学。

6.连接歇后语,标明文章的副标题和词、诗、文的作者等。

例:半夜吃黄连——暗中叫苦

光辉的知识分子形象——谌容和她的《人到中年》

日出江花红胜火,春来江水绿如蓝。——白居易

7.总结上文。

例:想赢的不能赢,害怕输的反而输——这是竞赛的辩证法。

8.用在复指成分之间。

例:你是这么爱我们的祖国,爱我们的伟大领袖毛主席,你一定会深深地爱我们的战士,——他们确实是我们最可爱的人!

破折号使用时应注意如下几点。

(1)破折号与括号的区别:括号里标明的语句仅是对前文的解释说明,不是正文的一部分,不必读出;破折号标明的语句是对前文的解释说明或补充说明,是正文的一部分,必须与上下文连读下来。

(2)破折号与冒号的区别:破折号后的解释说明可去掉,而冒号后的提示则不可去掉。

例:今天的晚会上有如下节目:舞蹈、独唱等。

我国的四大发明——火药、指南针、印刷术、造纸术,对世界历史的发展有伟大的贡献。

(3)破折号之前可以有点号,但破折号之后不能有点号。

(4)破折号与"是""有"等表示提示的词不能同时使用。

扫一扫,购详解

第五章　修辞手法

考情精析

年份	考查内容	考查形式	设问类型	分值
2018 年	拟人、比喻	选择题,修辞手法不同于其他三项	下列各项中,修辞手法不同于其他三项的一项是	3 分
2017 年	拟人、借代	选择题,修辞手法不同于其他三项	下列各项中,修辞手法不同于其他三项的一项是	3 分
2016 年	比喻	选择题,没有运用比喻手法的一项	下列各项中,没有运用比喻手法的一项	3 分
小结	近几年修辞手法考查题型,分值较为稳定,考查内容多涉及比拟、比喻、借代,考查形式以选择题型出现,要求考生具备辨析修辞手法类别的能力			

考点精讲

题型示例

例 1 (2018 年湖北省技能高考卷)下列各项中,修辞手法不同于其他三项的一项是 (　　)

A.古老的威尼斯又沉沉地入睡了。

B.一串串宝石般的水珠飞腾着,飞腾着,落进深潭。

C.每道山岭都是那么温柔,谁也不孤峰突起,盛气凌人。

D.清风徐来,盛开的月季花笑得合不拢嘴,频频朝人们点头致意。

【试题答案】　B

【试题分析】　本题考查的修辞格是拟人、比喻。拟人把物当作人来写,将本来不具备人动作和感情的事物变成和人一样具有动作和感情的样子。比喻就是"打比方",即两种不同性质的事物,彼此有相似点,使用一事物来比方另一事物的一种修辞格。A 项"威尼斯沉沉入睡"赋予威尼斯以人的特点,属于拟人;C 项"温柔、盛气凌人"等赋予了山岭以人的特点,亦属拟人;D 项"月季花笑得合不拢嘴、点头示意"赋予月季花以人的特点,属于拟人。B 项"宝石般的水珠"将水珠比喻成宝石,运用了比喻的修辞。

例 2 (2017 年湖北技能高考卷)下列各项中,修辞手法不同于其他三项的一项是 (　　)

A.四周静极了,只有山泉在弹奏着叮咚的琴声。

B.优美的琴声从窗口流出,连树枝上的小鸟都在屏息静听。

C.一群天真活泼的红领巾唱着校歌走在绿色的田野上。

D.看见不如他的人,他总是把尾巴翘得很高。

【试题答案】 C

【试题分析】 本题考查的修辞格是比拟、借代。比拟就是把甲事物拟作乙事物来写,包括拟人和拟物两类。借代即用相关的事物代替所要表达的事物。A项"山泉在弹奏"赋予山泉以人的特点,属于拟人;B项"小鸟屏息静听"赋予了小鸟以人的特点,亦属拟人;D项是拟物,即把"人"当作物来写,使人具有了物的特征;C项是借代,用"红领巾"借代"少先队员",抓住了事物的典型特征来描写。

例3 (2016年湖北技能高考卷)下列各项中,没有运用比喻手法的一项是 ( )

A.在我们祖国几千年的历史长河中,孝顺是一朵美丽的浪花。

B.有花的地方,就有蜂,就有蝶。每次看到它们绕着花飞前飞后,就觉得生命真是一种美。

C.即使我们只是一根火柴,也要在关键时刻有一次闪耀。

D.家是一本内容丰富的书,谁动真情谁才能读懂它。

【试题答案】 B

【试题分析】 本题考查的修辞格是比喻。比喻就是"打比方",即两种不同性质的事物,彼此有相似点,便用一事物来比拟另一事物的一种修辞格。A项把"孝顺"比喻为"一朵美丽的浪花",使用"是"作为喻词,属于比喻中的暗喻;C项把"我们"比喻为"一根火柴",依然使用了"是"作为喻词,属于暗喻;D项把"家"比喻为"一本内容丰富的书",仍然是暗喻;B项没有运用比喻修辞手法。

方法指导

《考试大纲》对常见的8种修辞手法的考查作了清楚的划定,即比喻、比拟、借代、夸张、对偶、排比、设问、反问。在语文能力层级划分中属于E级,指的是表达应用(是以识记、理解和分析综合为基础,在表达方面发展了的能力层级)。

修辞手法在高考试卷中出题范围较为广泛,主要有选择题中的修辞手法的辨别以及句子中的仿句、扩写等。

一、掌握并熟练运用修辞手法,首先要熟记其定义、理解其要点。

1.比喻

(1)比喻的特点

比喻就是"打比方"。即抓住两种不同性质的事物的相似点,用一事物喻另一事物。比喻的结构,一般应由三部分组成,即本体(被比喻的事物)、喻体(作比方的事物)和比喻词(比喻关系的标志)。构成比喻的关键:甲和乙必须是本质不同的事物,甲乙之间必须有相似点,否则不能成立。

(2)比喻的种类

①明喻。典型形式是:甲像乙。本体喻体都出现,中间用比喻词"像、似、仿佛、犹如"等相联结。例如:收获的庄稼堆成垛,像稳稳矗立的小山。

②暗喻。典型的形式是:甲是乙。本体喻体都出现,中间没有比喻词,常用"是""成了""变成"等联结。例如:广场上是雪白的花圈的海洋,纪念碑已堆成雪白的山岗。

③借喻。典型形式是:甲代乙。不出现本体,直接叙述喻体。但它不同于借代。

借代取两事物的相关点,借喻取两事物的相似点。例如:雪地里踏着碎琼乱玉。

④博喻。连用几个比喻从不同角度,运用不同的相似点对同一本体进行比喻。例如:瞧,那一群骑自行车翩翩而来的身着风衣的少女,是红蝴蝶,是绿鹦鹉,还是蓝孔雀?

(3)下列几种情况,虽有"像""仿佛"等词,但不是比喻句。例如:

她的性格很像母亲。(同类比较)

这天黑沉沉的,好像要下雨了。(表示猜度)

她仿佛听见了她的心脏跳得非常厉害。(表示想象)

我们这时代涌现出了许多可歌可泣的人物,像徐洪刚、李向群等。(表示列举)

2.比拟

(1)比拟的特点

根据想象把物当作人,把抽象的概念当作人或物,或者把人当作物、把此物当作彼物来描写。其形式是:事物"人化",或人"物化",或甲物"乙物化"。

(2)比拟的种类

①拟人(把物当人来写)。例如:软泥上的青荇,油油的在水底招摇。

②拟物(把人当物写或把甲物当乙物写)。例如:我到了自家的房外,我的母亲早已迎了出来,接着便飞出了八岁的侄儿宏儿。

3.借代

(1)借代的特点

不直接说出要说的事物的本来名称,而借用和人或事物密切相关的事物的名称来代替。

(2)借代的种类

①特征代本体。例如:大胡子凶神恶煞地吼叫着。

②材料代本体。例如:木受绳则直,金就砺则利。

③标志代本体。例如:谁料竟会落在"三道头"之类的手里呢,这岂不冤枉!

④人名代著作。例如:我们要多读点鲁迅。

⑤绰号代本人。例如:"芦柴棒",去烧火!

⑥专名代泛称。例如:一千个读者有一千个哈姆雷特。

⑦具体代抽象。例如:不拿群众一针一线。

⑧部分代整体。例如:吟罢低眉无写处,月光如水照缁衣。

4.夸张

(1)夸张的特点

为追求某种表达效果,对原有事物进行合乎情理的着意扩大或缩小。要求使用时不能失去生活的基础和根据,不能漫天浮夸,要给人以真实感。

(2)夸张的种类

①扩大夸张。例如:亦余心之所善兮,虽九死其犹未悔。

②缩小夸张。例如:五岭逶迤腾细浪,乌蒙磅礴走泥丸。

③超前夸张。例如:未饮心先醉,眼中流血,心内成灰。

5.对偶

(1)对偶的特点

字数相等或大致相等,结构相同或相似,意义相关或相反的两个短语或句子对称的排列在一起。

(2)对偶的种类

①按内容可分为正对、反对、串对。

正对:上下句意思相似、相近、相补、相衬的对偶形式。例如:羁鸟恋旧林,池鱼思故渊。

反对:上下句意思相对或相反的对偶形式。例如:忧劳可以兴国,逸豫可以亡身。

串对:又称"流水对"。上下句意思具有承接、递进、因果、假设、条件等关系的对偶形式。例如:读书破万卷,下笔如有神。

②按形式可分为工对和宽对。

所谓工对,就是字数、词性、结构、平仄、用字等均按对仗要求;所谓宽对,就是基本符合对仗要求,但某些方面稍有出入。也就是形式要求稍宽松一点。

6.排比

(1)排比的特点

由三个或三个以上结构相同或相似、内容相关、语气一致的短语或句子组合而成。

(2)排比的种类

①成分排比。例如:大堰河,含泪的去了! 同着四十几年的人世生活的凌侮,同着数不尽的奴隶的凄苦,同着四块钱的棺材和几束稻草,同着几尺长方的埋棺材的土地,同着一手把的纸钱的灰,大堰河,她含泪的去了。

②句子排比。例如:他们的品质是那样的纯洁和高尚,他们的意志是那样的坚韧和刚强,他们的气质是那样的纯朴和谦逊,他们的胸怀是那样的美丽和宽广。

7.设问

(1)设问的特点

"无疑而问",往往明知故问,自问自答或只问不答。目的是强调问题,以引起人们注意,启发人们进行思考。

例如:谁是我们最可爱的人呢? 我们的部队,我们的战士,我感到他们是最可爱的人。

8.反问

(1)反问的特点

"无疑而问",用疑问句的形式表示确定的意思,以加强语气,增强表达效果,句末一般打问号,有的也打感叹号。

(2)反问的种类

①用肯定的形式表示否定。例如:四十多个青年的血,洋溢在我的周围,使我艰于呼吸视听,哪里还能有什么言语?

②用否定的形式表示肯定。例如:历史上没有一个反人民的势力不被人民毁灭的! 希特勒、墨索里尼,不都在人民面前倒下去了吗?

二、几种易混修辞辨析

(一)比喻和比拟

1.结构不同。比喻往往以"主—谓—宾"的形式出现;比拟却常常以"主—谓"的形式出现。

2.反映事物间的关系不同。比喻是以甲喻乙,两者有相似点,是相似关系;比拟是以甲拟乙,两者融为一体,是交融关系。

例如：(1)古老的神州是一只沉睡未醒的睡狮，一旦觉醒，定会横空出世。

　　　　(2)桥下的睡莲正沉睡未醒。

例句(1)是比喻，把"神州"喻为"睡狮"，相似点是力量大而沉睡。

例句(2)则是比拟，把物当人来写，是拟人。

3.表达效果不同。比喻重在喻，用浅近的形象的事物去说明深奥的抽象的事物；比拟重在拟人，用人格化的方法描绘人或物的行为状态。

例如：野花遍地是：杂样儿，有名字的，没名字的，散在草丛里，像眼睛，像星星，还眨呀眨的。

比喻："野花像眼睛，像星星"，主一谓一宾，表示形象；相似点是"闪光"。比拟："野花眨呀眨的"，主一谓，表示行为状态。

(二)借喻与借代

1.借代的作用是"称代"，即直接把借体称为本体，其只代不喻；借喻的作用是"比喻"，虽然也有代替的作用，但总是喻中有代。

2.构成借代的基础是事物的相关性，即要求借体和本体有某种关系；构成借喻的基础是事物的相似性，即要求喻体和本体有某些方面的相似。

3.借喻可改为明喻或暗喻，而借代不能。

例如：(1)要扫除一切害人虫，全无敌。（借喻）

　　　　(2)红领巾给老大爷让座。（借代）

(三)对偶与对比

1.对偶的基本特点是"对称"，对比的基本特点是"对立"。

2.对偶主要是从结构形式上说的，它要求结构相称，字数相等；对比是从意义上说的，它要求意义相反或相对，对于结构形式不作要求。

例如：(1)两个黄鹂鸣翠柳，一行白鹭上青天。（对偶）

　　　　(2)朱门酒肉臭，路有冻死骨。（对比）

3.对偶里的"反对"(如"横眉冷对千夫指，俯首甘为孺子牛")就意义说是对比，就形式说是对偶，这是修辞手法的兼类现象。

(四)排比与对偶

1.排比是三项或三项以上相关内容的连说，对偶是两项的对说。

2.排比不限字数，句式大体整齐即可；对偶不仅要求两联字数相等，还要求结构一致。

3.排比中常含有反复的词语；对偶中则力求避免同字反复的现象。

4.对偶以要求平仄对仗为佳；排比则无此要求。

(五)设问和反问

1.设问自问自答，有问必答；反问则可以不答，实际上一般也不答。

2.设问句后都用问号，反问句后可以用问号，也可以用叹号。

3.设问不表示肯定什么或否定什么；反问则明确地表示肯定和否定的内容。

4.设问的作用主要是提出问题，引起注意，启发思考；反问的作用主要是加强语气。

(六)拟人和拟物

比拟的修辞方法包括拟人和拟物两种。不少同学能准确地辨析并灵活地运用拟人的修辞方法，但对拟物却往往辨析不出来，有时甚至把两种修辞方法混淆了。其实，拟人是把物当作人来写,而拟物是把人当作物来写,或把甲事物当作乙事物来写。

例如:(1)天上的星星快活地眨着眼睛。(拟人)

(2)他骄傲自满,尾巴都翘上了天。(拟物)

这里应特别注意把甲事物当作乙事物描写的拟物方法

例如:一部高高的挖土机,伸长着脖子,张大嘴巴,只要四五下就能吐满一车河沙。

这里把挖土机当作动物描写,赋予它动物的特征,而不是让它具有人的感情、动作,所以,我们不能将它和拟人混淆。

对点训练

训练1

1. 下列各项中,修辞手法不同于其他三项的一项是 （ ）

A.吟罢低眉无写处,月光如水照缁衣。

B.然而圆规很不平,显出鄙夷的神色,仿佛嗤笑法国人不知道拿破仑,美国人不知道华盛顿似的。

C.伊擦着白粉,颧骨没有这么高,嘴唇也没有这么薄,并且终日坐着,我也从没有见过这圆规似的姿势。

D.五十年间万事空,懒将白发对青铜。

2. 下列各项中,修辞手法不同于其他三项的一项是 （ ）

A.夏虫也为我沉默,沉默是今晚的康桥。(徐志摩《再别康桥》)

B.让死水酵成一沟绿酒,飘满珍珠似的白沫。(闻一多《死水》)

C.感时花溅泪,恨别鸟惊心。(杜甫《春望》)

D.根,紧握在地下;叶,相触在云里;每一阵风过;我们都互相致意。(舒婷《致橡树》)

3. 下列各项中,修辞手法不同于其他三项的一项是 （ ）

A.日理万机　　　　B.胆大包天　　　　C.门庭若市　　　　D.怒发冲冠

4. 下列各项中,修辞手法不同于其他三项的一项是 （ ）

A.朝如青丝暮成雪　B.会须一饮三百杯　C.钟鼓馔玉不足贵　D.与尔同销万古愁

5. 下列各项中,修辞手法不同于其他三项的一项是 （ ）

A.微黄的阳光斜射在山腰上,那点薄雪好像忽然害了羞,微微露出点粉色。

B.哦!我突然感觉到,我是看到了一个更是巴金的巴金。文静、温和、诚挚的外表里,却有一颗无比坚强的心。

C.目前,我正兴致勃勃地对自己的作品进行"减肥",将可有可无的字、句、段删去,决不吝惜。

D.小雪和妹妹常常不吃晚饭,就跑到海边,把自己焊在礁石上,听潮起潮落,看日沉日升。

6. 下列各项中,修辞手法不同于其他三项的一项是 （ ）

A.他能不干这档子事吗? 不能。

B.谁是最可爱的人? 当然是站在远方的他们。

C.敢于这样做的人,难道不是一个英雄吗? 可以肯定地说是一个英雄,一个大大的英雄。

D.是谁创造了人类世界？是我们劳动群众。

7.下列各项中,没有运用比喻手法的一项是 （　　）

A.苍蝇、蚊子算是小店的岁寒之友,深秋时节,还显示不出它们"后凋"的劲儿。

B.她手上生的五根香肠,灵敏得很,在头发里抓一下就捉到个虱子,然后掐死了。

C.他有一个大鼻子,鼻尖上生几个酒刺,像未熟的草莓。

D.那记录的女生涨红了脸停笔不写,仿佛听了他最后的一句,自己就当众受到了侮辱。

8.下列各项中,没有运用比喻手法的一项是 （　　）

A.天空好像一盏乏了油的灯,红光渐渐地减弱。

B.门口一个黑影出现,好像一只立起的青蛙,向我们跳过来。

C.天好像要下雨的样子。

D.月亮渐渐升高了,竹影渐渐与地上描着的木炭线相分离,现出参差不齐的样子来,好像脱了版的印刷。

9.下列各项中对修辞手法所作的说明,不恰当的一项是 （　　）

A."油蛉在这里低唱,蟋蟀们在这里弹琴。"这里运用了比拟的手法。

B."山舞银蛇,原驰蜡象。"这里运用了比喻的手法。

C."东边日出西边雨,道是无晴却有晴。"这里运用了双关的手法。

D."突然,从海底传来一声轰响,右前方的海面上冲起几十米高的水柱,像宝塔一样兀立在海面上。"这里运用了夸张的手法。

10.下列各项中,没有运用拟人手法的一项是 （　　）

A.资本就是从头到脚每个毛孔都渗透着血污来到世间的。

B.鸟儿将巢安放在繁花嫩叶当中,高兴起来了,呼朋引伴地卖弄清脆的喉咙,唱出宛转的曲子,跟轻风流水应和着。

C.每条岭都是那么的温柔,虽然下自山脚,上至岭顶,长满了珍贵的林木,可是谁也不孤峰突起,盛气凌人。

D.远远望去,泰山峰上的松树连成一片,浓浓的,看上去就像人的颧骨上横着的一道剑眉。

训练2

11.下列各项中,没有使用借代修辞手法的一项是 （　　）

A.鸡声茅店月,人迹板桥霜。　　　　B.烽火连三月,家书抵万金。

C.孤帆远影碧空尽,唯见长江天际流。　D.知否,知否? 应是绿肥红瘦

12.对下列句子运用修辞方法判断正确的一组是 （　　）

①杜鹃花开遍山野,香飘万里。

②姑娘银铃般的笑声也跟着响起来。

③不读书,无以知窗外的精彩;不读书,无以知世界的宽广;不读书,无以知文化的力量。

④微风唤醒了沉睡的种子。

A.比喻、夸张、排比、拟人　　　　　B.拟人、夸张、排比、比喻

C.夸张、拟人、排比、比喻　　　　　D.夸张、比喻、排比、拟人

13.下列各项中,没有运用修辞手法的一项是 （　　）

A.海内存知己,天涯若比邻。

B.鸟儿将巢安在繁花叶当中,高兴起来了,呼朋引伴地卖弄清脆的喉咙,唱出宛转的

曲子,跟轻风流水应和着。

C.我难道就没有应该责备自己的地方吗?

D.天上乌云密布,似乎要下雨了。

14.从运用的修辞手法的角度看,不同于其他三项的一项是　　　　　　　　　（　　）

　　A.风风雨雨过日子,炎炎凉凉看世态。

　　B.谈笑有长官,往来无百姓。

　　C.文学似海乐无边,官爵如花荣有限。

　　D.宁为八方苦水流浪鱼,不作一棵树上吊死鬼。

15.下列各项中,没有运用比喻修辞手法的一项是　　　　　　　　　　　　　（　　）

　　A.嫩绿和墨绿的植被编织出硕大无边的毡毯,一直铺展到天边。

　　B.时间与空间好像在你的脑海里,无止境地延伸着,延伸着。

　　C.从破败的城墙中,他们看到了美,一种残损的美,像维纳斯。

　　D.日记本是我的所爱,就如同我儿时的抽屉,里面装满了钉子和小刀。

16.下列各项中,没有运用修辞方法的一项是　　　　　　　　　　　　　　　（　　）

　　A.山那边的山啊,铁青着脸,给我的幻想打了一个零分!

　　B.每一朵盛开的花就像是一个小小的张满了的帆。

　　C.时光在你脸上刻下道道皱纹,犹如把生命的档案细细描画。

　　D.如果一只蝈蝈死了,活着的一定不会放过品尝其尸体的机会的,就像吃普通的猎物一样。

17.下列各项中,没有运用比喻修辞手法的一项是　　　　　　　　　　　　　（　　）

　　A.光与影有着和谐的旋律,如梵婀玲上奏着的名曲。

　　B.仿佛一张极大极大的荷叶铺着,满是奇异的绿呀。

　　C.树缝里也漏着一两点路灯光,没精打采的,是渴睡人的眼。

　　D.叶子和花仿佛在牛乳中洗过一样。

18.下列各项中,修辞不同于其他三项的一项是　　　　　　　　　　　　　（　　）

　　A.我们要把那些又长又臭的懒婆娘的裹脚,赶快扔到垃圾桶里去。

　　B.区长的意思,要放长线钓大鱼,设法打进他们的组织里去。

　　C.小妹妹拉达,是一只雏凤。

　　D.小胡子把洋刀一挥,队伍又出发了。

19.下列不是对偶句的一项是　　　　　　　　　　　　　　　　　　　　　（　　）

　　A.北通巫峡,南极潇湘　　　　　　　　　B.朝晖夕阴,气象万千

　　C.衔远山,吞长江　　　　　　　　　　　D.日星隐耀,山岳潜形

20.下列句子中运用了借代手法的一项是　　　　　　　　　　　　　　　　（　　）

　　A.我就知道,我们班获得的成绩是麦场上一堆尖尖的谷物。

　　B.沙鸥翔集,锦鳞游泳。

　　C.这海滨的小小侨村呵,简直是喧腾的海洋。

　　D.洱海,这面光洁的梳妆镜,南北长百余里,东西宽十余里。

扫一扫,购详解

75

第六章 语言表达

第一节 变换句式

考情精析

年份	考查内容	考查形式	设问类型	分值
2018 年	常式句改状语后置句	主观题,语句形式	改写成状语后置的句子	4 分
2017 年	主动句改被动句	主观题,语句形式	请将下面的句子改为被动句	4 分
2016 年	陈述句改反问句	主观题,语句形式	请将下面一句话改成反问句	4 分
2015 年	反问句改陈述句,判断句改疑问句	主观题,语句形式	请将前一句改成陈述句,后一句改写成疑问句	4 分
小结	纵观近四年试题,变换句式考查的分值稳定,均是以主观题语句的形式考查。考查的重点为主动句与被动句的变换、肯定句与否定句的变换、四种不同语气的句子之间的变换、常式句与变式句之间的变换,要求变换的句子一般比较短小、结构比较简单			

考点精讲

题型示例

例 1 (2018 年湖北技能高考卷)请将下面一句话改成状语后置句。

一棵棵挺拔的青松,仿佛守边战士一般,静静地伫立在山岗上。

【参考答案】 一棵棵挺拔的青松静静地伫立在山岗上,仿佛守边战士一般。

(或:一棵棵挺拔的青松仿佛守边战士一般伫立在山岗上,静静地。

或:一棵棵挺拔的青松伫立在山岗上,静静地,仿佛守边战士一般。)

【试题分析】 本题考查的是常式句与变式句的变换中的状语后置,变换前要找出原句中的状语部分,即"仿佛守边战士一般"和"静静地",在状语后置时,可以选其中一个,也可以两个同时后置。

例 2 (2017 年湖北技能高考卷)请将下面的句子改为被动句。

点蓝工人用挖耳似的家伙舀着色料,填到铜丝界成的各种形式的小格子里。

【参考答案】 色料被点蓝工人用挖耳似的家伙舀着,填到铜丝界成的各种形式的小格子里。

【试题分析】 本题考查主动句与被动句的变换的能力。此例中的主动句后有谓语动词"舀着",因此变换为被动句式时,把"舀着"的宾语"色料"提到前面作主语,原主动句的主语"点蓝工人"放到介词"被"的后面作宾语即可。

例3 (2016年湖北技能高考卷)请将下面一句话改成反问句。

你有一件非常时尚的米色衬衣。

【参考答案】 你不是有一件非常时尚的米色衬衣么?

(或:难道你没有一件非常时尚的米色衬衣吗?)

【试题分析】 本题考查陈述句变换为反问句的能力。变换时要特别注意不能改变原句的意思,因为肯定的反问句表达否定的意思,否定的反问句表达肯定的意思,而原句是肯定句,因此本题变换时要采用否定的反问句。

方法指导

"变换句式"是在一定的语境中,根据语言表达的需要,将句子由一种句式变换成另一种句式的过程。

"变换句式"一定要在不改变原意的前提下,根据题目的要求作相应的变换,本考点同其他语言运用考点联系紧密,要注意综合运用。

根据"变换句式"的题型特点,考试设题具有很强的开放性,因此不能"死扣"参考答案。

一、变换句式应注意的问题

1.明确各类句式特点。

明确各类句式的特点是句式变换的基础。如:主动句和被动句的互换主要思考点是主语和宾语的交换;肯定句和否定句的互换主要思考点是否定词的运用。

2.甄别句意差别,避免陷入误区。

句式变换是"同义句"的变换,只是句子形式的变换。如:常式句变为变式句的方法是改变语序,将强调某种语意的成分不放在常态的位置上,但有些句子,语序、结构的变化可引起句意的改变,这种改变不属于句式变换。

3.不能改变句子原意,这是进行句式变换必须遵循的原则。

句式变换后,不能改变句子的原意。必要时需要增删或变动个别字词,也不能影响对句子原意的准确表达。

4.要合乎语法规范和逻辑关系。

变换句式不能出现语病,不能杂乱无章。

二、常见句式变换的类型以及方法

(一)主动句("把"字句)与被动句的变换

以主动者为陈述对象的句子,叫主动句;以受动者为陈述对象的句子,叫被动句。另外,用"把"字将受动者放在动词前的句子,叫"把"字句,实际上它是主动句的一种特殊形式。

用"一看二调法"解决主动句与被动句的变换。

看:结合语段,明确受动对象。注意不要把受动对象的某个成分当成受动对象。

调:根据题目要求,调换句中各成分的位置。

例如:(1)他弄丢了一个红色的钱包。(主动句)

(2)一个红色的钱包被他弄丢了。(被动句)

(3)他把一个红色的钱包弄丢了。（把字句）

(二)肯定句与否定句的变换

用肯定式来表达的句子称为肯定句；用否定式来表达的句子称为否定句。同样一个意思，使用不同的句式来表达，在语意表达上有一定的差别。

例如：(1)克隆羊的技术可以掌握。（肯定句式）

(2)克隆羊的技术不难掌握。（否定句式）

(3)克隆羊的技术并非不能掌握。（双重否定句式）

上例的三种不同的句式，表达的是同样一个意思，但在表达效果上有差别，(1)到(3)由轻到重。需要说明的是，用双重否定句式比用肯定句式表达的程度要重，这只是一般情况，不能绝对。有时候，使用双重否定句式，比用肯定句式显得委婉。比如：这个"电脑迷"电脑技术好，参加计算机竞赛不会不获奖。因此，要仔细比较。

肯定句变换成否定句时，为了防止把意思弄反，一定要牢记：肯定的意思＝否定词＋关键词的反义词。

例如：(1)小明是个好孩子。（肯定句）

(2)小明不是个坏孩子。（否定句）

双重否定的陈述句表达的是肯定的意思，双重否定的反问句表达的是否定的意思。当一个句子出现多重否定的时候，要视句子有几重否定来判断，有奇数个否定词的陈述句表达否定的意思，有偶数个否定词的陈述句表达肯定的意思。反问句则相反。

常用的双重否定的词语有：不能不、不得不、非……不可、没有哪一个不、没有谁不等。

例如：(1)大家认为王慧是个有潜力的学生。（肯定句）

(2)没有哪一个不认为王慧是个有潜力的学生。（双重否定句）

(三)常式句与变式句的变换

1.单句中的常式句与变式句的变换。

常式句是指语序正常的句子。汉语中单句正常的语序一般是：定语—主语—状语—谓语—补语—定语—宾语。

单句中常见的变式句有主谓倒装句、状语后置句、定语后置句、状语前置句。

例如：(1)我们一起走吧！（常式句）

一起走吧，我们！（主谓倒装句）

(2)我久久地、久久地望着一轮红日从东山冉冉升起。（常式句）

我望着一轮红日从东山冉冉升起，久久地、久久地。（状语后置句）

(3)他戴着一副花边眼睛。（常式句）

他戴一副眼镜，花边的。（定语后置句）

常式句变成变式句后颠倒了语序的部分，即前置或后置的部分，往往有强调作用，增强了表达的效果。

例如：(1)起来，饥寒交迫的奴隶！（主谓倒装句）

(2)他离去了，在依依不舍之中。（状语后置句）

(3)大家都注视着这位新同学，高高的，瘦瘦的。（定语后置句）

(4)这果子吃不了，太硬了。（因果变式句）

注意，下列情况不属于句式变换。有些倒装，是为了押韵，例如"独立寒秋，湘江北去，橘子洲头"；有些倒装，倒置了词序后，就造成了不同的表达效果，例如"总理爱人民，人民爱总理"。

2.复句中的常式句与变式句的变换。

复句的常式句一般是偏句在前,正句在后;复句的变式句则是正句在前,偏句在后。

例如:(1)我因临时有点急事,不能和您一起去北京了。(常式句)

(2)我不能和您一起去北京了,因为我临时有点急事。(变式句)

变式句的表达作用:单句中谁的位置改变就强调谁,复句中谁的位置靠后就强调谁。

(四)语气不同的句式变换

根据语气的不同,句子可分为陈述句、疑问句、祈使句、感叹句。不同语气的句子可以表达大致相同的意思,但表达效果不同。在表意不变的情况下,语气由轻到重的顺序是:否定句(委婉的表请求的祈使句,感叹句)—肯定句—设问句—强烈的表命令的祈使句—双重否定句、反问句、感叹句。

根据表达效果的需要,不同语气的句式可以变换。最常见的有以下几种变换。

1.陈述句与反问句间的变换。

反问句比陈述句更肯定有力,往往既能强调,又能表达强烈的情感。

例如:一盏灯的微光也会给寒夜里的一些不眠人带来一点勇气,一点温暖。(陈述句)

一盏灯的微光难道不会给寒夜里的一些不眠人带来一点勇气,一点温暖吗?(反问句)

陈述句变反问句的基本格式为:难道……不……吗?

2.陈述句与感叹句间的变换。

感叹句比陈述句表达感情更加强烈。

例如:我们的祖国十分伟大。(陈述句)

多么伟大啊,我们的祖国!(或者变换为:我们的祖国多么伟大啊!)(感叹句)

陈述句变感叹句的基本格式为:多么+形容词+啊,+主语,或主语+多么+形容词+啊!

3.疑问句与祈使句间的变换。

祈使句变换成疑问句,一般来说,语气更加委婉、客气。

例如:请你把门关上。(祈使句)

你把门关上,好吗?(疑问句)

祈使句变一般疑问句的基本格式为:祈使句+好吗?

一般疑问句变为祈使句的基本格式为:请+主语+谓语。

此外,句式变换还有长短句的互换、散句与整句的互变、因陈述对象不同而引起的转换、为强调人或事物的某种状态或特征的句式转换以及不同表达方式的语段之间的互换等类型。由于技能高考的文化综合考试设题的难度系数相对于高职统考来说要小得多,近几年的考纲中也没有出现,这些类型设题也是较为简单,故在此不一一赘述。

对点训练

课后巩固训练

训练1

1.请将下面的句子改写成没有否定词的句子。

经过一个星期的抢救,姑母终于苏醒过来了,这不能不说是创造了一个生命的奇迹。

2.请将下面的句子变换成一个被动句。

多数受访的学生肯定了《国家中长期教育改革和发展规划纲要(征求意见稿)》提出的多次考试、多元录取的高考改革方向。

_____

_____

3.请将下面的句子改成一个主语后置句。

欢乐的百灵,活泼的溪流,自由的清风,为我们唱一支歌吧!

_____

4.请将下面的句子改写成双重否定句。

大家都赞美东湖这颗镶嵌在江城的明珠。

_____

5.请把下面的句子变成把字句。

一大滴松脂滴下来,正好包住了一个苍蝇和一个蜘蛛。

_____

6.请将下面的常式句变换为一个状语后置的句子。

他轻轻地、轻轻地抚摸着琴弦。

_____

7.请将下面的变式句改为常式句。

"雷峰夕照"的真景我也看过,并不为佳,我以为。

_____

8.请将下面两句中的前一句改成疑问句,后一句改成陈述句。

请把压在你心灵的重荷放下吧! 难道你生活的天空不是一片蔚蓝吗?

_____

9.请将下面的句子改成疑问句。

我们不愿意看到这个结局。

_____

10.请按要求变换下面的句子。

大家都同意这么办。

①改成一重否定句:_____

②改成双重否定句:_____

11.请把下面的变式句改为常式句。

忽啦,大门外涌进来十多个女同志,梳两条大辫子,剪短发的,一个个唱着,大声说笑着。

12.请将下面的句子变为否定句。

我怎么知道你今天能来呢?

13.请把下面的句子改为主动句表达的句子。

街上的幌子、小摊、行人,仿佛都被卷走了,全不见了,只剩下柳枝随着风狂舞。

14.请把下列陈述句先改成否定句,再改成反问句,不能改变原句的意思。

那只可爱的麻雀是我喂养的。

否定句:_____

反问句:_____

15.请按要求改写下面的句子。

房后河边上有许多好看的红的、黄的、粉的石子儿。(改写成定语后置句)

训练 2

16.请将下面画线的句子改写为变式句,使之更符合语境。

王老师用手捂住胸口,蹲了下来。王老师的女儿连忙问道:"<u>您怎么了?</u>"

17.请将下面画线的句子改成感叹句。

阅兵式上,一个个新式武器方阵从天安门广场走过,新式武器纷纷亮相,这让我感慨万千,<u>我们的祖国令人骄傲,让人自豪。</u>

18.请按要求改写下面画线的句子。

冬天室内外温差大,外面风吹进来,人们感觉很冷,<u>出门时一定会把门紧紧关上。</u>

祈使句:_____

疑问句:_____

陈述句:_____

19.为了强调下段文字的意思,请改变其句式,必须三次出现双重否定句。

"要谈五四以来的散文,就一定要提到朱自清;而要谈到朱自清,就一定会提到《背影》。"这话有道理。

20. 请将下面画线的句子改为主动句。

《诗经》从一开始，尽管还没有赋予它以儒家经典的意义，但<u>它的本来面目就逐渐被掩盖，被断章取义，被歪曲篡改，被儒家学者拿去附和剥削阶级需要的道德伦理观念。</u>

_____

_____

21. 请将下面画线的句子改为常式句。

鲁迅的杂文《从百草园到三味书屋》里有这样一个句子——"<u>长的草里是不去的，因为相传这园里有一条很大的赤链蛇。</u>"

_____

22. 请将下面句子改为常式句。

终于过去了，中国人民的哭泣的日子，中国人民的低着头的日子。

_____

23. 请将下面句子变成反问句。

讲桌上的那束鲜花，正表达着我们对老师的一片深情。

_____

24. 请将下面句子改为陈述句。

既然我的老师们播下的种子在他们学生的身上开花结果了，为什么我们播下的种子不会在自己的学生身上结果呢？

_____

_____

25. 请将下面句子改为肯定句。

未来的社会不可能不是"多元"的社会。

_____

26. 请把下面句子改成用把字的句子。

姐姐送给我一件最有意义的礼物。

_____

27. 把陈述句先改成否定句，再改成反问句，意思不能变。

那只可爱的小麻雀是我喂养的。

否定句：_____

反问句：_____

28. 把下列句子画线部分改写成主动句的形式。

今天，<u>最后一个部落也被我征服了</u>。从今天起，我夸父就是这里的王了。

_____

29. 请把下面句子改成常式句。

房后河边上有许多好看的石子儿,红的、黄的、粉的。

---

30. 将下面句子改为变式句,强调来桂林游览的外国朋友来自世界各地。

许多外国朋友从伦敦,从纽约,从巴黎,从世界各地来到桂林游览。

知 识 梳 理

一、句式种类

1.根据表达语气分:陈述句、疑问句、祈使句、感叹句。

2.根据主语的性质分:主动句、被动句。

3.根据结构的繁简分:长句、短句。

4.根据判断的性质分:肯定句、否定句。

5.根据句子成分或成分句的位置分:常式句、变式句、"把"字句。

6.根据语体风格分:口语句、书面句。

7.根据句式整齐分:整句、散句。

8.根据句子数量分:单句、复句。

二、各种句式的特点

陈述句:毒品毁掉了他的一生。一般性叙述,没着重强调。

疑问句:谁说不是毒品毁掉了他的一生?强调毒品的危害性。

感叹句:毒品毁掉了他的一生啊!着重于抒发感叹语气。

被动句:他的一生被毒品毁掉了。强调的重点是受事主语。

把字句:毒品把他的一生毁掉了。强调的重点是动词谓语。

否定句:毒品不是没有毁掉他的一生。强调事实的存在。

六种不同句式,表达的内容基本相同,可表达效果有差异。孰优孰劣,要看需要和语言环境。

三、注意以下几种句式

1.主动句与被动句:以主动者为陈述对象的句子,叫主动句;以受动者为陈述对象的句子,叫被动句。另外,用"把"字将受动者放在动词前的句子,叫"把"字句,实际上它是主动句的一种特殊形式。

2.肯定句与否定句:用肯定式来表达的句子称为肯定句;用否定式来表达的句子称为否定句。

3.常式句与变式句:单句中的各种成分和复句中的各个分句,按一般习惯用法的稳定次序来排列的句子叫常式句或一般语序句;改变了单句中的成分次序或复句中分句的语序,这样的句子叫变式句或特殊语序句。

4.长句与短句:句子使用的词语多,形体长,结构复杂的叫长句;反之,就可称为短句。长句的特点一般有三,一是修饰语(定语、状语)多,二是并列成分多,三是某一成分的结构比较复杂,所以表意严密、内容丰富、精确细致。句式特点是表意灵活、简洁明快、节奏感强。

5.整句与散句:"整"和"散"都是指句子的结构形式。形式整齐匀称,结构相同或相似的,称为整句;形式不同,长短不一的,称为散句。整句的特点是节奏鲜明、音调和谐、易于上口、语势强烈;散句的特点是富于变化、错落有致、形式灵活、适用性广。

第二节　根据语言环境仿句

考情精析

年份	考查内容	考查形式	设问类型	分值
2018 年	—	—	—	—
2017 年	根据语言环境仿句	主观题,语句形式	仿写的句子按照题目给出的语句形式,另写出与之相仿的句子	4分
2016 年	—	—	—	—
2015 年	—	—	—	—
小结	纵观近四年试题,根据语言环境仿句的考查分值不稳定,仿写句式就是按照题目已经给出的语句形式,另写出与之相仿的句子,即仿写例句造新句。这类试题的特点:题型灵活、设计精巧、考点繁多,涉及修辞、句式、表达、照应等内容,综合性强。重在考查理解、分析、表达、模仿创造等能力,考生有着较大的自由发挥空间。仿写的类型有:嵌入式、命题式、开放式、续写式等。近四年只有2017年的试题中出现了仿句			

考点精讲

题型示例

例1　(2017年湖北技能高考卷)仿写下面一句话。

不经过敲打,燧石不会闪出火花。

【参考答案】　不经历风雨,天空不会出现彩虹。

【试题分析】　首先分析给定的结构形式,然后确定内容。"属对"最大的形式特点是词性必须相同,词义必须相对或相反,字数必须相同。"仿写句子"当然无法如此严格地进行要求,但若能借用"对仗"的手法,努力追求词性相同、词义相对、字数相同或相近,特别是字数上的整齐,必将在结构上产生一种匀称之美,在韵律上产生一种节奏感。字数相同的例句如:"墙角的花,你孤芳自赏时,世界便小了;井底的蛙,你坐井观天时,天地便窄了。"字数相近的例句如:"爱是生命的乐曲:坦言是曲,赤诚是情,理解、呵护是爱的节拍;青春是人生的一首歌:成功是词,拼搏是谱,永不懈怠是青春的主旋律。"如例句的结构是"否定假设＋否定想象",前一分句用了否定的假设,后一分句又是一个否定的想象结果。

例2　(2014年湖北技能高考卷)仿照下面语段中画线的句子写一句话,填在空白处。

如果自然是一本书,旅游就是阅读,你可以从中收获许多东西。登山,你可以读到秀丽雄奇;＿＿＿＿＿＿＿＿＿＿＿＿＿＿＿＿。

【参考答案】　观海,你可以读到博大精深。赏月,你可以读到宁静皎洁。

【试题分析】　所仿写出来的句子,陈述的对象应优先考虑与例句陈述的对象是同类事物,实在不行当然也可以是不同类事物。如例句陈述的对象是自然界的事物,仿写的句子陈述的对象最好也应是自然界的事物;例句陈述的对象是社会领域的事物,仿写的句子陈述的对象最好也应是社会领域的事物,这样在语境上就能产生一种和谐之美。

例3 (2013年湖北技能高考卷)按照下面例句的句式特点,同样以"青春"开头,仿写一个句子。

青春是一条河,涌动着追逐梦想的浪花。_____

【参考答案】 青春是一支笔,谱写着激情四溢的华章。

【试题分析】 "仿写句子"一个重要的特点就是仿句所运用的修辞手法必须与例句一致。比如例句运用了比喻、拟人、夸张的手法,仿句也必须运用比喻、拟人、夸张的手法。还有些题目,明确要求仿写的句子必须与例句构成排比,这时进行仿写时就更要注意,如运用的修辞手法与例句不属同一类型,不但起不到将语境推向纵深的效果,反而会削弱语势。

方法指导

根据仿写试题考查侧重点的不同,可将其分为四大类型:结构类仿写题、修辞类仿写题、诗歌类仿写题和思维类仿写题。

下面结合实例,分别介绍这几种题型的仿写方法。

一、结构类仿写题——看清结构,模仿有据

以结构为命题点的仿写题,要把握例句的结构特点,先看清是单句还是复句,是单句的,要分析句子成分的关系(主谓式、动宾式、动补式等);是复句的,要分析分句之间的关系(并列、因果、假设等),再按例句的结构仿句,同时注意语气、内容、修辞等方面的要求。

例如:仿造例句格式,任写一种事物。(命题式)

教师的周围飘着粉笔屑,不,那不是粉笔屑,那是教师撒出的智慧的花朵。

【参考答案】 教室前方有一块黑板,不,那不是黑板,那是播种知识的沃土。

【试题分析】 我们首先分析给定的语句结构形式,然后确定内容,本句的结构格式是"事物+否定+想象",并且最后一个分句用了比喻的形式。

二、修辞类仿写题——抓住特色,创新出彩

修辞仿写题主要涉及比喻、排比、对偶、拟人、反问、设问等常用的修辞格。解答这类题时,最关键的是了解某种修辞的特色、要求,例如,比喻往往是将抽象的事物形象化,它要求新鲜、生动;排比则由三个或三个以上的结构相同的句子构成,整齐而富有气势。

例如:依照下面两个比喻句的句式,以"真诚"开头,写两个句式相同的比喻句。(命题式)

人生犹如一个爱出谜语的顽童,总是出一些难题让你解答;人生犹如一次漫长的旅行,理解就是前进的火把。

真诚_____,_____;真诚_____,
_____。

【参考答案】 真诚就像开满枝头的花朵,总是能结出友谊的果实;真诚好像一条清澈的小溪,心灵就是小溪的源头。

【试题分析】 运用比喻,喻体必须恰当,另外,从给定的两个句子来看,两个比喻句是并列关系,在每一个比喻句的内部,前后的语义必须衔接。如将"人生"比作"爱出谜语的顽童"下面紧接着就写出其"爱出难题";如将"人生"比作"旅行","理解是前进的火把",说出了理解在人生道路上的重要性。

三、诗歌类仿写题——形神兼备,追求文采

仿写短诗,要注意以下几个方面:①例子一般具有哲理性,仿作也要有深刻的思想内容;②诗歌借形象表达思想,仿写时要看清诗歌采用了什么修辞手法、表现手法;③追求高远的意境。

例如:在"梅花""星星""蜡烛"中任选一种,仿照下面《溪流》这首小诗的格式,写一组句子。

溪流:没有江河奔腾的浪花,也没有大海壮阔的波澜,但山石间的那点叮咚,是你欢快的旋律。

【参考答案】 ①梅花:没有桃花艳丽的姿容,也没有杏花芬芳的醇香,但是寒风中的那片深红,是你迎风斗雪的笑脸。

②星星:没有太阳耀眼的光芒,也没有月亮皎洁的清辉,但是夜空里的那点闪烁,是你迷人的容颜。

【试题分析】 《溪流》主要采用了对比、拟人两种修辞手法,表达一种欢乐的精神。仿写时一要注意用修辞手法追求语言的文采,二要表达出明确的思想,可借"梅花",写迎风斗雪的精神,借"星星",写微小人物存在的价值等。

四、思维类仿写题——巧思显智,妙想出奇

以形象思维为考查点的仿写题,一般是要求将一个事物比喻为不同的事物,这需要注意事物之间的相关性、相似性,发挥联想、想象能力写出新奇的比喻。以抽象思维为考查点的仿写题,一般要求就具体事物揭示生活哲理,或揭示形象语句的精神实质,这需要研究事物的特征,使"物"与"理"相得益彰。体现对比思维的仿写题,最好利用事物之间的相对性、相反性,思考解答。

例如:根据下面的示例,请另选一组事物,运用联想和对比,表达自己对生活的某种认识(不拘泥于句式,40字以内)。

鲜花虽然娇艳,但经不起风吹雨打;小草看似寻常,却更能承受酷暑严寒。

【参考答案】 露珠虽然晶莹,但经不起风吹日晒;石子看似平凡,却能承受砖瓦的挤压。

【试题分析】 这道题兼考形象思维与抽象思维能力,考生要能从"鲜花"的两面性(美丽而易损)和"小草"的两面性(平凡而坚毅)中受到启发,联想到两面性与之相对应的事物。事物的本身以鲜明的形象出现,而其两面性则是抽象的,因此,这个联想过程是形象思维与抽象思维的统一。

对 点 训 练

训练1

1.仿照下面的例句,选择某一事物,通过情景表达自己的感受。

例句:房间的蜡烛,你燃烧自己时,世界便光明了。

2.仿照例句,在下面两句的横线上补写相应的内容,与例句构成排比句。

例句:如果我是阳光,我将照亮所有的黑暗;

如果我是清风,我将 _____;

如果我是春雨,我将 _____。

3.请仿照画线句子,续写一句话,构成一组排比句。

美就在我们的身边,重在善于发现。小草拱破硬土顽强生长,是一种生命的美;_____

_____,_____;哲人弃掉执念勇敢探索,是一种智慧的

美;凡人献出爱心无私奉献,是一种人格的美。美,其实无处不在。

4.仿照句子,结合所给语境,在横线上填入适当的语句,组成语义连贯的排比句。

让我怎样感谢你,当我走向你的时候,我原想收获一缕春风,你却给了我整个春天;我原

想捧起一簇浪花,_____;_____,_____

_____;_____,你却给了我银白的世界。

5.模仿下面句子的格式,另写一个句子。

遗忘是心的缝隙,漏掉了多少珍贵的昨天?

_____

6.以"勤奋"为陈述对象,仿写下面的句子。

乐观是一首激昂优美的进行曲,时时鼓舞着你对事业的进取精神。

勤奋 _____。

7.按照要求仿写句子,要求与例句的话题、句式、修辞手法相同。

没有一本书的家,是没有一朵花的花园;没有一本书的家,是没有一只鸟的树林;_____

_____;_____。

8.请仿照下面诗歌前两节的格式,再续写两节。

我是雪,我被太阳翻译成水;我是水,我把种子翻译成植物;_____

_____;_____。

9.仿照下面哲理性的比喻,以"奋斗"和"希望"开头,各写一个比喻句。

生活就是一块五彩斑斓的调色板。

_____

_____

10.接着上句写后面的两句,使语句保持一致。

人生的意义在于奉献而不在于索取。如果你是一棵大树,就洒下一片阴凉;如果你是

_____,就_____;如果你是_____,就_____。

训练 2

11.请仿照下面诗歌前两节的格式,再续写两节。

人生如一支歌,应该多一些昂扬,少一些萎靡;_____,_____,

_____;_____,_____。

12.模仿下面的句子,以"历史"与"时间"为本体,写一个句子。

历史是一条长河,时间是涌动着的波涛。

_____

13.按照前半句的形式,用比喻句续写句子。

游子离开了祖国,就像巨轮离开了海洋,_____,_____。

14.按照前半句形式,发挥想象仿写句子。

童年是一个谜,混沌初开,稚嫩好奇;_____,_____,_____

_____;_____,_____,_____。

15.按照要求仿写句子,要求与例句的话题、句式、修辞手法相同。

青海湖的蓝,蓝得纯净,蓝得深湛,蓝得温柔恬雅。

_____,_____,_____。

16.按照前半句形式,发挥想象仿写两个句子。

绿色是生命,生机盎然;红色是激情,热情奔放;金色是丰收,硕果累累。

_____,_____;_____,_____。

17.仿照例句写两个比喻句。

各种各样的鱼在水中游动着,金色的,红色的,紫色的,有的张着嘴,有的仰着头,有的摆着尾巴。

例句:它们不是鱼群,而是会移动的珊瑚礁。

_____,_____。_____,_____。

18.仿照下列句式,再写出两个你对"友谊"理解的语句。

友谊是香醇的美酒,让人回味无穷。

_____,_____。

_____,_____。

19.按照前半句的形式续写句子,注意句式及修辞。

繁花是春天的笑脸,阳光是夏日的欢唱,_____,_____。

20.仿照下列句式,再写出你对"朋友"理解的语句。

朋友是什么?朋友是快乐日子里的一把吉他,尽情地为你弹奏生活的愉悦;朋友是忧伤日子里的一阵春风,轻轻地为你拂去心中的愁云。

朋友是_____,_____。

第三节　扩写语句、压缩语段

年份	考查内容	考查形式	设问类型	分值
2018 年	扩展语句	主观题,语句形式	扩写成一段有情景的文字	4 分
2017 年	—	—	—	—
2016 年	概括语段	主观题,语句形式	把一段文字所表达的重要信息提取出来,并用恰当的语言表达出来	4 分
2015 年	扩展语句	主观题,语句形式	扩充成一段有情景的话	4 分
小结	纵观近四年试题,"扩写、压缩语句"题型在近几年的各地高考中交互出现,是目前考查语言表达能力和逻辑思维能力的较好形式,值得高度重视。高考中的扩写与压缩一般在一套试卷中只考一个方面。题目中会提出明确的要求,比如重点的要求、感情色彩的要求、字数的要求、表达方式的要求等。"扩展语句"的字数要求一般是"不少于多少个字","压缩或概括语段"一般是"不超过多少个字"。近四年考题中,2016 年的试题中出现了概括语段,2015 年、2018 年的试题中出现的是扩展语段			

考点精讲　　　　　　　　　　　技能高考考什么

题型示例

例 1　(2018 年湖北技能高考卷)请将下面一句话扩写成一段有情景的文字。(不少于 40 字)

天闷热得厉害。

【参考答案】　天闷热得厉害,四周没有一丝儿风,只有火辣辣的太阳照着,即使在树荫下,人们也会感到一股股热气在蒸腾,就像在蒸锅里一样难受。

【试题分析】　这种题型是对一个结构简单的句子,采用描写的表达方式,通过添加修饰成分或运用修辞手法等,使之具体生动,内容充实。

例 2　(2016 年湖北技能高考卷)阅读下面一段话,概括"伟大的艺术"与"平庸的艺术"的区别。(不超过 40 字)

伟大的艺术与平庸的艺术之间的本质区别并不在于他们的处理方法,或表现的风格,或题材的选择等等。我们不能因为一位画家笔力的壮阔或者纤细,手法的概括或者具体,以及它对细节的爱好或者排斥等等,来判定他是否伟大。如果他能向世人揭示出高尚的事物并激发起高尚的情操,那么,不管他用了上面哪种手法,他都同样是伟大的。

【参考答案】　能否向世人揭示出高尚的事物,能否激发起高尚的情操。

【试题分析】　通读全段文字,把握要点,认真审读锁定阅读区间,细心探究主旨句、中心句、过渡句和结尾句,比较辨别,提炼要点,最后简洁明了地精准表述出来。

例3 (2015年湖北技能高考卷)运用想象和联想,将下面一句话扩充成一句有情景的话。(不少于40个字)

在一本旧书夹页里,我发现一朵小花。

【参考答案】 在一本旧书里,我突然发现一朵小花,小花已经枯萎,但我似乎还闻得到它散发的淡淡幽香。我记得,这是我在奶奶家院里摘下的花朵,看到它,我似乎又看见奶奶温和的笑脸。

【试题分析】 扩写,是在主干的基础上添枝加叶,根据表达的需要添加上定语、状语、补语等连带成分,使句子的意思更加具体形象,充实丰满。

方法指导

一、扩展语句

"扩展语句"主要考查将一句话的内容充实丰富起来或者合理地扩展成几句话的能力。这一考点的要求是,将结构简单、内容贫乏、达意欠明确、表达欠具体、描述欠生动的语句扩充得丰富、充实、鲜明、形象起来。它或者是把一组词语扩展成一句话或者是一段话;或者是把一句话的意思加以扩充或者合理地扩展成几句话。主要考查联想和想象的能力,对语言综合运用的能力,创新意识和创新能力。完成这样的考题,应该仔细审清题目的要求,认真揣摩原句的意思,弄清题目对句子内容、句式、表达方式、重点、字数等方面的要求,紧扣要求去扩展句子。

1.扩展语句的常见命题形式。

(1)词语的扩展。给出几个词语,按照一定的要求组成文字,表现一定的情景。

示例:用"风""帆""船"三物,并运用比喻等修辞手法,为你的朋友发一条祝贺生日的手机祝福短信。(不少于40个字)

【参考答案】 心愿是风,快乐是帆,祝福是船,让心愿的风吹着快乐的帆,送着祝福的船,漂向永远幸福的你,轻轻地道一声:生日快乐!

(2)句子的扩展。这里主要是复句的扩展,其空间范围更为广阔,要求考生更具有丰富的想象力。

示例:运用联想和想象扩展成不少于20个字的句子。

乌鸦飞走了。

【参考答案】 枯枝上的乌鸦突然向着远处的天空,箭也似的飞走了。

(3)综合扩展。可以是由单句到单句,或是由单句到复句,总之是使之生动形象、丰满细腻起来。这类扩展,需要大量使用修辞格。

示例:利用下列三个短语,运用描写扩展成一个内容丰富生动的句子,使之给人以美的享受。

小山丘上　缓缓移动　羊群

【参考答案】 在那长满青草、翠色欲流、线条那样柔美的小山丘上缓缓移动着的羊群,像给厚大的绿毛毯镶上了一朵朵白云。

(4)语段的扩展。给定一个话题,提供一个情境,能自如地加以阐释、发挥、引申,从而使之明确、丰满起来,构成一个完整的语句或语段。

示例:根据以下规定的情景,以"起跑线"为重点,分别扩展成一段话。每段不少于30个字。

情景一:田径场上

情景二:人生某阶段

【参考答案】 情景一:今天,他又踏上400米决赛的起跑线,去年的今天在同一赛场的一幕浮现在他的眼前:就在起跑的刹那间,位于他右边一道的同学突然摔倒,他毫不犹豫地停下来,扶起摔倒的同学。有实力撷取金牌的他却与金牌失之交臂,他没有遗憾,在他心中,美好的品格比金牌发出更灿烂的光彩。

情景二:1998年中日少年友好夏令营后,有人向社会发出沉痛的呼吁:"救救我们的孩子,别让他们输在起跑线上。"那次夏令营,国人还记忆犹新:我们的孩子娇气,缺乏毅力,缺少合作精神,缺乏环保意识。我们必须清醒地认识到,要想让孩子不久能担负起历史使命,我们必须让他们在起跑线上站立起来。

2.扩展语句的技巧。

(1)添加枝叶法

找准主干、添加枝叶的方法是给句子主干分别添加限制性或修饰性的词语,使之形象丰富。运用此法,关键是确定句子的主干,在句子的主语前加定语,在谓语前加状语,在宾语前加定语,便可使语句丰满起来。在运用给句子主干添加枝叶的方法时,只有结合修辞方法,才能使扩展的句子变得文采飞扬,这种方法较适用于单句扩展型题目。

示例:扩展下面的语句。(不少于30字)

书给人以智慧和品格。

【参考答案】 书给人以智慧和品格。书犹如饱经沧桑的老者,给人以非凡的智慧;又如一个冶炼炉,给人以高尚的品格。(或:书是知识的海洋,给人以无穷的智慧;书是精神的矿藏,给人以宝贵的品格。)

【试题分析】 这句话的扩展中心是书的作用。原句有主语,谓语和宾语。因此这是一个单句的内容扩充,关键点是要突出书对人的作用,抓住句子的宾语,采用比喻或拟人或排比手法,多角度来扩展即可。形式为"书给人以( )的智慧,给人以( )的品格"。

(2)定位填补法

选择句式、定位填补法是根据题干所给的内容,确定句式是单句或复句,排好句内成分位置或句子间的关系,填补修饰成分状语或定语,或句子的一种方法。它与找准主干、添加枝叶的区别在于不要求每一个地方都要添加,而是选择扩展重点,在固定的位置填补。这种方法既适用于联词或句型的扩展题,也适用于情境式扩展题。

示例:以"网"为中心续写两段话,第一段描述情景,第二段表达见解。(每段不少于40字)

有形的网,_____

无形的网,_____

【参考答案】 有形的网,催促我们的脚步匆匆前行,楼房是有形的网,心灵成为无形的网,我们从这张网,到另一张网。无形的网,是我们生活的重要组成部分,我们在这些网中需要正确定位自己,否则就可能会迷失自我。

【试题分析】 题目要求以"网"为中心,就是说所写的必须以网为主要描写对象,内容涉及有形的网和无形的网,不能抛开网去写有关网的人、事、物,或者只谈人生不管"网"。此外,语言首先要与所给的第一句话衔接,围绕"网"这个中心要尽量写得流畅、生动。

(3)想象联想法

围绕中心、想象联想的方法是指根据题干的需要,紧紧围绕某词语、某句子或某种情境的特定内涵,展开丰富的想象和联想,进行合理的创造。扩展时,要注意不得偏离原句的陈述对象或题目要求的中心,要紧紧围绕原句或语段的情境或意境。

示例:以下列词语为诱发点,展开想象,创设情境,写一段话。(不少于50字)

少年　书本　梦

【参考答案】 一个辍学的少年,整日捧着书本,如饥似渴地读,读得如痴如醉。他有一个梦,梦想能在宽敞明亮的教室里听老师讲课,不只他,还有他的那些伙伴。

【试题分析】 本题属于联词扩展型,即提供几个词语,要求考生展开合理的联想和想象,将这几个词语扩展成一段话,这段话描述了一种情景,要灵活运用各种表达方式和修辞手法进行扩展。"少年"是怎样的少年?——年龄、外貌、动作。"书本"是怎样的书本?"梦"是什么样的梦?

(4)妙用修辞法

有些扩展题目,题干中明确要求使用某种表达方式或某种修辞手法。而有些题目则没有类似的要求,但为了加强表达效果,也应考虑使用多种表达方式或修辞手法。巧用修辞手法不仅能使语句更加丰富,语言更趋完美,而且可以使扩展的语句更加生动形象。

示例:"松""竹""梅"是岁寒三友,具有君子品格。请任选一个为描述对象,写一段文字。要求:体现该对象的特点;运用两种修辞手法。(不超过60字)

_____

【参考答案】 梅花,是超凡脱俗的花。她甘于寂寞,淡泊名利;不因错过美丽春天而懊恼,不因没有蝴蝶伴舞而沮丧,不因缺少同伴而失落。

【试题分析】 此题考查扩展语句和运用常见修辞手法的能力。梅花的"凌寒不凋、坚贞不屈""清新脱俗、高洁""不媚俗、不随波逐流"等品性,一般的学生都比较熟悉,选择写梅花,容易体现该对象的特点。再运用容易造句的比喻、拟人、排比等修辞手法,展开联想和想象,写一段不超过60字的文字,还是比较容易的。

(5)语境推导法

这种方法适用于续写式扩展语句题。续写式就是根据一定条件或语境进行逻辑推导,得出一定结论。

示例:补写一句话,使语段完整。

汉字是用来记录汉语的文字,是世界上历史最悠久的文字之一。几千年来,汉字对保存、传播、发展祖国的优秀文化起到了巨大作用。现在和今后一个长时期里,汉字仍是_____

_____。

【参考答案】 我们记录汉语、交流思想、传播文化的工具。

【试题分析】 要很好地续写后句,就要从上文中找出续写的切入点。根据上文"汉字仍是"可知,"仍是"是我们续写的主要提示,它代表一种延续,暗示下文续写的内容要延续上文内容。根据上文内容可知,要延续的内容是汉字的作用,即"记录汉语"和"保存、传播、发展祖国的优秀文化"。

二、压缩语段

"压缩语段"就是将篇幅较长、内容较丰富的语段,按要求浓缩成语言简洁、意思明了的语句或短语、词语。"压缩语段"的过程是概括化、简明化的过程。"压缩语段"要依照"去次留主"原则将主要内容、重要信息提取出来。"压缩语段"常见的题型有四种,即概括语段要点、压缩新闻语段、下定义、提取关键词等。主要考查对信息的"筛选""整合""概括"能力。"压缩语段"试题,除对答题方向、内容提出明确要求外,一般还会有字数限制。分值在 4 分左右。

1.压缩语段的常见命题形式。

(1)筛选中心句——筛选文中能够表明中心的语句。

示例:用一句话概括下面这段文字的主要意思。(不超过 25 个字)

近几年来,关于中国文化,主要是中国传统文化,或者是以中国文化为基础的东方文化,将成为 21 世纪的主导性文化及 21 世纪将成为中国文化或东方文化的世纪的观点,十分流行。西方一些学者也持有此类观点。对此我则持怀疑态度。

【参考答案】 我对中国文化将成为 21 世纪主导性文化的观点持怀疑态度。(或:我怀疑中国文化将成为 21 世纪的主导性文化的观点。)

(2)拟写一句话新闻、新闻标题、导语或电报稿等。

①拟一句话新闻,要把握文段语意,从中筛选出关键信息,然后用简明的语言把它表达出来。所谓关键信息,主要指读者最关心、最有新闻价值的内容。提炼时,要根据是否是读者最需要知道的内容,是否是目前最需要宣传的标准来考虑。

示例:根据下面这则消息的内容,拟写一句话新闻。(不超过 15 个字)

从 3 月 1 日开始,不断有消息称法国电信设备厂商阿尔卡特很快将把亏损的手机部门出售给一家中国公司,而这家公司就是南京的熊猫电子集团。受此消息刺激,阿尔卡特的股票走势坚挺。日前,当记者向"熊猫"的高层领导以及通讯业务的相关负责人士求证时,对方很坚决地表示:"至少我们不晓得有这件事存在。""我没有从我们内部的任何文件上看到或者从同事那里听列收购阿尔卡特的消息。""熊猫"的董事长秘书陈平女士如是说。

【参考答案】 日前熊猫集团否认收购阿尔卡特。(得分要点是——时间:"日前";对象:"熊猫集团";事件:"否认收购阿尔卡特"。)

②拟写新闻标题,不但要突出主题,内容上也要扣住文段中心,而且还要使标题醒目,引人注意。因此,好的新闻标题,往往用词别具一格、结构工整,善于使用修辞方法等。

示例:给下面的新闻拟写一个标题。(不超过 15 个字)

本报北京 8 月 22 日讯　今天,信息产业部电子信息产品管理公司在北京人民大会堂宣布,在国家产业政策引导下,我国集成电路产业通过自主创新,成功开发出全球首枚基于第三代移动通讯 TD—SCDMA 标准的 3G 手机核心芯片。这一具有自主知识产权的成果,标志中国通信核心芯片的关键技术达到国际领先水平,打破了我国手机芯片核心技术长期以来一直被外国通信公司垄断的技术壁垒。

这一芯片和国外同类产品相比,在体积、集成度、功耗和相关的软件系统方面具有明显优势,是目前世界上集成度最高的 3G 核心芯片。由归国留学人员创建的高科技企业展讯通信(上海)有限公司,是这一芯片的创造者。展讯公司与大唐移动公司共同开发了 TD—SCDMA 手机核心软件,并即将与大唐移动、科泰世纪合作开发 3G 手机操作系统。

【参考答案】 首枚 3G 手机核心芯片问世。

③新闻导语,是要把消息中最基本、最核心的内容用最简明的话在开头一段中加以表述,它是为了让读者一目了然地了解整个消息的情况与结局,这是新闻的特殊格式。

示例:根据下列材料,用一句话概括出新闻导语。(不超过 40 个字)

"耀华号",7 月 31 日从重庆港开出,本月 3 日 6 点 50 分在右行至牌县航段,船舵突然失控,船体搁浅,并且严重倾斜,长江港务监督局迅速组织救援,但因水位只有 1.7 米,客轮的吃水线是 2.4 米,再加上近期长江退水速度较快,因此 4 次救援全部失败。

船上 243 名旅客被困 12 小时后,在有关部门组织下安全抵达武汉。

【参考答案】 "耀华号"3 日晚在牌县航段搁浅,有关方面救援四次失败后终于使二百多名乘客安全转移。

④电报稿是简洁的信,也是电报内容的高度浓缩,其特点是言简意赅,要言不烦。

示例:根据下面的材料,拟一份电报稿,电文和署名不超过 10 字。

长风中学学生孙娟参加高考以后,父母让她到南京亲戚孙欣家玩一段时间。孙娟到南京后 7 天,家中收到她被北京大学录取的入学通知书,专业是中文系。为了让孙娟做好上大学前的准备,母亲林英给她发了一份电报。

【参考答案】 娟考取北京大学速归英

⑤压缩新闻主体

示例:下面是《参考消息》刊登的一篇消息,请将其主要内容压缩。(不超过 40 个字)

法新社 3 月 3 日报道,据俄通社—塔斯社报道,位于西伯利亚热列滋诺戈尔斯克的俄法联合研究与制造工厂的工程师们,今天成功地完成了第一代 Sesat 人造卫星的测试工作。来自西伯利亚的专家一直在与法国的阿尔卡泰尔公司合作,为欧洲通信卫星组织(欧洲最大的操控人造卫星的机构)生产卫星。这颗卫星将于今年 3 月中旬被送往哈萨克斯坦的拜科努尔发射升空。

【参考答案】 俄法工程师们 3 月 3 日成功地完成了第一代 Sesat 卫星的测试工作,发射将于 3 月中旬进行。

(3)对所给材料进行高度压缩概括。

这和现代文阅读中"辨明和筛选重要信息"有些相似,它需要我们准确理解文章或材料内涵,在准确理解语段的基础上,提炼出中心。要注意概括和提炼语段的主要内容,适当注意语段首句、过渡句、尾句等,并要统观全段,进行压缩和概括。

压缩语段主要内容的主要解题思路。

①以说明方式为主的语段:一般介绍事物的形状、构造、类别、关系、功能,或解释事物的原理、含义、特点、演变等。要抓住其主要信息,如中心事物(说明对象)和主要特征。注意事项:(a)抓住说明的中心及事物的特点,对说明性的材料必须整体把握;(b)一般不使用修辞、举例等语句;(c)注意表述的严密、清晰、连贯。

示例:下面的材料从四个方面对二胡作了介绍,请筛选信息,保留各方面的主要内容,压缩成一段文字。(不超过 60 个字)

二胡是中国的一种很奇妙的乐器,是胡琴的一种,比京胡大,也叫南胡,二胡的构造很简单:由一根长约 80 厘米的细细的木制琴杆、内外两根琴弦、琴杆下端的蒙着蟒皮或蛇皮的琴筒构成,琴筒呈茶杯形,用木或竹制成,蟒皮或蛇皮是制作二胡的重要材料。用马尾做的琴弓演奏,这与小提琴同样用马尾做琴弓是一样的。二胡声音低沉圆润,听起来略带忧伤,常用来表达比较深沉的情感。二胡产生的历史悠久,又比较容易学习,因此是深受中华民族喜爱的乐器,是中国民间普及率比较高的乐器。

【参考答案】 二胡是胡琴的一种,由琴杆、琴弦和蒙着蟒皮(蛇皮)的琴筒构成,用马尾琴弓演奏,声音低沉圆润,是深受中华民族喜爱的乐器。

②以议论方式为主的语段:首先要把握论点和论据。论点是作者论述的中心观点,压缩时要围绕论点压缩,适当参考论据和分论点。方法是寻找中心句(关键句),要抓住其主要信息,如中心论点,议论的话题或范围,隐含的观点、情感(赞同、反对、表扬、批评),结论句(论据、详细论证过程可省)。注意事项:内容要全面,特别要注意一些关联词或暗示性词语,如"另一方面""又""其次"等。

示例:阅读下面一段话,用一个不超过 60 个字的单句,概括说明"农业型的知识密集产业"是一种什么样的产业。

这样,我们一方面充分利用生物资源,包括植物、动物和微生物;另一方面又利用工业生产技术,也就是把全部现代科学技术、新的技术革命都用上了。不但技术现代化,而且生产过程组织得很严密,一道一道工序配合得很紧密,是流水线式的生产。这就是农业型的知识密集产业。它是一个值得重视的方向。它已经不是传统农业了,而是一种生产体系,一种产业,其特点就是以太阳光为直接能源,利用生物来进行高效益的综合生产。

【参考答案】 农业型的知识密集产业是以太阳光为直接能源,利用生物资源和工业生产技术来进行高效益综合生产的一种生产体系。

③以叙述方式为主的语段:就是语段的陈述对象是具体的事或物,有时间、地点、人物、事情的起因、经过、结果这六要素。要抓住其主要信息,如叙述主体、主体的经历、叙述的意义及目的(详细情节、背景材料等可省)。

示例:归纳下面两则寓言的寓意,每则不超过 25 个字。

(a)有张弓做事很毛躁。一清早起来,张开弓,"唰"地就是一箭。箭刚飞出去,弓就马上大叫起来:"唉,唉,等等,回来! 我还没想好这一箭向哪儿,射出去干什么呢!"弓拔腿就追,可箭早没影了。

(b)狐狸走进塑制道具的店铺,把成品一件件细看了一遍,后来看见一副供悲剧演员用的面具,便拿起来,对它说:"多么好的脑壳,可惜没有脑子。"

【参考答案】 (a)做事要有的放矢、三思而后行。(b)做人要运用脑子,否则只能充当生活中的悲剧角色。

④以描写方式为主的语段,要抓住其主要信息,如中心景物(描写对象),主要特征,描写的角度及目的、感情等。具体方法:(a)确定对象;(b)划分层次;(c)筛选主要信息,留概括性形容词,删除枝叶(时令、时间、地点、方位等状语,修饰性、限制性、补充性的句子)。

示例:下面是一段关于福娃贝贝的报道,请根据文义概括出人们选择鱼娃作为贝贝原型的三点原因。

福娃贝贝原型是来自江河湖海的鱼娃,她的头部纹饰使用了中国新石器时代的鱼纹图案。在中国传统文化艺术中,鱼作为吉祥物之一,在汉魏时代已在钱币图案中普遍使用了。

因"鲤"与"利"谐音,"鱼"与"余"谐音,早有吉祥图案"渔翁得利""富贵得余","鱼"和"水"的图案是繁荣与收获的象征,鱼娃贝贝代表繁荣,寓意是对世界和平发展、合作共赢的祝福。民间还有"鲤鱼跃龙门"的传说,"鱼跃龙门"为仕途得意、飞黄腾达的祝颂语,寓事业有成;"龙门"亦常用以比喻名望大的人,谁能得到他的援引,便声名鹊起,一路顺利,梦想便得以实现。还有远古时代,鱼一直是人类赖以生存的食物之一。每年除夕,餐桌上必然有鱼,暗示吉庆有余,一般人当时都不吃,不也就是图个"年年有余"吗?

【参考答案】 (a)"鱼"的图案是繁荣与收获的象征;(b)"鲤鱼跃龙门"寓事业有成和梦想的实现;(c)"鱼"暗含吉庆有余,年年有余之意。

⑤小结

a.反复审题,看清具体要求。

b.辨明类型,确定压缩角度。

c.理清层次,辨明主次,注意角度,决定如何取舍。

d.考虑连贯,表达力恰切。如有上下文,须考虑连贯,同时语言的表达也要恰当。做到既简明又连贯。

对点训练

训练1

1.用比喻句的形式,补写一段文字,说明"时时批评自己的缺点"的重要性。

我们决不能一见成绩就自满自足起来,我们应该抑制自满,时时批评自己的缺点,_____

_____。

2.下面的比喻句,运用的不够贴切,请给予修改。修改后,要保留以"歌声"为主题。

她那婉转的歌声,如同燃烧的火焰一般,打动了我的心。

修改:_____

3.请以原句为话题,用分说的形式补充有关内容。

对于完美的追求,即是对于温馨与光明的追求。这温馨能_____,

这光明能_____。

4.请选择下列两种情境之一,以"眼睛"为重点扩写一段话,不少于30字。

情景一:讲台前   老师   眼睛

情景二:师生惜别时   师生们   眼睛

_____

_____

_____

5.请在下面的横线上再写一个句子(不得超过50个字),要求运用比喻句,内容上要衔接得当。

世界的烦恼,生活的艰辛,冬天的单调和寂寞,花草树木的凋零,使她们的心时觉荒如沙

漠。一旦看见一盆鲜花,一点亮色,就会_____

_____

6.扩展下面的语句,要求突出"鸡叫"的深层含义。(不得超过50个字)

住在乡下村里,我爱庭黎明的鸡叫,那悠扬的声音,把所有人都叫醒了。_____

_____

7.根据前面句子的提示,扩展三句话,再在后面加上一句话,作为前面四句话的总结。

如果你是一棵大树,就洒下一片绿阴;_____,_____,

_____,_____。

8.杜甫《漫成一首》"江月去人只数尺,风灯照夜欲三更。沙头宿鹭联拳静,船尾跳鱼拨剌鸣。"扩写首句:江月去人只数尺。试从形、色、光、神等方面进行描写,描绘出这句诗的意境。要求富于文采,不超过100个字。

_____

_____

训练 2

9.用一句话概括下面一段文字的内容。(回答不超过10字)

从事写作的人,应当像追求真理一样去追求语言,应当把语言大量贮积起来。应当经常把你的语言放在纸上,放在你的心里,用纸的砧,心的锤来锤炼它们。要熟悉你的语言,像熟悉你的军队,一旦用兵,你就知道谁可以担任什么角色,连战连捷。写作,实际就是检阅你的军队,把那些无用的、在战场上不活跃的分子,当场抹去他的名字,叫能行的来代替吧。所谓要慎重,就是指这个。

_____

10.把下面的消息压缩成一句话新闻。(不超过20个字)

近20年,环渤海地区的经济得到了跨越式发展。但是,在注重经济发展的同时,却忽略了对生存环境的保护。有关专家呼吁:如果再不采取果断措施有效遏制污染,10年后,渤海将变成第二个"死海"。

据环保专家介绍,目前,整个渤海水体中,一种和多种污染物超过一类水质标准的面积占总面积50%。渤海的一些海域海底泥中,重金属竟超过国家标准的2000倍。这些污染物源源不断地侵袭着渤海日益脆弱的机体。海洋专家心情沉重地说,渤海环境污染已到了临界点,如此下去,10年后渤海将成为地球上第二个"死海"。到那时,即使不再向渤海排进一滴污水,单靠其自然与外界交换恢复生态,至少要用200年时间,而沉积在海底的污染物将存在几百年。

_____

11.请根据下列文字概括我国自主研发磁浮列车的优点。(不超出20字)

最近,我国自主研发的第一辆具有自主知识产权的磁浮列车成功通过了室外实地运行联合试验。列车采用的是常导电磁吸引力控制悬浮原理,运行中列车悬浮80~160公里之间。由于磁浮列车是在路轨上悬浮行驶，没有轨轮的机械磨损，因此列车运行平稳而安静。据了解，与时速可达 500 公里左右的高速磁浮列车相比，这种中低速磁浮列车成本低，适合城市内部和市郊卫星城之间的快速运输。

12.概括下面一项研究的结论。（不超过 35 个字）

对哥斯达黎加 4000 余人的一项研究发现，大约一半人具有让"咖啡因"在体内停留的遗传特点；被认为是"'咖啡因'代谢缓慢者"。这些人喝咖啡容易导致心脏病的发作。另一半人则有相反的遗传特点，这种特点使他们的身体能迅速对"咖啡因"进行代谢，喝咖啡反倒能帮助他们降低心脏病发作的危险。一位参与研究的人说，此项发现能解释为什么早先那些检验"咖啡因"对心血管系统影响的研究会出现不同的结果。

13.下面一段文的内容，请你代替交通管理部门拟出警示牌上的内容，不超过 8 个字。

在一条通往山区的公路的拐角处，近几个月来连续发生车祸，当地交通过管理部门经实地调查后发现，这个拐角处正好绕过一个山坡，山坡后的公路边有一村庄，路边还有一所小学，所以经常有小学生和村民横穿马路，加上弯拐得很急，公路又很窄，汽车司机没有思想准备，常常在拐弯后发现异常情况时躲闪不及，酿成车祸。找到了原因后，交管部门准备在山坡前立一块警示牌，把有关情况告诉司机，以引起司机的注意。

14.阅读下面的材料，用一句话概括国外某些教育专家的观点，不超过 10 个字。

国外某些教育专家认为，数学和物理学科搞竞赛最合适，出的试题不要求学生具备教材范围以外的知识，只要求机智和进行独特思考的能力。可是化学竞赛要拟出这样的试题，实际上是不可能，因为要做到这一点，学生就要具备超过教材范围的知识。至于生物、历史、地理学科，这种竞赛将变成考核知识的渊博程度，不能测量学生的能力和才智。

国外某些教育专家认为：_____

15.提取材料的要点，用一句话回答问题。

有些月收入千余元的年轻人，却热衷于买一些顶级品牌的小配件，如领带、皮鞋、皮包等。又一些年轻的白领节衣缩食购买奢侈品，不是出于实用的考虑，而是把它作为"成功人士""社会地位"以及"美好生活"的象征。有学者据此认为，"消费主义"已成为不少人生活的主宰。

从以上材料可知，学者之所谓"消费主义"指的是这样一种生活方式：_____

文学常识

第一章　文学常识梳理

第一节　中、外文学史上重要作家、作品及作品中的典型人物

一、中国古代文学

（一）先秦文学

1.《诗经》：我国最早的一部诗歌总集，也称为《诗》或《诗三百》，收录了西周初年至春秋中期约 500 年间的诗歌 305 篇，分为"风""雅""颂"三部分，形式以四言为主，手法多用"赋""比""兴"；《诗经》为我国现实主义诗歌创作的源头，它与《书》《礼》《易》《春秋》合为儒家"五经"，到了汉代被儒家奉为经典，因此有了"诗经"的称谓。

2.《楚辞》：屈原，名平，字原，战国末期楚国人，是我国古代第一位伟大的浪漫主义诗人，在楚国民歌的基础上创造了"楚辞"这一新诗体，代表作是《离骚》《天问》《九歌》《九章》；他用楚辞写了我国文学史上最长的一首政治抒情诗《离骚》，又称骚体诗，《诗经》中的《国风》和《楚辞》中的《离骚》并称为"风骚"。西汉末年，刘向把屈原、宋玉以及汉代效仿屈原辞赋作家淮南小山、东方朔、王褒等人的作品与自己的《九叹》汇为一集，称为《楚辞》，其中最重要的是屈原的作品。

3.《左传》：又名《春秋左氏传》或《左氏春秋》，是第一部详细的编年体史书（按年月日编写）；相传是春秋末年鲁国史官左丘明根据鲁国国史《春秋》编成，记载了我国自公元前 722 年以后 250 多年的历史；《左传》擅长描写战争，与《公羊传》《谷梁传》合称"春秋三传"。

4.《国语》：是我国第一部国别体史书，相传为春秋末鲁国左丘明所撰，以记载西周末年和春秋时期周、鲁等贵族的言论为主。

5.《战国策》：国别体史书，记载了战国时游说之士的策略和言论，分为十二策，共 33 篇，是西汉刘向根据前人资料综合整理、编辑修订而成。

6.孔子：名丘，字仲尼，春秋时期鲁国人，古代著名的思想家、教育家，儒家学派创始人，孔子思想以"仁"为核心；《论语》，首部语录体散文集，是孔子弟子及其再传弟子编写而成，主要记录孔子及其弟子言行，南宋时朱熹将《论语》《孟子》《大学》与《中庸》合在一起称"四书"。

7.孟子：名轲，字子舆，战国时期邹国人，儒家学派重要代表人物，被称为"亚圣"，强调"民贵君轻"，中心思想为"仁义"，提出"性善论"；《孟子》，由孟子及其门人所著，它记录了孟

子的思想及其政治言论,名篇有《得道多助,失道寡助》《生于忧患,死于安乐》等。

8.荀子:名况,尊号"卿",战国末期赵国人,古代著名思想家、教育家。韩非和李斯都是他的学生,他批判继承了孔子的学说,吸收了其他学派的思想,提出"性恶论"和"人定胜天"的思想,他是先秦朴素唯心主义思想的代表;《荀子》一书共有 32 篇,为荀子及其弟子所著,名篇是《劝学》。

9.老子:又叫老聃,姓李,名耳,春秋时期楚国人,著名思想家,道家学派创始人,有《老子》一书,又名《道德经》,主张无为而治。

10.庄子:名周,战国时期宋国人,古代著名思想家,道家学派代表人物之一;《庄子》由庄子所著,记录了很多寓言故事,如庖丁解牛、游刃有余、鹏程万里、庄周梦蝶等,名篇是《逍遥游》。

11.韩非子:战国末期韩国人,先秦法家学派的集大成者,古代著名思想家;《韩非子》为法家代表著作,现存 55 篇,由韩非子及其后辈学生所著,名篇是《五蠹》《扁鹊见蔡桓公》;《韩非子》中有众多的寓言故事,如"守株待兔""买椟还珠""自相矛盾"等。

(二)两汉时期

1.贾谊:西汉初年著名政论家、文学家,史称贾生,政论文代表作是《过秦论》。

2.司马相如:西汉辞赋家,代表作是《子虚赋》(成语"子虚乌有"的出处)、《上林赋》。

3.司马迁:创作中国第一部纪传体通史《史记》,该书被鲁迅评价为"史家之绝唱,无韵之《离骚》";与宋代司马光的《资治通鉴》并称为"史学双璧"。

4.班固:东汉著名史学家、文学家,所著《汉书》是我国第一部纪传体断代史书,其辞赋代表作是《两都赋》。

5.《玉台新咏》:总集名,南朝徐陵编,共 10 卷,书成于梁代,是《诗经》《楚辞》之后一部很有影响的古诗总集,代表篇目有《孔雀东南飞》(原题《古诗为焦仲卿妻作》)等。

6.《乐府诗集》:总集名,宋郭茂倩编,辑录了汉魏至唐五代的乐府歌辞,兼及先秦至唐末歌谣,包括民间歌谣与文人作品以及乐曲原辞与后人仿作。乐府原是当时官府设立的音乐机关,专事制作乐章并采集整理各地民间俗乐的歌辞,这些乐章、歌辞后来就叫"乐府诗",成为继《诗经》《楚辞》而兴起的一种新诗体。《孔雀东南飞》(古代最早的长篇叙事诗)和北朝民歌《木兰辞》合称"乐府双璧"。

(三)三国魏晋南北朝时期

1.曹操:字孟德,死后被追尊为魏武帝,东汉末年著名政治家、军事家、诗人;与其子曹丕、曹植合称"三曹",为建安文学的开创者;其诗气魄宏伟、慷慨悲壮、风格劲健,鲜明反映了"建安风骨"的特征,代表作是《观沧海》《龟虽寿》("老骥伏枥,志在千里。烈士暮年,壮心不已。")、《蒿里行》《短歌行》("何以解忧,唯有杜康。")。

2.诸葛亮:字孔明,号卧龙先生,三国时期政治家、军事家、文学家,代表作是《出师表》(有成语"妄自菲薄""作奸犯科")、《后出师表》。

3.陈寿:字承祚,西晋著名史学家,代表作《三国志》是国别体史书。

4.陶渊明:名潜,字元亮,自号五柳先生,世称靖节先生,我国文学史上第一位田园诗人,开创了田园诗派,代表作有《桃花源记》《归去来兮辞》《归园田居》《饮酒》,自传《五柳先生传》等。

5.干宝:字令升,东晋文学家、史学家,所著的《搜神记》是我国第一部志怪小说。

6.谢灵运:字灵运,世称谢客,南北朝时期杰出的诗人、文学家、旅行家,我国第一位以描写山水为主要内容的诗人,开创了山水诗派,代表作是《登池上楼》。

7.王羲之:字逸少,东晋时期著名书法家,有"书圣"之称;《兰亭集序》被誉为"天下第一行书",与其子王献之合称为"二王"。

8.范晔:字蔚宗,南朝宋史学家、文学家,所著的《后汉书》为纪传体东汉史,首创《列女传》和《文苑列传》,对后世史学产生影响。

9.刘义庆:字季伯,南朝宋文学家,所著的《世说新语》是我国第一部笔记体小说,六朝志人小说的代表作。

10.刘勰:字彦和,生活于南北朝时期的南朝梁代,中国历史上的文学理论家、文学批评家,所著的《文心雕龙》是我国第一部文学理论著作。

11.郦道元:字善长,是北魏地理学家,一生好学,遍览群书,所著的《水经注》记述了国内一千三百条河流的概况和变迁,江河流域的地形气候、物产矿藏、山陵城邑、名胜古迹、风土人情,被誉为"山水文学之祖"。

(四)隋唐五代

1."初唐四杰":王勃,字子安,唐代文学家,出身儒学世家,代表作品有《滕王阁序》等,《杜少府之任蜀州》有名句"海内存知己,天涯若比邻"。杨炯,初唐诗人,才华出众,善写散文,尤擅诗,以五言见长,多边塞征战诗篇,所作如《从军行》《出塞》《战城南》等,气势轩昂,风格豪放,表现了为国立功的战斗精神。卢照邻,字升之,自号幽忧子,初唐诗人。卢照邻尤工诗歌,以歌行体为佳,不少佳句传颂不绝,如"得成比目何辞死,愿作鸳鸯不羡仙"等,被后人誉为经典。骆宾王,字观光,唐代诗人,诗作有《咏鹅》。

2.贺知章:字季真,自号"四明狂客",唐代著名诗人,与张若虚、张旭、包融齐名,并称"吴中四士",代表作是《回乡偶书》《咏柳》。

3.李白:字太白,号青莲居士,伟大的浪漫主义诗人,被称为"诗仙",其诗雄奇豪迈、想象丰富;与杜甫齐名,世称"李杜";与杜甫、白居易合称"唐代三大诗人",代表作《将进酒》。

4.杜甫:字子美,号少陵野老,人称杜工部、杜少陵,伟大的现实主义诗人,被称为"诗圣",诗作被称为"诗史"。名篇"三吏"(《新安吏》《潼关吏》《石壕吏》)、"三别"(《新婚别》《垂老别》《无家别》)是他现实主义诗歌创作达到高峰的标志。

5.孟浩然:字浩然,号孟山人,襄州襄阳(现湖北襄阳)人,世称孟襄阳,唐代著名山水田园诗人,与王维并称"王孟",都是唐代山水田园诗派的代表人物;他的诗主要反映隐居生活的情趣或摹写旅途的风光景物,风格清新淡雅,名篇是《春晓》《过故人庄》。

6.王维:字摩诘,号摩诘居士,唐代著名山水田园诗人,被称为"诗佛",曾任尚书右丞,世称"王右丞"。王维在诗、画、音乐等方面均有很高的成就,代表作《山居秋暝》《使至塞上》("大漠孤烟直,长河落日圆"),苏轼称他的作品"诗中有画,画中有诗"。

7.王昌龄:字少伯,曾任江宁令,后贬为龙标尉,故又称王江宁、王龙标,唐代著名边塞诗人,长于七绝,被誉为"七绝圣手",代表作是《从军行》《出塞》。

8.岑参:与高适齐名,并称"高岑",世称"岑嘉州",著名边塞诗人,代表作有《白雪歌送武判官归京》("忽如一夜春风来,千树万树梨花开")。

9.韩愈:字退之,世称韩昌黎,谥号文,又称韩文公,唐代著名思想家、政治家、文学家。

文学上提出"文以载道"的观点,与柳宗元倡导古文运动,被后人尊为"唐宋八大家"之首,代表作《早春呈水部张十八员外》("天街小雨润如酥,草色遥看近却无")。

10.柳宗元:字子厚,世称柳河东,与韩愈并称"韩柳",唐代著名散文家,唐宋八大家之一。他的诗以寓言散文、山水游记、记传散文最富特色,著有《柳河东集》,代表作散文有《黔之驴》《小石潭记》,诗歌有《江雪》《渔翁》。

11.孟郊:字东野,有"诗囚"之称,又与贾岛齐名,人称"郊寒岛瘦"。孟诗现存500多首,以短篇的五言古诗最多,代表作是《游子吟》。

12.白居易:字乐天,号香山居士,与李白、杜甫并称"唐代三大诗人",主张"文章合为时而著,歌诗合为事而作"。其诗善于讽喻和铺陈言事,语言平易通俗,代表作是《长恨歌》("在天愿作比翼鸟,在地愿为连理枝。天长地久有时尽,此恨绵绵无绝期")、《琵琶行》("同是天涯沦落人,相逢何必曾相识"),著有《白氏长庆集》。名作还有如《卖炭翁》《赋得古原草送别》《忆江南》等。

13.刘禹锡:字梦得,唐代文学家,与白居易并称"刘白"。刘禹锡的诗通俗清新,被称为"诗豪",代表作是《陋室铭》("山不在高,有仙则名。水不在深,有龙则灵")、《酬乐天扬州初逢席上见赠》("沉舟侧畔千帆过,病树前头万木春")。

14.李贺:字长吉,被称"诗鬼",唐代著名浪漫主义诗人;其诗想象丰富奇特,语言新颖诡异,作品是《雁门太守行》、《李凭箜篌引》《金铜仙人辞汉歌》("天若有情天亦老")。

15.杜牧:字牧之,号樊川,晚唐著名诗人、散文家,其诗豪放疏朗,气势纵横,擅长七言绝句,著有《樊川文集》,代表作有《江南春》、《泊秦淮》("商女不知亡国恨,隔江犹唱后庭花")、《山行》《清明》《过华清宫绝句》《阿房宫赋》等;与李商隐齐名,并称"小李杜"。

16.李商隐:字义山,号玉溪(谿)生,又号樊南生,唐代著名诗人,以作无题诗著称,代表作有《无题》《贾生》《夜雨寄北》等,名句有"夕阳无限好,只是近黄昏""相见时难别亦难,东风无力百花残。春蚕到死丝方尽,蜡炬成灰泪始干""身无彩凤双飞翼,心有灵犀一点通"等。

17.李煜:字重光,号钟隐,世称"李后主",前期作品风格柔靡,后期作品转为"故国之思""亡国之痛",代表作《虞美人》《浪淘沙令·帘外雨潺潺》。

(五)宋代

1.范仲淹:字希文,谥号文正,北宋著名政治家、文学家,代表作有《岳阳楼记》("先天下之忧而忧,后天下之乐而乐")、《渔家傲》。

2.柳永:字耆卿,初名三变,又称柳七、柳屯田,婉约派词人,其诗内容以写城市风光和歌伎生活为主,他的词流传较广,有"凡井水饮处,即可歌柳词"之说,代表作是《雨霖铃》。

3.欧阳修:字永叔,号醉翁,又号六一居士,谥号文忠,北宋著名文学家、政治家、史学家,唐宋八大家之一,代表作是《醉翁亭记》("醉翁之意不在酒,在乎山水之间也")。

4.苏洵:字明允,自号老泉,北宋文学家,与其子苏轼、苏辙并以文学著称于世,世称"三苏",均被列入"唐宋八大家",代表作有《六国论》等。

5.司马光:字君实,世称"涑水先生",北宋著名政治家、文学家、史学家。司马光主编的《资治通鉴》是我国最大的一部编年体通史,与《史记》一起被誉为"史学双璧"。

6.王安石:字介甫,世称王荆公,谥号"文",人称王文公,北宋改革家、文学家,主持了变法,被列宁誉为"十一世纪的改革家",代表作有《伤仲永》《游褒禅山记》等。

7.苏轼：字子瞻，号东坡居士，北宋著名文学家，是豪放词派的代表人物，唐宋八大家之一。苏轼在诗词、散文、书法皆有成就，其散文代表北宋古文的最高成就，其诗与黄庭坚并称"苏黄"，书法自创"苏体"，代表作有《念奴娇·赤壁怀古》（"大江东去，浪淘尽，千古风流人物"）、《水调歌头·明月几时有》（"但愿人长久，千里共婵娟"）等。

8.辛弃疾：字幼安，号稼轩，南宋著名爱国词人，豪放派代表人物，与苏轼并称"苏辛"，名篇有《永遇乐·京口北固亭怀古》等。

9.李清照：号易安居士，南宋杰出女词人，婉约派的代表人物，其诗歌散文均有成就，并擅长书法、绘画、音乐，代表作是《如梦令》等。

10.陆游：字务观，号放翁，南宋著名爱国诗人，是古代诗人中存诗最多的，代表作是《游山西村》（"山重水复疑无路，柳暗花明又一村"）、《示儿》等。

11.杨万里：字廷秀，号诚斋，南宋著名文学家、爱国诗人，与陆游、尤袤、范成大并称为"南宋中兴四大诗人"，代表作是《晓出净慈寺送林子方》（"毕竟西湖六月中，风光不与四时同。接天莲叶无穷碧，映日荷花别样红"）、《小池》（"小荷才露尖尖角，早有蜻蜓立上头"）。

12.文天祥：字履善，号文山，宋末政治家、文学家，爱国诗人，代表作是《正气歌》《过零丁洋》（"人生自古谁无死，留取丹心照汗青"）。

13.姜夔：字尧章，号白石道人，南宋格律词派的代表人物，其诗词格律严密，字句雕琢，音节谐美，风格清秀，代表作是《扬州慢》。

(六)元代文学

1.关汉卿：号已斋叟，元代著名戏剧家，元杂剧奠基人。他创作丰富，有杂剧60余种，散曲10余套，小令50多首，被誉为"曲圣"，代表作有《窦娥冤》《望江亭》《救风尘》《单刀会》等。

2.白朴：字仁甫，后改名朴，字太素，号兰谷，是元代著名的杂剧作家，与关汉卿、马致远、郑光祖并称为"元曲四大家"，代表作是《墙头马上》《唐明皇秋夜梧桐雨》。

3.郑光祖：字德辉，元代著名的杂剧家和散曲家，代表作是《倩女离魂》。

4.马致远：字致远，晚号东篱，代表作是《汉宫秋》、《天净沙·秋思》（散曲），有"秋思之祖"的赞誉。

5.王实甫：名德信，代表作品《西厢记》（张生、崔莺莺），表"愿天下有情人终成眷属"的美好理想，《西厢记》被誉为"天下夺魁"之作，是我国古代戏剧中现实主义的杰作。

(七)明清文学

1.施耐庵：原名彦端，字肇瑞，号子安，别号耐庵，元末明初著名小说家。《水浒传》是第一部描写农民斗争的长篇章回小说，塑造了具有鲜明个性的艺术形象，与《三国演义》《西游记》《红楼梦》合称为"我国四大古典长篇小说"，又名《忠义水浒传》。

2.罗贯中：名本，字贯中，号湖海散人，元末明初小说家，《三国志通俗演义》的作者。《三国志通俗演义》（简称《三国演义》）是罗贯中的力作，它是我国历史小说的"开山之作"。

3.吴承恩：字汝忠，号射阳山人，中国明代杰出的小说家，《西游记》是我国第一部神话长篇小说，浪漫主义杰作。

4.汤显祖：字义仍，号若士、海若、清远道人，临川人，明代戏剧家；《牡丹亭》又名《还魂记》，内容上反对封建礼教，追求个性解放，富有浪漫主义色彩，与《紫钗记》《南柯记》《邯郸记》合称为"临川四梦"。

5.冯梦龙：字犹龙，别号龙子犹，顾曲散人，号墨憨斋主人，明代杰出通俗文学作家。《喻世明言》《警世通言》(《杜十娘怒沉百宝箱》)、《醒世恒言》三部小说合称为"三言"。

6.凌濛初：字玄房，号初成，亦名凌波，明代文学家、小说家和套版印书家，代表作《初刻拍案惊奇》《二刻拍案惊奇》两部小说合称为"二拍"。

7.蒲松龄：字留仙，号柳泉居士，聊斋是其书斋，世称聊斋先生，清代小说家。他写的《聊斋志异》是我国文言志怪短篇小说集，以谈狐说鬼的方式抨击当时社会的腐败黑暗。

8.吴敬梓：字敏轩，一字文木，号粒民，清朝最伟大的小说家之一，其代表作《儒林外史》是我国第一部长篇讽刺小说。

9.曹雪芹。名霑，字梦阮，号雪芹，又号芹圃、芹溪，满洲正白旗"包衣"人，清代小说家；少时家势贵盛，生活豪奢，其父革职后，陷入贫困，巨大变故使其对社会有了深刻认识。"披阅十载，增删五次"，创作了《红楼梦》。《红楼梦》原名《石头记》，我国古代最伟大的现实主义长篇小说，一般认为前80回为曹雪芹所作，后40回为高鹗续写，它代表了古典小说的最高成就。

10."南洪北孔"：孔尚任，字聘之，又字季重，自称云亭山人，清初人，代表作是《桃花扇》，描写侯方域和秦淮名妓李香君的爱情故事，"借离合之情，写兴亡之感"；洪昇，即洪昇，字昉思，清代人，代表作是《长生殿》，写唐明皇和杨贵妃的爱情故事。

11.方苞，字凤九，号灵皋，又号望溪，是清代散文家，在文学上推崇韩柳，提倡"义法"，力求语言雅洁，桐城派散文创始人，与姚鼐(nài)、刘大櫆合称桐城三祖，著有《方望溪先生集》。

二、现当代作家作品

1.鲁迅(1881-1936)：原名周树人，字豫才，中国现代文学的奠基人，现实主义小说创作的代表作家，"鲁迅"是他1918年发表《狂人日记》时开始使用的笔名。小说集有《呐喊》《彷徨》和《故事新编》，其中小说《狂人日记》(中国第一篇现代白话小说)、《药》《孔乙己》《故乡》《阿Q正传》这些都选自小说集《呐喊》，小说《祝福》《伤逝》选自小说集《彷徨》；抒情性散文集(散文诗集)有《野草》；回忆性叙事散文集有《朝花夕拾》；主要杂文集有《坟》《华盖集》《而已集》《且介亭杂文》等十四部；散文代表作是《从百草园到三味书屋》《藤野先生》；杂文代表作《记念刘和珍君》《拿来主义》《灯下漫笔》等。

2.郭沫若(1892-1978)：原名郭开贞，沫若是笔名，现代作家、诗人、戏剧家、历史学家和古文字学家；其著作极为丰富，主要诗集有《女神》《星空》，主要剧作有《屈原》《虎符》等。

3.叶圣陶(1894-1988)：原名叶绍钧，江苏苏州人，著名作家、教育家，代表作品童话集《稻草人》、长篇小说《倪焕之》。

4."茅盾"(1896-1981)：原名沈德鸿，字雁冰，茅盾是笔名，浙江桐乡人，现代著名作家、文学评论家，是五四新文化运动的先驱者之一，是我国革命文艺的奠基人之一，代表作是长篇小说《子夜》，短篇小说《林家铺子》，农村三部曲《春蚕》《秋收》《残冬》和《蚀》三部曲(《幻灭》《动摇》《追求》)等。

5.郁达夫(1896-1945)：名文，字达夫，浙江富阳人，现代作家，小说大多带有"自叙传"性质，代表作有小说《沉沦》《春风沉醉的晚上》等，散文《故都的秋》等。

6.徐志摩(1897-1931)：笔名诗哲、南湖等，浙江海宁人，新月派诗人，主要作品是《翡冷翠的一夜》《再别康桥》等。

7.朱光潜(1897－1986):安徽桐城人,中国现代美学奠基人,译著有《美学》等,散文《咬文嚼字》入选教材,代表作品《朱光潜选集》《给青年的十二封信》。

8.朱自清(1898－1948):原名自华,号秋实,后改名自清,字佩弦。江苏人,是中国近代散文家、诗人、学者、民主战士。散文名篇《背影》《春》《绿》《荷塘月色》等。

9.老舍(1899－1966):原名舒庆春,字舍予,老舍是笔名,满族,北京人,现代作家,1951年被北京人民政府授予"人民艺术家"称号;主要作品有长篇小说《老张的哲学》《骆驼祥子》《四世同堂》,话剧《龙须沟》《茶馆》等。

10.冰心(1900－1999):原名谢婉莹,笔名冰心,福建长乐人,现代女作家、翻译家、儿童文学家,代表作有书信体散文集《寄小读者》,散文《小橘灯》和《〈自然、生活、哲理〉序》。

11.沈从文(1902－1988):原名沈岳焕,湖南凤凰人,现代作家、著名文化史专家,其创作中影响较大的是乡土小说,主要表现湘西人民的生活,讴歌下层人民的淳厚性格以及人情美和风俗美,代表作是中篇小说《边城》《长河》,散文集《湘行散记》等。

12.巴金(1904－2005):原名李尧棠,字芾甘,四川成都人,著名的作家、翻译家,1982年获"国际但丁文学奖",主要著作有小说"爱情三部曲"(《雾》《雨》《电》),"激流三部曲"(《家》《春》《秋》),《寒夜》《憩园》等。

13.丁玲(1904－1986):现代女作家,原名蒋伟,字冰之,湖南澧县人,主要著作有《莎菲女士的日记》《太阳照在桑干河上》,1951年《太阳照在桑干河上》获斯大林文学奖。

14.臧克家(1905－2004):现代诗人,山东诸城人,主要著作有诗集《烙印》,小说集《挂红》,短诗《有的人》被广为传诵。

15.赵树理(1906－1970):山西沁水人,现代小说家、人民艺术家,山药蛋派创始人,早年即从事通俗文学的创作,40年代先后发表《小二黑结婚》《李有才板话》《李家庄的变迁》等作品,影响很大。

16.周立波(1908－1979):原名周绍仪,湖南益阳人,现代作家,长篇小说《暴风骤雨》描写了东北农村土改运动的全过程,获斯大林文学奖,解放后还创作了长篇小说《铁水奔流》《山乡巨变》。

17.曹禺(1910－1996):原名万家宝,湖北潜江人,现代戏剧家,代表作是《雷雨》《日出》《原野》《北京人》等剧本,曹禺在话剧艺术上的成就,使他成为现代文学史上最杰出的戏剧家之一。

18.艾青(1910－1996):原名蒋海澄,浙江金华人,现代诗人,诗歌名篇《大堰河——我的保姆》《我爱这土地》曾被选入教材。

19.钱锺书(1910－1998):字默存,号槐聚,江苏无锡人,现代作家、著名学者,代表作是长篇小说《围城》,散文《读〈伊索寓言〉》等。

20.孙犁(1913－2002):原名孙树勋,河北安平人,现代作家,代表作有短篇小说《荷花淀》《芦花荡》,长篇小说《风云初记》,中篇小说《铁木前传》等。

21.汪曾祺(1920－1997):江苏高邮人,较有影响的作品是《胡同文化》。

22.王蒙(1934－):生于北京,当代作家,著名作品有长篇小说《青春万岁》,短篇小说《组织部新来的年轻人》等。

23.刘心武(1942－):生于成都,当代作家,代表作是短篇小说《班主任》等,长篇小说《钟鼓楼》获茅盾文学奖。

24.史铁生(1951－2010)：北京人，当代作家，主要作品是《我的遥远的清平湾》《礼拜日》《务虚笔记》《我与地坛》。

25.贾平凹(1952－)：陕西丹凤人，当代作家，代表作是《废都》，作品《丑石》曾被选入教材。

26.舒婷(1952－)：原名龚佩瑜，福建厦门人，中国当代女诗人，朦胧诗派的代表人物，代表作是《致橡树》《四月的黄昏》等。

27.毕淑敏(1952－)：出生于新疆，散文《提醒幸福》曾被选入教材。

28.莫言(1955－)：原名管谟业，山东高密人，当代作家，主要作品有《透明的红萝卜》《红高粱》《卖白菜》《丰乳肥臀》《檀香刑》等，2012年10月11日获得诺贝尔文学奖，颁奖词称莫言"用魔幻般的现实主义将民间故事、历史和现代融为一体"。

29.铁凝(1957－)：生于北京，当代作家，著有小说《哦，香雪》《麦秸垛》等。

三、外国作家作品

(一)英国

1.威廉·莎士比亚(1564－1616)：是英国文学史上最杰出的戏剧家，也是欧洲文艺复兴时期最重要、最伟大的作家，全世界最卓越的文学家之一，四大悲剧作品是《奥赛罗》《哈姆雷特》《李尔王》《麦克白》，四大喜剧作品是《仲夏夜之梦》《皆大欢喜》《第十二夜》《威尼斯商人》。

2.拜伦(1788—1824)：英国19世纪初期伟大的浪漫主义诗人，代表作品有《恰尔德·哈洛尔德游记》《唐璜》等，他的诗歌里塑造了一批"拜伦式英雄"。

3.雪莱(1792—1822)：英国著名作家、浪漫主义诗人，被认为是历史上最出色的英语诗人之一，代表作是诗剧《解放了的普罗米修斯》及其不朽的名作《西风颂》。

4.狄更斯(1812—1870)：英国批判现实主义的重要代表，代表作是长篇小说《艰难时世》《双城记》等。

5.勃朗特三姐妹：夏洛蒂·勃朗特(1816－1855)，19世纪英国女作家，是三姊妹里年龄最大的，是名著《简·爱》的作者；艾米莉·勃朗特(1818－1848)，英国女作家、诗人，夏洛蒂·勃朗特之妹，安妮·勃朗特之姊，世界文学名著《呼啸山庄》的作者；安妮·勃朗特(1820－1849)，英国女作家，夏洛蒂·勃朗特及艾米莉·勃朗特之妹，代表作是《艾格妮丝·格雷》和《怀尔德菲尔府上的房客》(又译《女房客》)。

6.哈代(1840—1928)：托马斯·哈代，英国诗人、小说家，哈代一生共发表了近20部长篇小说，代表作是《德伯家的苔丝》等。

(二)法国

1.莫里哀(1622—1673)：法国17世纪古典主义文学最重要的作家，古典主义喜剧的创建者，在欧洲戏剧史上占有十分重要的地位。喜剧名作是《伪君子》《吝啬鬼》(又译《悭吝人》)和《无病呻吟》。

2.司汤达(1783—1842)：19世纪法国批判现实主义作家，代表作是长篇小说《红与黑》。

3.巴尔扎克(1799—1850)：法国19世纪伟大的批判现实主义作家，一生创作甚丰，写出了91部小说，塑造了两千四百七十二个栩栩如生的人物形象，合称《人间喜剧》(被誉为"资本主义社会的百科全书")。

4.雨果(1802—1885)：欧洲19世纪浪漫主义文学的代表，代表作是《巴黎圣母院》《悲惨世界》等。

5.大仲马(1802—1870)：亚历山大·仲马，人称大仲马，法国19世纪浪漫主义作家；大仲马各种著作达300卷之多，以小说和剧作为主，代表作是《三个火枪手》(即《三剑客》)、《基督山伯爵》。

6.都德(1840—1897)：19世纪法国著名的现实主义小说家，代表作是《伯林之围》《小东西》等。

7.莫泊桑(1850—1893)：19世纪后半叶法国批判现实主义作家，代表作是《项链》《羊脂球》和《我的叔叔于勒》等。

8.罗曼·罗兰(1866—1944)：法国著名思想家、文学家、批判现实主义作家，他的小说特点被人们归纳为"用音乐写小说"，1915年获诺贝尔文学奖作品是《约翰·克利斯朵夫》(以贝多芬为原型)。

(三)德国

1.歌德(1749—1832)：诗人、剧作家，代表作是书信体小说《少年维特之烦恼》，诗剧《浮士德》。

2.海涅(1797—1856)：诗人、政论家，代表作是《德国——一个冬天的童话》。

(四)意大利

但丁(1265—1321)：被恩格斯称为是"中世纪的最后一位诗人，同时又是新时代的最初一位诗人"，代表作是叙事长诗《神曲》(分为《地狱》《炼狱》《天堂》)。

(五)俄国

1.普希金(1799—1837)：19世纪俄罗斯浪漫主义文学主要代表，同时也是现实主义文学的奠基人，现代标准俄语的创始人，被誉为"俄罗斯文学之父""俄罗斯诗歌的太阳""青铜骑士"，代表作是小说《上尉的女儿》，诗体小说《欧根·奥涅金》(又译《叶甫盖尼·奥涅金》)。

2.果戈理(1809—1852)：十九世纪俄国最优秀的讽刺作家，批判现实主义的奠基人，代表作是戏剧作品《钦差大臣》《死魂灵》等。

3.屠格涅夫(1818—1883)：19世纪俄国批判现实主义作家，代表作是长篇小说《父与子》，散文故事集《猎人笔记》。

4.列夫·托尔斯泰(1828—1910)：19世纪中期俄国批判现实主义作家、思想家、哲学家，代表作是《战争与和平》(以1812年拿破仑入侵俄国为题材，描写俄国人民反抗法军的斗争，列宁称它为"俄国革命的一面镜子")、《安娜·卡列尼娜》《复活》(主人公：聂赫留朵夫和玛丝洛瓦)。

5.契诃夫(1860—1904)：是俄罗斯唯一一个以短篇小说创作登上世界文坛高峰的作家，代表作是中篇小说《第六病室》，剧本《樱桃园》，短篇小说《变色龙》《装在套子里的人》等。

6.高尔基(1868—1936)：列宁称之为"无产阶级艺术的杰出代表"，长篇小说《母亲》是部"非常及时的书"，自传体三部曲是《童年》《在人间》《我的大学》。

7.奥斯特洛夫斯基(1904—1936)：代表作是长篇小说《钢铁是怎样炼成的》(主人公保尔·柯察金)。

（六）美国

1.惠特曼(1819—1892)：他是美国最伟大的民主诗人，代表作是《草叶集》。

2.马克·吐温(1835—1910)：作品幽默讽刺见长，多用民间口语，代表作有短篇小说《竞选州长》，长篇小说《汤姆·索亚历险记》。

3.欧·亨利(1862—1910)：其作品被誉为"美国生活幽默的百科全书"，代表作是短篇小说《麦琪的礼物》《警察与赞美诗》和长篇小说《白菜与皇帝》。欧美三大短篇小说家是法国的莫泊桑、俄国的契诃夫和美国的欧·亨利。

4.海明威(1899—1961)：1954年获诺贝尔文学奖，代表作是《老人与海》(描写一个老渔夫与鲨鱼的斗争)。

（七）其他

1.塞万提斯(1547—1616)：西班牙作家，代表作是优秀的现实主义长篇小说《堂·吉诃德》(讽刺灭亡了的骑士制度和骑士文学)。

2.易卜生(1828—1906)：挪威作家，著名剧作《玩偶之家》被称为是"妇女独立的宣言书"(主人公娜拉)。

3.安徒生(1805—1875)：丹麦作家，代表作是《卖火柴的小女孩》《海的女儿》《丑小鸭》等。

4.川端康成(1899—1972)：日本作家，1968年获诺贝尔文学奖，代表作是《古都》《雪国》《千只鹤》。

5.泰戈尔(1861—1941)：印度作家，代表作是长篇小说《沉船》，诗集《吉檀伽利》，1913年获诺贝尔文学奖。

第二节　古代文学体裁基本常识

一、散文

《辞海》认为:中国六朝以来,为区别韵文与骈文,把凡不押韵、不重排偶的散体文章(包括经传史书),统称"散文"。后又泛指诗歌以外的所有文学体裁。它一般有如下分类。

1.说:古代议论说明一类文章的总称,它与论无多大异,所以后来统称说理辨析文为论说文。《文章辨体序说》:"说者,释也,解释义理而以己意述之也。"代表作是唐韩愈的《马说》、柳宗元的《捕蛇者说》、宋周敦颐的《爱莲说》、清袁枚的《黄生借书说》。

2.奏议:古代臣属进呈帝王的奏章的统称,它包括奏、议、疏、表、对策等。"奏"是进上的意思;"疏"是分条陈述的意思,是封建社会历代臣僚向帝王进言使用文书的统称,如魏征的《见太宗十思疏》;"表"是陈述某种意见或事情,如诸葛亮的《出师表》;"对策"古代考试把问题写到策上,令参加考试的人回答叫策,考生回答的文章叫对策,如苏轼的《教战守策》。战国以前臣僚向君主进呈文字统称"上书",秦统一六国后开始称为"奏",汉代臣僚上书有时也称"上疏",唐宋以后上奏文书统称"奏议",多数称为"奏疏"。

3.赠序:始于唐代,是古人临别赠言性质的文字,内容多为勉励、推崇、赞许之辞。古代送别各以诗文相赠,集而为之序的,称为赠序。后凡是惜别赠与的文章,都叫"赠序"。其内容多推重、赞许或勉励之辞。明代文学家宋濂的《送东阳马生序》,文中向来自家乡的年轻人马生介绍了自己少时的求学经历,勉励马生要珍惜时日,刻苦求学。

4.铭:古代刻在器物上用来警戒自己或者称颂功德的文字都叫"铭"。放在书案右边用以自警的铭文叫"座右铭",如唐刘禹锡的《陋室铭》;还有刻在石碑上,叙述死者生平,加以歌功颂德追思的叫"墓志铭",如韩愈的《柳子厚墓志铭》。

5.祭文:是在告祭死者或天地山川等神灵时诵读的文章,体裁有韵文和散文两种,内容主要是追念死者生前的主要经历,颂扬他的品德和功业,寄托哀思,激励生者,如韩愈的《祭十二郎文》。

6.杂记:包括以下几种,(1)记载杂项、零碎的笔记。以记事为主。它的特点是篇幅短小,长的千字左右,内容丰富,有历史掌故、遗文逸事、文艺随笔、人物短论、科学小说、文字考证、读书杂记等,《世说新语》(《小时了了,大未必佳》)《梦溪笔谈》就是这类文体。(2)写风景、琐事、感想的一种文体,是描写旅行见闻的一种散文形式,取材范围极广,可以描绘名山大川的秀丽瑰奇,可以记录不同地区的风土人情,并从中表达作者的思想感情,文笔轻松,语言生动,记述较为翔实,给人以丰富的社会知识和美的感受。有带议论色彩的,如《岳阳楼记》(写景、议论)《游褒禅山记》;有带科学色彩的,如郦道元的《三峡》;有带抒情色彩的,如柳宗元的《小石潭记》。

7.寓言:用假想的故事来说明某种道理,从而达到教育或讽刺目的的文学作品。"寓"是"寄托"的意思。通常是把深刻的道理寄托于简单的故事当中,借此喻彼,借古喻今,惯于运用拟人的手法,语言简洁锋利。如《韩非子》中的《郑人买履》,《吕氏春秋》中的《刻舟求剑》,《战国策》中的《鹬蚌相争》。

二、小说

中国小说渊源于古代神话传说,经历了六朝志怪、唐代传奇、宋元话本、明清章回小说和晚清谴责小说的发展过程。

1.志怪、志人小说

志怪小说，指汉魏六朝时期带有神怪色彩的小说，它们多数来源于巫师和方士的奇谈怪论。它大致可分为三类，炫耀地理博物的琐闻，如托名东方朔《神异经》、张华的《博物志》；记述正史以外的历史传闻故事，如托名班固的《汉武故事》《汉武帝内传》；讲说鬼神怪异的迷信故事，如东晋干宝《搜神记》，旧题曹丕的《列异传》，葛洪的《神仙传》。志怪小说对唐代传奇产生了直接的影响。

志人小说是中国古典小说的一种，指魏晋六朝流行的专记人物言行和记载历史人物的传闻轶事的一种杂录体小说，又称清谈小说、轶事小说，著名志人小说有《笑林》《世说新语》等。志人小说和其他小说一起，开启了后世小说之先河。

2.传奇小说：是一种情节多奇、神异的古典小说。一般指唐人创作的文言短篇小说，是元、明、清三代小说、戏剧作家汲取题材的宝库，其源出于六朝"志怪"。唐传奇的出现标志着我国古典小说的成熟，如李朝威的《柳毅传》。

3.话本小说：指宋元说话艺人所用的底本，后成为小说的一种样式，即话本小说。话本的出现是"小说史上一大变迁"，它对我国古代小说的发展产生了极为深远的影响，代表作是《京本通俗小说》和《清平山堂话本》。

4.拟话本小说：明代文人模仿话本体制、形式进行创作的小说，代表作是《杜十娘怒沉百宝箱》。

5.章回小说：我国古代长篇小说的一种样式，是在讲史、话本的基础上发展起来的一种分章叙事的小说。特点是概括故事情节的发展和矛盾冲突的段落，划分为若干回，并多用对偶句式作回目，揭示本回内容，每回常以诗词开头，首段重提上回内容，以便衔接本回内容；每回结尾，多在情节高潮时戛然而止，留下悬念。章回小说由宋元讲史话本发展而来，《三国演义》就是典型的章回小说。

6.谴责小说：是晚清一个小说流派，以揭露社会弊病为主旨，并对封建官场和社会上的种种病态现象进行鞭笞与谴责的一类小说的总称，产生于辛亥革命前后，代表作是《官场现形记》。

三、诗歌

（一）诗歌分类

1.按表达方式可分为抒情诗、叙事诗、哲理诗。

2.按表现内容可分为田园诗、山水诗、讽刺诗、咏史诗等。

3.按表现形式可分为古体诗、近体诗（律诗、绝句）。

4.按时代可分为古典诗歌、现代诗歌。

5.按来源可分为民间诗歌、文人诗歌。

(二)中国古典诗歌分类列表

古典诗歌
- 诗
  - 古体诗
    - 四言古诗：出现最早
    - 五言古诗：成熟于汉代
    - 七言古诗：成熟于唐代
  - 乐府诗：标题上有的加上"歌""行""引""曲""吟"等字
  - 近体诗（形成于唐代）
    - 绝句
      - 五言绝句
      - 七言绝句
    - 律诗
      - 五言律诗
      - 七言律诗
      - 排律
- 词：又称"诗余""长短句"，调有定格，句有定数，字有定声，以宋成就最高。
- 曲：又称"词余"，（以元代成就最高）
  - 散
    - 小令
    - 套数（散套、套曲）
  - 剧
    - 杂剧
    - 传奇

四、元曲（包括散曲和杂剧）

1.散曲：元代兴起的一种新形式的韵文，是在金"俗谣俚曲"的基础上发展成长起来的，分小令、套数二种。小令是一支单调的曲，简短精练，在格律上不像词那样严格，常用以写景抒情，如元代马致远《天净沙·秋思》。套数是由两支以上的曲子按照一定的规则连缀起来的组曲，又叫"散套""套曲"，每支曲子都属于一定的宫调，套数可用于叙述较完整的情节、事迹或夹议论，如元代睢景臣《般涉调·哨遍·高祖还乡》。

2.元杂剧：中国古典戏曲的一种形式，产生于金末元初，元代杂剧已形成了特定的体制，是我国戏曲史上完整而成熟的戏剧艺术。它的结构形式一般是四折戏加一楔子，每一折戏相当于现在的一幕，楔子是一个短场戏，放在全剧的开头或加在四折之间，起序幕或过场作用，不能放在末尾。元杂剧都用北曲，每一折戏用一套曲，即同一宫调内的套曲，押同一个韵脚。男女主角，分别由正末和正旦扮演，配角有副末、外末、小末、副旦、外旦、小旦等；此外还有净、丑、卜儿（扮老妇人）、孛老（扮老头）等；同时还规定，每一本戏由一个演员主唱到底，配角只能说白。由正末主唱的戏，称"末本戏"；由正旦主唱的戏，称"旦本戏"。科白，科是指表演动作和舞台效果；白是道白，有定场白、背白、旁白等。

第三节　现代文学体裁的基本特点

一、诗歌

诗歌是高度集中地概括反映社会生活的一种文学体裁,它饱含着作者的思想感情与丰富的想象,语言凝练而形象性强,具有鲜明的节奏、和谐的音韵,富于音乐美,语句一般分行排列,注重结构形式的美。我国现代诗人、文学评论家何其芳曾说:"诗是一种最集中地反映社会生活的文学样式,它饱含着丰富的想象和感情,常常以直接抒情的方式来表现,而且在精练与和谐的程度上,特别是在节奏的鲜明上,它的语言有别于散文的语言。"这个定义性的说明,概括了诗歌的几个基本特点。

1. 以抒情为主要表达形式,一般以较短的篇幅凸显诗人的主体意识。

2. 以意象为诗情传达的基本结构单位,通过单个或多个的意象来凸现诗意,加上丰富的想象、联想和幻想,抒发情感。

3. 常常采用复沓和铺排的修辞手段,高度集中、概括地反映生活,充满节奏感和音乐性。

4. 诗句分行排列,是一种特别讲究文学形式的艺术,语言具有音乐美。

5. 借助暗示来表达思想感情,集中概括地表现社会生活,语义含蓄多解,富于朦胧美。

二、散文

散文是泛指那些侧重于直接表达作者对生活的感受,注重于主观抒写的不讲究骈偶押韵的文体。按传统的说法,散文是与韵文、骈文相区别的散体文章,也可以这样说,除了诗、词、曲、赋以外,一切无韵无律的文章,诸如人物传记、回忆录、游记、寓言、神话及记事抒情一类文章,均可列入散文范畴,这是广义的散文。狭义的散文,专指用凝练、优美、生动的文学语言写成的叙事、记人、状物、写景的短小精悍的文章。

根据内容和表达方法的不同,散文可分为叙事、抒情、议论三类。叙事散文借叙述事件和描写人物来表达思想情感;抒情散文或托物言志、借景抒情,或直抒胸臆、慨叹山川人物,来激起读者的爱憎;议论散文以指点人、事的是非曲直来表明作者的观点、立场和态度。

在现代,报告文学是散文中的一种新兴样式,是特写、文艺通讯等的总称。运用文学的表现手法,迅速及时地报道社会生活中人们关心的事物,具有新闻性、形象性和政论性的特点,被称为文艺战线上的"轻骑兵"。中国报告文学的三部里程碑式的作品分别是夏衍的《包身工》、魏巍的《谁是最可爱的人》以及徐迟的《哥德巴赫猜想》。

三、小说

小说是以塑造人物形象为中心,通过完整的故事情节和具体的环境描写,展示人物的思想情感和性格特征,从而广泛而深刻地反映社会生活的一种文学体裁。根据篇幅的长短,小说分为长篇、中篇、短篇和微型小说(或称"小小说");按照内容的不同,小说可分为言情小说、历史小说、科幻小说、武侠小说、谴责小说、心理小说等;按照体例格式,则可分为书信体小说、日记小说、章回小说、系列小说等。情节、人物和环境是小说的三个要素。

四、戏剧

戏剧是一种综合性舞台艺术,是借助文学、音乐、舞蹈、美术、雕塑、建筑等艺术手段塑造舞台艺术形象,揭示社会矛盾,反映社会生活的。在中国,戏剧是戏曲、话剧、歌剧的总称,也常专指话剧,在西方指话剧。按结构及容量划分,有多幕剧、独幕剧、连续剧等;按题材分,有现代剧、历史剧、神话剧等;按表演形式分,有戏曲、话剧、歌剧、舞剧、哑剧等;按反映的冲突性质和感染作用分,有悲剧、喜剧、正剧等。

第二章　文学常识讲练

考情精析

技能高考怎么考

年份	考查内容	考查形式	设问类型	分值
2018 年	中外文学史上重要的作家作品	选择题	表述有误的一项是	3 分
2017 年	诗歌基本特点	选择题	表述不正确的一项	3 分
2016 年	中国、外国文学史上重要作家、作品	选择题	表述不正确的一项	3 分
小结	近几年常识题型分值稳定,考查内容以重要的作家作品、文学体裁为主,考查形式多样。 **1.复习重点**:被教材选用作课文的重要作家及其重要作品。 **2.复习难点**:梳理中外的文学常识及体裁体例。 **3.复习方法**:(1)梳理重点,构建网络;(2)讲究方法,巧妙记忆;(3)整理笔记,勤加练习。			

考点精讲

技能高考考什么

题型示例

例 1 (2018 年湖北技能高考卷)下列文学常识表述有误的一项是　　　　(　　)

A.“老庄”即老子与庄子,他们是春秋时期著名思想家,同为道家学派创始人。

B.《西厢记》为元代戏剧家王实甫的代表作。作品塑造了张生、崔莺莺等鲜明的人物形象。

C.老舍为我国现代著名作家,其代表作有《骆驼祥子》《四世同堂》《茶馆》等。

D.雨果是法国著名作家,一生创作颇丰,其代表作有《巴黎圣母院》《悲惨世界》等。

【试题答案】 A

【试题分析】 本题考查的是中外文学史上重要的作家及其代表作的了解与识记,特别要注意的是对古今中外各个时期著名的学家学派的了解和认识。A 项中,庄子仅是战国中期哲学家。所以,表示有误的一项是 A 项。

例 2 (2017 年湖北技能高考卷)下面文学、文体常识表述不正确的一项是　　(　　)

A.“旧体诗”与“新诗”是以时间和语言形式区分的。新诗是指五四运动前后出现的用白话写的自由体诗,旧体诗是指新诗出现前封建文人创作的诗。

B.现实主义和浪漫主义是文学艺术的两种基本创作方法。在中国文学史上,杜甫、曹雪芹等是现实主义的代表,屈原、李白等是浪漫主义的代表。

C.词是诗歌的一种,最初是配合音乐来歌唱的,根据字数多少,可分为小令、中调、长调。由于词的句子长短不一,所以也称为“长短句”。

D.律诗每首八句,每两句组成一联,共分四联,分别称为首联、颔联、颈联、尾联,其中颔联和颈联都要求对仗。

【试题答案】 A

【试题分析】 本题考查对诗歌基本特点的了解。新诗,指五四运动前后产生的、有别于古典诗、以白话作为基本语言手段的诗歌体裁。旧体诗是相对于新诗而言的,凡今人以古体古意古法创作的诗歌都可以称为旧体诗,所以选项 A 表述错误。

例 3 (2016 年湖北技能高考卷)下面有关文学常识的表述,不正确的一项是 （ ）

A.现实主义和浪漫主义是文学创作的两大流派。我国文学史上,现实主义源于《诗经》,浪漫主义源于《楚辞》。

B.元曲在中国文学史上占有重要的地位,其中被称为"元曲四大家"的是关汉卿、王实甫、马致远、白朴。

C.我国古典小说创作的鼎盛时期是明清两朝,《三国演义》则是我国第一部长篇章回体历史演义小说。

D.巴尔扎克是法国批判现实主义代表作家,他的长篇小说《欧也妮·葛朗台》中的葛朗台已成了吝啬鬼形象的代名词。

【试题答案】 B

【试题分析】 本题考察的是中国文学史上文学创作的两大流派和中外重要小说家、戏剧家及其代表作。被称为"元曲四大家"的是关汉卿、郑光祖、马致远、白朴,他们的代表作《窦娥冤》《倩女离魂》《汉宫秋》《墙头马上》。王实甫是元代杂剧作家,但不是四大元曲作家。

方法指导

一、分析题型,突出重点

复习时应了解近几年技能高考文学常识题的命题形式和特点,掌握规律,进行有针对性的复习。

二、立足课本,建立框架

1.识记课文内外中国、外国作家及其时代、国别和代表作。可将作家姓名、朝代、作品和作品中的名句等列成表格识记。

2.了解诗歌、散文、小说、戏剧的基本特点。了解课文中人物、情节、环境特点和作品的主要艺术表现手法。

三、讲究方法,强化识记

文学常识题虽以记忆为主,但并不提倡死记硬背。技能高考出现"不常见"常识的考查几率并不大,考生只须注重掌握最基本的文学常识。技能高考主要考查运用基础知识分析解决问题的能力。考生要将识记与提高鉴赏能力,提高文化素养结合起来。

1.纵横结合记忆法

古今作家生活时代不同,从而形成纵的联系;同一时期不同作品又有各自的特点,从而又形成了横的联系。将这些纵横联系的知识点组合起来,在脑中形成几条线或几个面,是一种快速而牢固的记忆方法。如果能据此自己动手制作几张图表,印象就更加深刻了。如我国古代戏剧史有三个高峰,一是元杂剧四大家加上王实甫,二是汤显祖的"临川四梦",三是清代的"南洪北孔"。这样纵横结合加以记忆,中国古代戏剧史又何愁记不住呢?

2.举一反三记忆法

如由《战国策》的国别体联想到《史记》的纪传体和《资治通鉴》的编年体;记忆屈原时,由屈原想到他的作品《离骚》;又因《离骚》是中国浪漫主义文学的源头,想到西方浪漫主义三大家:雪莱、雨果、拜伦。这样触一而发十,就能较系统地记住许多文学常识了。

3.分门别类记忆法

即在分类的基础上把某些有相同点的知识按一定顺序集中在一起强化记忆。可以以考点为分类标准,如:①时代国别,可以借鉴古代史书体例中的编年体和国别体的方法,按不同时代和不同国家来记忆;②风格流派,如"山水田园诗派""边塞诗派""婉约派""豪放派"等;③地位评价,如"四大名著""世界三大短篇小说巨匠"等;④文章体裁,如小说、诗歌、散文、戏剧等;⑤题材人物,如《范进中举》《孔乙己》等都塑造了受封建科举制度迫害愚弄的旧知识分子形象;⑥作家作品,如苏轼的诗、词及文等;⑦字号称呼,如柳河东、杜拾遗、太史公等。

4.点面结合记忆法

既要注意全方位复习,又要注意突出重点。有的文学常识关键就在某一要点,抓住了要点,其他问题也就迎刃而解了。如教材所选鲁迅的若干篇小说,要记每篇出自何处很难,若记住除《祝福》选自《彷徨》外,其余均出自《呐喊》,便省时易记、事半功倍。当然,上述记忆方法并非只能单独使用,在实际记忆过程中,它们往往是综合运用的。各种记忆方法的综合使用,既是对文学常识的多角度记忆,又是变化了的反复记忆,其效果自然会更好。

四、辨析正误,要讲方法

读选项,选项会帮你唤起记忆;看选项,抓住选项关键词;利用排除法,排除错误选项。注意以下几点:(1)注意改朝换代。选项中作家所对应的朝代是否有错,平时可重点记忆各个时期的代表作家。(2)注意张冠李戴。选项中作家与作品是否一一对应,要求学生们在复习备考时一定要紧密地把作家作品结合起来背诵。(3)注意查漏补缺。选项中凡是出现语序不同、缺字少句的选项一定要反复琢磨。

对点训练

训练1

1.下列作品、作家、时代(国别)及体裁对应正确的一项是 ( )

A.《秋浦歌》——杜牧——唐代——诗歌

B.《北京人》——曹禺——现代——话剧

C.《哈姆莱特》——莎士比亚——英国——小说

D.《叶甫盖尼·奥涅金》——歌德——德国——诗体小说

2.下面文学、文体常识表述不正确的一项是 ( )

A."骚体"又称"楚辞体",得名于屈原的《离骚》,特点之一是多用"兮"字。

B.散曲包括套曲和杂剧,是盛行于元代的一种曲子形式,体式比较自由。

C.《白洋淀纪事》是孙犁最负盛名和最能代表他创作风格的一部作品集。

D.惠特曼是美国伟大的诗人,他的诗对我国"五四"以来的新诗影响很大。

3.从文学作品的体裁看,归类不正确的一项是 ( )

A.《三国演义》《水浒传》《西游记》《红楼梦》

B.《牡丹亭》《西厢记》《桃花扇》《长生殿》

C.《故乡》《社戏》《一件小事》《藤野先生》

D.《战争与和平》《高老头》《双城记》《简·爱》

4.下面文学、文体常识表述不正确的一项是 （　　）

A.古体诗有两种含义:一指诗体名,也称古诗、古风,与唐以后兴起的近体诗相对应;二是对于古代诗歌的泛称,以区别于现代诗歌。

B."乐府"在文学史上有三个概念:原指朝廷所设的音乐机构,后来把这个机构所采集、创作的歌词统称为"乐府诗",后则又把唐代可以入乐的诗歌称为"乐府",把魏晋至唐代可以入乐的诗歌和后人仿效乐府古题的作品称为"乐府"。

C.近体诗又称今体诗,是唐代出现的新诗体,唐人为了与以前的古体诗相区别,故名之为"近体"。这种诗的特点主要是篇有定句,句有定字,韵有定位,字有定声,联有定对。

D.歌行是古体诗的一种,汉乐府诗题多用歌、行、曲、引、吟、叹、怨等,其中以"歌""行"最多,逐渐合称为一种诗体名。著名的作品有白居易的《长恨歌》等。

5.下面文学、文体常识表述不正确的一项是 （　　）

A.散曲是曲的一种体式,在戏剧作品中,供状物叙事之用,是戏剧作品的有机组成部分。著名的散曲作家有关汉卿、马致远、张养浩等。

B.绝句每首四句,等于律诗的一半,所以也称"截句""断句",唐朝诗人王昌龄,擅长七绝,有"七绝圣手"的美称。

C.词是唐兴起的一种合乐可歌、句式长短不齐的诗体,有曲子、乐府、诗余、长短句等别称。

D.律诗每首八句,每两句组成一联,共分四联,分别称为首联、颔联、颈联、尾联,每联的上句叫出句,下句叫对句。

6.下面文学、文体常识表述不正确的一项是 （　　）

A.小令的基本形式是单支曲,又称"叶儿"。每支小令只用一个曲牌,一韵到底,多用来写景抒情,如马致远的《天净沙·秋思》便是一首脍炙人口的佳作。

B.套数又名套曲,就是在同一宫调内,连接许多曲牌成一组曲,来歌咏一个内容,可写景抒情,也可叙述故事,如睢景臣的《哨遍·高祖还乡》。

C.元杂剧可分为旦本(女主角主唱)和末本(男主角主唱)两种,在结构上包括四折一楔子,每折戏可用不同的宫调演唱。

D.杂剧是古典戏曲的一种形式,产生于金末元初,是在金院本和诸宫调的影响下,吸收历代各种表演艺术成果而形成的完整而成熟的戏剧艺术。

7.下面文学、文体常识表述不正确的一项是 （　　）

A.话本产生于南宋,是说话艺人讲说故事的底本,它是适应都市的繁荣和市民阶层的需要而产生的。

B.冯梦龙的"三言"又称"古今小说",它包括《喻世明言》《警世通言》《醒世恒言》。

C.拟话本是模拟话本而作的小说,其名最初见于鲁迅的《中国小说史略》,著名的作品有冯梦龙的"三言"和凌蒙初的"二拍"。

D.起源于宋元说话的章回小说,以分回标目为主要特点,盛行于明清两代,是我国古代长篇小说的主要形式。

8. 下面文学、文体常识表述不正确的一项是 （　　）

A.《诗经》是我国最早的一部诗歌总集，收集了从西周初到春秋中叶近500年间的诗歌305篇。它以四言诗为主，普遍运用赋、比、兴的表现手法。

B.杂剧在元代文学中有突出的地位，代表作有关汉卿的《窦娥冤》、王实甫的《西厢记》、孔尚任的《桃花扇》和马致远的《汉宫秋》等。

C.巴金，原名李尧棠，是我国现代著名的小说家、散文家。小说《灭亡》《家》《寒夜》及散文集《随想录》等都是他的代表作。

D.高尔基一生创作甚丰，有长篇小说、中篇小说、剧本、散文等。小说《童年》《在人间》《我的大学》是他的自传体三部曲。

9. 下面文学、文体常识表述不正确的一项是 （　　）

A.《左传》《史记》等历史散文作品，以"实录"的笔法将人物写得真实丰满，有血有肉。

B.《项脊轩志》以清淡朴素的笔法写身边琐事，亲切动人。它的作者归有光被认为是"桐城派"的代表人物。

C.茅盾的《子夜》、巴金的《家》、老舍的《骆驼祥子》以及叶圣陶的《倪焕之》，是我国20世纪二三十年代著名的长篇小说。

D.马克·吐温和欧·亨利都擅长写讽刺小说。马克·吐温的《竞选州长》《百万英镑》和欧·亨利的《警察与赞美诗》等都深受读者的喜爱。

10. 下面文学、文体常识表述不正确的一项是 （　　）

A.《楚辞》是屈原、宋玉等人作品的总集，这些作品具有浓厚的楚地色彩，屈原的长诗《离骚》是其中的代表作。

B.白居易的《长恨歌》《琵琶行》是具有感伤色彩的叙事诗，他的《新乐府》则反映了较强的批判现实的精神。

C.《堂吉诃德》是意大利作家塞万提斯创造的长篇小说，堂吉诃德这个人物形象既是滑稽的又是发人深省的。

D.举世公认的文学经典《哈姆莱特》，写的是丹麦王子哈姆莱特为父复仇的故事，该剧是莎士比亚四大悲剧之一。

11. 下列作品对应的作者、体裁、时代（或国别），不正确的一项是 （　　）

A.《离骚》——屈原——抒情——战国

B.《滕王阁序》——王勃——散文——初唐

C.《孔乙己》——鲁迅——短篇小说——现代

D.《悲惨世界》——雨果——长篇小说——英国

12. 下面文学、文体常识的表述不正确的一项是 （　　）

A.小说情节起着展示人物性格、表现作品主题的作用。它一般包括开端、发展、高潮、结局等四个部分，有的还有序幕、尾声。

B.元杂剧是一种把歌曲、旁白（说白）、舞蹈（表演）结合起来的艺术形式。关汉卿的《窦娥冤》就是其中的优秀代表作。

C.《项链》是法国著名的作家莫泊桑的短篇小说，反映了当时追求虚荣、贪图享乐的社会风气。小说既针砭了时弊，同时也存在感叹命运无常的消极因素。

D.巴尔扎克是法国批判现实主义文学大师,一生著述颇丰,其代表作有《欧也妮·葛朗台》《人间喜剧》等长篇小说。

训练 2

13.下面文学、文体常识表述不正确的一项是　　　　　　　　　　（　　）

A.《子夜》:长篇小说,通过主人公吴荪甫的悲剧命运揭示了当时的重大社会问题。

B.巴尔扎克:19世纪法国作家,他的《人间喜剧》被称为巴黎上流社会的编年史。

C.列夫·托尔斯泰:19世纪俄国作家,他的《战争与和平》以气势恢弘著称。

D.左拉:19世纪法国作家,他的代表作是体现人道主义思想的《巴黎圣母院》。

14.下面文学、文体常识表述不正确的一项是　　　　　　　　　　（　　）

A.《论语》记载了孔子及其弟子的言行。体现了孔子政治、伦理、哲学、教育等方面的思想,是儒家重要的经典,被列为"四书"之一。

B.司马迁的《史记》开纪传体史书的先河,我们熟悉的《鸿门宴》和《项羽之死》均出自《史记·项羽本纪》。

C.中国现代著名剧作家曹禺,原名万家宝,出生于天津,创作了《雷雨》《茶馆》《北京人》等话剧剧本。

D.美国作家海明威在《老人与海》中塑造了桑地亚哥的形象,颂扬了人类挑战困难、捍卫尊严的"硬汉精神"。

15.下面文学、文体常识表述不正确的一项是　　　　　　　　　　（　　）

A.传奇曾用来指唐宋文人用文言写作的短篇小说,至明代专指一种特定的戏曲形式。

B.传奇的戏剧结构,篇幅长短不限,视故事情节而增减,一段戏称为一出,通常一部作品有几十出。

C.与宋元南戏一脉相承的传奇,在明代有两大流派,即以汤显祖为代表的临川派和以沈璟为代表的吴江派。

D.清代最杰出的传奇作家和作品是洪昇的《桃花扇》和孔尚任的《长生殿》,这两部作品的思想性和艺术性都有较高成就,成为清代传奇发展的顶峰。

16.下面文学、文体常识表述不正确的一项是　　　　　　　　　　（　　）

A.法国作家莫泊桑、俄国作家契诃夫和美国作家欧·亨利以写短篇小说名噪于世,有"世界三大短篇小说之王"的美称。

B.比利时的雅各·格林和威廉·格林是一对同胞兄弟,他们一起收集并出版了《儿童与家庭童话故事集》,丰富了世界儿童文学宝库,"格林兄弟"之名也垂诸久远。

C.法国以写小说《基督山伯爵》等出名的大仲马和以写长篇小说《茶花女》而著称的小仲马是一对父子,他们都对19世纪法国浪漫主义小说的发展和现代戏剧的创始有过重大影响。

D.《简·爱》的作者夏洛蒂,《呼啸山庄》的作者艾米丽和《艾格妮丝·格雷》的作者安妮都姓勃朗,而且是一母所生的亲姐妹。一门三姐妹都是知名作家,这在英国和世界文学史上都是少有的。

17.下面文学、文体常识表述不正确的一项是　　　　　　　　　　（　　）

A.高尔基的自传体小说《童年》展示了他那苦难而难忘的童年生活。

B.母爱、童真和对自然的赞美,是《繁星》和《春水》的主题歌。

C.《格列佛游记》中,格列佛乘"冒险号"救出了土著黑人"星期五"。

D.《朝花夕拾》原题叫《旧事重提》,是鲁迅先生留给我们的优美的散文珍品。

18. 下面文学、文体常识表述不正确的一项是 （　　）

A.陶渊明,东晋著名诗人。代表作《桃花源记》的文体是"记"。

B.《诗经》是我国最早的一部诗歌总集,收录了从西周到春秋时期的诗歌 305 篇,也称"诗三百",这些诗歌分为"风""雅""颂"三个部分。

C.鲁迅(1881－1936),原名周树人,浙江绍兴人。我国现代伟大的无产阶级文学家、思想家、革命家。

D.《史记》是我国第一部编年体史书,全书 130 篇,被鲁迅先生誉为"史家之绝唱,无韵之《离骚》",作者是东汉著名史学家、文学家司马迁。

19. 下面文学、文体常识表述不正确的一项是 （　　）

A.《水浒传》塑造了一大批栩栩如生的人物形象,其中侠肝义胆、疾恶如仇、脾气暴躁却又粗中有细的鲁达给读者留下了深刻的印象。

B.《丑小鸭》的作者是丹麦 19 世纪伟大的童话作家安徒生,作品讲述了一个经历太多困苦和灾难的丑小鸭,在好心人的爱护帮助下变成了美丽的白天鹅的故事。

C.《白杨礼赞》这篇优秀的抒情散文,运用象征手法,通过白杨树这个艺术形象,歌颂了朴质、坚强、团结向上的精神和意志。

D.司马相如是东汉辞赋家,代表作有《子虚赋》《上林赋》。

20. 下面文学、文体常识表述不正确的一项是 （　　）

A.《童年》是高尔基的自传体小说,描写了童年阿廖沙性格的形成过程,再现了当时俄国下层人民悲苦的生活状况。

B.《威尼斯商人》是欧洲文艺复兴时期英国伟大的戏剧家、诗人莎士比亚的早期作品,是一部具有极大社会讽刺性的喜剧。

C.鲁迅先生的《朝花夕拾》文笔隽永,是中国现代散文的经典作品之一。《从百草园到三味书屋》《藤野先生》《孔乙己》都是其中的作品。

D.林冲是《水浒》中的人物,绰号"豹子头"。他武艺高强,安分守己,但懦弱隐忍,逆来顺受,因被高俅陷害,被一步步逼上梁山。

21. 下面文学、文体常识表述不正确的一项是 （　　）

A.冰心一生信奉"爱的哲学",《繁星》《春水》是在印度诗人泰戈尔《飞鸟集》的影响下写成的,集中表现了"母爱、童真、自然"三大主题。

B.《水浒传》中,武松血刃潘金莲,斗杀西门庆,大闹野猪林,血溅鸳鸯楼,是英雄好汉中最富有血性和传奇色彩的人物。

C.《格列佛游记》中的大人国国王是一位博学、理智、仁慈、治国能力很强的开明国君。

D.《西游记》是我国经典小说之一,是最成功的带有神话色彩的文学巨著。

22. 下面文学、文体常识表述不正确的一项是 （　　）

A."诸子百家"是指我国先秦到汉初各学派的代表人物及其著作。

B.唐宋八大家是指韩愈、柳宗元、苏轼、苏洵、苏辙、欧阳修、王安石、曾巩。

C."乐府"是指汉魏六朝文学史上出现的一种能够配乐歌唱的旧诗体,如《木兰诗》。

D.有些古文,其标题就表明了文章的体裁。如《陋室铭》《醉翁亭记》《出师表》《捕蛇者说》等题目中的"铭""记""表""说",都表明了该文的文体。

23.下面文学、文体常识表述不正确的一项是 （ ）

A.20 世纪 70 年代末的中国诗坛掀起了一股"朦胧诗"热潮。舒婷是中国当代朦胧诗派的代表作家之一,《致橡树》是她的代表作。

B.《念奴娇·赤壁怀古》是北宋文学家苏轼豪放词的代表作品,全词融人、事、景、情、理于一体,具有强烈的艺术感染力。

C.19 世纪匈牙利诗人裴多菲写了许多争取民族独立和讴歌爱情的诗歌,《我愿意是急流》是他献给未婚妻的一首情诗。

D.美国作家欧·亨利是世界三大短篇小说家之一,其代表作品有《最后一片常春藤叶》《变色龙》等。

24.下面文学作品中的人物分析,不恰当的一项是 （ ）

A.《雷雨》中的鲁大海是一个阶级觉悟高、敢于斗争的工人形象,但他还缺乏社会经验,说话比较鲁莽。

B.《窦娥冤》中的窦娥是一个心地善良、刚强不屈、不畏邪恶、具有反抗精神的女性形象。

C.《项链》中的玛蒂尔德是一个爱慕虚荣、对现实生活感到极为不满,同时不择手段一心想挤进上流社会的法国小资产阶级的女性形象。

D.《林黛玉进贾府》中的王熙凤是一个地位高贵、泼辣刁狠,善于权谋机变、见风使舵的女性形象。

扫一扫,购详解

文言文阅读

第一章　文言文考点讲练

考情精析

技能高考怎么考

年份	标题/出处	体裁	题号	题型	能力层级	考纲考点	设问类型	分值
2018年	《资治通鉴》	史传文	8	单选题	理解B	理解常见文言实词在文中的含义	选不正确的一项	3分
			9	单选题	理解B	理解常见文言虚词在文中的意义和用法	选与例句意思和用法相同的一项	3分
			10	单选题	分析综合C	筛选文中信息,概括中心意思	选不恰当的一项	3分
			11	翻译题	理解B	理解并翻译浅显的文言文句子	画线句子翻译成现代汉语	4分
2017年	《资治通鉴》	传记	8	单选题	理解B	理解常见文言实词在文中的含义	选不正确的一项	3分
			9	单选题	理解B	理解常见文言虚词在文中的意义和用法	选用法不同于其他三项的一项(之)	3分
			10	单选题	分析综合C	筛选文中信息,概括中心意思	选不符合原文的一项	3分
			11	翻译题	理解B	理解并翻译浅显的文言文句子	画线句子翻译成现代汉语	4分
2016年	《左传》	史传文	8	单选题	理解B	理解常见文言实词在文中的含义	选不正确的一项	3分
			9	单选题	理解B	理解常见文言虚词在文中的意义和用法	选不正确的一项	3分
			10	单选题	理解B	理解与辨别不同的文言句式	选与选项文言句式相同的一项	3分
			11	翻译题	理解B	理解并翻译浅显的文言文句子	画线句子翻译成现代汉语	4分

			8	单选题	理解 B	理解常见文言实词在文中的含义	选不正确的一项	3分
2015年	《说苑》	史传文	9	单选题	理解 B	理解常见文言虚词在文中的意义和用法	选与选文句意思和用法相同的一项（而）	3分
			10	单选题	理解 B	理解与辨别不同的文言句式	选句式不同于其他三句的一项	3分
			11	翻译题	理解 B	理解并翻译浅显的文言文句子	画线句子翻译成现代汉语	4分
小结			纵观四年考题,选文以史传文为主,字数在110—220字,总体量4题,文言实词与翻译题型稳定,文言虚词题型丰富,文言句式与课内句子结合,2017年和2018年均出现了对文言文内容的理解与分析					

第一节　文言实词

考点精讲　　　　　　　　　　　　　技能高考考什么

题型示例

例　（2016年湖北技能高考卷）阅读下面一段文言文,完成后面的题。

师旷侍于晋侯。晋侯曰:"卫人出①其君,不亦甚乎?"对曰:"或者其君实甚。良君将赏善而刑淫②,养民如子,盖③之如天,容之如地。民奉其君,爱之如父母,仰之如日月,敬之如神明,畏之如雷霆,其可出乎? 夫君,神之主④而民之望也。若困民之主,匮神乏祀⑤,百姓绝望,社稷无主,将安用之? 弗去何为?"

【注】　①出:赶走。②刑淫:惩罚淫滥（的人）。③盖:覆盖。④神之主:神灵的主人。⑤祀:祭祀的贡品。

对下列语句中加点字的解释,不正确的一项是　　　　　　　　　　（　　）

A.不亦甚乎　　　　　　　　　　　　甚:"什么"的意思

B.或者其君实甚　　　　　　　　　　实:确实

C.百姓绝望　　　　　　　　　　　　绝:断绝

D.社稷无主　　　　　　　　　　　　主:主持者、掌管的人

【试题答案】　A

【试题分析】　A项中,"甚"可译为"过分"。所以,不正确的是A项。

方法指导

理解常见文言实词的含义

积累和掌握一定量的文言实词,对提高文言文阅读能力有很大帮助。常见实词的本义和引申义并非杂乱无章,而是有规律可循的。在具体的语言环境中,我们常常可以通过字形、字音、句式、语法、语境等方面推断文言实词的含义。

1.从字形推断

汉字采用了象形、会意、指事、形声等造字方法,因此可以通过字形结构来分析词的本义。汉字中绝大部分都是形声字,而形旁大多表意,这就为我们推断词义提供了有利条件。例如《诗经·魏风》中"硕鼠硕鼠,无食我黍"一句,"黍"字的形旁为"禾",可知此字与五谷有关,即推出其为粮食作物之意;《前赤壁赋》中"客喜而笑,洗盏更酌"一句,"盏"字的形旁为"皿",可知此字与器具有关,结合下文"肴核既尽,杯盘狼藉",可推出"盏"指酒具;又如《念奴娇·赤壁怀古》中"樯橹灰飞烟灭"一句,大家知道"橹"是木制的船具,但因"樯"是冷僻字而无法理解其含义,其实由"樯"从"木",与"橹"联合成词,可推断出"樯"也是木制的船具,再联系语境,便可推出"樯"与"橹"均借指战船。

2.从字音推断

古代汉语中,语音和语义有一定的关系。我们可以通过找通假关系,用本义去解释借义,从而推断出符合语境的意思。例如《劝学》中"君子生非异也"一句,"生"与"性"同音(xìng)通假,由此可推断"生"的意思是"资质、禀赋";又如《静女》中"匪女之为美"一句,"匪"与"非"同音(fēi)通假,由此可推断"匪"的意思是"不是"。

3.从句式推断

古代汉语中,并列短语、对偶句、排比句的对应位置通常会使用同义词或反义词,只要知道其中一个词的含义,就可以推断出另一个词的含义。例如《曹刿论战》中"彼竭我盈,故克之","彼竭我盈"是由两个主谓短语构成的并列短语,"彼"和"我"相对,由此推出处于相同位置的"竭"和"盈"也是两个意义相对的词,已知"竭"是"枯竭"的意思,可推知"盈"是"充盈"的意思;又如《劝学》中"吾尝终日而思矣,不如须臾之所学也",由"终日"是"整天、时间长"的意思,可以推出"须臾"是"片刻、时间短"之意。

4.从语法推断

文言文与现代汉语在句子的语法结构上基本是一致的,主语、宾语多由名词、代词充当,谓语多由动词、形容词充当,定语多由形容词、名词、代词充当,状语多由副词充当。因此,我们可以根据文言实词在句中所处的位置、充当的成分,来判定它的词性,进而推知它的意义。例如《师说》中"孔子师郯子、苌弘、师襄、老聃","孔子"是名词作主语,"郯子、苌弘、师襄、老聃"均为名词作宾语,由此可以推出"师"是动词作谓语,"以……为师"的意思。

5.从语境推断

"词不离句,句不离篇"是古已有之的阅读准则,文言实词一般有多种意义,结合其上下文的语意,用代入法,披文入理,推断出其含义。例如"古之学者必有师"(《师说》)中的"学者",在现代汉语中指"有专门学问的人",而后文说"师者,所以传道受业解惑也",可见"学者"和"师者"是相对的,再纵观全文,主要是对教师职责、从师的重要性和择师原则的论述,所以推断"学者"意为"求学的人"。

训练 1

1. 对下列语句中加点字的解释,不正确的一项是 （　　）

A. 以致天下之士　　　　　　　　致：招纳

B. 师道之不传也久矣　　　　　　传：传授

C. 用心一也　　　　　　　　　　一：专一

D. 内立法度,务耕织　　　　　　度：制度

2. 对下列语句中加点字的解释,不正确的一项是 （　　）

A. 据亿丈之城,临不测之渊　　　临：面对

B. 古之学者必有师　　　　　　　师：老师

C. 望美人兮天一方　　　　　　　望：希望

D. 假舆马者,非利足也　　　　　假：凭借

3. 对下列语句中加点字的解释,不正确的一项是 （　　）

A. 蚓无爪牙之力,筋骨之强　　　强：勉强

B. 及至始皇,奋六世之余烈　　　及：等到

C. 其为惑也,终不解矣者　　　　惑：疑难问题

D. 故木受绳则直,金就砺则利　　就：靠拢

4. 对下列语句中加点字的解释,不正确的一项是 （　　）

A. 南取汉中,西举巴蜀　　　　　举：攻下,占领

B. 愿以十五城易璧　　　　　　　易：交换

C. 修守战之具　　　　　　　　　修：修缮

D. 而闻者彰　　　　　　　　　　闻：名声

5. 对下列语句中加点字的解释,不正确的一项是 （　　）

A. 求人可使报秦者　　　　　　　使：出使

B. 臣诚恐见欺于王而负赵　　　　恐：担心

C. 余嘉其能行古道　　　　　　　嘉：美好

D. 操童子业　　　　　　　　　　操：从事

6. 对下列语句中加点字的解释,不正确的一项是 （　　）

A. 非能水也,而绝江河　　　　　绝：横渡

B. 独夫之心,日益骄固　　　　　固：顽固

C. 师道之不复可知矣　　　　　　复：回答

D. 严大国之威以修敬也　　　　　严：尊重

7. 对下列语句中加点字的解释,不正确的一项是 （　　）

A. 假舟楫者,非能水也　　　　　水：游水

B. 秦贪,负其强　　　　　　　　负：违背

C. 左右或欲引相如去　　　　　　引：牵,拉,拽

D. 圣人无常师　　　　　　　　　常：固定的

8. 下列加点词语不属于古今异义的一项是 （　　）

A.声非加疾也　　　B.左右欲刃相如　　　C.吾从而师之　　　D.均之二策

9. 下列加点词语不属于古今异义的一项是 （　　）

A.肴核既尽,杯盘狼藉

B.师不必贤于弟子

C.璧有瑕,请指示王

D.臣所以去亲戚而事君者

10. 下列加点词语不属于古今异义的一项是 （　　）

A.而致千里

B.宣言曰:"我见相如,必辱之"

C.无贵无贱,无长无少

D.闻道有先后,术业有专攻

训练 2

11. 下列加点词语不属于古今异义的一项是 （　　）

A.楚人一炬,可怜焦土

B.而青于蓝

C.还,不过三十日

D.因宾客至蔺相如门谢罪

12. 下列加点词语不属于古今异义的一项是 （　　）

A.吾尝终日而思矣

B.传以示美人及左右

C.小学而大遗

D.明年复攻赵

13. 下列加点词语不属于古今异义的一项是 （　　）

A.相如前进缻

B.山东豪杰遂并起而亡秦族矣

C.古之学者必有师

D.积土成山,风雨兴焉

14. 下列加点词语不属于古今异义的一项是 （　　）

A.上食埃土,下饮黄泉

B.扣舷而歌之

C.未尝有坚明约束者也

D.指从此以往十五都予赵

15. 下列句子中没有通假字的一项是 （　　）

A.君子博学而日参省乎己

B.君子生非异也

C.手裁举,则又超乎而跃

D.或师焉,或不焉

16. 下列句子中没有通假字的一项是 （　　）

A.天下云集响应,赢粮而景从

B.后人哀之而不鉴之

C.虽有槁暴,不复挺者

D.昂其直,居为奇货

17. 下列句子中没有通假字的一项是 （　　）

A.山川相缪,郁乎苍苍

B.壁上小虫忽跃落衿袖间

C.则知明而行无过矣

D.君臣固守以窥周室

18. 下列句子中没有通假字的一项是 （　　）.

A.小虫伏不动,蠢若木鸡

B.召有司案图

C.唯大王与群臣孰计议之

D.举酒属客

19. 下列句子中没有通假字的一项是 （　　）

A.缦立远视,而望幸焉

B.浩浩乎如冯虚御风

C.使臣奉璧,拜送书于庭

D.皆明智而忠信

20. 下列句子中没有通假字的一项是 （　　）

A.翼日进宰,宰见其小

B.肉袒伏斧质

C.度道里会遇之礼毕

D.合从缔交,相与为一

梳理常用文言实词

一、一词多义

1.倍

①通"背",违背。如:愿伯具言臣之不敢倍德也。

②加倍。如:五则攻之,倍则分之。

③越发、更加。如:每逢佳节倍思亲。

2.兵

①兵器。如:非我也,兵也。

②战争。如:兵连祸结。

③军队。如:必以长安君为质,兵乃出。

④士兵。如:草木皆兵。

3.度

①制度,法规。如:内立法度,务耕织,修守战之具。

②考虑,思量。如:试使山东各国与陈涉度长絜大。

③过。如:万里赴戎机,关山度若飞。

④次。如:崔九堂前几度闻。

⑤谱曲。如:予怀怆然,感慨今昔,因自度此曲。

4.发

①发射。如:百发百中。

②派遣,征发。如:发闾左適戍渔阳。

③开仓放粮。如:涂有饿莩而不知发。

④开放。如:野芳发而幽香,佳木秀而繁阴。

5.方

①方形。如:不以规矩,不能成方圆。

②纵横各一里。如:方六七十,如五六十。

③礼义。如:可使有勇,且知方也。

④正,才。如:方欲行,转视积薪后,一狼洞其中。

6.固

①险要的地势。如:秦孝公据殽函之固。

②巩固,安定。如:固国不以山溪之险。

③固执,顽固。如:汝心之固,固不可彻。

④本来。如:卒买鱼烹食,得鱼腹中书,固以怪之矣。

⑤确实,实在。如:斯固百世之遇也。

7.及

①到达。如:微夫人之力不及此。

②趁着。如:而不及今令有功于国。

③以及。如:凡我父兄昆弟及国子姓。

④比得上。如:徐公何能及君也。

⑤等到。如:及至始皇,奋六世之余烈。

8.假

①借。如:以是人多以书假余。

②凭借,借助。如:君子生非异也,善假于物也。

9.解

①分裂、涣散。如:天下土崩瓦解。

②解开,脱去。如:解衣以活友。

③解救,消除。如:秦军解去,遂救邯郸,存赵。

④通"懈",懈怠。如:胡虏益解。

10.就

①靠近,接近。如:金就砺则利。

②趋,赴。如:此人可就见,不可屈致也。

③上(车、路)。如:荆轲就车而去。

④如赴任、担任。如:陈力就列,不能者止。

⑤成就。如:河海不择细流,故能就其深。

⑥完成,成功。如:瞬息可就。

11.举

①举起,抬起。如:举所佩玉玦以示之者三。

②举行,施行。如:今亡亦死,举大计亦死。

③推荐,选拔。如:孙叔敖举于海,百里奚举于市。

④攻克,占领。如:南取汉中,西举巴蜀。

⑤完,尽。如:杀人如不能举。

12.绝

①终止。如:忽然抚尺一下,群响毕绝。

②隔断。如:自云先世避秦时乱,率妻子邑人来此绝境。

③极点。如:以为妙绝。

④非常,特别。如:佛印绝类弥勒。

⑤横渡。如:假舟楫者,非能水也,而绝江河。

⑥陡峭的。如:独与迈乘小舟,至绝壁下。

13.克

①肩负,担当、胜任。如:子克家。

②成功,完成。如:三纳之而未克。

③战胜,攻下。如:彼竭我盈,故克之。

④克制,约束。如:克己奉公。

⑤能够。如:如其克谐,天下可定也。

⑥限定或约定(时间)。如:与克期俱至。

14.利

①锋利。如:故木受绳则直,金就砺则利。

②便利。如:因利乘便,宰割天下。

③善战的,勇猛的。如:信臣精卒,陈利兵而谁何。

15.临

①面对。如:据亿丈之城,临不测之渊,以为固。

②迎面。如:把酒临风,其喜洋洋者矣。

③快,将要。如:先帝知臣谨慎,故临崩寄臣以大事也。

16.期

①至、及。如:况修短随化,终期于尽。

②满(一年)。如:期年之后,虽欲言,无可进者。

③约定。如:君与家君期日中,日中不至,则是无信。

17.强

①有力的。如:挽弓当挽强,用箭当用长。

②强健。如:蚓无爪牙之力,筋骨之强。

③有余。如:策勋十二转,赏赐百千强。

④勉强。如:乃自强步,日三四里。

18.如

①如果,假如。如:如或知尔,则何以哉。

②至于。如:如其礼乐,以俟君子。

③或者。如:宗庙之事,如会同。

④到,往。如:坐须臾,沛公起如厕。

⑤比得上。如:诸葛亮真乃神人,吾不如也。

⑥如……何,把……怎么样。如:其如土石何。

19.少

①一会儿。如:少时,一狼径去。

②稍微。如:太后之色少解。

③年轻。如:老臣贱息舒祺,最少,不肖。

④瞧不起,轻视。如:显王左右素习知苏秦,皆少之。

20.甚

①厉害。如:不若长安君之甚。

②严重。如:由此观之,王之蔽甚矣。

③相当,很。如:目似瞑,意暇甚。

④深,仔细。如:好读书,不求甚解。

21.胜

①能承受。如:驴不胜怒,蹄之。

②完,尽。如:不违农时,谷不可胜食也。

③胜利。如:此所谓战胜于朝廷。

④超过。如:日出江花红胜火,春来江水绿如蓝。

⑤优美的。如:予观夫巴陵胜状,在洞庭一湖。

⑥盛大的。如:童子何知,躬逢胜饯。

22.数

①数量。如:愿令得补黑衣之数。

②若干。如:数口之家,可以无饥矣。

③多次,屡次。如:扶苏以数谏故,上使外将兵。

23.亡

①逃亡,逃跑。如:追亡逐北,伏尸百万。

②失去,丢失。如:秦无亡矢遗镞之费。

③灭亡。如:吞二周而亡诸侯。

④通"无"。如:河曲智叟亡以应。

24.望

①名望,声望。如:先达德隆望尊。

②农历每月十五日。如:适冬之望日前后。

25.为

①当作,作为。如:必以长安君为质,兵乃出。

②替,给。如:父母之爱子,则为之计深远。

③做,准备。如:愿为市鞍马,从此替爷征。

26.闻

①听见。如:顺风而呼,声非加疾也,而闻者彰。

②见闻,知识。如:屈原博闻强志,明于治乱,娴于辞令。

③名声,声誉。如:不能称前时之闻。

27.谢

①感谢。如:哙拜谢,起,立而饮之。

②道歉。如:旦日不可不蚤自来谢项王。

③告辞,辞别。如:乃令张良留谢。

④问。如:使君谢罗敷:宁可共载不?

⑤告诫。如:多谢后世人,戒之慎勿忘。

28.修

①高高的。如:此地有崇山峻岭,茂林修竹。

②长。如:况修短随化,终期于尽。

③建造。如:乃重修岳阳楼,增其旧制。

④修缮。如:内立法度,务耕织,修守战之具。

29.遗

①丢失,遗失。如:秦无亡矢遗镞之费。

②前代留下的。如:蒙故业,因遗策。

③送给,给予。如:是以先帝简拔以遗陛下。

④舍弃。如:小学而大遗。

30.异

①奇异的、奇特的。如:永州之野产异蛇。

②特别,厉害。如:太后笑曰:"妇人异甚。"

③认为奇怪。如:渔人甚异之。

④别的,另外的。如:姑俟异日观。

31.意

①目的。如:今者项庄拔剑舞,其意常在沛公也。

②想到,料到。如:然不自意能先入关破秦。

③神态,神情。如:久之,目似瞑,意暇甚。

32.因

①沿袭。如:惠文、武、昭襄蒙故业,因遗策。

②凭借。如:然后践华为城,因河为池。

③于是。如:项王即日因留沛公与饮。

④趁机。如:寿毕,请以剑舞,因击沛公

于坐。

33.与

①给予。如:往借不与,归而形诸梦。

②赞成。如:夫子喟然叹曰:吾与点也。

③和。如:遂与外人间隔。

④语气词,通"欤"。如:唯求则非邦也与。

34.直

①不弯。如:中通外直,不蔓不枝。

②只是,不过。如:直不百步耳,是亦走也。

③通"值",价值。如:昂其直,居为奇货。

35.致

①情趣,情致。如:所以兴怀,其致一也。

②到达。如:假舆马者,非利足也,而致千里。

③招纳。如:不爱珍器重宝肥饶之地,以致天下之士。

④致使,导致。如:女行无偏斜,何意致不厚。

⑤取得,得到。如:家贫,无从致书以观。

二、古今异义

1.卑鄙

【今义】 品性低劣。

【古义】 卑,出身卑微;鄙,见识短浅。常用作谦词。

例句:先帝不以臣卑鄙,猥自枉屈,三顾臣于草庐之中。(《出师表》)

2.不必

【今义】 事理或情理上不需要。

【古义】 不一定。

例句:是故弟子不必不如师,师不必贤于弟子。(《师说》)

3.不过

【今义】 表转折关系的连词。

【古义】 不超过。

例句:度道里会遇之礼毕,还,不过三十日。(《廉颇蔺相如列传》)

4.初一

【今义】 农历每月第一天。

【古义】 刚刚一开始。

例句:初一交战,操军不利。(《赤壁之战》)

5.处分

【今义】 对犯罪的或犯错误的人给以处罚。

【古义】 处置、处理。

例句:处分适兄意,那得自任专!(《孔雀东南飞(并序)》)

6.春秋

【今义】 ①春季、秋季。②时代名称。③指人的年岁。④一种史书。

【古义】 ①年龄。②一年。

例句:①天子春秋鼎盛。(《治安策》)

例句:②蟪蛄不知春秋。(《逍遥游》)

7.从而

【今义】 表顺接的连词。

【古义】 从,跟从;而,连词,连接的后一部分补述前面动作行为的目的。

例句:生乎吾前,其闻道也固先乎吾,吾从而师之。(《师说》)

8.从容

【今义】 不慌不忙。

【古义】 委婉含蓄。

例句:然皆祖屈原之从容辞令,终莫敢直谏。(《屈原列传》)

9.从事

【今义】 ①做某种事情。②(按规定)处理。

【古义】 可以泛指一般属官。

例句:其后用兵,则遣从事以一少牢告庙。(《伶官传序》)

10.地方

【今义】 ①指各省、市、县,与"中央"相对。②指非军事的部门、团体等,与"军队"相对。③区域。④部分。

【古义】 地,土地;方,方圆。

例句:今楚地方五千里,持戟百万,此霸王之资也。(《毛遂自荐》)

11.反复

【今义】 重复。

【古义】 ①扭转形势。②书信往返。

例句:①其存君兴国而欲反复之,一篇之中,三致志焉。(《屈原列传》)

例句:②重念蒙君实视遇厚,于反复不宜卤莽,故今具道所以。(《答司马谏议书》)

12.非常

【今义】 表程度很深的副词。

【古义】 意外事故。

例句:故遣将守关者,备他盗出入与非常也。(《鸿门宴》)

13.感激

【今义】 因得到帮助而对人产生好感。

【古义】 受感动而激奋。

例句:由是感激,遂许先帝以驱驰。(《出师表》)

14.更衣

【今义】 换衣服。

【古义】 上厕所,讳饰的说法。

例句:权起更衣,肃追于宇下。(《赤壁之战》)

15.故事

【今义】 前后连贯、有吸引力,可用来讲述的事情。

【古义】 先例、旧事。

例句:苟以天下之大,而从六国破亡之故事,是又在六国下矣。(《六国论》)

16.豪杰

【今义】 才能杰出的人。

【古义】 有声望有地位的人。

例句:号令召三老、豪杰与皆来会计事。(《陈涉世家》)

17.横行

【今义】 行动蛮横,依仗暴力胡作非为。

【古义】 纵横驰骋。

例句:当横行天下,为汉家除残去秽。(《赤壁之战》)

18.交通

【今义】 ①往来通达。②运输事业的总称。

【古义】 ①勾结。②交互相通。

例句:①因具富厚,交通王侯。(《论贵粟疏》)

例句:②阡陌交通,鸡犬相闻。(《桃花源记》)

19.鞠躬

【今义】 弯身行礼。

【古义】 恭敬谨慎地。

例句:鞠躬尽瘁,死而后已。(《后出师表》)

20.举手

【今义】 表赞同,或要求发言时的动作。

【古义】 ①动手。②告别时的动作。

例句:①先生举手击狼。(《中山狼传》)

例句:②举手长劳劳,二情同依依。(《孔雀东南飞(并序)》)

21.具体

【今义】 不抽象,不笼统。

【古义】 具,具备;体,形体。

例句:亦雁荡之具体而微者。(《雁荡山》)

22.绝境

【今义】 没有出路的境地。

【古义】 与外界隔绝的区域。

例句:率妻子邑人来此绝境。(《桃花源记》)

23.开张

【今义】 商店开始营业。

【古义】 扩大。

例句:诚宜开张圣听,以光先帝遗德。(《出师表》)

24.慷慨

【今义】 ①大方,不吝啬。②充满正气,意气激昂。

【古义】 意气风发,情绪激昂。

例句:凡富贵之子,慷慨得志之徒。(《五人墓碑记》)

25.可怜

【今义】 ①值得怜悯。②不值一提。

【古义】 ①可爱。②值得同情。③可惜。

例句:① 可怜体无比,阿母为汝求。(《孔雀东南飞(并序)》)

例句:②可怜身上衣正单,心忧炭贱愿天寒。(《卖炭翁》)

例句:③楚人一炬,可怜焦土。(《阿房宫赋》)

26.会计

【今义】 管理账目收支等财务工作的人。

【古义】 会,聚会;计,商议。

例句:号令召三老、豪杰与皆来会计事。(《陈涉世家》)

27.老大

【今义】 同辈或同伙中排行第一或地位最高的人。

【古义】 年龄大。

例句:门前冷落鞍马稀,老大嫁作商人妇。(《琵琶行(并序)》)

28.烈士

【今义】 为正义、为革命献出生命的人。

【古义】 指有志于建立功业的人。

例句:烈士暮年,壮心不已。(《龟虽寿》)

29.留意

【今义】 当心,注意。

【古义】 考虑。

例句:先生可留意矣。(《中山狼传》)

30.美人

【今义】 美貌女子。

【古义】 指美貌女子,也可特指歌伎、宫妃。

例句:传以示美人及左右。(《廉颇蔺相如列传》)

31.南面

【今义】 南方,表方位。

【古义】 南,向南;面,面对,朝向。

例句:宰执以下俱使之南面上坐,称柳将军。(《柳敬亭传》)

32.妻子

【今义】 配偶(女方)。

【古义】 妻和子女。

例句:子布、元表诸人各顾妻子。(《赤壁之战》)

33.其实

【今义】 副词,表示所说的是实际情况(承上文而含转折)。

【古义】 ①它的果实。②那实际情况。

例句:①叶徒相似,其实味不同。(《晏子使楚》)

例句:②较秦之所得,与战胜而得者,其实百倍。(《六国论》)

34.前进

【今义】 向前行动或发展。

【古义】 前,走上前;进,献上。

例句:相如前进缶。(《廉颇蔺相如列传》)

35.亲戚

【今义】 跟自己家庭有婚姻关系或血统关系的家庭及成员。

【古义】 统指亲人。

例句:臣所以去亲戚而事君者,徒慕君之高义也。(《廉颇蔺相如列传》)

36.肉食

【今义】 肉类食物。

【古义】 食肉。"肉食者",指生活优裕的大官。

例句:肉食者谋之。(《曹刿论战》)

37.山东

【今义】 山东省。

【古义】 指战国时秦国崤山函谷关以东的楚、赵等六国。

例句:山东豪杰遂并起而亡秦族矣。(《过秦论》)

38.束手

【今义】 无办法,与"无策"连用。

【古义】 投降。

例句:近者奉辞伐罪,旌麾南指,刘琼束手。(《赤壁之战》)

39.往往

【今义】 常常。

【古义】 ①处处。②时常,常常。

例句:①旦日,卒中往往语。(《陈涉世家》)

例句:②春江花朝秋月夜,往往取酒还独倾。(《琵琶行(并序)》)

40.无论

【今义】 表示条件不同而结果不变的连词。

【古义】 不要说,更不必说。

例句:乃不知有汉,无论魏晋。(《桃花源记》)

41.无日

【今义】 不知还有多少时候,很久。

【古义】 不久。

例句:事急而不断,祸至无日矣!(《赤壁之战》)

42.牺牲

【今义】 为正义而死。

【古义】 作为祭品的牲畜。

例句:牺牲玉帛,弗敢加也。(《曹刿论战》)

43.行为

【今义】 举动。

【古义】 行,品行;为,做。品行作为。

例句:吾社之行为士先者,为之声义。(《五人墓碑记》)

44.宣言

【今义】 国家、政党或团体对重大问题公开表示意见的文告。

【古义】 公开扬言。

例句:宣言曰:"我见相如,必辱之。"(《廉颇蔺相如列传》)

45.学者

【今义】 指在学术上有一定成就的人。

【古义】 求学的人。

例句:古之学者必有师。(《师说》)

46.以往

【今义】 过去。

【古义】 以:介词,到,往:指示代词,指那;到那里。

例句:召有司案图,指从此以往十五都予赵。(《廉颇蔺相如列传》)

47.以为

【今义】 认为。

【古义】 以,把;为,当作。

例句:虎见之,庞然大物也,以为神。(《黔之驴》)

48.殷勤

【今义】 热情而周到。

【古义】 关切、问候。

例句:论天下事势,致殷勤之意。(《赤壁之战》)

49.因为

【今义】 表原因的连词。

【古义】 因,于是;为,作了。

例句:因为长句,歌以赠之。(《琵琶行(并序)》)

50.用心

【今义】 读书用功或对事肯动脑筋（褒义）。

【古义】 思想意识的活动（中性）。

例句：蚓无爪牙之利,筋骨之强,上食埃土,下饮黄泉,用心一也。（《劝学》）

51.有意

【今义】 有心思；故意。

【古义】 有某种想法、打算。

例句：将军岂有意乎？（《荆轲刺秦王》）

52.鱼肉

【今义】 鱼的肉。

【古义】 鱼和肉,意为被欺凌的对象（名词）。

例句：如今人方为刀俎,我为鱼肉。（《鸿门宴》）

53.于是

【今义】 承接连词。

【古义】 于,在；是,此。

例句：吾祖死于是,吾父死于是。（《捕蛇者说》）

54.约束

【今义】 限制使不越出范围。

【古义】 盟约。

例句：秦自缪公以来二十余君,未尝有坚明约束者也。（《廉颇蔺相如列传》）

55.丈夫

【今义】 妻之配偶。

【古义】 男子。

例句：丈夫处世兮立功名。（《群英会蒋干中计》）

56.指示

【今义】 上级对下级或长辈对晚辈说明处理某问题的原则和方法。

【古义】 指给……看。

例句：璧有瑕,请指示王。（《廉颇蔺相如列传》）

57.智力

【今义】 指人的记忆、观察、想象、思考、判断等。

【古义】 智慧和力量。

例句：可谓智力孤危。（《六国论》）

58.中国

【今义】 中华人民共和国。

【古义】 中原地区。

例句：若能以吴越之众与中国抗衡,不如早与之绝。（《赤壁之战》）

59.祖父

【今义】 父亲的父亲。

【古义】 祖父和父亲,祖辈和父辈。祖宗。

例句：思厥先祖父,暴霜露,斩荆棘,以有尺寸之地。（《六国论》）

60.作文

【今义】 语文课里写文章的练习。

【古义】 写文章。

例句：属予作文以记之。（《岳阳楼记》）

三、通假字

1."案"通"按",审察,察看。如：召有司案图,指从此以往十五都予赵。（《廉颇蔺相如列传》）

2."倍"通"背",违背。如：愿伯具言臣之不敢倍德也。（《鸿门宴》）

3."裁"通"才",刚刚。如：手裁举,则又超乎而跃。（《促织》）

4."材"通"才",才能。如：食之不能尽其材。（《马说》）

5."厝"通"措",放置。如：一厝朔东,一厝雍南。（《愚公移山》）

6."当"通"挡",抵挡。如：料大王士卒足以当项王乎？（《鸿门宴》）

7."道"通"导",引导。如：傧者更道从大门入。（《晏子使楚》）

8."得"通"德",恩惠。如：为宫室之美,妻妾之奉,所识穷乏者得我与？（《鱼我

所欲也》)

9.“而”通“尔”，你。如：而翁归,自与汝复算耳!（《促织》)

10.“反”通“返”，往返,返回。如：始一反焉。（《愚公移山》)

11.“不”通“否”。如：秦王以十五城请易寡人之璧,可予不?（《廉颇蔺相如列传》)

12.“甫”通“父”，男子美称,多附于表字之后。如：虞山王毅叔远甫刻。（《核舟记》)

13.“函胡”通“含糊”。如：南声函胡,北音清越。（《石钟山记》)

14.“衡”通“横”，梗塞,不顺。如：困于心衡于虑而后作。（《生于忧患,死于安乐》)

15.“画”通“划”，比划。如：曲终收拨当心画。（《琵琶行(并序)》)

16.“还”通“环”，环绕。如：荆轲逐秦王,秦王还柱而走。（《荆轲刺秦王》)

17.“惠”通“慧”，聪明。如：甚矣,汝之不惠!（《愚公移山》)

18.“齐”通“剂”，汤药,药剂。如：火齐之所及也。（《扁鹊见蔡桓公》)

19.“简”通“拣”，挑选。如：盖简桃核修狭者为之。（《核舟记》)

20.“具”通“俱”，全,都。如：政通人和,百废具兴。（《岳阳楼记》)

21.“距”通“拒”，把守。如：距关,毋内诸侯。（《鸿门宴》)

22.“决”通“诀”，告别,辞别。如：辞决而行。（《信陵君窃符救赵》)

23.“扣”通“叩”，敲。如：扣而聆之。（《石钟山记》)

24.“零丁”通“伶仃”，孤苦无依,孤独的样子。如：零丁孤苦。（《陈情表》)

25.“录录”通“碌碌”，庸常无能。如：公等录录,所谓因人成事者也。（《毛遂自荐》)

26.“内”通“纳”，接纳。如：距关,毋内诸侯。（《鸿门宴》)

27.“畔”通“叛”，背叛。如：寡助之至,亲戚畔之。（《得道多助,失道寡助》)

28.“奉”通“捧”，捧着。如：使臣奉璧,拜送书于庭。（《廉颇蔺相如列传》)

29.“被”通“披”，穿。如：将军身被坚执锐。（《陈涉世家》)

30.“取”通“娶”，迎娶。如：今若遣此妇,终老不复取。（《孔雀东南飞(并序)》)

31.“阙”通“缺”，缺点。如：必能裨补阙漏,有所广益。（《出师表》)

32.“信”通“伸”，伸张。如：欲信大义于天下。（《隆中对》)

33.“食”通“饲”，喂养。如：食马者不知其能千里而食也。（《马说》)

34.“汤”通“烫”，用热水焐。如：疾在腠理,汤熨之所及也。（《扁鹊见蔡桓公》)

35.“庭”通“廷”，朝廷。如：使臣奉璧,拜送书于庭。（《廉颇蔺相如列传》)

36.“亡”通“无”，没有什么。如：河曲智叟亡以应。（《愚公移山》)

37.“无”通“毋”，不要。如：宁信度,无自信也。（《郑人买履》)

38.“熙”通“嬉”，开玩笑。如：圣人非所与熙也。（《晏子使楚》)

39.“郤”通“隙”，隔阂,嫌怨。如：令将军与臣有郤。（《鸿门宴》)

40.“见”通“现”，显现。如：食不饱,力不足,才美不外见。（《马说》)

41.“向”通“响”，指声音。如：砉然向然,奏刀騞然。（《庖丁解牛》)

42.“乡”通“向”，从前。如：乡为身死而不受。（《鱼我所欲也》)

43.“生”通“性”，本性。如：君子生非异也,善假于物也。（《劝学》)

44.“还”通“旋”，转身。如：居十日,扁鹊望桓侯而还走。（《扁鹊见蔡桓公》)

45.“炎”通“焰”，火焰。如：顷之,烟炎张天,人马烧溺死者甚众。（《赤壁之战》)

46.“要”通“邀”，邀请。如：张良出,要

项伯。(《鸿门宴》)

47."邪"通"耶",吗,疑问语气助词。如:赵王岂以一璧之故欺秦邪?(《廉颇蔺相如列传》)

48."已"通"以",与"来"合用,表示时间、方位。如:自董卓已来,豪杰并起。(《隆中对》)

49."翼"通"翌",第二天。如:翼日进宰,宰见其小,怒呵成。(《促织》)

50."景"通"影",像影子一样。如:天下云集响应,赢粮而景从。(《过秦论》)

51."有"通"又",表示整数加零数。如:幸啄不中,虫跃去尺有咫。(《促织》)

52."曾"通"增",增加。如:曾益其所不能。(《生于忧患,死于安乐》)

53."適"通"谪",强迫。如:发闾左適戍渔阳。(《陈涉世家》)

54."直"通"值",价值。如:昂其直,居为奇货。(《促织》)

55."指"通"直",一直。如:指通豫南。(《愚公移山》)

56."指"通"旨",主旨。如:其称文小而其指极大。(《屈原列传》)

57."识"通"志",记住。如:汝识之乎?(《石钟山记》)

58."属"通"嘱",嘱托。如:属予作文以记之。(《岳阳楼记》)

59."从"通"纵",合纵。如:合从缔交,相与为一。(《过秦论》)

60."坐"通"座",座位。如:满坐寂然。(《口技》)

第二节 文言虚词

考点精讲

题型示例

例 1 （仿 2018 年湖北技能高考卷）下列各项中,加点字的意思和用法与"大王来何操"中的"何"相同的一项是 （ ）

    A.然则何时而乐耶   B.一旦山陵崩,长安君何以自托于赵

    C.为之奈何   D.如今人方为刀俎,我为鱼肉,何辞为

【试题答案】 B

【试题分析】 B 项与题干中的"何"为疑问代词,作动词或者介词的宾语,可译为"哪里""什么";A 项中的"何"作定语,可译为"什么""哪";C 项中的复音虚词"奈何",常用于疑问句中作谓语或状语,译为"怎么办""为什么";D 项中的"何"是疑问代词作宾语,可译为"什么"。

例 2 （仿 2017 年湖北技能高考卷）下列语句中,加点"于"的用法不同于其他三项的一项是 （ ）

    A.身长八尺,每自比于管仲、乐毅   B.燕王欲结于君

    C.君幸于赵王   D.莫若遣腹心自结于东

【试题答案】 C

【试题分析】 A、B、D 项中,"于"为介词,表示"与""跟""同";C 项中,"于"放在动词之后,引进行为的主动者,可译为"被"。所以,用法不同于其他三项的是 C 项。

例 3 （2016 年湖北技能高考卷）对下列语句中加点的"之"的解释,不正确的一项是 （ ）

    A.盖之如天。   之,代词,代"民"

    B.敬之如神明。   之,代词,代"君主"

    C.若困民之主。   之,助词,"的"的意思

    D.将安用之?   之,语气词,无意义

【试题答案】 D

【试题分析】 D 项中,"之"为代词,代指国君。所以,解释不正确的是 D 项。

方法指导

理解常见文言虚词的意义和用法

1.把握具体语境

一个虚词往往有多种用法,要理解其句中用法,要根据"词不离句、句不离段"的原则,结合具体语境,在准确理解句意的基础上判断相应虚词的用法和意义,切不可机械、盲目。如"固一世之雄也,而今安在哉"中的"而",后句没有紧承前句"一世之雄"的功名大加赞许和充

分肯定,而是用"安在"逆接,可见句中的"而"为转折连词,可译为"可是""却"等。

2.分析所处位置

有些虚词在句中的位置不同,所起的作用也不同,因而理解虚词的作用和意义时,应从虚词在句中的位置和前后关系、搭配习惯及其使用规律等方面入手。例如"也",用在句中基本都是作助词,用来舒缓语气,表示停顿,如:"古之圣人,其出人也远矣。""生乎吾前,其闻道也固先乎吾。"而用在句末则常用来表判断、陈述或祈使,偶尔表疑问或反诘,如"城北徐公,齐国之美丽者也。"(表判断)"苏子愀然,正襟危坐而问客曰:'何为其然也?'"(表疑问)"吾其还也。"(表祈使)"至于誓天断发,泣下沾襟,何其衰也!"(表感叹)

3.判断词性差异

从词性来看,许多虚词在不同的句子中有不同的词性,应通过分析词性差异,理解其意义和用法。例如"以",在解释成"因为"的时候,词性上会有作介词与作连词的区别。当"以"做介词连接词或短语时,一般放在句中,如:"赵王岂以一璧之故欺秦邪?"(《廉颇蔺相如列传》)当"以"作连词时则连接整个句子,一般放在句子的开头,如"所谓华山洞者,以其乃华山之阳名之也。"(《游褒禅山记》)

4.熟悉课本用例

文言虚词考查经常将试卷阅读语段中的句子和必修课本中的句子放在一起比较异同,我们应尽量回顾过去学过的有关虚词的例句及有关知识,将这些例句的意义和用法进行比较,从而快速高效地理解句中虚词的用法。如"之"在作定语后置标志和宾语前置标志的用法时,课内分别有一个典型的例子,前者是:"蚓无爪牙之利,筋骨之强。"后者为:"句读之不知,惑之不解。"此外,对一些考频较高的课内语句务必准确理解,如《师说》中的"于其身也,则耻师焉"这一句,在考查"于"和"则"的用法时便经常会出现。

5.确认特殊标志

有些虚词是构成特殊文言句式的标志词,如能掌握课文或成语中出现过的一些特殊文言句式中的标志性虚词,就能帮助我们理解虚词在文中的意义和用法。如判断句的标志"者""乃""也"等,被动句的标志"见""于""为""为所"等,宾语前置的标志"之""是"等。如:"而君幸于赵王"(《廉颇蔺相如列传》),我们看到被动句的标志"于",就可以理解句子的意思是"您被赵王重用"。

对点训练

训练1

1.下列各项中,加点字的意思和用法与"劳苦而功高如此,未有封侯之赏"中的"而"相同的一项是 （　　）

 A.蟹六跪而二螯 　　　　　　　　　　B.遂班军而还

 C.顺流而东也 　　　　　　　　　　　D.青,取之于蓝,而青于蓝

2.下列各项中,加点字的意思和用法与"青麻头伏焉"中的"焉"相同的一项是 （　　）

 A.少焉,月出于东山之上 　　　　　　　B.犹且从师而问焉

 C.积土成山,风雨兴焉 　　　　　　　　D.且焉置土石

3.下列各项中,加点字的意思和用法与"赵亦盛设兵以待"中的"以"相同的一项是

（　　）

A.而蔺相如徒以口舌为劳　　　　　　　B.愿以十五城易璧

C.归以示成　　　　　　　　　　　　　D.宁许以负秦曲

4.下列各项中,加点字的意思和用法与"郁乎苍苍"中的"乎"相同的一项是　　（　　）

A.相与枕藉乎舟中　　　　　　　　　　B.其闻道也固先乎吾

C.浩浩乎如冯虚御风　　　　　　　　　D.此非孟德之困于周郎者乎

5.下列各项中,加点字的意思和用法与"君子博学而日参省乎己,则知明而行无过矣"中的"则"相同的一项是　　　　　　　　　　　　　　　　　　　　　（　　）

A.临视,则虫集冠上　　　　　　　　　B.三十日不还,则请立太子为王

C.手裁举,则又超乎而跃　　　　　　　D.此则寡人之罪也

6.下列各项中,加点字的意思和用法与"王之好乐甚,则齐国其庶几乎"中的"其"相同的一项是　　　　　　　　　　　　　　　　　　　　　　　　　　　（　　）

A.亦各言其志也　　　　　　　　　　　B.吾未见其明也

C.吾令人望其气　　　　　　　　　　　D.其皆出于此乎

7.下列各项中,加点字的意思和用法与"时操军兼以饥疫,死者太半"中的"以"相同的一项是　　　　　　　　　　　　　　　　　　　　　　　　　　　　（　　）

A.赵王岂以一璧之故欺秦耶　　　　　　B.士大夫终不肯以小舟夜泊绝壁之下

C.为国以礼,其言不让　　　　　　　　D.以地事秦,犹抱薪救火

8.下列各项中,加点字的意思和用法与"今君乃亡赵走燕"中的"乃"相同的一项是　　（　　）

A.今其智乃反不能及　　　　　　　　　B.良乃入,具告沛公

C.家祭无忘告乃翁　　　　　　　　　　D.臣乃敢上璧

9.下列各项中,加点字的意思和用法与"宋,何罪之有"中的"之"相同的一项是　　（　　）

A.师道之不传也久矣　　　　　　　　　B.扣舷而歌之

C.句读之不知　　　　　　　　　　　　D.冰,水为之,而寒于水

10.下列各项中,加点字的意思和用法与"吾所以为此者,以先国家之急而后私仇也"中的"所"相同的一项是　　　　　　　　　　　　　　　　　　　　　（　　）

A.和氏璧,天下所共传宝也

B.而为秦人积威之所劫

C.所以遣将守关者,备他盗之出入与非常也

D.道之所存,师之所存也

训练 2

11.下列语句中,加点"之"的用法不同于其他三项的一项是　　　　　　　　（　　）

A.彼童子之师　　　　　　　　　　　　B.卒相与欢,为刎颈之交

C.今有小人之言,令将军与臣有郤　　　D.蚓无爪牙之力,筋骨之强

12.下列语句中,加点"而"的用法不同于其他三项的一项是　　　　　　　　（　　）

A.客喜而笑,洗盏更酌　　　　　　　　B.毕礼而归之

C.羽化而登仙　　　　　　　　　　　　D.人非生而知之者

13. 下列语句中,加点"安"的用法不同于其他三项的一项是 （　　）

    A.燕雀安知鸿鹄之志哉   B.安能摧眉折腰事权贵

    C.安得广厦千万间   D.沛公安在

14. 下列语句中,加点"为"的用法不同于其他三项的一项是 （　　）

    A.若属皆且为所虏   B.身死国灭,为天下笑

    C.古人以俭为美德   D.今不速往,恐为操所先

15. 下列语句中,加点"于"的用法不同于其他三项的一项是 （　　）

    A.不拘于时   B.设九宾礼于廷

    C.君幸于赵王   D.故内惑于郑袖,外欺于张仪

16. 对下列语句中加点的"其"的解释,不正确的一项是 （　　）

    A.成以其小,劣之   其,代词,代促织

    B.其可怪也欤   其,指示代词,其中的

    C.使六国各爱其人   其,活用为第一人称,用作定语

    D.今两虎相斗,其势不俱生   其,指示代词,表远指,可译为"那"

17. 对下列语句中加点的"于"的解释,不正确的一项是 （　　）

    A.徘徊于斗牛之间   于,介词,在

    B.业精于勤荒于嬉   于,介词,在……方面

    C.臣诚恐见欺于王而负赵   于,介词,被

    D.师不必贤于弟子   于,介词,比

18. 对下列语句中加点的"为"的解释,不正确的一项是 （　　）

    A.窃为大王不取也   为,介词,为了、为着

    B.孰为汝多知乎   为,动词,认为

    C.秦王为赵王击缶   为,介词,替、给

    D.不足为外人道也   为,介词,向、对

19. 对下列语句中加点的"而"的解释,不正确的一项是 （　　）

    A.侣鱼虾而友麋鹿   而,连词,表并列

    B.以城求璧而赵不许   而,连词,表承接

    C.吾从而师之   而,连词,表递进

    D.逝者如斯,而未尝往也   而,连词,表转折

20. 对下列语句中加点的"之"字的解释,不正确的一项是 （　　）

    A.项伯乃夜驰之沛公军   之:动词,到……去

    B.吾得兄事之   之:代词,指项伯

    C.夫晋,何厌之有   之:结构助词,定语后置的标志

    D.备他盗之出入与非常也   之:用于主谓之间,取消句子独立性

19个常见文言虚词的意义和用法

一、之

(一)用作代词

1.可以代人、代物、代事。代人多是第三人称,译为"他"(他们)"它"(它们),作宾语或兼语,不作主语。如:

作《师说》以贻之　　(《师说》)

𫐓使之然也　　(《劝学》)

2.指示代词,表近指。可译为"这",通常作复指性定语。如:

均之二策　　(《廉颇蔺相如列传》)

(二)用作助词

1.结构助词,定语的标志。用在定语和中心语(名词)之间,可译为"的",有的可不译。如:

若能以吴越之众与中国抗衡　　(《赤壁之战》)

2.结构助词,补语的标志。用在中心语(动词、形容词)和补语之间,可译为"得"。如:

古人之观于天地、山川、草木、虫鱼、鸟兽,往往有得,以其求思之深而无不在也　　(《游褒禅山记》)

3.结构助词,宾语前置的标志。用在被提前的宾语之后,动词谓语或介词之前,译时应省去。如:

宋何罪之有　　(《公输》)

句读之不知,惑之不解,或师焉,或不焉　　(《师说》)

4.结构助词,定语后置的标志。放在定语与中心语之间。如:

蚓无爪牙之利,筋骨之强　　(《劝学》)

5.结构助词。当主谓短语在句中作主语、宾语或一个分句时,"之"用在主语和谓语之间,起取消句子独立性的作用,可不译。如:

师道之不传也久矣! 欲人之无惑也难矣　　(《师说》)

悍吏之来吾乡,叫嚣乎东西　　(《捕蛇者说》)

孤之有孔明,犹鱼之有水也　　(《隆中对》)

6.音节助词,用在形容词、副词或某些动词的末尾,无义,译时应省去。如:

顷之,烟炎张天　　(《赤壁之战》)

久之,目似瞑,意暇甚　　(《狼》)

(三)用作动词,到……去。如:

辍耕之垄上　　(《陈涉世家》)

胡为乎遑遑欲何之　　(《归去来兮辞》)

二、其

(一)代词

1.第三人称代词。可代人、代物,用在名词之前,领属性定语,可译为"他的","它的"(包括复数)。如:

臣从其计,大王亦幸赦臣　　(《廉颇蔺相如列传》)

2.第三人称代词。一般代人,用在动词或形容词之前,作主谓短语中的小主语,可译为"他""它"。如:

秦王恐其破璧　　(《廉颇蔺相如列传》)

其闻道也固先乎吾　　(《师说》)

3.活用为第一人称或第二人称,译为"我的""我(自己)"或者"你的""你"。如:

今肃迎操,操当以肃还付乡党,品其名位,犹不失下曹从事　　(《赤壁之战》)

而余亦悔其随之而不得极夫游之乐也　　(《游褒禅山记》)

4.指示代词,表示远指,可译为"那""那个""那些""那里"。如:

既其出,则或咎其欲出者　　(《游褒禅山记》)

今操得荆州,奄有其地　　(《赤壁之战》)

5.指示代词,表示近指,相当于"这""这个""这些"。如：

有蒋氏者,专其利三世矣 （《捕蛇者说》）

6.指示代词,表示"其中的",后面多为数词。如：

于乱石间择其一二扣之 （《石钟山记》）

（二）副词

1.加强祈使语气,相当于"可""还是"。如：

寡人欲以五百里之地易安陵,安陵君其许寡人 （《唐雎不辱使命》）

2.加强揣测语气,相当于"恐怕""大概"。如：

圣人之所以为圣,愚人之所以为愚,其皆出于此乎 （《师说》）

3.加强反问语气,相当于"难道""怎么"。如：

以残年余力,曾不能毁山之一毛,其如土石何 （《愚公移山》）

其孰能讥之乎 （《游褒禅山记》）

（三）连词

1.表示选择关系,相当于"是……还是……"。如：

其真无马邪? 其真不知马也 （《马说》）

2.表示假设关系,相当于"如果"。如：

沛然下雨,则苗浡然兴之矣。其如是,孰能御之 （《孟子见梁襄王》）

三、而

（一）连词

1.表示并列关系,一般不译,有时可译为"又"。如：

蟹六跪而二螯,非蛇鳝之穴无可寄托者 （《劝学》）

2.表示递进关系,可译为"并且"或"而且"。如：

君子博学而日参省乎己 （《劝学》）

3.表示承接关系,可译为"就""接着"。如：

人非生而知之者,孰能无惑 （《师说》）

4.表示转折关系,可译为"但是"

"却"。如：

青;取之于蓝,而青于蓝 （《劝学》）

5.表示假设关系,可译为"如果""假如"。如：

人而无信,不知其可也 （《论语》）

6.表示修饰关系,即连接状语和中心语,可不译。如：

吾尝跂而望矣,不如登高之博见也 （《劝学》）

项王按剑而跽曰:"客何为者?" （《鸿门宴》）

7.表示因果关系。如：

而余亦悔其随之而不得极夫游之乐也 （《游褒禅山记》）

8.表示目的关系。如：

籍吏民,封府库,而待将军 （《鸿门宴》）

（二）通"尔",用作代词,第二人称,可译为"你""你的"。 如：

而翁归,自与汝复算耳 （《促织》）

（三）复音虚词"而已"

放在句末,表示限止的语气助词,相当于"罢了"。如：

一人、一桌、一椅、一扇、一抚尺而已 （《口技》）

闻道有先后,术业有专攻,如是而已 （《师说》）

四、则

（一）连词

1.表示承接关系。一般用来连接两个分句或紧缩复句中的前后两层意思,表示两件事情在时间上、事理上的紧密联系,可译为"就""便",或译为"原来是""已经是"。如：

项王曰:"壮士! 赐之卮酒。"则与斗卮酒 （《鸿门宴》）

故木受绳则直,金就砺则利 （《劝学》）

2.表示条件、假设关系,有的用在前一分句,引出假设的情况,相当于"假使""如果";有的用于后面的分句,表示假设或推断

的结果,相当于"那么""就""便"。如:

入则无法家拂士,出则无敌国外患者,国恒亡 （《生于忧患,死于安乐》）

向吾不为斯役,则久已病矣 （《捕蛇者说》）

3.表示并列关系,用在分句中,可译为"就",或不译。如:

位卑则足羞,官盛则近谀 （《师说》）

入则孝,出则悌 （《论语·学而》）

4.表示转折、让步关系,可译为"可是""却""虽然""但是"。如:

于其身也,则耻师焉,惑矣 （《师说》）

5.表示选择关系,常和"非""不"呼应使用,可译为"就是""不是……就是"。如:

非死则徙尔 （《捕蛇者说》）

（二）副词

1.表示判断,可译为"是""就是"。如:

此则岳阳楼之大观也 （《岳阳楼记》）

2.表示强调,可译为"已经""原来已经"。如:

及诸河,则在舟中矣 （《崤之战》）

五、乃

（一）副词

1.表示前后两事在情理上的顺承或时间上的连接,可译为"才""这才""就"等。如:

设九宾于廷,臣乃敢上璧 （《廉颇蔺相如列传》）

2.强调某一行为出乎意料或违背常理,可译为"却""竟（竟然）""反而"等。如:

问今是何世,乃不知有汉 （《桃花源记》）

今其智乃反不能及 （《师说》）

3.表示对事物范围的一种限制,可译为"只""仅"等。如:

项王乃复引兵而东,至东城,乃有二十八骑 （《项羽本纪》）

4.用在判断句中,起确认作用,可译为"是""就是"等。如:

若事之不济,此乃天也 （《赤壁之战》）

（二）代词

1.用作第二人称,常作定语,译为"你的";也作主语,译为"你"。不能作宾语。如:

王师北定中原日,家祭无忘告乃翁 （《示儿》）

2.用作指示代词,译为"这样"。如:

夫我乃行之,反而求之,不得吾心 （《齐桓晋文之事》）

六、以

（一）介词

1.表示工具,可译为"拿""用""凭着"。如:

愿以十五城请易璧 （《廉颇蔺相如列传》）

2.表示凭借,可译为"凭""靠"。如:

以勇气闻于诸侯 （《廉颇蔺相如列传》）

3.表示所处置的对象,可译为"把"。如:

秦亦不以城予赵,赵亦终不予秦璧 （《廉颇蔺相如列传》）

4.表示动作、行为产生的原因,可译为"因""由于"。如:

且以一璧之故逆强秦之欢,不可 （《廉颇蔺相如列传》）

5.表示依据,可译为"按照""依照""根据"。如:

今以实校之 （《赤壁之战》）

（二）连词

1.表示并列或递进关系,可译为"而""又""而且""并且"等。如:

夫夷以近,则游者众 （《游褒禅山记》）

2.表示承接关系,可译为"而"或省去。如:

余与四人拥火以入 （《游褒禅山记》）

3.表示目的关系,可译为"来""用来""以致"等。如:

作《师说》以贻之 （《师说》）

则请立太子为王,以绝秦望 （《廉颇蔺

相如列传》）

4.表示因果关系,常用在表原因的分句前,可译为"因为"。如:

不赂者以赂者丧 （《六国论》）

5.表示修饰关系,连接状语和中心语,可译为"而",或省去。如:

木欣欣以向荣,泉涓涓而始流 （《归去来兮辞》）

（三）复音虚词"以是""是以",相当于"因此",引出事理发展或推断的结果。如:

以是人多以书假余,余因得遍观群书 （《送东阳马生序》）

余是以记之,盖叹郦元之简,而笑李渤之陋也 （《石钟山记》）

是以十九年而刀刃若新发于硎 （《庖丁解牛》）

（四）动词

1.以为,认为。如:

老臣以媪为长安君计短也 （《触龙说赵太后》）

2.用,任用。如:

忠不必用兮,贤不必以 （《涉江》）

（五）名词,可译为"缘由""原因"。如:

古人秉烛游,良有以也 （《春夜宴桃李园序》）

（六）通"已",止。如:

无以,则王乎 （《齐桓晋文之事》）

七、于

"于"是介词,总是跟名词、代词或短语结合,构成介宾短语去修饰动词、形容词,表示多种组合关系。

（一）引进动作的时间、处所、范围、对象、方位、原因等,视情况可译为"在""在……方面""在……中""向""到""自""从""跟""同""对""对于""给""由于"等。如:

得复见将军于此 （《鸿门宴》）

苟全性命于乱世,不求闻达于诸侯 （《出师表》）

于其身也,则耻师焉 （《师说》）

请奉命求救于孙将军 （《赤壁之战》）

（二）放在形容词之后,表示比较,一般可译为"比"。

1.有时可译为"胜过"。如:

良曰:"长于臣。" （《鸿门宴》）

冰,水为之,而寒于水 （《劝学》）

2.有时则只是表示对象的性质和状态,可不译。如:

非常之谋难于猝发 （《五人墓碑记》）

（三）放在动词之后,引进行为的主动者,可译为"被",有时动词前还有"见""受"等字和它相应。如:

臣诚恐见欺于王而负赵 （《廉颇蔺相如列传》）

吾不能举全吴之地,十万之众,受制于人 （《赤壁之战》）

（四）复音虚词"于是",用法与现代汉语的"于是"不完全相同。

1.放在句子开头,表前后的承接或因果关系,与承接连词或因果连词相同。现代汉语也这样用。如:

于是秦王不怿,为一击缶 （《廉颇蔺相如列传》）

2.放在谓语之前或谓语之后,"于是"属介宾短语作状语或补语。可根据"于"的不同用法,分别相当于"在这""从这"等。如:

吾祖死于是,吾父死于是 （《捕蛇者说》）

（五）表原因,译为"由于""因为"。如:

业精于勤荒于嬉 （《进学解》）

八、为

（一）动词

1.做,作为,当成,成为。如:

斩木为兵,揭竿为旗 （《过秦论》）

卒相与欢,为刎颈之交 （《廉颇蔺相如列传》）

2.以为,认为。如:

此亡秦之续耳,窃为大王不取也 （《鸿门宴》）

3.判断词,是。如:

如今人方为刀俎,我为鱼肉 (《鸿门宴》)

4.通"谓",可译为"说"。如:

孔子不能决也,两小儿笑曰:"孰为汝多知乎!"(《两小儿辩日》)

(二)介词

1.表被动,有时跟"所"结合,构成"为所"或"为……所",译为"被"。如:

吾属今为之虏矣 (《鸿门宴》)

身客死于秦,为天下笑 (《屈原列传》)

2.介绍原因或目的,译为"为了""因为"。如:

慎勿为妇死,贵贱情何薄 (《孔雀东南飞》)

3.介绍涉及的对象,译为"给""替"。如:

于是秦王不怿,为一击缶 (《廉颇蔺相如列传》)

旦日飨士卒,为击破沛公军 (《鸿门宴》)

4.对,向。如:

如姬为公子泣 (《信陵君窃符救赵》)

5.表示动作、行为的时间。可译为"当""等到"等。如:

为其来也,臣请缚一人,过王而行 (《晏子使楚》)

(三)句末语气词,表示疑问或反诘,可译为"呢"。如:

如今人方为刀俎,我为鱼肉,何辞为 (《鸿门宴》)

九、安

疑问代词。

(一)什么、什么地方、哪里。如:

皮之不存,毛将安傅 (《左传·僖公十四年》)

沛公安在 (《鸿门宴》)

(二)怎么,哪里。如:

双兔傍地走,安能辨我是雄雌 (《木兰诗》)

燕雀安知鸿鹄之志哉 (《陈涉世家》)

十、耳

(一)语气词,表示限制,相当于"而已""罢了"。如:

技止此耳 (《三戒·黔之驴》)

子曰:"二三子! 偃之言是也。前言戏之耳。"(《论语·阳货》)

从此道至吾军,不过三十里耳 (《鸿门宴》)

(二)语气词,表示肯定、判断,或语句的停顿与结束,如同"矣",相当于"了""啊""也"。如:

田横,齐之壮士耳 (《资治通鉴》)

(三)连词,表示转折关系,相当于"而"。如:

故化成俗定,则为人臣者,主耳忘身,国而忘家,公而忘私 (《治安策》)

十一、夫

(一)用作代词。常放在名词或名词短语之前,表近指或远指。

1.表近指,相当于"这"或在"这"后加适当的量词。如:

而余亦悔其随之而不得极夫游之乐也 (《游褒禅山记》)

予观夫巴陵胜状,在洞庭一湖 (《岳阳楼记》)

2.表远指,相当于"那"或在"那"后加适当的量词。如:

又以悲夫古书之不存,后世之谬其传而莫能名者,何可胜道也哉 (《游褒禅山记》)

故为之说,以俟夫观人风者得焉 (《捕蛇者说》)

(二)用作助词。

1.用在句子开头,表示议论或叙述的开端,称为"发语词",也可用复音虚词"且夫",不必译出。如:

夫以疲病之卒御狐疑之众,众数虽多,甚未足畏 (《赤壁之战》)

且夫不好问者,由心不能虚也;心之不虚,由好学之不诚也 (《问说》)

2.用在句末,表示感叹。相当于"啊"或"了"。如:

闻之:一人飞升,仙及鸡犬。信夫 (《促织》)

然则古人所深耻者,后世且行之而不以为耻者多矣,悲夫 (《问说》)

嗟夫!大阉之乱,缙绅而能不易其志者,四海之大,有几人欤 (《五人墓碑记》)

十二、盖

(一)用在句首,相当于"推想""大概"。如:

盖其又深,则其至又加少矣 (《游褒禅山记》)

(二)用在句中,表示推测、推断,相当于"大概""大约"。如:

善始者实繁,克终者盖寡 (《谏太宗十思疏》)

吾之意盖谓以汝之弱,必不能禁失吾之悲 (《与妻书》)

(三)连接上句或上一段,表示解说缘由,相当于"本来""原来"。如:

盖失强援,不能独完 (《六国论》)

十三、何

(一)疑问代词

1.单独作谓语,后面常有语气助词"哉""也",可翻译为"为什么""什么原因"。如:

何者?严大国之威以修敬也 (《廉颇蔺相如列传》)

予尝求古仁人之心,或异二者之为,何哉 (《岳阳楼记》)

2.作动词或介词的宾语,可译为"哪里""什么"。如:

豫州今欲何至 (《赤壁之战》)

大王来何操 (《鸿门宴》)

3.作定语,可译为"什么""哪"。如:

其间旦暮闻何物?杜鹃啼血猿哀鸣 (《琵琶行(并序)》)

(二)疑问副词

1.用在句首或动词前,常表示反问,可译为"为什么""怎么"。如:

何不按兵束甲,北面而事之 (《赤壁之战》)

徐公何能及君也? (《邹忌讽齐王纳谏》)

2.用在形容词前,表示程度深,可译为"怎么""多么""怎么这样"。如:

至于誓天断发,泣下沾襟,何其衰也 (《伶官传序》)

(三)通"呵",可译为"喝问"。如:

信臣精卒陈利兵而谁何(谁何:喝问他是谁。意思是检查盘问) (《过秦论》)

(四)复音虚词"何如""何以"

1."何如"常用于疑问句中,表疑问或诘问,相当于"怎么"或"怎么样"。如:

樊哙曰:"今日之事何如?"(《鸿门宴》)

2."无何",可译为"不久"。如:

无何,宰以卓异闻 (《促织》)

十四、焉

(一)兼词

1.相当于"于之""于此""于彼"。如:

三人行,必有我师焉 (《论语》)

积土成山,风雨兴焉 (《劝学》)

五人者,盖当蓼洲周公之被逮,激于义而死焉者也 (《五人墓碑记》)

2.相当于"于何",译为"怎么了哪儿"。如:

且焉置土石 (《愚公移山》)

(二)代词

1.相当于"之"。如:

以俟夫观人风者得焉 (《捕蛇者说》)

2.哪里,怎么。如:

未知生,焉知死 (《论语》)

(三)语气助词

1.句末语气词,一般可不译。如:

于是余有叹焉 (《游褒禅山记》)

2.作句中语气词,表示停顿,相当于"也"。如:

句读之不知,惑之不解,或师焉,或不焉

《师说》）

3.置于词尾，相当于"然"，可译为"……的样子"。

盘盘焉，囷囷焉，蜂房水涡，矗不知其几千万落 （《阿房宫赋》）

4.有时用于反诘语气，可译为"呢"。如：

万钟于我何加焉 （《鱼我所欲也》）

十五、矣

语气助词。

（一）用于陈述句尾。表示肯定语气，有的可译为"了"，有的可不译。如：

事急而不断，祸至无日矣 （《赤壁之战》）

君子博学而日参省乎己，则知明而行无过矣 （《劝学》）

（二）用于感叹句。表示感慨、讥刺、赞颂语气，可译为"了""啊"。如：

甚矣，汝之不惠 （《愚公移山》）

师道之不传也久矣！欲人之无惑也难矣 （《师说》）

（三）用于祈使句，表示请求、劝勉、禁止语气，可译为"吧"。如：

愿君即以遂备员而行矣 （《毛遂自荐》）

公子勉之矣，老臣不能从 （《信陵君窃符救赵》）

（四）用于疑问句末，表示疑问语气。如：

年几何矣 （《触龙说赵太后》）

十六、哉

语气助词，经常用在句末。

（一）表示感叹语气。如：

痛定思痛，痛何如哉 （《〈指南录〉后序》）

呜呼，亦盛矣哉 （《五人墓碑记》）

（二）表示疑问语气。如：

而此独以钟名，何哉 （《石钟山记》）

（三）表示反问语气。如：

相如虽驽，独畏廉将军哉 （《廉颇蔺相如列传》）

十七、乎

（一）语气助词

1.表疑问语气，可译为"吗""呢"。如：

技盖至此乎 （《庖丁解牛》）

欲安所归乎 （《赤壁之战》）

2.表示反问语气，可译为"吗""呢"。如：

臣以为布衣之交尚不相欺，况大国乎 （《廉颇蔺相如列传》）

夫庸知其年之先后生于吾乎 （《师说》）

3.表揣度或商量语气，可译为"吧"。如：

王之好乐甚，则齐国其庶几乎 （《庄暴见孟子》）

其皆出于此乎 （《师说》）

4.用于感叹句或祈使句，可译为"啊""呀"等。如：

嗟乎！师道之不传已久矣 （《师说》）

（二）介词，相当"于"的用法。如：

醉翁之意不在酒，在乎山水之间也 （《醉翁亭记》）

今虽死乎此，比吾乡邻之死则已后矣 （《捕蛇者说》）

生乎吾前，其闻道也固先乎吾 （《师说》）

（三）词尾，译为"……的样子""……地"。如：

以无厚入有间，恢恢乎其于游刃必有余地矣 （《庖丁解牛》）

浩浩乎如冯虚御风，而不知其所止；飘飘乎如遗世独立，羽化而登仙 （《赤壁赋》）

十八、也

（一）句末语气词

1.表示判断语气。如：

城北徐公，齐国之美丽者也 （《邹忌讽齐王纳谏》）

吾师肺肝，皆铁石所铸造也 （《左忠毅公逸事》）

2.句末语气词，表示陈述或解释语气。如：

即不忍其觳觫，若无罪而就死地，故以

羊易之也 （《齐桓晋文之事》）

3.用在句中或句末，表示肯定、感叹的语气。如：

呜呼！灭六国者六国也，非秦也；族秦者秦也，非天下也 （《阿房宫赋》）

君美甚，徐公何能及君也 （《邹忌讽齐王纳谏》）

4.用在句末，表示疑问或反诘语气。如：

公子畏死邪？何泣也 （《信陵君窃符救赵》）

吾王庶几无疾病与，何以能鼓乐也（《庄暴见孟子》）

(二)句中语气词。用在句中，表示语气停顿。如：

是说也，人常疑之 （《石钟山记》）

十九、所

(一)用作助词

1.经常放在动词前，同动词结合，组成"所"字结构。"所"字结构是名词性短语，表示"所……的人""所……的事物""所……的情况"等。如：

于众人广坐之中，不宜有所过，今公子故过之 （《信陵君窃符救赵》）

故余虽愚，卒获有所闻 （《送东阳马生序》）

2."所"和动词结合，后面再有名词性结构，则所字结构起定语的作用。如：

夜则以兵围所寓舍 （《〈指南录〉后序》）

臣所过屠者朱亥，此子贤者，世莫能知，故隐屠闻耳 （《信陵君窃符救赵》）

(二)在有些句子中，"为"和"所"呼应，组成"为……所……"的格式，表示被动。如：

嬴闻如姬父为人所杀 （《信陵君窃符救赵》）

(三)复音虚词"所以"。"所"和"以"连用，文言中也常见。用法主要有两种，一种表示原因，一种表示手段和目的。

1.表示原因。如：

臣所以去亲戚而事君者，徒慕君之高义也 （《廉颇蔺相如列传》）

所以遣将守关者，备他盗之出入与非常也 （《鸿门宴》）

2.表示手段或凭借。如：

师者，所以传道受业解惑也 （《师说》）

第三节　文言句式与词类活用

考点精讲

题型示例

例1 阅读下面一段文言文,完成后面的题。

师旷侍于晋侯。晋侯曰:"卫人出①其君,不亦甚乎?"对曰:"或者其君实甚。良君将赏善而刑淫②,养民如子,盖③之如天,容之如地。民奉其君,爱之如父母,仰之如日月,敬之如神明,畏之如雷霆,其可出乎? 夫君,神之主④而民之望也。若困民之主,匮神乏祀⑤,百姓绝望,社稷无主,将安用之? 弗去何为?"

【注】 ①出:赶走。②刑淫:惩罚淫滥(的人)。③盖:覆盖。④神之主:神灵的主人。⑤祀:祭祀的贡品。

下列各项中,与"容之如地"文言句式相同的一项是　　　　　　　　　　　　(　　)

A.灭六国者六国也,非秦也。　　　《阿房宫赋》

B.故燕王欲结于君。　　　《廉颇蔺相如列传》

C.古之学者必有师。　　　《师说》

D.耳得之而为声。　　　《前赤壁赋》

【试题答案】 B

【试题分析】 此题考查考生理解与鉴别文言句式的能力。看例句"容之如地",它的意思是"像大地一样容纳他们",正常的语序是"如地容之"。由此,断定例句是状语后置句。而选项B,它的意思是"燕王想和您交朋友",正常语序是"故燕王欲于君结",同样也可判定是状语后置句。

例2 阅读下面一段文言文,完成后面的题。

齐桓公问管仲曰:"王者何贵?"曰:"贵天。"桓公仰而视天,管仲曰:"所谓天者,非谓苍苍莽莽之天也,君人者何以为天? 以百姓为天,百姓与之则安,辅之则强。非之则危,背之则亡。君人之无良者,民则相怨于一方,民怨其上不遂亡者,未之有也。"

下列各项中,文言句式不同于其他三项的一项是　　　　　　　　　　　　(　　)

A.句读之不知。《师说》　　　　　　　B.君人者何以为天。

C.未之有也。　　　　　　　　　　　　D.岁征民间。《促织》

【试题答案】 D

【试题分析】 此题考查考生理解与鉴别的文言句式的能力。选项A中,"句读之不知"(不理解文句)中的"之"是结构助词,宾语前置的标志,正常的语序是"不知句读",此句为宾语前置句;选项B中,"君人者何以为天"(君王应该把什么当作天)中疑问代词"何"作宾语前置的标志,正常的语序是"君人者以何为天",此句为宾语前置句;选项C中,"未之有也"(这就是从来没有过的),"之"作为动词"有"的宾语前置,正常的语序是"未有之也",此句是宾语前置句;选项D中,此句"岁征民间"(每年从民间征收),正常的语序是"岁(于)民间征",此句为状语后置句。

例3 阅读下面一段文言文,完成后面的题。

晏子为齐相,出,其御①注者妻从门间而窥。其夫为相御,拥大盖,策驷马,意气扬扬,甚自得也。既而归,其妻请去。夫问其故,妻曰:"晏子长不满六尺,身相齐国,名显诸侯。今者,妾观其出,志念深矣,常有以自下者。今子长八尺,乃为人仆御。然子之意,自以为足。妾是以求去也。"其后,夫自抑损。晏子怪而问之,御以实对。晏子荐以为大夫。

(选自《晏子春秋·内篇杂上》)

【注】 ①御:驾车,此处指驾车的人。

下列各项中,加点的字与"身相齐国"的"相"用法不同的一项是　　　　　　　(　)

  A.假舟楫者,非能水也 　　　　　　　　《劝学》

  B.舍相如广成传舍 　　　　　　　　　　《廉颇蔺相如列传》

  C.乃使其从者衣褐怀其璧 　　　　　　　《廉颇蔺相如列传》

  D.宫中尚促织之戏,岁征民间 　　　　　《促织》

【试题答案】 D

【试题分析】 例句中的"相",名词用作动词,做丞相。选项 A 中,名词用作动词,游水;选项 B 中,名词用作动词,安置住宿;选项 C 中,名词用动词,穿上;选项 D 中,名词用作状语,每年。

▶方法指导

理解与现代汉语不同的句式和词类活用现象

1.借助典型例词例句,分析辨别

将试题选句与熟悉的课文例句进行比较判断,比较其基本格式和标志词,找到其共同特点,从而分类识别文言特殊句式。做到举一反三,提高效率。例如:掌握宾语前置句,在弄清楚古代汉语宾语前置的定义特点及其规律后,只要记住"彼且奚适""古之人不余欺也""惟兄嫂是依""何厌之有"这些句子,就可以去套类似的句子来做出判断,从而实现知识的迁移。有一些特殊句式和用法今天已经不再使用,但保留在今天经常运用的熟语里,"唯利是图"的宾语前置,"弱肉强食"的被动句式,考生完全可以利用起来,加以类比,找出相同点,从而确定其句式或用法。

2.立足语境语感,揣摩把握

着眼于对文意的理解,培养语感,在整体语境中揣摩,把握文言文特殊句式和用法的特点,有助于防止错误解读,这是一个行之有效的好办法,尤其是确定省略的成分或理解词类活用,更要依赖具体的语境来进行有效地把握。如理解"既来之,则安之"一句,若是孤立地看,可能会受现代汉语的影响而误解为"既然来了,就安下心来",但放到具体的语境中来看,结合上文"远人不服,则修文德以来之"进行揣摩,则可推断"来"和"安"均为使动用法,分别为"使……前来归顺"和"使……安定生活"的意思。考试时,一定要想到考生是在做文言阅读,不是考纯粹的文言知识。一定要将有关选句放到具体的语境中,联系上下文乃至全篇,仔细体会语感,揣摩语意,并进行比较辨别,从而准确判断其句式特点或活用。

3.掌握句式特点和用法技巧,准确翻译

理解和翻译文中的句子,往往要以把握常见文言句式为其基础。因此,掌握判断句、被

149

动句、宾语前置句等文言特殊句式及其成分省略等基本知识,显得尤为重要。其次,要注意考查具体语境,准确翻译句子。如果不注意从句式的角度做总体观照,只注意从一个一个词做局部的断章取义,往往会偏离原文大意,将整个句子意思弄错。考生应该把"取法于课内,巩固积累于课外"视为复习备考的最基本的原则。

4.辨别词类活用的方法

首先需要划分句子成分(找出主语、谓语、宾语和状语),然后以今律古进行分析,分析每个成分的词类是否和现代语法的规则一致,不一致的就是活用。

5.联系平时做过的练习,从中得到解答某个问题的方法

分类记忆,举一反三,平时记一些典型的例句和活用的词语,需用某种句式和词语时,以此为例,这样比死记硬背的效果要好。

对 点 训 练

课后巩固训练

训练 1

1.下列各项中,与"幸尚宽,何为不可"文言句式相同的一项是 （　　）
 A.覆之以掌(《促织》)

 B.仁义不施,而攻守之势异也(《过秦论》)

 C.有不见者,三十六年(《阿房宫赋》)

 D.而君幸于赵王(《廉颇蔺相如列传》)

2.下列各项中,与"孔子尝游于山"文言句式相同的一项是 （　　）
 A.加之以师旅(《子路、曾皙、冉有、公西华侍坐》)

 B.身死人手,为天下笑者(《过秦论》)

 C.君何以知燕王(《廉颇蔺相如列传》)

 D.明星荧荧,开妆镜也(《阿房宫赋》)

3.下列各项中,与"臣诚恐见欺于王而负赵"文言句式相同的一项是 （　　）
 A.五步一楼,十步一阁(《阿房宫赋》)

 B.遂为猾胥报充里正役(《促织》)

 C.遂与秦王会渑池(《廉颇蔺相如列传》)

 D.惑之不解(《师说》)

4.下列各项中,与"恐年岁之不吾与"文言句式相同的一项是 （　　）
 A.以勇气闻于诸侯(《廉颇蔺相如列传》)　　B.学于余(《师说》)

 C.问者爇香于鼎(《促织》)　　　　　　　　D.句读之不知(《师说》)

5.下列各项中,与"遂闻于楚王"文言句式相同的一项是 （　　）
 A.此物故非西产(《促织》)

 B.身死人手,为天下笑者,何也(《过秦论》)

 C.句读之不知,惑之不解(《师说》)

 D.无蚓爪牙之利,筋骨之强(《劝学》)

6.下列各项中,文言句式不同于其他三项的一项是 （　　）
 A.南取百越之地以为桂林、象郡(《过秦论》)

B.长桥卧波,未云何龙(《阿房宫赋》)

C.欲呼张良与俱去(《鸿门宴》)

D.此亡秦之续耳(《鸿门宴》)

7.下列各项中,文言句式不同于其他三项的一项是 （ ）

　　A.南阳刘子骥,高尚士也(《桃花源记》)

　　B.秦城恐不可得,徒见欺(《廉颇蔺相如列传》)

　　C.信而见疑,忠而被谤(《屈原列传》)

　　D.遂为猾胥报充里正役(《促织》)

8.下列各项中,文言句式不同于其他三项的一项是 （ ）

　　A.蚓无爪牙之利,筋骨之强(《劝学》)　　B.人马烧溺死者甚众(《赤壁之战》)

　　C.求人可使报秦者(《廉颇蔺相如列传》)　　D.大王来何操(《鸿门宴》)

9.下列的各项中,文言句式不同于其他三项的一项是 （ ）

　　A.是造物者之无尽藏也(《前赤壁赋》)

　　B.夺项王天下者必沛公也(《鸿门宴》)

　　C.六国破,非兵不利,战不善,弊在赂秦(《六国论》)

　　D.客有吹洞箫者(《前赤壁赋》)

10.下列各项中,文言句式不同于其他三项的一项是 （ ）

　　A.项籍者,下相人也(《项羽本纪》)

　　B.为秦将王翦所戮者也(《项羽本纪》)

　　C.灭六国者六国也,非秦也(《阿房宫赋》)

　　D.其可怪也欤(《师说》)

训练2

11.下列各项中,加点的字与"乃使其从者衣褐怀其璧"的"衣"用法不同的一项是（ ）

　　A.假舟楫者,非能水也(《劝学》)　　　　B.朝歌夜弦,为秦宫人(《阿房宫赋》)

　　C.将数百之众(《过秦论》)　　　　　　D.宫中尚促织之戏,岁征民间(《促织》)

12.下列各项中,加点的字与"远人不服而不能来也"的"来"用法不同的一项是 （ ）

　　A.有席卷天下,包举宇内,囊括四海之意(《过秦论》)

　　B.外连横而斗诸侯(《过秦论》)

　　C.以愚黔首(《过秦论》)

　　D.舞幽壑之潜蛟(《前赤壁赋》)

13.下列各项中,加点的字与"将军身被坚执锐"的"坚"用法不同的一项是 （ ）

　　A.小学而大遗,吾未见其明也(《师说》)　　B.郯子之徒,其贤不及孔子(《师说》)

　　C.焚百家之言,以愚黔首(《过秦论》)　　　D.成述其异,宰不信(《促织》)

14.下列各项中,加点的字与"吾妻之美我者"的"美"用法不同的一项是 （ ）

　　A.成为其小,劣之(《促织》)

　　B.后人哀之而不鉴之(《阿房宫赋》)

　　C.则请立太子为王,以绝秦望(《廉颇蔺相如列传》)

　　D.孔子师郯子(《师说》)

15. 下列各项中,加点的字与"使不上漏"的"上"用法不同的一项是 (　　)

　　A.西望夏口,东望武昌(《前赤壁赋》)

　　B.侣鱼虾而友麋鹿(《前赤壁赋》)

　　C.蜂房水涡,矗不知其几千万落(《阿房宫赋》)

　　D.东割膏腴之地(《过秦论》)

16. 下列各项中,加点的字与"不能名其一处也"的"名"用法不同的一项是 (　　)

　　A.追亡逐北(《过秦论》)　　　　　　B.鼎铛玉石,金块珠砾(《阿房宫赋》)

　　C.儿涕而去(《促织》)　　　　　　　D.其下圣人也亦远矣(《师说》)

17. 下列各项中,加点的字与"一狼洞其中"的"洞"字用法不同的一项是 (　　)

　　A.左右欲刃相如(《廉颇蔺相如列传》)　B.非能水也(《劝学》)

　　C.间至赵矣(《廉颇蔺相如列传》)　　　D.上于盆而养之(《促织》)

18. 下列各项中,加点的字与"知否,知否,应是绿肥红瘦"的"红"字用法不同的一项是

(　　)

　　A.成述其异(《促织》)　　　　　　　B.而高其直(《促织》)

　　C.击空明兮流光(《前赤壁赋》)　　　D.是故圣益圣,愚益愚(《师说》)

19. 下列各项中,加点的字与"盖失强援,不能独完"的"完"字用法不同的一项是 (　　)

　　A.大王欲必急臣(《廉颇蔺相如列传》)

　　B.尊贤而重士(《过秦论》)

　　C.不知将军宽之至此也(《廉颇蔺相如列传》)

　　D.有华阴令欲媚上官(《促织》)

20. 下列各项中,加点的字与"孔子登泰山而小天下"的"小"字用法不同的一项是 (　　)

　　A.益奇之(《促织》)　　　　　　　　B.后人哀之而不鉴之(《阿房宫赋》)

　　C.位卑则足羞(《师说》)　　　　　　D.序八州而朝同列(《过秦论》)

知识梳理

磨刀不误砍柴工

文言句式

文言句式指常见的古汉语表达与现代汉语不同的句子形式。它包括固定句式和常见的特殊句式。

一、常见的文言特殊句式

(一)判断句

现代汉语一般是在主语和谓语之间用判断动词"是"来表示判断。但在古汉语里,"是"多作代词用,很少把它当作判断词用。因此,在绝大多数情况下需要借助语气词来表示判断。

常见的判断句式有以下几种。

1.……者,……也。例如:

师者,所以传道受业解惑也。(《师说》)

这是文言判断句中最常见的形式。主语后面的"者",表示停顿,有舒缓语气的作用,谓语后面用"也"结句,对主语加以肯定的判断或解说。

2.……,……也。例如:

项脊轩,旧南阁子也。(《项脊轩志》)

判断句中一般省略"者",只用"也"表判断。

3.……者,……。例如:

四人者:庐陵萧君圭君玉,长乐王回深父,余弟安国平父、安上纯父。(《游褒禅山记》)

有的判断句,只在主语后用"者"表示停

顿,这种情况不常见。

4.……者也。例如：

城北徐公,齐国之美丽者也。(《邹忌讽齐王纳谏》)

在句末连用语气词"者也",表示加强肯定语气,这时的"者"不表示停顿,只起称代作用。这种判断句,在文言文中也是较为常见的。

5.无标志判断句。文言文中的判断句有的没有任何标志,直接由名词对名词表示判断。例如：

刘备天下枭雄。(《赤壁之战》)

6.用动词"为"表示判断。例如：

如今人方为刀俎,我为鱼肉。(《鸿门宴》)

7.用"是"表判断。"是"在先秦古汉语中很少作判断词,在汉朝以后作判断词则多起来。例如：

自言本是京城女。(《琵琶行(并序)》)

8.在文言文中有时为了加强判断的语气,往往用"乃、则、即、诚、皆"等词表示判断。例如：

①当立者乃公子扶苏。(《陈涉世家》)(乃)

②此则岳阳楼之大观也。(《岳阳楼记》)(则)

③此诚危急存亡之秋也。(《出师表》)(诚)

④环滁皆山也。(《醉翁亭记》)(皆)

⑤非其父兄,即其弟子。(《左传·襄公八年》)(即)

9.否定判断句式。由否定副词"非"构成。例如：

①六国破灭,非兵不利,战不善,弊在赂秦。(《六国论》)

②城非不高也,池非不深也,兵革非不坚利也。(《得道多助,失道寡助》)

(二)被动句

在古汉语中,主语是谓语所表示行为的被动者的句式叫被动句。被动句的主语是谓语动词所表示的行为被动者、受事者,而不是主动者、施事者。

常见的被动句有以下几种形式。

1.用介词"于"引进行为的主动者,表被动,即"谓语＋于"的形式。例如：

夫赵强而燕弱,而君幸于赵王,故燕王欲结于君。(《廉颇蔺相如列传》)

2.在动词前边用"见"表示被动,构成"见＋谓语"的形式。如果需要把动作行为的主动者介绍出来,可在动词后加介词"于",构成"见＋谓语＋于"的形式。例如：

①秦城恐不可得,徒见欺。(《廉颇蔺相如列传》)

②吾长见笑于大方之家。(《庄子·秋水》)

3.动词前用"受"字来表示被动,构成"受＋谓语"的形式。如果须引进主动者,可在动词后加介词"于",构成"受＋谓语＋于"的形式。例如：

①有罪受罚。(《左传·哀公六年》)

②吾不能举全吴之地,十万之众,受制于人。(《赤壁之战》)

4.在动词前边加介词"为",构成"为＋动词"的形式。

这种句式的"为"和"见"不同："见"是助词,不能带宾语,所以它总是紧挨着动词；"为"是介词,它可以紧挨着动词(省略了宾语),也可以引出动作行为的主动者。例如：

身死人手,为天下笑者,何也?(《过秦论》)

如果用"为"引出主动者,谓语前再加"所",表被动,构成"为……所……"的形式。例如：

悲夫! 有如此之势,而为秦人积威之所劫。(《六国论》)

自"为……所……"产生后,就构成了古汉语中最常见的一种被动句形式,并且一直沿用到现代汉语里。但是,在古汉语里,"为"的行为主动者有时可以不出现,或被承前省略了,变为"……为所……"的形式。

例如：

不者，若属皆且为所虏！（《鸿门宴》）

5. 用介词"被"引出主动者，构成"被＋动词"的形式，其形式和现代汉语中的被动句一样。例如：

舞榭歌台，风流总被雨打风吹去。（《永遇乐·京口北固亭怀古》）

6. 无任何标志的被动句。这种被动句中没有出现任何被动词，靠动词本身在语境中表被动。例如：

①一夫作难而七庙隳。（《过秦论》）

②洎牧以谗诛。（《六国论》）

（三）倒装句

文言文的倒装句是相对于现代汉语的语序而言的。现代汉语的句子成分的顺序，一般为"主＋谓＋宾""定（状）＋中心词"，但在文言文中，在一定条件下，一些句子成分的顺序出现了前后颠倒的情况。倒装句式主要有主谓倒装、宾语前置、定语后置、介词结构作状语后置等形式。

1.主谓倒装

为了强调和突出谓语的意义，在感叹句中，就把谓语提前到主语前面。例如：

①甚矣，汝之不惠！（《愚公移山》）

②甚善矣，子之治东阿也！（《晏子治东阿》）

③称心快意，几家能彀？（《与妻书》）

以上两句的顺序是"汝之不惠，甚矣！""子之治东阿，甚善矣！""几家能彀，称心快意！"。

2.宾语前置

文言文中，动词或介词的宾语前置，主要有下列几种情形。

（1）疑问句中，疑问代词作宾语，宾语前置。这类句子，介词的宾语也是前置的。例如：

①微斯人，吾谁与归？（《岳阳楼记》）

②而彼且奚适也？（《逍遥游》）

③不然，籍何以至此？（《鸿门宴》）

作宾语的疑问代词有"谁、何、孰、奚、曷、胡、恶、安、焉"等。值得注意的是，介词"以"的宾语比较活跃，即使不是疑问代词，也可以前置。例如：

余是以记之，以俟夫观人风者得焉。（《捕蛇者说》）

其中的"是"是一般代词，但也前置了。

（2）否定句中，代词作宾语，宾语前置。这类句子有两点要注意。

一是否定句（一般句中必须有"不""未""毋""无""莫"等否定词），二是代词作宾语。例如：

①恐年岁之不吾与。（《离骚》）

②未之有也。（《孟子》）

正常语序应该是"恐年岁之不与吾""未有之也"。

（3）用"之"或"是"把宾语提到动词前，以突出强调宾语。这时的"之""是"只是宾语前置的标志，没有什么实在意义。例如：

①句读之不知，惑之不解。（《师说》）

②无乃尔是过矣。（《季氏将伐颛臾》）

有时，还可以在前置的宾语前加上一个范围副词"唯（惟）"，构成"唯（惟）……是（之为）……"的格式。例如：

①惟弈秋之为听。（《弈秋》）

②唯利是图。唯命是从。（《祭十二郎文》）

（4）方位词作宾语时，有时也前置。例如：

项王、项伯东向坐，亚父南向坐。（《鸿门宴》）（例句的意思是"项王、项伯面向东边坐，亚父面向南边坐。"）

（5）文言文中，"自"作宾语时常常置于动词之前。例如：

①人不暇自哀。（《过秦论》）

②忌不自信。（《邹忌讽齐王纳谏》）

3.定语后置

文言文中，定语的位置一般也在中心词前边，但有时为了突出中心词的地位，强调定语所表现的内容，或使语气流畅，往往把定语放在中心词之后。有如下形式。

（1）定语放在中心词后，用"者"字结尾，组成"中心词＋定语＋者"的格式。例如：

①客有吹洞箫者。（《赤壁赋》）

②遂率子孙荷担者三夫。（《愚公移山》）

③其故人尝与佣耕者闻之。（《陈涉世家》）

④邠人偷嗜暴恶者，率以货窜名军伍中。（《段太尉逸事状》）

例句中"客有吹洞箫者"即"有吹洞箫之客""邠人偷嗜暴恶者"即"偷嗜暴恶之邠人"。余例类推。

（2）在中心词和后置定语中间加"之"字，组成"中心词＋之＋定语"的格式，表示定语后置。例如：

①蚓无爪牙之利，筋骨之强，上食埃土，下饮黄泉。（《劝学》）

②居庙堂之高则忧其民，处江湖之远则忧其君。（《岳阳楼记》）

例句中的中心词分别是"爪牙""筋骨""庙堂""江湖"，后置定语分别是"利""强""高""远"，四个"之"是定语后置句的标志，无实在意义。

（3）在中心词和后置定语中间加"而"字，再用"者"字结尾，组成"中心词＋而＋定语＋者"的格式。例如：

①此四者，天下之穷民而无告者。（《孟子·梁惠王下》）

②缙绅而能不易其志者，有几人欤？（《五人墓碑记》）

（4）数量词作定语的后置。构成"中心词＋数量词（定语）"的形式。

①马之千里者，一食或尽粟一石。（《马说》）

②我持白璧一双，欲献项王；玉斗一双，欲与亚父。（《鸿门宴》）

4.介词结构作状语后置

介词结构即介宾短语，文言文中常见的是用"以""于"组成的介宾短语作状语后置。有以下几种情况。

（1）用介词"于"组成的介宾短语在文言文中大都处在补语的位置，译成现代汉语时，除少数仍作补语外，大多数都要移到动词前作状语。例如：

①青，取之于蓝，而青于蓝。（《劝学》）

②文采不表于后世。（《报任安书》）

（2）介词"以"组成的介宾短语，在今译时，一般都作状语。例如：

①具告以事。（《鸿门宴》）

②为坛而盟，祭以尉首。（《陈涉世家》）

"具告以事"即"以事具告"。这种句子往往是承前省略了动词宾语，实际就是"以事具告（之）"。介词"乎"组成的介宾短语在补语位置时，在翻译时，可视情况而定其成分。例如：

③生乎吾前，其闻道也固先乎吾，吾从而师之。（《师说》）

句子中的"生乎吾前"既可译为"在我的前面出生"，作状语，又可译为"生在我的前面"，作补语，一般来说仍作补语，而"固先乎吾"的"乎吾"则一定要译作状语。

（3）"乎"作介词时相当于"于"，与其构成的介词短语后置。例如：

君子博学而日参省乎己。（《劝学》）

（四）省略句

句子中省略某一词语或某种成分的现象，是古今共有的。不过，文言文里这种现象更突出，而且有些在现代汉语中一般不能省略的句子成分，文言文中也经常省略。常见的省略句有以下几种。

1.省略主语

有承前省，有呼应下文省、对话省。文言文中的第三人称代词"之""其"不能做主语，这也是文言文中主语多省略的原因之一。

（1）承前省略。例如：

①永州之野产异蛇，（蛇）黑质而白章，（蛇）触草木，（草木）尽死。（《捕蛇者说》）

②哙拜谢，（哙）起，（哙）立而饮之。

《鸿门宴》）

（2）蒙后省略。例如：

秦时（项伯）与臣游，项伯杀人，臣活之。（《鸿门宴》）

（3）在对话环境中，常省略主语。例如：

良问曰："大王来何操？"（沛公）曰："我持白璧一双，……"。（《鸿门宴》）

（4）不规则省略。例如：

山有小口，仿佛若有光。（渔人）便舍船，从口入。（口）初极狭，才通人。（《桃花源记》）

2.省略谓语

谓语一般不能省略。但在特定情况下也有因承接上文、呼应下文或对话而省略的。例如：

①因跪请秦王（击缻）。秦王不肯击缻。（《廉颇蔺相如列传》）

②除臣（为）洗马。（《陈情表》）

3.省略宾语

（1）省略动词后的宾语。例如：

欲予秦，秦城恐不可得，徒见欺；欲勿予（秦），即患秦兵之来。（《廉颇蔺相如列传》）

（2）省略介词后的宾语。例如：

沛公奉卮酒为（之）寿。（《鸿门宴》）

文言文中，介词"以""为""与"的宾语"之"往往承上文省略。理解时要补充出来。

4.省略介词

在介词的省略中，"于"的省略最常见，"以"的省略次之。例如：

①大王见臣（于）列观。（《廉颇蔺相如列传》）

②又试之（以）鸡，果如臣言。（《促织》）

二、常见的固定句式

文言固定句式是指由文言虚词组合而成的一种固定形式的句子，这些句式在文言中有其较为固定的意义。大致有以下几类。

（一）表陈述的："有所、无所、有以、无以、所以、是以、是故"等。

1.有（无）所，译为"有（没有）……的（人、物、事）"。例如：

①故患有所不避也。（《鱼我所欲也》）

②财物无所取，妇女无所幸。（《鸿门宴》）

2.有（无）以，译为"有（没有）用来……的方法"。例如：

①项王未有以应。（《鸿门宴》）

②不积小流，无以成江海。（《劝学》）

3.所以，译为"用来……的""……的原因（方法）"。例如：

①师者，所以传道受业解惑也。（《师说》）

②此世所以不传也。（《石钟山记》）

4.是以、是故，译为"因此、所以"。例如：

①是以先帝简拔以遗陛下。（《出师表》）

②是故圣益圣，愚益愚。（《师说》）

（二）表疑问的："何以、如何、奈何、如……何、奈……何"等。

1.何以，译为"用什么办法""凭什么""为什么"。例如：

何以战？（《曹刿论战》）

2.如何、奈何，译为"怎么、怎么样、怎么办"。例如：

取吾璧，不予我城，奈何？（《廉颇蔺相如列传》）

3.如……何、奈……何，译为"对……怎么办""把……怎么样"。例如：

如太行、王屋何？（《愚公移山》）

（三）表推测、反诘、感叹的："何……为、何以……为、得无……乎，无乃……乎，不亦……乎，其……乎，何其"等。

1.何……为、何以……为，译为"为什么……呢""要（用）……干（做）什么呢"。例如：

①如今人方为刀俎，我为鱼肉，何辞为？（《鸿门宴》）

②匈奴未灭，何以家为？（《霍去病传》）

2.得无……乎，译为"恐怕……吧""莫非……吗"。例如：

览物之情，得无异乎？（《岳阳楼记》）

3. 无乃……乎,译为"恐怕……吧"。
例如:

师劳力竭,远主备之,无乃不可乎?
(《崤之战》)

4. 不亦……乎,译为"不也是……吗"。
例如:

学而时习之,不亦乐乎?(《论语》)

5. 其……乎,译为"大概……吧""难道……吗"。例如:

①圣人之所以为圣,愚人之所以为愚,其皆出于此乎!(《师说》)

②其孰能讥之乎?(《游褒禅山记》)

6. 何其,译为"多么""怎么这么"。例如:

至于誓天断发,泣下沾襟,何其衰也。(《伶官传序》)

(四)表选择的:"其……其……",译为"是……还是……"。例如:

其真无马邪?其真不知马也?(《马说》)

(五)表否定的:"岂独、非独"等,译为"难道只是、不只是"。例如:

①夫祸患常积于忽微,而智勇多困于所溺,岂独伶人也哉!(《伶官传序》)

②非独贤者有是心,人皆有之。(《鱼我所欲也》)

(六)表比较的:"孰与、与……孰"等,译为"与……比较,哪一个……"。例如:

吾孰与徐公美?(《邹忌讽齐王纳谏》)

三、常见句式集锦

(一)判断句(10 种类型)

1.师者,所以传道受业解惑也。(……者,……也)

2.此帝王之资也。(……也)

3.柳敬亭者,扬之泰州人。(……者,……)

4.沛公之参乘樊哙者也。(……者也)

5.刘备天下枭雄。(无标志,名词直接作谓语)

6.当立者乃公子扶苏。(乃)

7.马超、韩遂尚在关西,为操后患。(为)

8.梁父即楚将项燕。(即)

9.我知种树而已,理,非吾业也。(非)

10.臣是凡人。(是)

(二)被动句(10 种类型)

1.而君幸于赵王。(……于……)

2.秦城恐不可得,徒见欺。(……见……)

3.臣诚恐见欺于王而负赵。(……见……于……)

4.其次毁肌肤断肢体受辱。(……受……)

5.受制于人。(……受……于……)

6.为天下笑,何也?(为)

7.嬴兵为人马所蹂藉。(为……所……)

8.若属皆且为所虏!(……为所……)

9.信而见疑,忠而被谤。(被)

10.洎牧以谗诛。(无标志。靠动词本身在意思上的一种表现)

(三)倒装句(4 种类型)

1.四海之大,有几人欤?(定语后置)

2.贫者语于富者曰。(状语后置)

3.甚矣,汝之不惠!(主谓倒装)

4.大王来何操?(宾语前置)

(四)省略句(5 种类型)

1.永州之野产异蛇,(异蛇)黑质而白章。(省略主语)

2.一鼓作气,再(鼓)而衰,三(鼓)而竭。(省略谓语)

3.可烧而走(之)也。(省略宾语)

4.公阅毕,即解貂覆生,为(之)掩户。(省略介词宾语)

5.今以钟磬置(于)水中,虽大风浪不能鸣也。(省略介词"于")

词类活用

在古代汉语里,有些实词可以按照一定的表达习惯而灵活运用,在句子中临时改变它的词性和语法功能。这种现象就叫"词类活用"。

词类活用是在一定的条件下,即在一定的语言环境中临时表现的某种语法功能。离开句子,离开语法结构,就不可能存在活用。词的"活用"一定会影响到意义,使它原来的意义发生一些变化。一般是既保留了原来的意义,又增加了新的意义。

词类活用主要针对实词而言。常见的有名词活用、动词活用、形容词活用以及数词活用等。

一、名词活用

1.名词作动词

名词活用为一般动词,在古汉语中还是比较普遍的现象。活用后的意义仍和这个名词的意义密切相关,只是动作化了。

名词活用动词,有以下的规律。

(1)名词后带了补语,例如:

寿毕,请以剑舞。(《鸿门宴》)

寿:原意为寿辰,名词。这里用作动词,"祝寿"的意思。

(2)几个名词连用,构成偏正或并列关系,其中的一个名词活用为动词。如果两个名词连用,构成主谓关系,那么后面的名词活用为动词。例如:

乃丹书帛曰"陈胜王"(《陈涉世家》)("王"即为动词,解释为"称王"。)

如果两个名词连用,组成动宾关系,那么前一个名词就活用为动词。例如:

陈涉瓮牖绳枢之子。(《过秦论》)("瓮""绳"即为动词,分别解释为用破瓮作,用草绳系。)

(3)名词前面有结构助词"所",组成"所十名词",那么,这个名词就活用为动词。例如:

不者,若属皆且为所虏。(《鸿门宴》)("虏"本来是名词俘虏,与"所"一起,活用为动词,解释为"掳获"。)

(4)名词用在"其、之、而、汝、我"等代词前面,则这个名词活用为动词。例如:

①驴不胜怒,蹄之。(《黔之驴》)

②汝幸而偶我。(《与妻书》)

上述两例中,加点字活用为动词,分别解释为"用脚踢""嫁给"。

(5)名词前面如果有"敢""未"等状语,这个名词也可能活用为动词。例如:

未果,寻病终。(《桃花源记》)("果"活用为动词,解释为"实现"。)

2.名词作状语

现代汉语里,名词(表时间、地点的名词除外)是不能直接修饰谓语动词作状语的,而在古代汉语中名词作状语却相当普遍。主要有以下情形。

(1)表示动作、行为的方位或处所。例如:

①于是廷见相如。(《廉颇蔺相如列传》)

②南取汉中,西举巴蜀,东割膏腴之地,北收要害之郡。(《过秦论》)

例①的"廷"表示处所,"在朝廷上"的意思。例②的"南、西、东、北"表示方位,名词作状语,解释为"在南边""在西边""在东边""在北边"。

(2)表示动作、行为的状态。例如:

①天下云集响应,赢粮而景从。(《过秦论》)

②常以身翼蔽沛公。(《鸿门宴》)

例①中的"云、响、景"表示状态,意为"像云一样""像回声一样""像影子一样",例②中的"翼"表示特征,译为"像翅膀一样"。它们往往以这些词所具有的某些特征作比喻来修饰动词。这种用法还留存在现代汉语的一些词语中,如:"瓜分""蜂拥""狼吞虎咽""土崩瓦解""星罗棋布"等。

(3)表示行为、动作的工具、方式或依据。例如:

①吾妻死之年所手植也。(《项脊轩志》)

②至于颠覆,理固宜然。(《六国论》)

例①的"手"表示所采用的方法,解释为"亲手"。例②的"理"表示依据,"按照道理"的意思。

(4)表示对人的态度。例如:

君为我呼入,吾得兄事之。(《鸿门宴》)

"兄",名词作状语,表示对待人的态度,

可译为"像对待兄长一样"或"把他当兄长一样对待"。

3.名词的使动用法

名词的使动用法,是指名词活用作动词时,"使(宾语)怎么样",有动词的使令性的意味。例如:

①舍相如广成传舍。(《廉颇蔺相如列传》)

②然得而腊之以为饵。(《捕蛇者说》)

例①的"舍"的意思是"使……居住";例②的"腊"是"使……成为干肉"。

4.名词的意动用法

名词的意动用法,就是名词活用为动词时,"把(宾语)当作什么","认为(宾语)怎么样"。即主观上认为宾语所代表的人或事物成为活用的名词表示的人或事物。例如:

①稍稍宾客其父。(《伤仲永》)

②孔子师郯子、苌弘、师襄、老聃。(《师说》)

例①的"宾客"的意思是"把他当作宾客来对待";例②的"师"的意思是"以之为师"。

二、动词活用

1.动词作名词

动词的主要作用是充当谓语。当动词出现在主语或宾语的位置上时,表示与这个动词的动作行为有关的人与事物,这个动词就活用为名词。例如:

殚其地之出,竭其庐之入。(《捕蛇者说》)

"出、入"指"出产的东西""收入的东西"。

2.动词的使动用法

所谓"使动用法",是指谓语具有"使(宾语)怎么样"的意思。不及物动词本来不带宾语;如果带上宾语,一般用作使动。例如:

①项伯杀人,臣活之。(《鸿门宴》)

②卒廷见相如,毕礼而归之。(《廉颇蔺相如列传》)

例①的"活"本是不及物动词,不能带宾语。这里用作使动,"活之"就是"使之活",即"救活他"之意;例②的"归之"表示"使之归"。

古代汉语中,活用或使动的动词,多数是不及物动词。不及物动词本来不带宾语,用于使动时,后面就自然带上宾语了。例如:

①劳其筋骨,饿(使……挨饿)其体肤。(《孟子》)

②清风半夜鸣(使……鸣叫)蝉。(《西江月》)

三、形容词活用

1.形容词作动词

形容词一般不带宾语的,若带了,而又不存在使动、意动的情况,就用作一般动词。例如:

①素善留侯张良。(《鸿门宴》)

②至丹以荆卿为计,始速祸焉。(《六国论》)

例①的"善"是"与……友好"的意思;例②的"速"在此解释为"招致"。

2.形容词的使动用法

形容词的使动用法,就是使它所带的宾语具有该形容词所表示的性质或状态,"使(宾语)怎么样"。例如:

①焚百家之言,以愚黔首。(《过秦论》)

②昂其直,居为奇货。(《促织》)

例①的"愚"是"使黔首愚"的意思;例②的"昂"是"使其直昂"的意思。

3.形容词的意动用法

所谓意动用法,是指谓语动词具有"以之为何"的意思,即认为宾语怎样或把宾语当作怎样。意动用法只限于形容词作动词和名词作动词的活用,动词本身没有意动用法。意动一般可译为"以……为……"。例如:

①耻学于师。(《师说》)

②渔人甚异之。(《桃花源记》)

例①的"耻"是"以……为耻"的意思;例②的"异"是"以……为异"的意思。

4.形容词作名词

形容词活用为名词,是该形容词在句中

可明显地表示人与事物的性质、状态等。例如：

①郯子之徒,其贤不及孔子。(《师说》)
②小学而大遗,吾未见其明也。(《师说》)
例①贤:才能。例②小、大:小处、大处。

四、数词活用

1.数词作动词

①六王毕,四海一。(《阿房宫赋》)
②朝晖夕阴,气象万千。(《岳阳楼记》)
例①一:统一。例②万千:千变万化。

2.数词作名词

①命夸娥氏二子负山,一厝朔东,一厝雍南。(《愚公移山》)
②合从缔交,相与为一。(《过秦论》)

在这两例中,例①中的数词"一"位于主语的位置,活用为名词,意思是"一座山"。例②中的数词"一"处于宾语的位置上,活用为名词,意思是"一体"。

3.数词作形容词

①余观夫巴陵胜状,在洞庭一湖。(《岳阳楼记》)
②蚓无爪牙之利,筋骨之强,上食埃土,下饮黄泉,用心一也。(《劝学》)
例①一:全、满。例②一:专一。

五、词类活用的解题技巧

在解答词类活用这一类题时,要结合上下文和整个句子意思来考虑,从语法和词汇两方面综合考虑。

1.名词、形容词作动词,往往有语法上的某种标志

(1)两个名词连用,如不构成并列或修饰关系,则必有一个活用;

(2)形容词在名词前,如不属修饰关系,则必活用;

(3)名词、形容词在助词、副词或"所"的后面,一般为活用;

(4)名词、形容词放在代词"之""我"等前面时,一般为活用;

(5)名词后面跟介词结构时,必为活用;

(6)名词的前后有连词"而"连接时,一般为活用。

2.使动和意动的辨析

(1)不及物动词带宾语,往往是使动;

(2)名词、形容词的使动或意动,都是在活用为一般动词的前提下分析的,所以,如果作为一般动词解释不通,则要考虑是否活用为使动或意动;

(3)使动和意动的区别在于,使动是客观的结果,而意动则多是主观的看法和意念。

3.名词作状语的辨析

在通常情况下,用在作状语的名词前面,往往还另有名词作主语,因此可据以识别。

综上所述,解答词类活用题时应做到:

第一步,看清题目要求,分析例句词语活用情况;

第二步,分析选项词语的词性及在句子中的位置(语法作用);

第三步,根据所掌握的词类活用知识进行对比,最后作出判断。

第四节 文言翻译与阅读

考点精讲

题型示例

例1 阅读下面的文言文,完成后面的题。

鲁施氏有二子,其一好学,其一好兵。好学者以术干齐侯,齐侯纳之,以为诸公子之傅。好兵者之楚,以法干楚王,王悦之,以为军正①。禄富其家,爵荣其亲。施氏之邻人孟氏,同有二子,所业亦同,而窘于贫。羡施氏之有,因从请进趋之方②。二子以实告孟氏。

孟氏之一子之秦,以术干秦王。秦王曰:"当今诸侯力争,所务兵食而已。若用仁义治吾国,是灭亡之道。"遂宫③而放之。其一子之卫,以法干卫侯。卫侯曰:"吾弱国也,而摄④乎大国之间。大国吾事之,小国吾抚之,是求安之道。若赖兵权⑤,灭亡可待矣。若全而归之,适于他国,为吾之患不轻矣。"遂刖⑥之而还诸鲁。

(选自《列子·说符》)

【注】 ①军正:军中执法官。②进趋之方:求取功名的方法。③宫:古代一种刑法。④摄:夹处,夹迫。⑤兵权:用兵的权谋。⑥刖:古代断足酷刑。

1. 孟氏二子求生存发展失败的根本原因是 （　　）

A.知识才能不足　　B.不懂时势　　　　C.错投君王　　　　D.机遇不佳

【试题答案】 B

【试题分析】 文中提及孟氏二子分别到秦国和卫国宣扬治国理念,但没有分析秦国和卫国的实际情况,才遭受刑法,因此选项B正确。

2. 请将文中画线的句子翻译成现代汉语。

大国吾事之,小国吾抚之,是求安之道。

【参考答案】 对于大国我们侍奉它,对于小国我们安抚它,这才是求安保全的办法。

【试题分析】 本句的翻译首先要理解关键实词"事"的意思是"侍奉","是"的意思是"这";最后一句是判断句式,要翻译出来。

例2 (2014年湖北技能高考卷)阅读下面一段文言文,完成后面的题。

晏子为齐相,出,其御之妻从门间而窥。其夫为相御,拥大盖,策驷马,意气扬扬,甚自得也。既而归,其妻请去。夫问其故。妻曰:"晏子长不满六尺,身相齐国,名显诸侯。今者妾观其出,志念深矣,常有以自下者。今子长八尺,乃为人仆御。然子之意,自以为足。妾以是求去也。"其后,夫自抑损。晏子怪而问之,御以实对。晏子荐以为大夫。

(选自《晏子春秋·内篇杂上》)

1. 下列对这篇文言短文的分析,不正确的一项是 （　　）

A.本文意在说明人在任何时候都应谦虚谨慎,切不可骄傲自满。

B.车夫志得意满,不仅因为主人有卿相的身份,更主要的是他比晏子高。

C.车夫的妻子是一个善于发现丈夫错误并能督促丈夫改正的贤妻。

D.晏子举荐车夫是因为他认识到人难免会犯错误,知错就改的人也是人才。

【试题答案】 B

【试题分析】 "更主要的是他比晏子高"是曲解原意。仔细阅读原文,不难发现,车夫的妻子将晏子与车夫对比,用来规劝丈夫。车夫只是因为替国相驾车而自我感觉良好,才意气洋洋,趾高气扬。

2.请将文中画横线的句子翻译成现代汉语。

晏子怪而问之,御以实对。

【参考答案】 晏子觉得奇怪就问他,车夫把实情告诉了晏子。

【试题分析】 本句翻译,主要考查的是词类活用。"怪"是形容词的意动用法,"以……为怪""认为……奇怪",可译为"觉得奇怪";实词"御"字动词活用作名词,要翻成"车夫";虚词"而""以"的用法。

方法指导

一、文言文翻译

(一)文言文理解与翻译的要求

文言文翻译是文言文阅读能力的综合体现。它包括两个方面:一是正确理解语句在文中的含义,即能准确把握句中文言词的语义、文言句式的特点,读懂、通读句子;二是准确翻译成现代汉语,即内容正确,语言通畅、规范。对句意的理解要注意以下几点。

1.要在全文中理解句子。无论何种句子,都不能脱离全文或文段去理解,要注意作者的基本观点和感情倾向。要做到"字不离词,词不离句,句不离篇"。

2.要注意省略句、倒装句、词类活用、通假字、互文见义和偏义复词的理解,对这些句词的理解把握,往往是翻译文言语句的关键。

例如:①(村民)见渔人,乃大惊,问所从来,具答之。(省略句)

②忌不自信。(忌不信自)(宾语前置)

③与苍梧太守吴巨有旧。("旧"是形容词活用为名词"老交情")

④昂其直。《促织》(直—值)

⑤"秦时明月汉时关"是互文见义,即秦汉时的明月,照着秦汉时的边关。

⑥备他盗之出入与非常也《鸿门宴》——"出入"是反义词,此处只取"入"的意思。

3.对句子中难懂的地方,不能采取忽略或笼统翻译的办法去逃避,而应该通过前后推导,或选项推敲分析等方法,进行认真理解。

例如:君子疾夫舍曰欲之而必为之辞。(《论语·季氏将伐颛臾》)

这是孔子教育子路、冉有的话,文中难懂之处是"疾""舍""为之辞"几处,既是教训之语,那么"疾"就不可能是"生病"之意,当是"厌恶"之意;"而"有表示并列和表示转折关系两种理解,依据意义推敲,自然当作转折关系理解更好,那么"舍曰欲之"与"为之辞"就在语意上相反了,以此推断"舍"是"停止"之意,"辞"是"托词""借口"之意。整句意思就可翻译成:品格高尚的人厌恶那些不说自己想做什么事却去找借口推脱责任的人。

4.利用文言排比句、对偶句、并列结构,把握句意。也就是说,在理解文言句子时,要充分利用对应词语的用法和意义去把握文句意思。

例如:①排比　有席卷天下,包举宇内,囊括四海之意,并吞八荒之心。

②对偶　不以物喜,不以己悲。

③并列　吾以一杯羊羹亡国,以一壶得士二人。

5.对复杂的不好理解的句子,最好做成分分析,先抓主干,再看枝叶;或抓住关键词语,分析句间关系。

例如:古人之观于天地、山川、草木、虫鱼、鸟兽,往往有得。(《游褒禅山记》)

分析主干,"古人……鸟兽"是主语,"之"取消句子独立性,主语中"古人"与"观于……鸟兽"是一种主谓关系。"往往"是副词,"有"是动词,作谓语。"得"就应该是宾语,看来是动词名用,引申理解为"收获""心得"较为恰当。所以整句就可翻译成:古人对天地、山河、草木、虫鱼、鸟兽的观察,常常有所收获。

6.要善于调动已学知识,进行比较,辨析异同。特别是对"一词多义"和古代文化知识的积累,有助于我们去把握文言词语在句中的具体用法和含义。

例如:表恶其能而不能用也。

"恶"的义项有"罪恶、丑、厌恶、不喜欢、语气词(读 wū)"等。句中的"恶"后面接的是宾语"其能",可见"恶"在此做动词,取"厌恶、不喜欢"意,引申为"嫉妒"。

(二)文言翻译的标准:信、达、雅

1.译文忠于原文,要做到"信"。所谓"信",也就是不能脱离原文语意,与原文语意要保持完全一样。

2.译文要符合现汉语的语言习惯,就是要做到"达"。所谓"达",也就是行文通顺,意思表达清楚明白。

3.译文要体现原文的语言风格和艺术风格,语言要"雅"。所谓"雅",就是要注意语言的美化,尽量用最美的语言翻译原文。

(三)文言文翻译的原则

文言文翻译的原则:直译为主,字字落实;意译为辅,文从字顺。

直译,是指用现代汉语按照原文进行逐字逐句的对应翻译,做到实词、虚词尽可能与文义相对。字字落实,是指原文中的每一个字在译文中都有对应,译文中的字在原文中有根据。直译时要注意文言实词的一词多义、古今异义、词类活用、通假字等现象,以及文言虚词的意义和用法,文言句式的特点等。

直译有时会出现文义难懂、难以表达原文意思的情况,因此还要配以"意译为辅"的原则。如文言文中出现比喻、借代、互文等修辞特殊情况时,采用直译往往不能准确表达原意,这时需要根据语境采用意译的方式。考试时,意译只是直译的辅助手段,只有在不能直译或直译不能准确表达原意的情况下,才考虑使用。

文从字顺,就是要做到规范简明,流利畅达,符合现代汉语语法规范。

(四)文言文翻译的方法技巧

文言文翻译六字法——留、删、换、补、调、变。

1.留

留——保留。古文中的人名、地名、年号、国名、官职名、朝代名等,以及古今词义相同的词,如"山、水、中、笑、有"等,都按原文保留不译。

例：庆历四年春，滕子京谪守巴陵郡。（《岳阳楼记》）——庆历四年的春天，滕子京被贬为巴陵郡太守。

2.删

删——删略。古文里有些虚词，现代汉语没有对等的词来翻译，或者现代汉语在这个地方不用虚词，便可删略。

例1：夫战，勇气也。（《曹刿论战》）——作战，（是靠）勇气的。（夫，句首发语词）

例2：战于长勺，公将鼓之。（《曹刿论战》）——在长勺这个地方与齐军交战，鲁庄公将要击鼓（命令将士前进）。（之，句末语气助词）

3.换

换——替换。有些词在古书里常用，但在现代汉语里不用或不常用，或词义已经转移。在这种情况下，就要用现代汉语里的词去替换原文里的词。

例：先帝不以臣卑鄙，猥自枉屈，三顾臣于草庐之中。（《出师表》）——先帝不认为我地位低微、见识浅陋，降低自己的身份，三次到草庐来探望我。

"卑鄙"一词古今汉语都常用，但词义已转移，所以译文用"地位低微、见识浅陋"来替换它。"顾"今天不常用，译文用"探望"来替换。

4.补

补——补充。古书中的省略现象比较突出，为了完满地表达文章的内容，译文就应补出原文省略的而现代汉语又不能省略的某些词句。

例：见渔人，乃大惊，问所从来，具答之。（《桃花源记》）——（桃花源里面的人）见了渔人，竟大吃一惊，问（渔人）从哪里来，（渔人）详尽地回答了他。

5.调

调——调整。古汉语句子成分的位置与现代汉语有一些不同之处，翻译时就应根据现代汉语的语言规律作些调整。

例：忌不自信。（《邹忌讽齐王纳谏》）——邹忌不相信自己（比徐公美）。

这是宾语前置句，译时要调为"动＋宾"语序。

6.变

变——变通，在忠实于原文的基础上，对文言文中运用修辞手法的句子，根据上下文，灵活翻译。

例：振长策而御宇内。（《过秦论》）（运用比喻，如直译为"举起马鞭驾御天下"则不好理解，应意译为"用武力来统治天下。"）

附录

文言文翻译歌诀

通读全文，掌握大意。古今同义，保留不译。

句中省略，括号补齐。如遇倒装，调整语序。

偏义复词，删去衬字。同义连用，只留其一。

个别虚词，无法翻译，没有影响，不妨删去。

古今异义，辨析仔细，以古换今，要合原义。

直译为主，辅以意译。忠于原作，贯通顺利。

二、文意理解,归纳分析

近年来的技能高考文言文阅读中,客观题最后一题的考点通常要求在理解文意的基础上,能对所写人物、所述事件或所论道理进行分析与判断。该题涵盖内容广,整体把握要求高,是对文言材料中相关文意的综合考查。在这种情况下,把握该题的题型特点与解题技巧十分必要。

(一)题型特点

本题多数为"选非"型,题干多表述为"下列对原文有关内容的概括和分析,不符合文意的一项是",考查重点为概括分析。"概括"侧重对内容的提炼,"分析"侧重对内容的理解,往往要涉及整篇文章。四个选项的内容设置一般遵照原文中的先后顺序,而拼合起来往往成为很好的全文梗概,有时对原文局部细节有不解之处,通过阅读此题选项能豁然开朗,因此利用好该题选项可用来印证、补充、丰富阅读时的理解。建议完成文言文阅读题时采用"倒卷珠帘"的方式,即整体阅读后即聚焦最后一道选择题,往往有助于更好把握文段大意。

该题的错误项设置往往正误相杂,以真扰假,即在大体正确的情况下夹杂一两处不正确的表述作为干扰,因此解答时一定要注意采用"题文对照"的策略,即将每个选项还原到文中找到对应区域,每一个内容都要找到信息源,尤其要重视细节之处的仔细对照,看有无曲解。解答该题最忌的就是"题文分离",只凭阅读的模糊感觉确定答案,则会增加错误率。

(二)解题技巧

作为选择题,题目中总是需要设置一些干扰点,如果能熟悉常见的干扰设置方法,就能提高解题的正确率。文言文"概括分析"题常见的错误设置类型如下。

1.曲解词义——在转述中误释词义设置错点

对策:细辨原文中的字词在进入选项后是否发生了释义错误,要找到原句,运用语境推断法进行仔细推敲。

2.无中生有——在概括中添枝加叶设置错点

对策:细审选项中的每一个信息点在原文中是否有相关表述,要留意相关的细节,关注选项中自行添加而其实原文中并未出现的信息,这是一种查文无据、无中生有的错误。

3.错位嫁接——在概括中混淆错位设置错点

对策:梳理清楚文段中所涉及的人物、事件,并清楚前后顺序与经过,留意相关信息进入选项后是否存在因错位而出现人事混淆、顺序倒置、张冠李戴等错误。

4.偷换概念——在分析中混淆偷换概念设置错点

对策:仔细核对文段中所述的相关内容,尤其是涉及原因、是非之处,注意是否出现内容偷换、是非颠倒、强加因果等错误。

5.评析失当——在分析中错误评析设置错点

对策:整体把握文段中的人物形象与文章的感情倾向,斟酌选项中对人物、事件、道理的评析是否符合原文意图,注意评述无据或评述过度的错误。

训练1

一、阅读下面的文言文，完成后面的题。

禹、稷当平世①，三过其门而不入，孔子贤之。颜子当乱世，居于陋巷，一箪食，一瓢饮。人不堪其忧，颜子不改其乐，孔子贤之。

孟子曰："禹、稷、颜回同道。禹思天下有溺者，由己溺之也；稷思天下有饥者，由己饥之也。是以如是其急也。禹、稷、颜子易地则皆然。今有同室之人斗者，救之，虽披发缨冠②救之，可也。乡邻有斗者，披发缨冠而往救之，则惑也。虽闭户可也。"

（选自《孟子·离娄下·二十九》）

【注】 ①平世：太平时代。②缨冠：帽绳，本来是从上到下系在脖子上的，这里指因急迫来不及系在脖子上。

1.下面各项对原文的分析不正确的一项是　　　　　　　　　　　　　　（　　）

A.禹、稷处于平治之世，身膺治理洪水、教导耕稼的重责，抱着人饥己饥、人溺己溺的态度，刻不容缓地去拯救天下百姓。

B.颜回处于乱世，不在其位，不谋其政，箪食瓢饮，安贫乐道而自得旷达。

C.禹、稷与颜回的人生经历、行为特质无疑是两种不相同的形态，却得到了孔子至高的赞美。

D.孟子认为禹、稷与颜回执守着各自的原则，在这一点上他们都合乎事理，但如果将他们的时空地位互换，他们或许就会改变自己的行为。

2.把文中画横线的句子翻译成现代汉语。

人不堪其忧，颜子不改其乐，孔子贤之。

_____

_____

二、阅读下面的文言文，完成后面的题。

长乐公主①将出降②，上以公主皇后所生，特爱之，敕有司资送倍于永嘉长公主。魏征谏曰："昔汉明帝欲封皇子，曰：'我子岂得与先帝子比！'皆令半楚、淮阳。今资送公主，倍于长公主，得无异于明帝之意乎！"上然其言，入告皇后，后叹曰："妾亟闻陛下称重魏征，不知其故，今观其引礼义以抑人主之情，乃知真社稷之臣也。臣与陛下结发为夫妇，曲蒙礼教，情义深重。每将有言必俟颜色，尚不敢轻犯威严，况以人臣之疏远，乃能抗言如是，陛下不可不从也。"因请遣中使赍③钱四百缗④、绢五百匹以赐魏征，且语之曰："闻公正直，今乃见之，故以相赏。公宜常秉此心，勿转移也。"

上尝罢朝，怒曰："会须杀此田舍翁。"后问为谁，上曰："魏征每廷辱我。"后退，具朝服立于庭，上惊问其故，后曰："妾闻主明臣直，今魏征直，由陛下之明故也，妾敢不贺！"上乃悦。

（选自《资治通鉴·唐纪十》）

【注】 ①长乐公主：唐太宗嫡长女。②降：出嫁。③赍：赏赐。④缗：量词，用于古代成串的铜钱，每串一千文。

1.下列对原文的概括和分析,不符合文意的一项是　　　　　　　　　(　)

A.魏征为官,敢于直言,常常在朝廷上直言劝谏,让皇上发怒说要"会须杀此田舍翁"。

B.为了劝止皇上改变"资送倍于永嘉长公主"的做法,魏征引汉朝明帝封给皇子待遇与先帝时的做法不一样的史实,但当时皇上不以为然,还把此事告诉给皇后。

C.皇后明大义识大体,她赞赏魏征的直言敢谏,派人赐给魏征钱四百缗、绢五百匹。

D.皇后是皇上的得力助手,她给皇上说出主明臣直的道理,认为魏征的正直应该受到赞赏,皇上听了,也心悦诚服。

2.把文中画横线的句子翻译成现代汉语。

闻公正直,今乃见之,故以相赏。公宜常秉此心,勿转移也。

_____

_____

三、阅读下面的文言文,完成后面的题。

　　文侯与群臣饮酒,乐,而天雨,命驾将适野。左右曰:"今日饮酒乐,天又雨,君将安之?"文侯曰:"吾与虞人期猎,虽乐,岂可无一会期哉!"乃往,身自罢之。

　　韩借师于魏以伐赵,文侯曰:"寡人与赵,兄弟也,不敢闻命。"赵借师于魏以伐韩,文侯应之亦然。二国皆怒而去。已而知文侯以讲于己也,皆朝于魏。魏由是始大于三晋,诸侯莫能与之争。

　　使乐羊伐中山,克之,以封其子击。文侯问于群臣曰:"我何如主?"皆曰:"仁君。"任座曰:"君得中山,不以封君之弟而以封君之子,何谓仁君?"文侯怒,任座趋出。次问翟璜,对曰:"仁君也。"文侯曰:"何以知之?"对曰:"臣闻君仁则臣直,向者任座之言直,臣是以知之。"文侯悦,使翟璜召任座而反之,亲下堂迎之,以为上客。

(选自《资治通鉴》)

1.下列对文章内容理解不正确的一项是　　　　　　　　　　　(　)

A.魏文侯是个诚实守信的人,为了不违狩猎之约,弃宴亲自前往。

B.魏文侯坚持外交原则,曾惹怒了实力不弱的韩、赵两国。

C.针对魏文侯封地于子的不当做法,任座敢于仗义执言,体现了他刚直不阿的性格。

D.魏文侯一会儿"怒",一会儿"悦",若非翟璜的巧妙解说,任座定会小命难保。

2.把文中画横线的句子翻译成现代汉语。

臣闻君仁则臣直,向者任座之言直,臣是以知之。

_____

_____

四、阅读下面的文言文,完成后面的题。

　　人以必不可行之事来求我,我直指其不可而谢绝之,彼必怫然不乐。然早断其妄念,亦一大阴德也。若犹豫含糊,使彼妄生觊觎,或更以此得罪,此最造孽。人之精神力量,必使有余于事而后不为事所苦。如饮酒者,能饮十杯,只饮八杯,则其量宽然有余;若饮十五杯,则不能胜矣。

(选自张廷玉《澄怀园语》卷一)

1.下列对原文有关内容的分析与理解,**不正确**的一项是　　　　　　　　(　　)

A.做不到的事不要帮忙,要懂得直接拒绝。

B.该拒绝时不可犹豫,以免让人产生妄想。

C.给别人帮忙不恰当,反而可能害人害己。

D.替人帮忙要竭尽全力,不管能不能做到。

2.把文中画横线的句子翻译成现代汉语。

必使有余于事而后不为事所苦。

_____

_____

训练 2

五、阅读下面的文言文,完成后面的题。

元子①家有乳母为圆转之器,以悦婴儿,婴儿喜之,母聚孩孺助婴儿之乐。友人公植者,闻有戏儿之器,请见之。及见之,趋焚之。责元子曰:"吾闻古之恶圆之士歌曰:宁方为皂②,不圆为卿,宁方为污辱,不圆为显荣。次山奈何任造圆转之器,恣令悦媚婴儿?少喜之,长必好之。教儿学图且陷不义,躬自戏圆又失方正。嗟!嗟!次山入门爱婴儿之乐圆,出门当爱小人之趋圆,吾安知次山异日不言圆,行圆,以终身乎?吾岂次山之友也!"

元子召季川③谓曰:"吾自婴儿戏圆,公植尚辱我,言绝忽乎。吾与汝圆以应物,圆以趋时,非圆不预④,非圆不为,公植其操矛戟刑我乎!"

(选自元结《唐文粹》,有删改)

【注】　①元子:元结,字次山,唐代古文运动的先驱之一。②皂:皂隶,泛指从事低贱行业的人。③季川:元结的堂弟。④预:参与。

1.下列对文段相关内容的分析和理解**不正确**的一项是　　　　　　　(　　)

A.元结家的乳母做了一个能团团旋转的玩具,孩子们都很喜欢这个玩具。

B."恶圆之士"认为,宁可行为方正地做个身份低贱的人,也不愿意圆滑地求得富贵。

C.公植认为元结在家中教孩子学习图画,嬉戏玩耍,会让孩子玩物丧志。

D.元结因孩子"戏圆"之事受到公植的责骂,公植甚至表示要与他断交。

2.把文中画线的句子翻译成现代汉语。

吾安知次山异日不言圆,行圆,以终身乎?

_____

_____

六、阅读下面的文言文,完成后面的题。

司马朗字伯达,河内温人也。九岁,人有道其父字者,朗曰:"慢人亲者,不敬其亲者也。"客谢之。十二,试经为童子郎,监试者以其身体壮大,疑朗匿年,劾问。朗曰:"朗之内外,累世长大,朗虽稚弱,无仰高之风,损年以求早成,非志所为也。"监试者异之。后关东兵起,故冀州刺史李邵家居野王,近山险,欲徙居温。朗谓邵曰:"唇齿之喻,岂唯虞、虢,温与野王即是也;今去彼而居此,是为避朝亡之期耳。且君,国人之望也,今寇未至而先徙,带山之县必驻,是摇动民之心而开奸宄①之原也,窃为郡内忧之。"邵不从。边山之民果乱,内徙,或为寇钞②。

年二十二,太祖辟为司空掾属,除成皋令,以病去,复为堂阳长。其治务宽惠,不行鞭杖,而民不犯禁。迁兖州刺史,政化大行,百姓称之。虽在军旅,常粗衣恶食,俭以率下。建安二十二年,与夏侯惇、臧霸等征吴。到居巢,军士大疫,朗躬巡视,致医药。遇疾卒,时年四十七。

(选自《三国志·魏志·司马朗传》)

【注】①宄(guǐ):坏人。②钞:掠夺。

1.下列对人物的分析评价错误的一项是　　　　　　　　　　　　　　　　　(　　)
　A.司马朗少年时即能从容应对质疑,初露才华。
　B.司马朗执政不靠刑罚而靠宽厚仁慈,百姓照样不犯法,很有人格魅力。
　C.司马朗为了让军士以他为榜样,故意在军队中过着简朴的生活。
　D.当军队出现瘟疫时,司马朗能体恤下属,亲自为军士送医送药。

2.把文中画横线的句子翻译成现代汉语。
边山之民果乱,内徙,或为寇钞。

_____

七、阅读下面的文言文,完成后面的题。

许昌士人张孝基,娶同里富人女。富人只一子,不肖,斥逐之。富人病且死,尽以家财付孝基。孝基与治后事如礼。久之,其子丐于途。孝基见之,恻然谓曰:"汝能灌园乎?"答曰:"如得灌园以就食,何幸!"孝基使灌园。其子稍自力,孝基怪之。复谓曰:"汝能管库乎?"答曰:"得灌园,已出望外,况管库乎?又何幸也。"孝基使管库。其子颇驯谨,无他过。孝基徐察之,知其能自新,不复有故态,遂以其父所委财产归之。

(选自《厚德录》)

1.下列对张孝基的评价不符合文意的一项是　　　　　　　　　　　　　　　(　　)
　A.张孝基信守承诺,把岳父的丧礼操办得很风光。
　B.张孝基心地善良,见妻弟乞讨,顿生怜悯并积极给予帮助。
　C.张孝基助人有方,让妻弟灌园管库,在劳动中促其转化。
　D.张孝基为人厚道,把岳父委托给他的全部财产归还给悔过自新的妻弟。

2.把文中画横线的句子翻译成现代汉语。
孝基徐察之,知其能自新,不复有故态。

_____

八、阅读下面的文言文,完成后面的题。

记与欧公语

欧阳文忠公尝言:"有患疾者,医问其得疾之由,曰:'乘船遇风,惊而得之。'医取多年舵牙为舵公手汗所渍处,刮末杂丹砂茯神之流,饮之而愈。今《本草注·别药性论》云:'止汗,用麻黄根节及故竹扇为末服之。'"文忠因言:"医以意用药多此比,初似儿戏,然或有验,殆未易致诘也。"予因谓公曰:"以笔墨烧灰饮学者,当治昏惰耶?推此而广之,则饮伯夷之盥水,

· 169 ·

可以疗贪;食比干之馂馀,可以已佞;舐樊哙之盾,可以治怯;嗅西子之珥,可以疗恶疾矣。"公遂大笑。元祐六年闰八月十七日,舟行入颍州界,坐念二十年前见文忠公于此,偶记一时谈笑之语,聊复识之。

(选自《东坡志林》)

1.下列对选文相关内容理解不正确的一项是 （　　）

  A.欧阳文忠公指欧阳修,欧阳修谥号文忠;东坡,即苏轼。他们都是北宋文学家。

  B.医生为了治好患者的病,用到了舵工的牙和手所出的汗。

  C.作者说用相关著名人物使用过的物品可以分别"治昏惰、疗贪、已佞、治怯、疗恶疾"等,是仿照欧阳文忠公讲的故事类比推理得出的。

  D.作者乘船进入颍州地界,便想起二十年前与欧阳文忠公的一番笑谈,且把它记了下来,说明当时这番谈话妙趣横生,所以作者才印象深刻,经久不忘,言犹在耳。

2.把文中画横线的句子翻译成现代汉语。

医取多年舵牙为舵公手汗所渍处,刮末杂丹砂茯神之流,饮之而愈。

_____

_____

扫一扫,购详解

第二章　文言文整体阅读

文体精讲

文体概念↓

一、文言论说文

　　文言论说文可分为：论辩式论说文，如《论语》和《孟子》中的选文；论题式论说文，如《劝学》《师说》《六国论》等。阅读论辩式论说文，要善于抓住双方对话的话题、讨论的焦点、各自的观点。阅读论题式论说文要抓住文章的中心、作者的观点、论证的过程。

二、文言抒情类散文

　　此类文章一般从写景或叙事入手，从中抒发情感、阐发道理。阅读时，首先要明确文章抒发情感的方式：有的文章借景抒情，有的文章叙事抒情。其次要把握文中的情感。阅读时，要注意作者所描写的景物或所叙述的事情，把握景物的特点或事情的经过，从把握情感基调，理清写作思路入手，进而领会其中蕴含的情感。同时要关注一些体现情感的关键语句。

三、文言传记文

　　从近年技能高考的命题来看，文言文阅读多是简短的人物传记。阅读时要理清文中所记传主的事例，把握传主的经历，从中概括出人物的性格、品质，分析文中隐含的道理或作者的观点。如果文章涉及的人物和事件比较多，还要注意理清人物之间的关系，事件的前因后果等。此外，阅读时还要注意一些写作手法的运用。

题型示例↓

　　例1　（2018年湖北技能高考卷）阅读下面一段文言文，完成后面的题。

　　齐威王、魏惠王会田于郊。惠王曰："齐亦有宝乎？"威王曰："无有。"惠王曰："寡人国虽小，尚有径寸之珠，照车前后各十二乘者十枚。岂以齐大国而无宝乎？"威王曰："寡人之所以为宝者，与王异。吾臣有檀子者，使守南城，则楚人不敢为寇，泗上十二诸侯皆来朝；吾臣有盼子者，使守高唐，则赵人不敢东渔于河；吾吏有黔夫者，使守徐州，则燕人祭北门，赵人祭西门，徙而从者七千余家；吾臣有种首者，使备盗贼，则道不拾遗。此四臣者，将照千里，岂特十二乘哉！"惠王有惭色。

　　1.对下列语句中加点词语的解释，不正确的一项是　　　　　　　　（　　）

　　　　A.尚有径寸之珠　　　　　　　　　　径：直径

　　　　B.徙而从者七千余家　　　　　　　　徙：迁徙

　　　　C.使备盗贼　　　　　　　　　　　　备：防备

　　　　D.岂特十二乘哉　　　　　　　　　　特：特别

　　【试题答案】　D

　　【试题分析】　此题考查对文言文常见实词的理解。A项考查实词"径"，这里是"直径"

之意;B项中"徙"作动词,意思是"移动,迁徙";C项"备"作动词,翻译为"防备";D项"特"是"仅,只"的意思。由此可选D项。

2.下列各项中,加点字的意思和用法与"齐威王、魏惠王会田于郊"中的"于"相同的一项是 （ ）

A.非抗于九国之师也。(《过秦论》)　　　B.乃设九宾于廷。(《廉颇蔺相如列传》)

C.不拘于时,学于余。(《师说》)　　　D.多于九土之城郭。(《阿房宫赋》)

【试题答案】 B

【试题分析】 本题考查的是常见虚词"于"的意思和用法。"于"字做虚词主要为介词。例句中的"于"做介词,引进与动作行为有关的处所,"在"的意思。A项"于"做介词,引进比较的对象,表示程度的比较,"比"的意思;B项"于"和例句一样,做介词,引进与动作行为有关的处所,"在"的意思;C项"于"在被动句中引进动作行为的主动者,表示被动;D项"于"做介词,引进比较的对象,表示程度的比较,"比"的意思。因此选择B项。

3.下列对这段文言文的理解,不恰当的一项是 （ ）

A.魏惠王以珠玉为宝。　　　B.齐威王以贤臣能将为宝。

C.魏惠王玩物丧志,昏庸无道。　　　D.齐威王重用人才,治国安邦。

【试题答案】 C

【试题分析】 A项由文章中魏惠王的话可看出;B项由文中齐威王的回答可看出;D项由齐威王所说的,克制他重用人才,而C项未在文中涉及,因此选择C项。

4.把文中画横线的句子翻译成现代汉语。

寡人之所以为宝者,与王异。

【参考答案】 我所认为的宝物的标准,与大王您不同。

【试题分析】 根据文章的语境,了解句子大意,准确理解关键字词,"所以"指"用来……","为宝"译为"衡量宝贝","异"是不同的意思。

例2 (2017年湖北技能高考卷)阅读下面一段文言文,完成后面的题。

娄师德在河陇,前后四十余年,恭勤不怠,民夷安之。性沉厚宽恕,狄仁杰之入相也,师德实荐之;而仁杰不知,意颇轻师德,数挤之于外。太后觉之,尝问仁杰曰:"师德贤乎?"对曰:"为将能谨守边陲,贤则臣不知。"又曰:"师德知人乎?"对曰:"尝同僚,未闻其知人也。"太后曰:"朕之知卿,乃师德所荐也,亦可谓知人也。"仁杰既出,叹曰:"娄公盛德,我为其所包容久矣。吾不得窥其际也。"

1.对下列语句中加点词语的解释,不正确的一项是 （ ）

A.意颇轻师德　　　　　　　意:心里

B.尝问仁杰曰　　　　　　　尝:经常

C.乃师德所荐也　　　　　　乃:是

D.仁杰既出　　　　　　　　既:已经,……之后

【试题答案】 B

【试题分析】 此题考查对文言文常见实词和虚词的理解。A项考查实词"意",这里是运用的本意"心思,心里"之意;B项中"尝"在表过去的时间,意思是"曾经";C项"乃"作副词,表判断,翻译为"是";D项"既"作副词,表示已完成,"已经"的意思。由此可选B项。

2.下列语句中,加点"之"字的用法不同于其他三项的一项是 （　　）

　　A.狄仁杰之入相也　　B.师德实荐之　　　C.数挤之于外　　　D.太后觉之

【试题答案】　A

【试题分析】　本题考查的是常见虚词"之"的意思和用法。"之"字做虚词主要为代词或助词。根据词性来判断可看出 A 项中的"之"做助词,用在主谓间,取消句子的独立性;B 项"之"为代词,代狄仁杰;C 项"之"为代词,代娄师德;D 项的"之"是代词,指代的是太后发觉狄仁杰轻视娄师德并排挤他。A 项用法与其他三项不同,因此选择 A 项。

3.下列对娄师德的评价,不符合原文的一项是 （　　）

　　A.谦虚勤勉　　　　B.为人宽厚　　　　C.举贤荐能　　　　D.不计前嫌

【试题答案】　D

【试题分析】　A 项由文章"恭勤不怠,民夷安之"可看出;B 项文中"性沉厚宽恕"也可看出;C 项由娄师德举荐狄仁杰这件事可看出;D 项未在文中出现,因此选择 D 项。

4.把文中画横线的句子翻译成现代汉语。

为将能谨守边陲,贤则臣不知。

────────────────────────────

【参考答案】　(他)作为将领能小心防守边疆,(至于)是否贤能我就不知道了。

【试题分析】　这个句子是一个省略句,承前省略主语"他",在翻译时要补全;另外"为"字作动词,翻译成"作为";"贤则"翻译为"贤能与否",然后综合全句将各个词语的意思"连"起来。

方法指导

《考试大纲》要求:阅读浅易的古代诗文。

所谓浅易的文言文,是与"艰深"相比较而言的。

1.从用词看,主要使用文言常用词与次常用词;非常用词出现机会较少,即使有,一般都会加以注释,或者估计它不会妨碍对全文的理解,也可绕过它去命题,在题目中不涉及这些难字生词。

2.从文体看,多选用记叙性文章,且多为人物传记。

3.从内容涉及的范围看,同古代文化背景知识的联系较为松散,很少用典。

4.从整体文风看,都是较典范的文言作品,语言朴实、明白。

文言文阅读是对文言文综合知识的考查,它对考生的要求较为全面,包括文言实词、文言句式、翻译和文意理解等多个方面。

一、阅读步骤

第一步:通读浏览,了解大意。

阅读文言文文段,要带着"什么人""做了什么事""结果怎样""为什么"等问题对文段进行研读。阅读中,对文段中的人名、地名、官名、物名、典章等要尽可能地标出;对理解文段起关键作用的词句,要联系上下文进行推导;要注意文言代词的指代对象及文段后的注释。

第二步:借助题干,快速解题。

充分利用题目中的有效信息,准确了解文章的内容、主旨及重点的字、词、句。尤其要认真阅读最后一道有关内容分析的题目,有助于快速把握文段主旨。

二、解题方法

1.词义辨析题

分析字形,辨明字义。从字音、字形推测通假字,如"知明而行无过矣"的"知";用互文见义对照解释前后词;联系上下文,将给出的词义带进原文,通顺就对,不通顺就错;遇到解释不通的字词考虑地名、人名、官名,通假或者活用。另外,古代多单音节词,阅读中看到类似于现代汉语双音节的词,应尽可能分开理解,如"操虽托名汉相,其实汉贼也"中"其实"与现代汉语中的"其实"形同异义,应该拆开译为"他/实际上"。

2.句式辨析题

把握常见的句式尤其是特殊句式的类型、特点;依据上述知识,联系句子或词语的意思,对句子进行语法分析;仔细审题,依据题目要求,仔细比较选项,准确分析其异同。

3.内容理解题

找出文段中与选项解释相对应的语句,一一对应,总体把握文意。注意选项在叙述或分析时设置的顺序颠倒、无中生有等陷阱,还要注意人物事迹是否张冠李戴,事件的时间是否准确,人物性格陈述是否恰当。

4.语句翻译题

牢牢记住"直译为主,字字落实;意译为辅,文通字顺"的翻译原则。

考生在平时的阅读训练中,要学会运用代入法、比较法、排除法和反证法等解题方法。

5.分析问答题

对于文章的思路及内容,要有整体的把握;同时,要注意细节;在理解原句的基础上,用自己的语言进行综合梳理,有理有据地回答问题。

对 点 训 练

训练1

一、阅读下面一段文言文,完成后面的题。

庖丁解牛

庖丁为文惠君解牛,手之所触,肩之所倚,足之所履,膝之所踦,砉然响然,奏刀騞然,莫不中音,合于《桑林》之舞,乃中《经首》之会。

文惠君曰:"嘻,善哉!技盖至此乎?"

庖丁释刀对曰:"臣之所好者道也,进乎技矣始臣之解牛之时,所见无非牛者;三年之后,未尝见全牛也。方今之时,臣以神遇而不以目视,官知止而神欲行。依乎天理,批大郤,导大窾,因其固然,技经肯綮之未尝,而况大軱乎?良庖岁更刀,割也;族庖月更刀,折也。今臣之刀十九年矣,所解数千牛矣,而刀刃若新发于硎。彼节者有间,而刀刃者无厚;以无厚入有间,恢恢乎其于游刃必有余地矣,是以十九年而刀刃若新发于硎。虽然,每至于族,吾见其难为,怵然为戒,视为止,行为迟。动刀甚微,謋然已解,如土委地。提刀而立,为之四顾,为之踌躇满志善刀而藏之。"

文惠君曰:"善哉!吾闻庖丁之言,得养生焉。"

(选自《庄子·养生主》)

174

1.对下列语句中加点词语的解释,不正确的一项是　　　　　　　　　　　（　　）

A.乃中《经首》之会　　中:合乎　　　　B.技盖至此乎　　盖:何,怎样

C.技经肯綮之未尝　　技:技术　　　　D.如土委地　　　委:卸落

2.下列各组句子中,加点的字的意义和用法相同的一组是　　　　　　　（　　）

A.足之所履,膝之所踦　　　　　　　　别其官属常惠等各置他所

B.进乎技矣　　　　　　　　　　　　君子博学而日参省乎己(《劝学》)

C.因其固然　　　　　　　　　　　　因利乘便

D.善刀而藏之　　　　　　　　　　　爱其子,择师而教之(《师说》)

3.下列对原文有关内容的分析和概括,不正确的一项是　　　　　　　　（　　）

A.本文选自《庄子·养生主》,《庄子》是庄周和他的门人以及后学的著作,是道家学派的重要作品。

B.庖丁解牛是一个寓言故事,庄子通过这个寓言故事来说明养生的道理,生动直观,使抽象的道境形象化。

C.文章先后用了三种反差鲜明的对比来进行说理:一为庖丁解牛之初与三年之后的对比,二为庖丁与普通厨工的对比,三是将庖丁解牛与文惠君治国对比。

D.文章先写庖丁解牛的熟练动作和美妙音响,再写文惠君的夸赞,引出庖丁对自己追求的道的解说,以此表明主旨,条理清楚,层次分明。

4.把文中画横线的句子翻译成现代汉语。

方今之时,臣以神遇而不以目视,官知止而神欲行。

_____

_____

二、阅读下面一段文言文,完成后面的题目。

先生为给事中①,与常侍高堂隆、骁骑将军秦朗争论于朝,言及指南车。二子谓古无指南车,记言之虚也。先生曰:"古有之。未之思耳,夫何远之有?"二子哂之曰:"先生名钧,字德衡。钧者器之模②,而衡者所以定物之轻重,轻重无准而莫不模哉!"先生曰:"虚争空言,不如试之易效也。"于是二子遂以白明帝。诏先生作之,而指南车成。此一异也。

居京师,都城内有地可以为园,患无水以溉。先生乃作翻车③,令童子转之,而灌水自覆,更入更出,其功百倍于常。此二异也。

（选自《三国志·杜夔传》注引《马钧传》）

【注】①给事中:皇帝左右的一种侍从官。②器之模:陶器的模型。③翻车:龙骨水车。

1.下列句中加点字的意思相同的一项是　　　　　　　　　　　　　　　（　　）

A.二子谓古无指南车　　　　　　　(徐庶)谓先主曰:"诸葛孔明者……"

B.于是二子遂以白明帝　　　　　　往来无白丁

C.患无水以溉　　　　　　　　　　又患无硕师名人与游

D.而灌水自覆,更入更出　　　　　湖中焉得更有此人

2.下列句中加点字的意义和用法相同的一项是　　　　　　　　　　　（　　）

A.其功百倍于常　　　　　　　　　受地于先王,愿终守之

B.先生为给事中　　　　　　　　　吴广为都尉

C.令童子转之,而灌水自覆　　　　　　面山而居

D.都城内有地可以为园　　　　　　　　策之不以其道

3.下列对文章内容理解不正确的一项是　　　　　　　　　　　　　　　　（　　　）

　　A.文章讲述了马钧的两件奇事:一是相信古有指南车并亲自做成了指南车;另一件是
　　　　制作出了外形奇特、功能奇多的水车。

　　B.高秦二人与马钧争论的焦点是古代有无指南车,争论中,高秦二人转移话题,用马
　　　　钧的名与字来嘲笑他。

　　C.面对高秦二人的嘲笑,马钧认为说空话无用,不如用实验证明;并用做成指南车的
　　　　事实有力地回击了他们。

　　D.从文中的两个小故事中可以看出马钧是一个勤于思考、乐于实践、富有创造力的人。

4.把文中画横线的句子翻译成现代汉语。

未之思耳,夫何远之有?

_____

_____

三、阅读下面一段文言文,完成后面的题目。

　　道同,河间人,其先蒙古族也,事母以孝闻。洪武初,荐授太常司赞礼郎,出为番禺知县。
番禺故号烦剧,而军卫尤横,数鞭辱县中佐吏,前令率不能堪。同执法严,非理者一切抗弗
从,民赖以少安。未几,永嘉侯朱亮祖至,数以威福撼同,同不为动。土豪数十辈抑买市中珍
货,稍不快意,辄巧诋以罪。同械其魁通衢,诸豪争赂亮祖求免。亮祖置酒召同,从容言之。
同厉声曰:"公大臣,奈何受小人役使!"亮祖不能屈之也。他日,亮祖破械脱之,借他事笞同。
富民罗氏者,纳女于亮祖,其兄弟因怙势为奸。同复按治,亮祖又夺之去,同积不平,条其事
奏。未至,亮祖先劾同讪傲无礼状。帝不知其由,遂使使诛同。会同奏亦至,帝悟,以为同
职甚卑,而敢斥言大臣不法事,其人骨鲠可用,复使使宥之。两使者同日抵番禺,后使者甫
到,则同已死矣。县民悼惜之,或刻木为主祀于家,卜之辄验,遂传同为神云。当同未死时,
布政使徐本素重同。同方答一医未竟,而本急欲得医,遣卒语同释之。同岸然曰:"徐公乃亦
效永嘉侯耶?"答竟始遣。自是上官益严惮,然同竟以此取祸。

　　　　　　　　　　　　　　　　　　　　　　　　　　　　　　　　　　　(选自《明史》)

1.下列各句中加点词语的意义,与现代汉语不相同的一项是　　　　　　　　　（　　　）

　　A.亮祖置酒召同,从容言之　　　　　　　B.其兄弟因怙势为奸

　　C.而敢斥言大臣不法事　　　　　　　　　D.后使者甫到,则同已死矣

2.下列各句中加点的虚词的意义和用法相同的一项是　　　　　　　　　　　（　　　）

　　A.①事母以孝闻　　　　　　　　　　　　②永嘉侯朱亮祖至,数以威福撼同

　　B.①同不为动　　　　　　　　　　　　　②遂传同为神云

　　C.①富民罗氏者,纳女于亮祖　　　　　　②或刻木为主祀于家

　　D.①以为同职甚卑,而敢斥言大臣不法事　②同方答一医未竟,而本急欲得医

3.下列对原文的叙述和分析,不正确的一项是　　　　　　　　　　　　　　（　　　）

　　A.番禺过去社会环境混乱,而且防守的军士特别骄横。道同担任知县后执法威严,这
　　　　样百姓依靠他才逐渐安定下来。

B.道同严惩不法土豪,严词拒绝当时权贵朱亮祖的说情。道同也因此遭到朱亮祖的报复。

C.皇帝看到道同的奏本后才明白事情的原委,可最终,道同还是因为皇帝的命令而被错杀了。

D.道同在世时是有求必应,因此,百姓纷纷传说道同为神灵。道同死后,百姓纷纷悼念他,有的甚至将道同的牌位立在家中,以寄托哀思。

4.把文中画横线的句子翻译成现代汉语。

同厉声曰:"公大臣,奈何受小人役使!"亮祖不能屈之也。

_____

_____

四、阅读下面一段文言文,完成后面的题目。

【甲】纪渻子为王养斗鸡。十日而问:"鸡已乎?"曰:"未也,方虚骄而恃气。"十日又问,曰:"未也,犹应响影。"十日又问,曰:"未也,犹疾视而盛气。"十日又问,曰:"几矣。鸡虽有鸣者,已无变矣。望之,似木鸡矣,其德全矣,异鸡无敢应者,反走矣。"

(选自《庄子·达生》)

【乙】楚人有习操舟者,其始折旋疾徐,惟舟师之是听。于是小试洲渚之间,所向莫不如意,遂以为尽操舟之术。遽谢舟师,椎鼓速进,亟犯大险,乃四顾胆落,坠桨失舵。然则以今日之危者,岂非前日之幸乎?

(选自明代刘元卿《贤弈编》)

1.下列各句中加点字词的意义,与现代汉语相同的一项是 ( )

A.鸡虽有鸣者   B.异鸡无敢应者,反走矣

C.遂以为尽操舟之术   D.岂非前日之幸乎

2.下列各句中加点虚词的意义和用法不相同的一项是 ( )

A.①方虚骄而恃气   ②犹疾视而盛气

B.①其德全矣   ②其始折旋疾徐

C.①望之,似木鸡矣   ②遂以为尽操舟之术

D.①鸡已乎   ②岂非前日之幸乎

3.下列对原文的叙述和分析,不正确的一项是 ( )

A.【甲】文中"其德全矣"一个"德"字,点出了本文的主旨,本文表面上是写斗鸡,实际上是在规劝国君。

B.【甲】文通过训练斗鸡的故事,意在提醒人们,特别是君王:做人要注重修炼内功,不怒自威;治国要把骄傲浮躁收敛起来,把力量气势凝聚于内,才能不战而屈人之兵。

C.【乙】文通过楚人学舟的故事,告诉我们无论是学习还是工作,都不能浅尝辄止,而应该不断进取。

D.【甲】【乙】两文在写法、构思上都有相同之处,都有情节,有人物,有对话,有描述,以小见大,寓意发人深省。

4.把文中画横线的句子翻译成现代汉语。

椎鼓速进,亟犯大险,乃四顾胆落,坠桨失舵。

_____

_____

训练2

五、阅读下面一段文言文,完成后面的题目。

【甲】吕蒙字子明,汝南富陂人也。少南渡,依姊夫邓当。当为孙策将,数讨山越。蒙年十五六,窃随当击贼,当顾见大惊,呵叱不能禁止。归以告蒙母,母恚欲罚之,蒙曰:"不探虎穴,安得虎子?"母哀而舍之。

鲁肃代周瑜,过蒙屯下。肃意尚轻蒙,或说肃曰:"吕将军功名日显,不可以故意待也,君宜顾之。"遂往诣蒙。酒酣,蒙问肃曰:"君受重任,与关羽为邻,将何计略,以备不虞①?"肃造次②应曰:"临时施宜。"蒙曰:"今东西虽为一家,而关羽实虎熊也,计安可不豫定?"因为肃画五策。肃于是越席就之,拊③其背曰:"吕子明,吾不知卿才略所及乃至于此也。"

（选自《三国志·吴志·吕蒙传》,有改动）

【乙】蒙始就学,笃志不倦,其所览见,旧儒不胜。鲁肃过蒙言议,曰:"吾谓大弟但有武略耳,至于今者,学识英博,非复吴下阿蒙。"蒙曰:"士别三日,即更刮目相待。"

（节选自裴松之注引《江表传》,有改动）

【注】 ①虞:意料,预料。②造次:鲁莽,轻率。③拊(fǔ):抚摩。

1.对下列语句中加点词语的解释,不正确的一项是 （　　）

    A.数讨山越　　　　　　　　　　　　数:屡次

    B.窃随当击贼　　　　　　　　　　　窃:私自

    C.遂往诣蒙　　　　　　　　　　　　诣:拜访

    D.因为肃画五策　　　　　　　　　　因:因此

2.与"归以告蒙母"中"以"字的意义和用法相同的一项是 （　　）

    A.以钱币乞之　　　　　　　　　　　B.温故而知新,可以为师矣

    C.仁以为已任　　　　　　　　　　　D.此独以跛之故,父子相保

3.下面对两段文字理解有误的一项是 （　　）

    A.鲁肃对吕蒙原先比较轻视,后来吕蒙出了五个计谋之后,转为尊重和亲近。

    B.从两段文字看,吕蒙是一个勇而有谋、文武双全、勤奋好学、学而有成的人。

    C.甲段文字中,吕蒙的母亲要惩罚他的原因是他做了山贼。

    D.从两段文字看,鲁肃所重视的人才必须既有武略,也有学识。

4.把文中画横线的句子翻译成现代汉语。

吕将军功名日显,不可以故意待也。

_____

_____

六、阅读下面一段文言文,完成后面的题目。

高祖击布时,为流矢所中,行道病。病甚,吕后迎良医,医入见,高祖问医,医曰:"病可治。"于是高祖嫚骂之曰:"吾以布衣提三尺剑取天下,此非天命乎?命乃在天,虽扁鹊何益!"遂不使治病,赐金五十斤罢之。

（选自《史记·项羽本纪》）

1.下列词语中,加点字的解释不正确的一项是 （　　）

    A.为流矢所中　　　　　　　　　　　矢:箭

B.虽扁鹊何益　　　　　　　　　　虽:虽然

C.吾以布衣提三尺剑取天下　　　布衣:百姓

D.高祖击布时　　　　　　　　　　击:攻打

2.下列句中加点的虚词的意义和用法说明正确的一项是　　　　　　　（　　）

①为流矢所中　　　　　　　　　②飨士卒,为击破沛公军

③吾以布衣提三尺剑取天下　　　④久之,能以足音辨人

　　A.①②相同,③④相同　　　　　　B.①②不同,③④相同

　　C.①②相同,③④不同　　　　　　D.①②不同,③④不同

3.下列对原文内容分析和理解错误的一项是　　　　　　　　　　　　（　　）

　　A.高祖认为自己的伤很重,即使扁鹊在世也治不好,更何况是吕后请的医生。

　　B.高祖在攻打布时,被流箭射中,在行军途中病倒了。

　　C.吕后为高祖请来良医为他治病,但高祖大骂良医,最后却给了医生五十斤金子。

　　D.高祖认为自己是凭借天命而得到天下的。

4.把文中画横线的句子翻译成现代汉语。

吾以布衣提三尺剑取天下,此非天命乎? 命乃在天,虽扁鹊何益!

_____

_____

七、阅读下面一段文言文,完成后面的题目。

乐以天下,忧以天下

　　齐宣王见孟子于雪宫①,王曰:"贤者亦有此乐乎?"

　　孟子对曰:"有。人不得,则非其上②矣。不得而非其上者,非也;为民上而不与民同乐者,亦非也。乐民之乐者,民亦乐其乐;忧民之忧者,民亦忧其忧。乐以天下,忧以天下;然而不王者,未之有也。"

(选自《孟子·梁惠王下》)

【注】 ①雪宫:齐宣王玩乐的郊外别墅。②非其上:即以其上为非,认为他们的统治不对。

1.对下列加点词的解释,不正确的一项是　　　　　　　　　　　　　（　　）

　　A.贤者亦有此乐乎　　　　　　　乐:快乐

　　B.乐民之乐者　　　　　　　　　乐:以……为乐

　　C.不得而非其上者　　　　　　　上:上面

　　D.然而不王者　　　　　　　　　王:称王

2.下列"以"字与"乐以天下"中的"以"意义和用法相同的一项是　　（　　）

　　A.不以物喜,不以己悲　　　　　　B.医之好治不病以为功

　　C.策之不以其道　　　　　　　　　D.威天下不以兵革之利

3.下列各项对这段文字理解不正确的一项　　　　　　　　　　　　（　　）

　　A.本文表达的是为政者要以承担天下苍生的疾苦为己任,关注天下人民百姓的欢乐。

　　B.从文中可以看出,孟子主张统治者应与民同乐,与民同忧。

　　C.宋人范仲淹传诵千古的名句"先天下之忧而忧,后天下之乐而乐"正是从孟子这里
　　　的"乐以天下,忧以天下"而生发出来的。

D."乐以天下,忧以天下",较为完整地显示了孟子政治学说中的民本主义思想

4.把文中画横线的句子翻译成现代汉语。

为民上而不与民同乐者,亦非也。

_____

_____

八、阅读下面一段文言文,完成后面的题目。

【甲】华歆、王朗俱乘船避难,有一人欲依附,歆辄难之。朗曰:"幸尚宽,何为不可?"后贼迫至,王欲舍所携人。歆曰:"本所以疑,正为此耳。既已纳其自托,宁可以急相弃邪?"遂携拯如初。世以此定华、王之优劣。

【乙】荀巨伯远看友人疾,值胡贼攻郡。友人语巨伯曰:"吾今死矣,子速去!"巨伯曰:"远来相视,子令吾去,败义以求生,岂荀巨伯所行邪?"贼既至,谓巨伯曰:"大军至,一郡尽空;汝何男子,而敢独止?"巨伯曰:"友人有疾,不忍委之,宁以我身代友人命。"贼相谓曰:"我辈无义之人,而入有义之国。"遂班军而还,一郡并获全。

(选自刘义庆《世说新语》)

1.对下列语句中加点词语的解释,不正确的一项是 ( )

A.有一人欲**依附**　依附:依傍附从　　B.不忍**委**之　委:委托,托付

C.遂**携拯**如初　携拯:携带救助　　D.歆辄**难**之　难:以……为难

2.下列各句中,与"我辈无义之人,而入有义之国"中的"而"字用法相同的一项是 ( )

A.蟹六跪而二螯(《劝学》)

B.遂班军而还

C.劳苦而功高如此,未有封侯之赏(《鸿门宴》)

D.其势弱于秦,而犹有可以不赂而胜之之势(《六国论》)

3.下列各句中与所给例句的文言句式相同的一项是 ( )

例:幸尚宽,何为不可?

A.私见张良具告以事(《鸿门宴》)

B.古之人不余欺也(《石钟山记》)

C.求人可使报秦者未得(《廉颇蔺相如列传》)

D.洎牧以谗诛(《六国论》)

4.把文中画横线的句子翻译成现代汉语。

远来相视,子令吾去,败义以求生,岂荀巨伯所行邪?

_____

_____

扫一扫,购详解

古诗词鉴赏

第一章　古诗词考点讲练

考 情 精 析

年份	标题/出处	体裁	题号	题型	能力层级	考纲考点	设问类型	分值
2018 年	贺铸《望书归》	宋词	14(1)	简答题	鉴赏评价 D	鉴赏作品的形象	词中描绘了一个怎样的妇女形象？	3分
			14(2)	简答题	鉴赏评价 D	赏析作品的表达技巧	这首词运用了以小见大的艺术手法，请结合作品简要说明。	3分
2017 年	江总《于长安归还扬州，九月九日行薇山亭赋韵》	五言古体诗	14(1)	简答题	鉴赏评价 D	评价作品情感	抒发了诗人什么样的感情	3分
			14(2)	简答题	鉴赏评价 D	赏析作品的表达技巧	采用了虚实结合的手法，请简要分析	3分
2016 年	曾巩《城南》	七言绝句	14(1)	简答题	鉴赏评价 D	鉴赏作品中的形象内容	这首诗写出了"雨"怎样的特点	2分
			14(2)	简答题	鉴赏评价 D	赏析作品的表达技巧	诗的三、四句主要运用了对比的手法，请具体说明	4分
2015 年	贾岛《代旧将》	五言律诗	14(1)	简答题	鉴赏评价 D	鉴赏作品中的人物形象内容	诗中的老将军是一个怎样的人？	3分
			14(2)	简答题	鉴赏评价 D	赏析作品中的表达技巧	诗中有多处运用了细节描写请写出一处加以简析	3分
小结	从近四年考题情况看，诗歌鉴赏类题目选材广泛，体裁丰富，律诗、绝句和古体诗都进入出题范围。题量、题型比较稳定，表达技巧型和分析形象类的题目考查相对频繁，其他考点在历年考题中均有涉及。2019 年技能高考考纲对诗歌鉴赏考查范围进行重新界定，具体表述为：理解诗词句意，领悟思想感情，鉴赏表达技巧。能力层级为 D 级							

第一节　诗歌的内容理解

考点精讲

题型示例

例1　(2016年湖北省技能高考卷)阅读下面的宋诗,然后回答问题。

城　南

(宋)曾巩

雨过横塘水满堤,乱山高下路东西。

一番桃李花开尽,惟有青青草色齐。

诗的一、二句写出了"雨"怎样的特点?

【参考答案】　雨大势猛。

【试题分析】　本题考查的是归纳诗中"雨"的特点。从诗歌前两句"雨过横塘水满堤,乱山高下路东西"中可见当时下雨的情形。一场大雨,池塘里的水都溢满了,水流从山上肆意的流淌下来,雨下的既大又猛。抓住前两句诗歌内容是解题关键。

例2　(2015年湖北技能高考卷)阅读下面的唐诗,然后回答问题。

代旧将[①]

(唐)贾岛

旧事[②]说如梦,谁当信老夫。

战场几处在,部曲[③]一人无。

落日收[④]病马,晴天晒阵图。

犹希[⑤]圣朝用,自镊白髭须。

【注】　①代旧将:摹拟一位退休老将军的口吻说话。②旧事:昔日挥戈沙场的事。③部曲:部下,此指退休后的情景。④收:驱马入栏。⑤希:希望。

诗中的老将军是一个怎样的人?

【参考答案】　这是一位虽已退伍闲居,但仍然壮心不已的老将军。他难以忘却当年驰骋沙场的往事,盼望有朝一日能为国效力。

【试题分析】　本题要求考生能正确理解诗歌内容,通过对"旧事""战场""部曲"等词语的理解,对人物退伍闲居的身份进行界定,最后四句中"收病马""晒阵图""犹希用""镊髭须"等事件则从老将军的日常生活及动作心态写起,刻画了一个虽然年老离开了沙场,却仍时时不忘为国效力的人物形象。本题解题的关键是理解诗歌内容,理解具体词语的含义,从而筛选出与人物相符的信息,归纳出答案。

方法指导

理解诗歌内容既包括对诗歌整体内容的把握,也包括对具体诗句句意和词意的理解。

一、解读诗歌内容的方法

(一)关注文本

1.判断诗歌的题材

诗歌的题材是诗歌内容的集中体现。每一种题材的诗歌所展示的内容是不同的。例如,托物言志诗内容上以某一物为描写对象,抓住某些特征着意描摹,由物到人,由实到虚,写出精神品格进而表达作者的某种情感。因此学会判断诗歌的题材是把握诗歌内容的重要方法。

2.寻找诗歌的意象

大多数诗歌是由一个个的意象构成的。分析理解诗歌内容关键是理解诗歌中描写的意象,包括景物形象、事物形象和人物形象。由形象入手,抓住形象特点进而理解诗歌内容。

3.分析诗中关键语句

诗歌里面的关键语句、诗眼或题眼往往是理解诗歌内容,把握诗歌句意的关键。这些关键性的语句或许是诗中表现情感的词语,或许是一个动词、形容词,或许是起承上启下的句子,分析这些关键性的语句正是分析诗歌内容的着手点。

(二)关注背景

1.明确注释中点明的时代背景

诗歌是一定文化背景下的产物,具有鲜明的时代特征。鉴赏诗歌要注意从注释中筛选背景信息,寻找诗歌创作的事实依据,进而了解诗人创作的意图,从整体上把握诗歌内容。

2.了解诗人的人生经历

根据平时所学习的诗歌,了解作者的身世经历、终生志向,然后进行综合思考,不遗漏要点。

(三)关注诗题

诗歌的题目是诗歌内容的概括,分析诗歌的题目有助于把握诗歌的内容。有的题目点明了诗歌描写的对象,有的点明了所写的事情或背景,有的则点明或暗示感情。学会从题目入手分析诗歌内容。

二、理解诗歌内容常见设问方式

1.请结合诗歌内容,分析诗歌中塑造了一个什么形象?

2.请概括诗歌(或第几句)的内容。

3.诗歌的第……句为我们描绘了一幅……图景,请分析其具体内容。

4.这首诗描绘了一幅怎样的画面(营造了什么样的意境)?

5.请解释某词在诗句中的含义。

6.某词是全诗的关键,为什么?

7."诗眼"往往是指一首诗或一句诗中最精炼传神的一个字。请找出诗中的关键词,并简要分析。

三、理解诗歌内容答题步骤和答题模板

(一)人物形象类题型

1.答题步骤

步骤一:概括人物形象特点,采用"性格+身份"的格式。(定身份)

步骤二:结合诗句分析形象特征的表现。(定特征)

步骤三:概括形象的意义。(定意义)

2.答题模板

本诗塑造了一个_____的形象。诗中人物_____(有何特征),诗歌通过这一形象表达了_____情感(感慨等)

例如:

诉衷情

(宋)陆游

当年万里觅封侯,匹马戍梁州。关河梦断何处?尘暗旧貂裘。 胡未灭,鬓先秋,泪空流。此生谁料,心在天山,身老沧洲①。

【注】 ①沧洲:水边,古时隐者所居之地。陆游晚年居于绍兴镜湖边的三山。

说说词中塑造了一个什么样的人物形象?

【参考答案】 本词描写了一个被闲置不用的抗金英雄形象。(步骤一)词中人物曾经金戈铁马,驰骋疆场,现在虽被弃置不用,但仍胸怀报国之志,心系抗金前线。(步骤二)词作通过这一形象的塑造,表达了自己壮志未酬、报国无门的感慨。(步骤三)

【试题分析】 解答该题首先抓住人物形象特点。上片开头以"当年"二字切入对往日豪放军旅生活的回忆,下片则进一步抒写理想与现实的矛盾,跌入更深沉的浩叹,悲凉化为沉郁。整首词在回忆和现实中交错展开,把词人的人生经历、情感变化表述得淋漓尽致,一个被闲置不用却仍思报国的抗金英雄形象被真实地展现出来。

(二)事物形象类题型

1.答题步骤

步骤一:概括物象的特点。(定形象)

步骤二:挖掘内在品格、精神。(定特征)

步骤三:抓住物与志的"契合点",点明作者意欲何为,情为何端。(定意义)

2.答题模板

本诗运用_____表现手法,通过(借)对_____的描写,为我们塑造了一个_____的形象,从而表达了(传达了)_____的情感(道理等)。

例如:

早 梅

(唐)张谓

一树寒梅白玉条,迥临村路傍溪桥。

不知近水花先发,疑经冬雪未销。

诗人描写了什么样的梅的形象?借梅展示了怎样的自我形象?

【参考答案】 本诗展现了早梅耐寒而立、迎风而发、不竞逐尘世、冰清玉洁的形象。(步骤一)"寒"字点明早梅生存条件的恶劣,"迥"字表现出早梅的孤单;"白玉条"之喻,疑梅为雪之错觉,鲜明地表现出早梅冰清玉洁之质。(步骤二)作者以梅自喻,展示了一个孤寂傲世、坚韧刚强、超凡脱俗的自我形象。(步骤三)

【试题分析】 本诗通过对梅花开放之时的颜色、姿态、外形、气质以及生长环境的描写，为我们塑造了耐寒独立、迎风而发、不竞逐尘世、冰清玉洁的早梅形象。从而展示了作者孤寂傲世、坚韧刚强、超凡脱俗的自我形象。

(三)景物形象类题型

1.答题步骤

步骤一:用一两个双音节词概括景物(意境)特点。(定形象)

步骤二:描绘诗中展现的图景画面,展开联想和想象进行再创造。(定画面)

步骤三:分析作者的思想感情。(定情感)

2.答题模板

这首诗运用_____手法,描绘了一幅_____的画面(图景),诗中景物_____,作者借此营造了一种_____的意境(氛围),表达了作者因_____而产生的_____情感。

例如:

绝句二首(其一)①

(唐)杜甫

迟日江山丽,春风花草香。

泥融飞燕子,沙暖睡鸳鸯。

【注】 ①此诗写于诗人经过"一岁四行役"的奔波流离之后,暂时定居成都草堂时。

此诗描绘了怎样的景物? 请结合诗句内容简要分析。

_____

【参考答案】 此诗动静结合描绘了一幅明净绚丽的春景图。(步骤一)春天阳光普照,四野青绿。江水映日,春风送来花草的馨香;泥融土湿,燕子正繁忙地衔泥筑巢;日丽沙暖,鸳鸯在沙洲上静睡不动。(步骤二)诗人借景抒情(融情入境),表现了自己结束奔波流离的生活之后愉悦闲适的心境(步骤三)。

【试题分析】 这首诗运用借景抒情的手法,描绘了一幅明净绚丽的春景图。诗中景物色彩明丽、动静结合,阳光普照,四野青绿。江水映日,春风送来花草的馨香;泥融土湿,燕子正繁忙地衔泥筑巢;日丽沙暖,鸳鸯在沙洲上静睡不动。表现了作者因结束奔波流离的生活而产生愉悦闲适的心境。

(四)诗词句(词)意类题型

1.答题步骤

(1)句意答题步骤

步骤一:找出诗句中描写的对象(意象)。(抓关键)

步骤二:结合诗句展开描写。(析句意)

步骤三:概括诗词句意内容。(总内容)

(2)词意答题步骤

步骤一:解释该词在句中的意义。

步骤二:联系句意开展描写,确定词意。

2.答题模板

(1)句意答题模板

诗歌的第_____句,写了_____(描写对象),这些(对象)_____

_____(有何特点或如何描写),凸显了(概括出)_____(句意内容)。

（2）词意答题模板

该词是（有）_____的意思，诗句描写了_____，因此在该句中这个词语具体是_____的意思。

例如：

登金陵凤凰台

（唐）李白

凤凰台上凤凰游，凤去台空江自流。

吴宫①花草埋幽径，晋代衣冠②成古丘。

三山半落青天外，二水中分白鹭洲。

总为浮云能蔽日，长安不见使人愁。

【注】 ①吴宫：三国时孙吴曾于金陵建都筑宫。②晋代：指东晋，南渡后也建都于金陵。衣冠：指的是东晋文学家郭璞的衣冠冢。现今仍在南京玄武湖公园内。

分别概括这首诗颔联和颈联的内容。

_____

【参考答案】 颔联写到了吴宫和晋代衣冠（步骤一），吴宫的鲜花芳草埋着荒凉的小径，晋代郭璞的衣冠冢已成为荒冢古丘（步骤二），整联的内容概括起来写了六朝古都的历史遗迹（步骤三）；颈联诗人把目光投向大自然，写了三山和白鹭洲（步骤一），三山半隐半现在青山云雾之中，白鹭洲把长江分割分成两段（步骤二），景象壮丽，凸显了金陵美丽的自然风物（步骤三）。

【试题分析】 这是一首咏史诗，题目要求概括颔联和颈联的内容。解答时需抓住两联中描写的对象，结合诗句展开描写，从中归纳所写的主要内容。

（五）"炼字"类题型

1.答题步骤

步骤一：解释关键词的含义（色彩、情味）。

步骤二：该词使用了什么手法，写出了什么的特点，表现出了什么。

步骤三：点出使用该词的妙处（对突出主旨所起到的作用、在结构上所起的作用等等）。

2.答题模板

诗歌中的_____字在文中是_____的意思。使用了_____的手法，写出了_____的特点，表现了_____。在结构上起到了_____的作用（突出了_____的主旨）。

例如：

过香积寺

（唐）王维

不知香积寺，数里入云峰。

古木无人径，深山何处钟。

泉声咽危石，日色冷青松。

薄暮空潭曲，安禅①制毒龙②。

【注】 ①安禅，佛家语，指闭目静坐，不生杂念。②毒龙，指世俗欲念。

古人评诗时常用"诗眼"的说法，所谓"诗眼"往往是指一句诗中最精炼最传神的一个字。

你认为这首诗第三联两句中的"诗眼"分别是哪一个字？为什么？请结合全诗简要赏析。

【参考答案】　第三联中的诗眼分别是"咽"和"冷"。"咽"字在句中是"呜咽"之意，"冷"字在句中是"阴冷"之意。(步骤一)山中的流泉由于岩石的阻拦，发出低吟，仿佛呜咽之声。照在青松上的日色，由于山林阴暗，似乎显得阴冷。(步骤二)"咽"和"冷"两字绘声绘色、精炼传神地显示出了山中幽静、孤寂的景象。(步骤三)

【试题分析】　寻找诗眼应关注诗句中的动词、形容词或有修辞格的词语。第三联中的"咽"是动词，"冷"是形容词，在这一联中起到关键作用，绘声绘色地勾勒出山中幽静、孤寂的景象。

对点训练

训练 1

1.阅读下面的唐诗，然后回答问题。

酬张少府

(唐)王维

晚年唯好静，万事不关心。

自顾无长策，空知返旧林。

松风吹解带，山月照弹琴。

君问穷通理，渔歌入浦深。

诗歌描写了哪些内容？

2.阅读下面的唐诗，然后回答问题。

登科后①

(唐)孟郊

昔日龌龊不足夸，今朝放荡思无涯。

春风得意马蹄疾，一日看尽长安花。

【注】　①这首诗是孟郊四十六岁进士中第之后而作。

请解释"龌龊""放荡"在本诗中的含义。

3.阅读下面的唐诗，然后回答问题。

近试上张水部

(唐)朱庆馀

洞房昨夜停①红烛，待晓堂前拜舅姑②。

妆罢低声问夫婿，画眉深浅入时无。③

【注】　①停：安放。②舅姑：公婆。③深浅：浓淡。入时无：是否时髦，这里借喻文章是否合适。

请结合全诗分析三四两句的句意。

_____

_____

4.阅读下面的唐诗,然后回答问题。

塞下曲

(唐)李白

五月天山雪,无花只有寒。

笛中闻折柳,春色未曾看。

晓战随金鼓,宵眠抱玉鞍。

愿将腰下剑,直为斩楼兰。

请概括全诗的内容。

_____

_____

5.阅读下面的唐诗,然后回答问题。

从军行

(唐)王昌龄

琵琶起舞换新声,总是关山旧别情。

撩乱边愁听不尽,高高秋月照长城。

诗的第三句"听不尽",是说诗人很厌烦听这琵琶曲吗?请谈谈你的看法并作简要分析。

_____

_____

训练 2

6.阅读下面的宋诗,然后回答问题。

舟过安仁

(宋)杨万里

一叶渔船两小童,收篙停棹坐船中。

怪生无雨都张伞,不是遮头是使风。

分析诗歌内容,概括诗歌中的的小童形象。

_____

_____

7.阅读下面的清诗,然后回答问题。

题画兰

(清)郑板桥

身在千山顶上头,突岩深缝妙香稠。

非无脚下浮云闹,来不相知去不留。

诗歌的一、二句描写了什么内容？突出了兰花什么品质？

_____

8.阅读下面的宋诗,然后回答问题。

乡村四月

（宋）翁卷

绿遍山原白满川,子规声里雨如烟。

乡村四月闲人少,才了蚕桑又插田。

分析诗歌内容,归纳诗歌描绘的乡村画面。

_____

9.阅读下面的唐诗,然后回答问题。

观　猎

（唐）王维

风劲角弓鸣,将军猎渭城。

草枯鹰眼疾,雪尽马蹄轻。

忽过新丰市,还归细柳营。

回看射雕处,千里暮云平。

本诗刻画了一位射雕英雄形象,请结合诗歌内容进行分析。

_____

10.阅读下面的宋词,然后回答问题。

西江月

（宋）辛弃疾

明月别枝惊鹊,清风半夜鸣蝉。稻花香里说丰年,听取蛙声一片。　　七八个星天外,两三点雨山前。旧时茅店社林边,路转溪头忽见。

结合全词内容概括这首词描绘了一幅怎样的夏日山村夜景？

_____

_____

知 识 梳 理

磨刀不误砍柴工

一、古代诗歌中常见题材

（一）借景抒情诗

借景抒情诗（写景抒情诗）或借景表达自己的美好志向,或表达作者对所写景物的喜爱之情以及对祖国大好河山的热爱,或借景体现不愿与世俗同流合污的品质,或借景抒发对人生世事的感慨。借景抒情诗往往是含而不露,蕴藉悠远,情丰意密,深切动人。例如张继的《枫桥夜泊》借描写秋夜幽寂、清冷的景色抒写自己落榜后清寥孤子、愁绪满怀的情感。

(二)咏史怀古诗

怀古(含咏史)诗是诗人在阅读史书或游览古迹时,有感于历史人物或事件的是非,引发出对时局或自己身世的共鸣,借所吟咏的古人、往事来表达自己的感受,抒发自己的情感的诗歌。内容上往往以历史事件、历史人物、历史陈迹为题材,借登高望远、咏叹史实、怀念古迹来达到感慨兴衰、寄托哀思、托古讽今等目的。例如苏轼的《念奴娇·赤壁怀古》表达的是面对古赤壁战场所产生的对古代英雄的赞美和自己壮志未酬的感慨。

(三)爱情闺怨诗

爱情闺怨诗以女性心态为描写对象,内容上多为爱情婚恋题材。闺怨诗分为闺怨诗、宫怨诗、征妇怨诗、商妇怨诗四类。闺怨诗都以女性为描写对象,描写她们因寂闷孤独而面临美好的春光想到自己韶华将逝,更加思念离家宦游的丈夫或天各一方的情人。或表达对丈夫的思念、对战争的厌恶等内容。"怨"是这类诗的基调。例如王昌龄的《闺怨》就是描写闺中少妇因忽见陌头杨柳色,产生的"悔教夫婿觅封侯"的情感。

(四)羁旅行役诗

出门在外的游客浪子,眼中所见、耳中所闻、心中所感都包含着由此触发的对遥远故乡的眺望,对温馨家庭的憧憬。或写游子漂泊的羁旅愁苦,表达对家乡的思念;或由所见所闻所感触发思乡之愁,表达对亲人的牵挂。这类诗词亦可称之为思乡怀人诗,其特点多借景抒情,寓情于景,望月伤心,见花落泪,听雨思亲,多少景物都被染上诗人的感情色彩,因而此类诗中常将伤感、迷离、凄苦、寂寞、孤寂、惆怅、忧郁的情怀及种种离愁别绪表现得淋漓尽致,又很婉约、含蓄。例如欧阳修的《踏莎行》"离愁渐远渐无穷,迢迢不断如春水"反映的是离别的愁苦之情。

(五)山水田园诗

诗人们以山水田园为审美对象,把细腻的笔触投向静谧的山林,生机的田野,创造出一种田园牧歌式的生活,或借以表达对现实的不满,厌恶官场、远离浊世,对宁静平和的田园生活的向往;或描写美丽的自然风光,表达对壮丽山河热爱;或表现归耕隐居之乐,多抒发质朴、清新、恬淡、闲适、物我两忘的感情,表现不同流俗的清高,追求隐逸,有消极避世的思想。代表作家如陶渊明、王维、孟浩然等。

(六)托物言志诗

诗人不直接表露自己的思想、感情,而是采用比喻、象征等手法,把自己的某种理想和人格融于某种具体事物(常有松、竹、梅等意象),即借所咏之物表达自己的情操志趣,或托物显示自己的高洁品质,也可托物抒发怀才不遇的伤感。

(七)边塞征战诗

边塞诗派指唐朝开元、天宝年间形成的一个以反映唐朝边疆战争生活为主要内容的诗歌流派。代表作家有高适、岑参、王昌龄、王之焕、王翰等,这些诗多以描写边塞山川景物、风土人情。他们的诗或描写塞外风光,或表现戍边将士杀敌立功的慷慨激昂及捐躯赴国难的悲壮;或反映将士不畏辛劳、保卫边陲的战斗精神;或描写望月思乡的苍凉和长年征战的悲苦,将士和亲人相互思念的深沉情感及其不幸遭遇;或讽刺并劝谏拓土开边、穷兵黩武的统治者,表达对战争的厌恶,对和平的向往。在创作风格上多以雄浑豪放而见长。例如王昌龄的《从军行》"青海长云暗雪山,孤城遥望玉门关。黄沙百战穿金甲,不破楼兰终不还",即借孤寂艰苦悲壮的战争生活的描写表现戍边将士的壮志豪情。

(八)谈禅说理诗

诗人把自己类似禅宗的顿悟或事理的体察诉之于笔下,这类诗歌往往与咏物言志诗有共同的特点,例如苏轼的《题西林壁》,既蕴含看待任何事物和问题都应一分为二的意思,又隐含任何一个问题都有多种答案的哲理,还含有和俗话所说的"当局者迷,旁观者清"一样的道理。

(九)赠友送别诗

这类诗歌主要抒写离别之情,借对送别情景的描写,表达依依不舍的离情别绪,或留恋、或安慰、或嘱咐、或祝愿;有伤心、有惆怅、有期望等。如"孤帆远影碧空尽,唯见长江天际流",诗人无尽的友情熔铸在诗情画意中;"劝君更尽一杯酒,西出阳关无故人",诗人深挚的情谊包含在殷勤的祝福中。

二、古代诗歌中常见形象

(一)人物形象

诗歌中常见的人物形象有如下几类。

1.豪放洒脱的形象。李白的"天生我材必有用,千金散尽还复来",表现了他淡于富贵傲视圣贤的思想,也反映了李白傲岸不羁、豪放自负的性格。

2.忧国忧民的形象。杜甫的"安得广厦千万间,大庇天下寒士俱欢颜……吾庐独破受冻死亦足",诗人并不仅停留在个人的哀怨中,而能推己及人,其忧国忧民的精神可见一斑。

3.归隐田园、钟情山水的形象。陶渊明的"采菊东篱下,悠然见南山",写的就是悠然自在的隐居生活,表达诗人安贫乐道的思想;孟浩然的"故人具鸡黍,邀我至田家。绿树村边合,青山郭外斜。开轩面场圃,把酒话桑麻。待到重阳日,还来就菊花",描写了山村风光和朋友欢聚的生活场面,像一幅田园风景画,使人见了乐而忘返。

4.儿女情长的形象。李商隐的"相见时难别亦难,东风无力百花残。春蚕到死丝方尽,蜡炬成灰泪始干",诗歌写了暮春时节与所爱女子离别时的无限忧伤和别后相思的绵绵情意,表达的是对忠贞不渝的爱情的歌颂。

5.怀才不遇、壮志难酬的寒士形象。如陈子昂的《登幽州台歌》写前不见圣贤之君,后不见贤明之主,想起天地茫茫,悠悠无限,悲伤地流下眼泪。塑造了一个空怀报国为民之心却不得施展的怀才不遇的知识分子形象。

6.献身边塞、反对征伐的形象。如王翰的《凉州词》、王昌龄的《出塞》表现了他们忠心报国、献身边塞之情。而杜甫的《兵车行》则体察人民痛苦,反对战争。

7.矢志报国、慷慨愤世的形象。陆游和辛弃疾的许多诗歌都反映出他们忠心报国而不被重用的情感,形象鲜明。如《示儿》《十一月四日风雨大作》《破阵子》。

8.友人送别、思念故乡的形象。如李白的《赠汪伦》、王维的《九月九日忆山东兄弟》。

三、古代诗歌中常见意象

诗歌中的意象是熔铸了作者主观感情的客观物象。在我国古典诗歌发展的漫长历程中,形成了很多传统的意象,它们蕴含的意义基本是固定的。熟悉这些意象,有助于鉴赏诗歌。

(一)离情别绪类意象

1.杨柳。它源于《诗经·小雅·采薇》"昔我往矣,杨柳依依。今我来思,雨雪霏霏","柳"和"留"谐音,古人在送别之时,往往有折柳相送的习俗,用来表达依依惜别的深情。如施肩吾的《折杨柳》:"伤见路旁杨柳春,一重折尽一重新。今年还折去年处,不送去年离别人。"

2.长亭。古代路旁置有亭子,供行旅停息休憩或饯别送行。后来"长亭"成为一个蕴含着依依惜别之情的意象,在古代送别诗词中不断出现。如李白的《菩萨蛮》"何处是归程?长亭连短亭",再如林和靖的《点绛唇》中"又是离歌,一阕长亭暮"等。

3.南浦。南浦多见于南方水路送别的诗词中。南朝文学家江淹作《别赋》"春草碧色,春水渌波,送君南浦,伤如之何!"在此之后,南浦在送别诗中逐渐成为具有固定意义的意象。如唐代白居易《南浦别》中的"南浦凄凄别,西风袅袅秋"等。

4.孤帆。孤帆在古代诗歌中也是离别的意象。李白的"孤帆远影碧空尽,唯见长江天际流",以帆代指离人,意境深远。

(二)思乡怀远类意象

1.月亮。望月怀远是自古以来的传统。明月寄相思,从李白的"举头望明月,低头思故乡"到杜甫的"露从今夜白,月是故乡明",再到苏轼的"但愿人长久,千里共婵娟",月亮无不寄托着诗人深切的思念之情。

2.鸿雁。鸿雁南飞,成为很多背井离乡的游子心中的渴望,思乡怀远、羁旅漂泊之感由此而生。大雁成为承载讯息、书信企盼的意象,诗人常常借雁抒发自己思乡盼归的心情。如王湾在《次北固山下》所写"乡书何处达?归雁洛阳边",作者思念家乡,恨不得变成一只大雁飞回家去。"大雁"这种意象也逐渐被更多的人所借用,用来传达人们无法说尽的思乡之愁。

3.故园。故园是古诗中表示思乡情感的意象,"故园情"专指思乡情。如岑参《逢入京使》"故园东望路漫漫,双袖龙钟泪不干",又如《行军九日思长安故园》"遥怜故园菊,应傍战场开"。

4.西风。西风起,秋将至,季节的轮回容易引起游子的思乡之情和盼归之意。如马致远《天净沙》:"枯藤老树昏鸦,小桥流水人家,古道西风瘦马,夕阳西下,断肠人在天涯。"

(三)忧愁苦闷类意象

1.梧桐。在中国古典诗歌中,梧桐是凄凉悲伤的象征。如宋代李清照《声声慢》"梧桐更兼细雨,到黄昏,点点滴滴",元人徐再思《双调水仙子·夜雨》"一声梧叶一声秋,一点芭蕉一点愁,三更归梦三更后"都以梧桐叶落来写凄苦愁思。

2.芭蕉。在古诗文中常表达孤独忧愁的离情别绪。李商隐有"芭蕉不展丁香结,同向春风各自愁"的诗句。李清照《添字丑奴儿》"窗前谁种芭蕉树,阴满中庭。阴满中庭。叶叶心心,舒卷有余情"也表达了同样的忧愁苦闷的情感。

3.猿啼。猿猴啼叫哀伤悲切,成为古代诗歌中愁苦、悲伤感情的象征。如杜甫《登高》"风急天高猿啸哀,渚清沙白鸟飞回"用猿猴的哀鸣渲染了一种凄切清冷的氛围,传达了作者潦倒多病的愁苦之情。

4.杜鹃(子规)。古代神话中,蜀王杜宇(即望帝)因被迫让位给他的臣子,自己隐居山林,死后灵魂化为杜鹃。于是古诗中的杜鹃也就成为凄凉、哀伤的象征了。如秦观《踏莎行》"可堪孤馆闭春寒,杜鹃声里斜阳暮",即用"杜鹃声"表达诗人一个人独居的凄凉冷寂。

(四)言志抒怀类意象

1.梅花。梅花傲霜斗雪,凌寒独放,清香飘逸,自古以来都是文人墨客笔下赞誉的对象,成为高洁人格的象征。如陆游《卜算子》"零落成泥碾作尘,只有香如故"或林逋"疏影横斜水清浅,暗香浮动月黄昏"。

2.松柏。松柏是傲霜斗雪、孤直耐寒的典范,"岁寒三友"之一,其气节之高,品格之正成为古代诗歌中诗人托物言志的意象。如刘禹锡《将赴汝州,途出浚下,留辞李相公》"后来富贵已零落,岁寒松柏犹依然"。

3.兰花。兰花素有"花中君子""空谷佳人"之称,北宋词人曹组《卜算子·兰》中"着意闻时不肯香,香在无心处"写出了兰花香气的特点,也正反映了中国古代对君子隐士们的审美标准。古人推崇的君子高士,往往是不张扬,不狂傲,不盛气凌人,不乖戾霸道。兰花正是这种品质的象征。

4.菊花。作为傲霜之花,它一直得到文人墨客的青睐,有人称赞它坚强的品格,有人欣赏它清高的气质。郑思肖《画菊》:"花开不并百花丛,独立疏篱趣未穷。宁可枝头抱香死,何曾吹落北风中。"

(五)爱情闺怨类意象

1.比目:传说,比目鱼,身体扁平,只有单眼,必须两鱼合在一起凑成两个眼睛,才能游行,像是一对同甘共苦的夫妻,从而成为爱情的象征。初唐诗人卢照邻《长安古意》有这样的名句"得成比目何辞死,愿作鸳鸯不羡仙"。

2.鸳鸯。鸳鸯是一种美丽的水鸟,双双对对,整日在水中游戏,未尝相离。据说,只要捉到其中一只,另一只会相思至死。"只羡鸳鸯,不羡仙"印证了世人对爱情的肯定与渴望。如《诗经·小雅·鸳鸯》:"鸳鸯于飞,毕之罗之。君子万年,福禄宜之。鸳鸯在梁,戢其左翼。君子万年,宜其遐福。"

3.红豆。红豆,又名相思子,形如豌豆,朱红色。古人常用来象征爱情或相思。相传,古时有位女子因思念出征的丈夫,朝夕倚于高山上的大树下祈望、流泪,泪水流干后,流出来的是粒粒鲜红的血滴。血滴化为红豆,红豆生根发芽,长成大树,结满了一树红豆,人们称之为相思豆。"红豆生南国,春来发几枝。愿君多采撷,此物最相思",唐代王维的《相思》一诗,使其成为广为传颂的纯洁爱情的象征。

4.蝴蝶。蝴蝶的意象一向具有广义性,《梁山伯与祝英台》的传说加重了蝴蝶成为爱情的象征。

(六)边关征战类意象

1.玉关。边关地名,类似的还有阳关、楼兰、长城、阴山、凉州等。古代诗歌中常借助一定的边关地名抒写边塞诗、征战诗,或表达抵御外敌、保家卫国的豪情,或描写边地艰苦的戍边生活等内容。如"秋风吹不尽,总是玉关情""黄沙百战穿金甲,不破楼兰终不还"。

2.大漠。边地风景。类似的还有烽烟、长河、黄沙、长云、秋月、雪山、孤城等。诗人往往借助"大漠""长河""落日"等描绘塞外景象的雄奇壮美,往往为诗歌创设壮阔的背景。黄沙、风雪等往往暗示战士们生活的艰苦。秋月则常常和征人思乡有着不可分割的联系。如"大漠孤烟直,长河落日圆""青海长云暗雪山,孤城遥望玉门关"等诗句。

3.羌笛。乐器,它与琵琶、芦管、号角、鼓、箫笛等构成边关征战意象。如"羌笛何须怨杨柳,春风不度玉门关""葡萄美酒夜光杯,欲饮琵琶马上催"等。

4.《关山月》乐曲名。《关山月》是唐代伟大诗人李白借乐府旧题创作的一首五言古诗。后多用"关山月"描写戍边生活,抒发离别哀思之情。例如王昌龄的《从军行》(其一):"烽火城西百尺楼,黄昏独上海风秋。更吹羌笛关山月,无那金闺万里愁。"

(七)隐逸闲适类意象

1.野渡。常表现诗人自由自在的生活。例如韦应物的《滁州西涧》"春潮带雨晚来急,野渡无人舟自横"表现的就是雨中渡口扁舟闲横的画面,虽然蕴含着诗人对自己无所作为的忧伤,但仍表现了闲淡宁静之景,使得"野渡"成为自在悠闲生活的象征。

2.渔舟。表现一种恬静幽美的景象。王维的《山居秋暝》"竹喧归浣女,莲动下渔舟"表现自然界一派生机、和谐宁静的景象。

3.东篱。东晋陶渊明的"采菊东篱下,悠然见南山"开启了田园诗悠闲之气,"东篱"遂成为隐者生活的代名词。李清照"东篱把酒黄昏后,有暗香盈袖,莫道不销魂,帘卷西风,人比黄花瘦",亦有此闲适之情。

4.鸥鹭。白鸥,一种水鸟,多借来表现自由恬静的生活。杜甫《客至》:"舍南舍北皆春水,但见群鸥日日来。"白鹭,一种飞在水田或沙滩上的鸟,常表现一种安谧清幽的环境。如王维《积雨辋川庄作》:"漠漠水田飞白鹭,阴阴夏木啭黄鹂。"

(八)咏史怀古类意象

1.乌衣巷。原是东晋王谢两大豪门的住宅地,借指极其繁华之所在。刘禹锡《乌衣巷》：“朱雀桥边野草花，乌衣巷口夕阳斜。旧时王谢堂前燕，飞入寻常百姓家。”另外还有一些类似地名是古代帝王或名人故居、陵墓、祠庙等，湘妃祠、乌江亭、陈琳墓、李白坟、武侯祠等同样表达了作者的人事感慨。

2.淮水。秦淮河是历代王公贵族醉生梦死、彻夜笙歌的游乐场，常借指繁华之所。刘禹锡《石头城》：“山围故国周遭在，潮打空城寂寞回。淮水东边旧时月，夜深还过女墙来。”此外还有一些发生过重大事故的地点，如骊山、赤壁、新亭、隋堤、马嵬、华清宫、汴河等都寄寓了一定的历史沧桑感。

3.折戟。指战争的惨烈。如杜牧《赤壁》：“折戟沉沙铁未销，自将磨洗认前朝。东风不与周郎便，铜雀春深锁二乔。”

4.特定历史朝代，如六朝、吴国、隋代、南唐、后蜀等。这些朝代要么更迭频繁，要么是历史的转折点，要么存在短暂，成为诗人笔下寄寓情感的象征。如李白的《登金陵凤凰台》“凤凰台上凤凰游，凤去台空江自流。吴宫花草埋幽径，晋代衣冠成古丘”。

(九)羁旅行役类意象

1.茅店。指荒郊野外，多表达漂泊之意与思乡之情。如温庭筠《商山早行》“晨起动征铎，客行悲故乡。鸡声茅店月，人迹板桥霜”。

2.浮云。浮云，在古诗中一般比喻在外漂泊的游子，也有孤独、漂泊的意思。如李白的《送友人》“浮云游子意，落日故人情”。

3.鹧鸪。鹧鸪的鸣声听起来像“行不得也哥哥”，极容易勾起旅途艰险的联想和满腔的离愁别绪。一般而言，古代诗歌中的鹧鸪已不是纯粹客观意义上的一种鸟了。如辛弃疾《菩萨蛮·书江西造口壁》“江晚正愁余，山深闻鹧鸪”。江晚山深，暮色苍茫，鹧鸪声声勾起了旅途中词人多少愁绪。

4.日暮(黄昏)。日暮(黄昏)代表孤寂、感伤、悲愁、落寞、惆怅等，漂泊的人看到此情此景更容易引发思乡之情，孤寂之感。如孟浩然《宿建德江》“移舟泊烟渚，日暮客愁新”。

第二节　诗歌的思想感情

考点精讲

题型示例

例1　阅读下面的诗歌，然后回答问题。

夜　归

（宋）周密

夜深归客倚筇①行，冷磷依萤聚土塍②。

村店月昏泥径滑，竹窗斜漏补衣灯。

【注】　①筇（qióng）：指竹杖。②塍（chéng）：指田间的土埂。

"竹窗斜漏补衣灯"这一耐人寻味的画面中蕴含了哪些感情？请简要分析。

【参考答案】　这幅画面描绘的是诗人想象的情景：竹篱茅舍中，一缕昏黄的灯光从竹窗里斜露出来。青灯之下，诗人日思夜盼的妻子（或母亲）正在一针一线地缝补着衣服。诗人那怀乡思归的急切心情，家中亲人对游子的关切和思念之情，正从这幅画面中流露出来。

【试题分析】　本诗写景扣住"夜"字，写情扣住"归"字。首句直接点明"夜深"，刻画出"归客"拄杖而行的疲惫之态。随后，诗人以"冷磷""萤""月"等意象渲染夜色的凄凉，以夜深仍在田埂、泥径中孤身前行的艰难表现出归家的心切。而最末一句以深夜犹见"补衣灯"的感人画面结束全诗，与前面的艰难和凄凉形成反差，更烘托出游子深夜归家的复杂心情。

例2　阅读下面的诗歌，然后回答问题。

舟行青溪道中入歙①

（宋）方回

蕨拳②欲动苕抽芽，节近清明路近家。

五日缓行三百里，夹溪随处有桃花。

【注】　①歙（shè）：今中国安徽省歙县。②蕨拳：指蕨芽，其端蜷曲，状如小儿拳头。

结尾两句表达了作者怎样的思想感情？

【参考答案】　这两句言浅意深，写作者荡舟缓行，细细观赏三百里青溪的优美风光，表现了作者陶醉其间的喜悦之情。夹岸桃花不仅是青溪的实景，也是暗用《桃花源记》的典故，把家乡比作世外桃源的仙境，表达了作者对家乡的赞美和热爱之情。

【试题分析】　"清明"，是一个令人怀归的节日，诗人此时正好踏上了归途，在美丽的青溪道中悠然行舟。"路近家"三字，透露了诗人摆脱羁旅之苦，即将回到家的欣慰和轻松之情。"缓行"二字，不仅体现了诗人沉醉于青溪美景的闲逸之态，而且还蕴含了诗人在"路近家"时坦然舒畅的情怀。末句的"夹溪桃花"，饱含着诗人对故乡的赞美和向往，富有炽烈的亲切感。

方法指导

中国古代诗歌题材众多,流派纷呈,不同类型的诗歌呈现的思想感情不同。"情"是诗歌的根本,是诗歌的内核,无论是忧国忧民之情,国破家亡之痛,还是游子迁客之悲,征夫思妇之怨,无不感人至深。体会诗歌的情感是解读诗歌重中之重。总体来说诗歌的思想感情包括两个方面:一是作品(作者)的思想感情,二是作者的观点态度。解答这类题目要从多方面考虑。

一、解题方法

1.分析题目,认识对象

文章的题目是文章的眼睛。有的题目直接揭示了文章的主旨,有的则暗含了文章的主旨,有的形象地表现了中心,有的标明了文章的内容。因此答题时要关注题目,注意从题目中获取信息。

2.了解作者,知人论世

文如其人,一篇作品往往会打上作者的烙印,他的思想、生活经历、创作风格等都会在诗歌中体现出来,因而了解作者能有效地帮助考生理解诗歌。

3.关注注释,破解难点

注释一般是解释原文中的写作背景、典故出处等较难懂的地方,是帮助我们读懂诗句,理解作者思想的重要环节,不可不看。

4.阅读诗句,理解诗意

要进行诗歌鉴赏,首先要弄懂诗的语句,才能把握诗的内容,进而进行评价赏析,因而先理解诗句才能读懂诗。在阅读诗句时要注意筛选出每句中所写的对象,找出句子中的情、景、事,然后进行整体阅读。

5.寻找诗眼,抓住关键

诗歌是浓缩的艺术,语言高度凝练,解读起来具有一定难度,但有的诗歌中会有一两个关键的字词能够帮助我们解读诗歌。这些关键字词就是诗歌的诗眼。诗眼具有概括性,有的能集中体现作者的思想感情,有的能笼罩或点染全句、全联甚至全诗,找到诗眼就能够抓住理解诗歌的关键。

6.分清类别,明确方向

中国古代诗歌题材较多,不同题材的诗歌表现的思想内容和情感是不同的。阅读诗歌应在整体阅读的基础上分清是哪一种题材的诗歌,根据诗歌的内容和题材明确诗歌的思想情感。

二、设问方式

1.本诗表达了(抒发了)诗人怎样的思想感情?

2.请简要分析诗歌中作者的观点态度。

3.请分析诗歌中寄寓了诗人什么样的感慨。

三、答题步骤

步骤一:根据诗歌内容判断诗歌题材,根据题材确定大致情感;

步骤二:通读诗歌感悟这首诗是乐诗还是哀诗;

步骤三:结合诗句内容分析乐或哀的原因;

步骤四:最后确定具体的感情是什么。

四、答题模式

①这首诗通过对……的描写,展现了一幅……的画面,表达了诗人……的思想感情。

②通过什么内容+运用什么方法+抒发(寄寓/揭露)什么感情。

③这是一首什么样的诗+诗歌各句分别写了什么+通过什么手法+抒发什么情感+评价(总分总式)。

例如:

秋　思

(唐)张籍

洛阳城里见秋风,欲作家书意万重。

复恐匆匆说不尽,行人临发又开封。

王安石评论张籍的诗歌风格是"看似寻常最奇绝,成如容易最艰辛"。张籍诗歌中有一个细节体现了王安石的这一评价,是哪一个"寻常"细节?表达了怎样的感情?

【参考答案】　诗歌中的这一细节是"行人临发又开封",这一句既照应了"意万重",又承接了"复恐",刻画了心中有千言万语唯恐言之不尽的复杂微妙的心理,表达了作者对家人浓浓的思念之情。

【试题分析】　本诗是一首乡愁诗,作者运用了叙事的手法描写了一个寄书信的场景,通过细节描写把作者思亲之情表现得淋漓尽致。做题时应抓住诗人的心理特点和行为动作,从中体会情感。

对 点 训 练

课后巩固训练

训练 1

1.阅读下面的宋诗,然后回答问题。

宿云梦馆

(宋)欧阳修

北雁来时岁欲昏,私书归梦杳难分。

井桐叶落池荷尽,一夜西窗雨不闻。

诗歌一、二句抒发了诗人怎样的思想感情?

2.阅读下面的宋诗,然后回答问题。

东栏梨花

(宋)苏轼

梨花淡白柳深青,柳絮飞时花满城。

惆怅东栏一株雪,人生看得几清明。

这首诗包含了作者怎样的思想感情？结合全诗简要分析。

_____

_____

_____

3.阅读下面的宋诗，然后回答问题。

新　晴

（宋）刘攽

青苔满地初晴后，绿树无人昼梦余。

唯有南风旧相识，偷开门户又翻书。

这首诗写出了作者怎样的心情？请结合有关诗句作简要分析。

_____

_____

4.阅读下面的唐诗，然后回答问题。

途中见杏花

（唐）吴融

一枝红杏出墙头，墙外行人正独愁。

长得看来犹有恨，可堪逢处更难留！

林空色暝莺先到，春浅香寒蝶未游。

更忆帝乡①千万树，澹烟笼日暗神州。

【注】　①帝乡：此指长安。长安多杏树。

这首诗中流露出诗人的哪些情感？请简要分析。

_____

_____

_____

5.阅读下面的宋诗，然后回答问题。

横　塘

（宋）范成大

南浦春来绿一川，石桥朱塔两依然。

年年送客横塘路，细雨垂杨系画船。

请结合全诗说说“依然”一词所蕴涵的情感。

_____

_____

训练 2

6.阅读下面的宋词,然后回答问题。

阮郎归·初夏

（宋）苏轼

绿槐高柳咽新蝉,薰风初入弦。碧纱窗下水沉烟,棋声惊昼眠。　微雨过,小荷翻,榴花开欲然。玉盆纤手弄清泉,琼珠碎却圆。

"玉盆纤手弄清泉,琼珠碎却圆"表现了人物怎样的心情?

_____

_____

7.阅读下面的唐诗,然后回答问题。

楚江怀古①

（唐）马戴

露气寒光集,微阳下楚丘。

猿啼洞庭树,人在木兰舟。

广泽生明月,苍山夹乱流。

云中君②不见,竟夕自悲秋。

【注】 ①唐宣宗大中初年,诗人因直言,由山西太原幕府掌书记贬为龙阳(今湖南汉寿)县尉,写下了《楚江怀古》三首,这是其中的第一首。②云中君:云神。"云中君"为《楚辞·九歌》篇名,此处指代诗人屈原。

全诗抒发了作者怎样的情感?请结合原诗作简要分析。

_____

_____

8.阅读下面的宋词,然后回答问题。

采桑子·彭浪矶①

（宋）朱敦儒

扁舟去作江南客,旅雁孤云。万里烟尘,回首中原泪满巾。　碧山对晚汀洲冷,枫叶芦根。日落波平,愁损辞乡去国人。

【注】 ①本词作于金兵南侵后词人离开故乡洛阳南下避难,途经今江西彭泽县的彭浪矶时。

请结合全词,简要概括作者所抒发的思想情感。

_____

_____

9.阅读下面的唐诗,然后回答问题。

渭川田家

（唐）王维

斜光照墟落,穷巷牛羊归。

野老念牧童,倚杖候荆扉。

雉雊①麦苗秀，蚕眠桑叶稀。

田夫荷锄至，相见语依依。

即此羡闲逸，怅然吟《式微》②。

【注】 ①雉雊(gòu)：野鸡鸣叫。②《式微》是《诗经》中的一篇,诗中反复咏叹:"式微,式微,胡不归?"

分析诗人运用什么表现手法,表达了怎样的感情。

_____

_____

10.阅读下面的唐诗,然后回答问题。

孤雁①

(唐)杜甫

孤雁不饮啄，飞鸣声念群。

谁怜一片影，相失万重云?

望尽似犹见，哀多如更闻。

野鸦无意绪，鸣噪自纷纷。

【注】 ①此诗写于大历年间,诗人初居夔州时。

这首诗描写的孤雁是什么样的形象? 全诗通过这一形象表达了诗人怎样的思想感情?

_____

_____

知识梳理

磨刀不误砍柴工

一、常见诗歌思想感情分类

(一)咏史怀古诗

思想感情:①表达像古人那样建立功业的志向,抒发对古人的缅怀之情。②抒发昔盛今衰的感慨,暗含对现实的不满甚至批判,多借古讽今。③忧国伤时,揭露统治者的昏庸腐朽,同情下层人民的疾苦,担忧国家民族的前途命运。④悲叹年华消逝,壮志难酬。⑤对自己怀才不遇的感伤或愤慨,揭露统治者不重视人才。⑥揭露统治者与人民对立的本质,揭示人民永远处于被剥削压榨的地位,同情人民的疾苦。

(二)托物言志诗

思想感情:①坚贞、高洁的品质;不愿与世俗同流合污;不求高位,不慕荣利的高贵品质。②坚贞不屈(常含:虽身处逆境磨难也绝不与邪恶势力同流合污、傲霜雪而后凋

的坚守节操的品质。)③志向高远;坚忍不拔,勇往直前的精神。④身处逆境、孤危,但仍有宏伟抱负或力挽狂澜的坚定信念。⑤怀才不遇的苦闷。⑥游子思乡。⑦相思之苦。⑧人生短暂。⑨逍遥闲适,乐观旷达或在孤独凄苦中仍乐观旷达。

(三)山水田园诗

思想感情:①热爱祖国河山或田园闲适自在的生活。②钟情山水或田园,归隐山林或田园(隐逸思想)。③追求自由、平和、宁静、恬淡、闲适的生活;不喜世俗束缚,厌弃官场黑暗,不愿意与世俗同流合污的高洁品格;或对现实不满,对政治失意的郁闷。④万念俱寂的出世思想,悠然自适,"物我两忘"的空灵境界。(山水诗)⑤消极避世的孤独寂寞。(田园诗)⑥抒发个人的雄心壮志和远大的政治抱负。(山水诗)⑦孤独多愁

的凄苦情怀。(山水诗)⑧表现了村民醇厚、热情、古朴的精神风貌,表现了诗人热爱田园生活的心情。(田园诗)

(四)边塞征战诗

思想情感:①将士报效国家、为国赴难、建立功业的豪情。(爱国主义思想)②久居边关的思乡怀亲。③对塞外生活艰辛、连年征战和归家无望的哀痛。④报国无门的怨恨和壮志难酬的伤痛。⑤对统治者穷兵黩武的不满。(反战情怀)⑥寄托国家起用良将卫国的理想。⑦揭露官兵之间苦乐不均的矛盾。⑧对边塞雄奇自然风光的赞美。

(五)羁旅行役诗

思想感情:①游子漂泊凄苦孤寂。②游子思乡、乡愁。③游子思怀亲人(含情人),相思愁苦。④游子仕途失意后的人生苦闷和厌世情绪。(劝人安贫达观,知足行乐;感叹人生苦短,宣扬及时行乐;反语嘲弄,劝人珍惜荣名,钻营要职;感叹世无知音。)

(六)赠友送别诗

思想感情:①依依不舍的留念,离愁别恨。②情深意长的勉励。③坦陈心志(如高洁或出世思想与入世思想的矛盾)的告白。④对别后(想象)友人的担忧和思念。⑤表达朋友间的情深意厚。⑥表达诗人豁达的胸襟和豪放的气度。

另外,如果是因为遭遇贬谪而产生的送别,思想感情常表现为以下几个方面:①流露遭贬后郁闷、惆怅、失意的情感。②表达遭贬后仍不忘为国效力、关注黎民,但又英雄无用武之地的矛盾心理。③表现寄情山水,以求解脱的心态。

(七)爱情、闺怨诗

1.爱情诗

思想感情:①描写男女之间深厚的情感,歌颂忠贞不渝的爱情。②追求和思念情人。③表达别离相思之苦。④对一去不复返的以往情爱的痛惜与对负心人的愤慨。⑤对虚度光阴、青春易逝的哀怨,对自由自在生活幸福生活的向往。⑥表达闺中生活的孤独寂寞或对丈夫、家人的思念。⑦讽喻统治者的爱情的虚无和不可靠,讽喻(误国失政)和同情(爱情悲剧)的两重性。

2.闺怨诗

思想情感:①表现闺中女子的后悔、怨恨。②表现对游子(丈夫)的苦苦相思和团聚的渴望。③表现对丈夫的关切、牵挂。④表现闺中人的寂寞、孤独、冷清。

(八)思乡怀远诗

思想感情:①思念家乡、亲人。②叙写羁旅之苦,客居他乡的孤独寂寞。③抒发独居他乡,不得重用,怀才不遇,报国无门的孤独寂寞、幽怨愤慨之情。④离人思归、征人思妇、闺中思夫等情感。

二、古代诗歌中常见的情感示例

忧国伤时	建功报国	怀古伤今
蔑视权贵	愤世嫉俗	怀才不遇
寄情山水	归隐田园	登高览胜
惜春悲秋	思乡怀人	长亭送别
思乡念亲	相知相思	离愁别恨

第三节 诗歌的表达技巧

考点精讲

题型示例↵

例1 (2016年湖北省技能高考卷)阅读下面的诗歌,然后回答问题。

城 南

（宋）曾巩

雨过横塘水满堤,乱山高下路东西。

一番桃李花开尽,惟有青青草色齐。

诗的三、四句主要运用了对比的手法,请具体说明。

【参考答案】 诗歌用桃花、李花在雨后的凋谢与小草在雨后更加青翠对比,突出了小草生命力的强大。

【试题分析】 本题考查的是鉴赏诗歌的表达技巧。这首诗歌中主要运用的是对比手法。作答题目时先找出诗歌三、四句描写的对象有哪些,再抓住对象,尤其是雨后表现出的特点进行分析,并回答出这种手法运用带来的表达效果。

例2 阅读下面的诗歌,然后回答问题。

马嵬①

（清）袁枚

莫唱当年长恨歌②,人间亦自有银河。

石壕村里夫妻别③,泪比长生殿上多④。

【注】 ①马嵬:在今陕西兴平市西。唐朝安禄山攻破潼关,唐玄宗与杨贵妃逃到马嵬坡时,随行护卫要求处死杨贵妃,唐玄宗只好命杨贵妃自尽。②长恨歌:描写唐玄宗与杨贵妃爱情故事的长诗,白居易作。③杜甫诗作《石壕吏》反映了由于战乱抓丁,一对老夫妻惨别的社会现实。④长生殿:唐朝宫殿,为《长恨歌》中杨贵妃与唐玄宗幽会之处。

简要分析对比手法在诗中是如何运用的。

【参考答案】 这首诗用了对比手法,将《长恨歌》所描写的唐玄宗和杨贵妃的爱情悲剧与《石壕吏》所表现的普通百姓遭受徭役离乱而家破人亡的苦难作了尖锐的对比。

【试题分析】 本诗将李、杨爱情悲剧放在民间百姓悲惨遭遇的背景下加以审视,强调广大民众的苦难远非帝妃可比。"莫唱当年长恨歌,人间亦自有银河"两句,表现了诗人对下层百姓疾苦的深切同情;结尾句"泪比长生殿上多",将老百姓的苦难与帝妃的爱情悲剧形成鲜明的对比,从而凸显诗歌主题。

方法指导

一、关注命题方式和答题技巧

1.提问方式

(1)这首诗用了怎样的表现手法？

(2)请分析这首诗的表现技巧(或艺术手法，或手法)。

(3)诗人是怎样抒发自己的情感的？有何效果？请从"情与景""虚与实"的关系赏析这首诗。

2.解题格式

(1)赏析修辞方法：修辞手法＋结合诗句分析＋分析作用

(2)赏析表达方式：表达方式＋结合诗句分析＋作用

(3)赏析抒情方式：抒情方式＋结合诗句分析＋表达作用＋所抒感情

3.答题步骤

步骤一：准确指出用了何种手法。

步骤二：结合诗句阐释运用这种手法的表现。

步骤三：分析运用此手法有什么作用(手法本身作用；传达出诗人怎样的感情)。

4.答题模板

本诗运用了_____表达技巧(修辞方法、抒情方式、表达方式)，描写了_____(内容)，从而突出了(传达了、表现了)_____。

例如：

端居①

(唐)李商隐

远书归梦两悠悠，只有空床敌素秋②。

阶下青苔与红树，雨中寥落月中愁。

【注】 ①端居：闲居。②素秋：天的代称。

这首诗的三、四两句在艺术手法上有什么特点？请简要分析。

_____

【参考答案】 在艺术手法上，第三、四句的最大特点是借景抒情，诗人借助对"青苔""红树"以及"雨"景、"月"色的描写，赋予客观景物以浓厚的主观色彩，营造出了冷寂、凄清的氛围，表达了悲愁、孤寂和思亲的情感。

【试题分析】 三、四句中的"青苔""红树""雨中""月"等景色共同营造了一种凄清的环境，与句中的"愁"相呼应，借景色的寂寥写出了人物的情感，所以在艺术手法上是借景抒情。

二、掌握常见的表达技巧

鉴赏诗歌的表达技巧，要熟练掌握表达技巧的知识，把握记叙、议论、抒情、描写四种表达方式，熟知各种修辞手法及其作用，并能分清诗歌中各种抒情方式。

常见的抒情方式和修辞方式见知识梳理，下面就表达方式进行讲解。

1.记叙

记叙人物的经历或事情发生、发展(或变化)的过程。例如：陆游《书愤》中"楼船夜雪瓜洲渡，铁马秋风大散关"。一句就是用叙述的方式写自己亲临抗金前线的值得纪念的往事。

2.议论

对人和事物的好坏、价值、特点、作用等所发表的意见。例如：元稹《菊花》中"不是花中偏爱菊,此花开尽更无花"。一句就是用议论的方式点出喜爱菊花的原因和对菊花历尽风霜而后凋的坚贞品格的赞美。

3.描写

用生动形象的语言对人物、事件、环境所作的具体描绘和刻画。例如：杜甫的《绝句》"迟日江山丽,春风花草香。泥融飞燕子,沙暖睡鸳鸯。"前两句对大好的春光作概括性的描写,短短的十个字囊括了阳光、江山、春风、花草及其香味,调动读者的多种感官去体会、感受春天的美好。后两句则集中笔墨写燕子和鸳鸯。燕子围着暖融融的春泥飞翔,衔泥筑巢,给人一种轻松愉悦的感觉。这首绝句通篇用生动形象的语言描绘了春天明丽纷繁的景色,美丽如画。

4.抒情

表达作者强烈的爱憎、好恶、喜怒、哀乐等主观感情。有直接抒情,也有间接抒情。

直接抒情也叫直抒胸臆,即直接抒发作者的情感。例如：杜审言《和晋陵陆丞早春游望》中"忽闻歌古调,归思欲沾襟"。直接抒发了作者对中原的思念之情。

间接抒情也叫借景抒情,诗人要表达的思想感情正面不着一字,全然寓于眼前的自然景物之中,借自然景物抒发感情。又分为以乐景写乐情、以哀景写哀情、以乐景写哀情和以哀景写乐情四种。例如：元稹的《闻乐天授江州司马》"残灯无焰影幢幢,此夕闻君谪九江。垂死病中惊坐起,暗风吹雨入寒窗",以哀景写哀情,通过描写周围景物的黯淡凄凉,表达了作者对白氏被贬一事的惋惜、愤懑和悲痛之情。

对 点 训 练

训练 1

1.阅读下面的唐诗,然后回答问题。

过华清宫

（唐）李约

君王游乐万机轻,一曲霓裳四海兵。

玉辇升天人已尽,故宫惟有树长生。

诗歌运用了什么表现手法,有什么作用? 简要说明。

_____

_____

2.阅读下面的唐诗,然后回答问题。

江村即事

（唐）司空曙

钓罢归来不系船,江村月落正堪眠。

纵然一夜风吹去,只在芦花浅水边。

诗歌运用了虚实相生的手法,结合诗句,请简要分析。

_____

_____

3.阅读下面的唐诗,然后回答问题。

寒 食

(唐)孟云卿

二月江南花满枝,他乡寒食远堪悲。

贫居往往无烟火,不独明朝为子推。

"以乐景衬哀情"是古诗常用的表达技法,请结合诗句作简要赏析。

_____

_____

4.阅读下面的唐诗,然后回答问题。

山房春事(其二)

(唐)岑参

梁园日暮乱飞鸦,极目萧条三两家。

庭树不知人去尽,春来还发旧时花。

请简要分析诗歌三、四两句运用的表现手法和表达效果。

_____

_____

5.阅读下面的唐诗,然后回答问题。

玉阶怨

(唐)李白

玉阶生白露,夜久侵罗袜。

却下水晶帘,玲珑望秋月。

请从情与景的角度分析诗歌的三、四句采用的表现手法。

_____

_____

训练 2

6.阅读下面的诗歌,然后回答问题。

咏素蝶诗

(南朝)刘孝绰①

随蜂绕绿蕙,避雀隐青薇。

映日忽争起,因风乍共归。

出没花中见,参差叶际飞。

芳华幸勿谢,嘉树欲相依。

【注】 ①刘孝绰:(481－539),南朝梁文学家,彭城(今江苏徐州)人。文名颇盛,因恃才傲物,而为人所嫉恨,仕途数起数伏。

这首咏物诗采用什么手法描写素蝶的活动?

_____

_____

7. 阅读下面的唐诗,然后回答问题。

岁暮^①

(唐)杜甫

岁暮远为客,边隅还用兵。

烟尘犯雪岭^②,鼓角动江城。

天地日流血,朝廷谁请缨?

济时敢爱死?寂寞壮心惊!

【注】 ①本诗作于唐代宗广德元年(763)末,时杜甫客居阆州(今四川阆中)。②雪岭:又名雪山,在成都(今四川成都)西。雪岭临近松州、维州、保州(均在今四川成都西北),杜甫作本诗时,三州已被吐蕃攻占。

这首诗使用了多种表达技巧,请举出两种并作赏析。

_____

_____

8. 阅读下面的宋词,然后回答问题。

鹧鸪天·代人赋^①

(宋)辛弃疾

陌上柔桑破嫩芽,东邻蚕种已生些。平冈细草鸣黄犊,斜日寒林点暮鸦。 山远近,路横斜,青旗^②沽酒有人家。城中桃李愁风雨,春在溪头荠菜花。

【注】 ①这首词作于作者遭弹劾解官归居时。②青旗:酒旗,酒店门外用青布做的幌子。

词的最后两句作者用了哪种写作手法?表达了什么样的感情?词题为"代人赋",作者为什么要以此为题?请简要说明。

_____

_____

9. 阅读下面的宋词,然后回答问题。

菩萨蛮^①

(宋)李清照

风柔日薄^②春犹早,夹衫乍著^③心情好,睡起觉微寒,梅花^④鬓上残。 故乡何处是,忘了除非醉。沉水^⑤卧时烧,香消酒未消。

【注】 ①菩萨蛮:原唐教坊曲,后用为词牌名。②日薄:谓早春阳光和煦宜人。③乍著:刚刚穿上。④梅花:此处当指插在鬓角上的春梅。一说指梅花妆。⑤沉水:即沉水香,也叫沉香,瑞香科植物,为一种熏香料。

全词是通过什么手法来充分表达词人情感的?

_____

10.阅读下面的唐诗,然后回答问题。

越中览古

(唐)李白

越王勾践破吴归,义士还乡尽锦衣。

宫女如花满春殿,只今惟有鹧鸪飞。

这首诗运用了什么艺术手法?请简要分析。

知识梳理

诗歌鉴赏常用的表达技巧

表达技巧,是指诗歌整体的艺术表现特色,主要指诗歌的整体构思、诗歌整体的艺术技巧等。在古典诗词鉴赏中,诗歌的表达技巧包括以下三方面的内容:抒情手法、描写手法和修辞手法。

1.抒情手法

中国古代诗歌最大的特点就是抒情性。抒情是诗歌中运用最多的表达方式,它分为直接抒情和间接抒情两种。

(1)直接抒情。是直接对有关人物和事件表明爱憎态度的抒情方式,也叫直抒胸臆,它以第一人称"我"为抒情主体,直接表达作者思想感情。如李白的《梦游天姥吟留别》"安能摧眉折腰事权贵,使我不得开心颜"一句,就直接吐露长安三年的苦闷之情和对权贵的抗争。

(2)借景抒情。即诗人把自身要抒发的情感、表达的思想寄寓在景物之中,通过描写景物来抒发,使感情附着于景物上,使景物带上感情色彩。借景抒情的手法往往使情感含而不露。如李白的《送孟浩然之广陵》"故人西辞黄鹤楼,烟花三月下扬州。孤帆远影碧空尽,唯见长江天际流",全诗没有一字说别,没有一字说伤怀,但在对自然景物的动态描写中深情地寄托着依依惜别的情感。

(3)情景交融。情景交融是古代诗歌间接抒情中的一类,它既表达情感,又描写景物,二者几乎合为一体。要达到情景交融,至少需要两条:一是触景生情,二是要善于借景抒情,融情于景。情景交融的最大好处是赋予抽象的情感以形体,在对景物的描摹中委婉含蓄地表达诗人的情感。如温庭筠的《更漏子》"梧桐树,三更雨,不道离情正苦。一叶叶,一声声,空阶滴到明",寂寞的树,淋漓的雨,写景亦写情,渲染出相思女子的秋思无限,离情与景物相互烘托。

(4)托物言志。指的是诗人不直接表露自己的思想、感情,而是采用象征、寄兴等手法,把自己的某种理想、人格、观点等寄托在某种细致描摹的事物上,这类诗歌常称为咏物诗。如李纲《病牛》"耕犁千亩实千箱,力尽筋疲谁复伤?但得众生皆得饱,不辞羸病卧残阳",惟妙惟肖地刻画了一个病牛的形象,诗中的病牛,也即作者自身的形象。

(5)借古讽今。是指诗人借助对历史人物或事件的评述来抒发自己的某种观点和情感,属于间接抒情。如刘禹锡《台城》的"台城六代竞豪华,结绮临春事最奢,万户千门成野草,只缘一曲后庭花",全诗以台城这六朝帝王起居临政的地方为题,描写了六朝纵情作乐的荒淫生活,以此和野草丛生的凄凉的现实景象形成了鲜明对比,把严肃的历史教训化作了触目惊心的具体形象,寄托了吊古伤今的无限感慨。

2.描写手法

对描写对象进行正面的、直接的描写是正面描写;对描写对象周围的事物进行描写,使对象更鲜明,是侧面描写。正面描写能直接凸显诗人的情感,明确表达主旨;侧面描写是对正面描写作有益的补充,能激发读者的想象力,收到以少胜多的功效。如《陌上桑》为表现采桑女罗敷的美貌,作者先运用排比、夸张等修辞手法对罗敷进行正面描写:"青丝为笼系,桂枝为笼钩。头上倭堕髻,耳中明月珠。缃绮为下裙,紫绮为上襦。"接下来运用侧面描写,使得罗敷的美貌得以更充分地表现:"行者见罗敷,下担捋髭须。少年见罗敷,脱帽著帩头。耕者忘其犁,锄者忘其锄。来归相怨怒,但坐观罗敷。"产生了从正面描写无法达到的效果,给人以无尽的想象空间,从而达到了强烈的艺术效果。

描写手法包括以下几种。

(1)渲染。诗歌中的渲染是指对环境、景物等作多方面的正面描写,以突出主体形象。如汉乐府民歌《江南可采莲》:"江南可采莲,莲叶何田田,鱼戏莲叶间。鱼戏莲叶东,鱼戏莲叶西,鱼戏莲叶南,鱼戏莲叶北。"诗中"鱼戏莲叶东"四句是对上一句的渲染描写,这种渲染使得全诗生动活泼,把水上采莲的画面和人们采莲时欢愉的情绪活灵活现地展示在读者面前。

(2)烘托。指用事物间相似或对立的条件,以次要事物为陪衬来突出主体事物,是一种侧面描写,有时又叫衬托。烘托手法能使要表现的人或物的特点更加鲜明,或使情感更能充分表达出来。烘托包括两种:一是正衬,二是反衬。如李白《赠汪伦》:"桃花潭水深千尺,不及汪伦送我情。"即为正衬,王籍《入若耶溪》:"蝉噪林逾静,鸟鸣山更幽。"即为反衬。

(3)白描。指用最简洁的笔墨,不加渲染烘托,描画出鲜明生动的形象。如辛弃疾《清平乐·村居》:"茅檐低小,溪上青青草。醉里吴音相媚好,白发谁家翁媪?大儿锄豆溪东,中儿正织鸡笼。最喜小儿无赖,溪头卧剥莲蓬。"下阕四句,采用白描手法,直书其事,和盘托出三个儿子的不同形象。这几句虽然极为通俗易懂,但却刻画出鲜明的人物形象,描绘出耐人寻味的意境。

(4)动静。中国的诗歌创作中离不开动态描写和静态描写,或以动衬静,或以静衬动,或一动一静,相辅相成。如戴叔伦《兰溪棹歌》:"凉月如眉挂柳湾,越中山色镜中看。兰溪三日桃花雨,半夜鲤鱼来上滩。"诗中前两句写了山水的明丽动人和月色的清爽皎洁,是静景;后两句写了鱼抢新水、涌上溪头浅滩的调皮,是动景。全诗动静结合,写出了兰溪山水的美好和蓬勃生机。

(5)虚实。在诗歌中的"实",是指客观世界中存在的实像、实事、实境;"虚",是指直觉中看不见、摸不着,却又能从字里行间体味出的那些虚像和空灵的境界。一般来说,现实为实,想象为虚;现在为实,过去为虚。文学作品在写到较为复杂的事情时,往往采用虚实结合的写法,使作品结构更加紧凑、形象更加鲜明。如柳永的《雨霖铃》,上片实写送别时的情景,下片虚写道出了离别后的相思,虚实结合更有动人的力量。

(6)抑扬。抑扬手法也是古典诗词中常见的手法,指不从正面平铺直叙,先从反面着笔,加以贬抑,而后透露出自己的真实意图。例如,王昌龄的《闺怨》:"闺中少妇不知愁,春日凝妆上翠楼。忽见陌头杨柳色,悔教夫婿觅封侯。"这首诗先写闺中少妇兴冲冲地登上翠楼欣赏春色,用"喜"铺垫;由一个"忽"字过渡,因看到杨柳嫩绿之色,想起送别丈夫参军,现还未归,自己是孑然一身,不免产生孤寂落寞之感,又"怨"上心头。先扬后抑,情绪急转直下,悲不自胜。

3.修辞手法

(1)比喻。根据事物之间的相似点,用

一种事物或情景来比喻另一种事物或情景。比喻一般由三部分组成，即本体（被比喻的事物）、喻体（用来比喻的事物）和比喻词（联系二者的词语）组成，它包括明喻、暗喻、借喻、博喻。诗词中运用比喻，在写景状物时能突出生动的意象，强化特定意境的渲染；议理抒情时能使抽象的情与理生动形象，耐人寻味。例如：李煜的《虞美人》"问君能有几多愁？恰似一江春水向东流"中，愁是一种抽象的感情，李煜以实拟虚，用长江之水喻思念故国之痛，寓意深刻，给人以深刻印象。

（2）比拟。比拟包含"拟人"和"拟物"两种，是根据本体事物和拟作事物之间的可拟性，赋予无生命的事物以人的思想感情及行为，或者赋予甲事物以乙事物的行为动作，从而使描写生动形象，使画面鲜明灵动，使表情达意更别致、更隽永。例如韩愈的《春雪》："新年都未有芳华，二月初惊见草芽。白雪却嫌春色晚，故穿庭树作飞花。"诗歌运用拟人的修辞手法把春雪描绘得美好而富有灵性，饶有情趣。

（3）双关。双关是言在此而意在彼，使表情达意更含蓄，更有趣，分为谐音双关和语意双关。例如：刘禹锡《竹枝词》"东边日出西边雨，道是无晴却有晴"。"晴"谐"情"的音，实指情思。

（4）借代。借代在古诗词中运用得最广泛。称人时可用籍贯、官职、做官地等来代称，称物时可用一些有特征的或相关联的另一类事物来代称，有的代称甚至相沿成习。借代在诗词表情达意方面的作用很多，或得体，或含蓄，或形象，或别致。例如李白《登金陵凤凰台》："吴宫花草埋幽径，晋代衣冠成古丘"中"衣冠"代指晋代士族，即名门望族，因为他们以戴高高的帽子、穿宽大的衣服招摇过市而显耀自己的身份。

（5）夸张。指对事物的形象、特征、作用、程度等作扩大、缩小或超前的描述。夸张通过对事物形象的渲染，可以引起人们丰富的想象，有利于突出事物的本质和特征；夸张还可以使感情表达得更强烈、更鲜明，更能感染读者。例如李白的《秋浦歌》："白发三千丈，缘愁似个长。不知明镜里，何处得秋霜。"白发因愁而生，长达三千丈，该是多么深重的愁思！以此写愁，虽匪夷所思，却更强烈地表达了诗人的情感。

（6）对比。对比是指把两种对立的事物或同一事物的两个不同方面放在一起相互比较，以达到强烈的表达效果。诗歌中常用对比手法来突出事物特征，表达诗人强烈的情感，尤其是一些咏史怀古诗，更是通过今昔对比寄托作者兴衰之感。例如李白的《越中览古》："越王勾践破吴归，义士还乡尽锦衣。宫女如花满春殿，只今惟有鹧鸪飞。"前三句描写了昔日繁华和最后一句今日的冷落凄凉形成强烈的对比，使读者感受特别深切，其中蕴含着诗人深沉的历史思考。

第二章　古诗词整体鉴赏

考点精讲

题型示例

例1　(2018年湖北技能高考卷)阅读下面的宋词,然后回答问题。

望书归

(宋)贺铸

边堠①远,置邮②稀,附与征衣衬铁衣。

连夜不妨频梦见,过年惟望得书归。

【注】　①边堠:边塞瞭望敌情的土堡。②置邮:古代的邮递工具和设施。

1.这是一首以妻子口吻写的词,词中描绘了一个怎样的妇女形象?

【参考答案】　描写了一位日夜思念牵挂、关爱体贴远征丈夫的妇女形象。

【试题分析】　本题是形象分析题。词的第一句"边堠远,置邮稀,附与征衣衬铁衣"点明了人物身份与行为,丈夫远征,妻子给丈夫邮寄书信和征衣,表现了对远征丈夫的关心和体贴。词的结尾句"连夜不妨频梦见,过年惟望得书归"写出了思妇的卑微心愿:希望能够在梦中多见几面,希望来年收到丈夫的回信。思念至深,哀婉至极。

2.这首词运用了以小见大的艺术手法,请结合作品简要说明。

【参考答案】　作品通过写一位思妇邮寄书信和征衣给丈夫的具体事例,从生活细节表现时代特征,反映了战争给普通百姓带来的苦难。

【试题分析】　词中事件很小,只写了思妇给远征的丈夫邮寄书信和衣服这样的小事,但是从这一事件引申出思妇哀婉的情感却将词的主题延至深远,不仅表现的是一人之思,一家之苦,而是以小见大,写出了无数家庭的苦难,将批判的矛头指向了战争,反映了战争给普通百姓带来的苦难。

例2　(2017年湖北技能高考卷)阅读下面的诗歌,然后回答问题。

于长安归还扬州,九月九日行薇山亭赋韵

江总①

心逐南云逝,形随北雁来。

故乡篱下菊,今日几花开?

【注】　①南朝陈诗人。陈亡,入长安,仕于隋。后辞官南归,此诗写于南归途中。

1.这首诗抒发了诗人什么样的感情?

【参考答案】　抒发了诗人思念故乡、渴望南归的感情。

【试题分析】　本题考查的是诗人情感。整首诗借景抒情，感情比较含蓄。结合注释中的辞官南归，以及末两句的想象之景可以看出作者对家乡的思念，而开头的"心逐南云逝，行随北雁来"则加剧了这种渴望。

2.这首诗采用了虚实结合的手法，请结合诗句简要分析。

_____

【参考答案】　一、二句写实，借流云归雁写出自己南归的心情和行踪；三、四句由实而虚，写出对故乡花事的猜想，突出归家的急切心理。

【试题分析】　关于虚实结合的手法，眼见为实，想象为虚。归途中诗人看到的云与雁皆为实景，对故乡的菊花是否开放的叩问则是想象，是虚写。虚实结合更突显了作者归家的急切之情。

方法指导

一、古诗词整体鉴赏方法指导

诗歌鉴赏是一个融多种能力于一体的过程，一方面需要不断地积累古诗词知识，厚积才能薄发。另一方面需要从多个角度进行分析，力求多方面整合信息，正确理解诗歌。一般来说应从以下几个方面进行分析。

1.根据题材特点解读诗歌内容

不同题材的诗歌，其思想情感不同，意象选取不同，语言风格不同，表现手法各异。如果能迅速判断出诗歌的题材，对鉴赏诗歌会有很大帮助。例如王昌龄的《从军行》："青海长云暗雪山，孤城遥望玉门关。黄沙百战穿金甲，不破楼兰终不还。"作为一首边塞诗，诗中选取了具有边关特色的意象，营造了阔达孤寂的意境，表达了诗人保家卫国的豪迈气概。牢记诗歌每一种题材的特点有助于解读诗歌。

2.结合诗歌注释把握创作背景

诗歌中的注释大多是对作者、作品的创作背景或重点词句的解释。把握作品的背景有利于把握诗歌的内容和情感。另外了解作者，知人论世，把握重点词句的意思对做题很有帮助，能帮助我们迅速把握诗歌主要内容。

3.分析诗歌体裁研究出题意图

不同的体裁所书写的内容、表达的情感、揭示的主题均不同。

如果是叙事诗，则可从分析人物形象入手，进而概括诗歌的主题，赏析诗歌语言的凝练性、形象性。

如果是哲理诗，概括主题时则应揭示诗中所蕴含的哲理，分析表现手法时则从"托物言志"角度出发。例如于谦《石灰吟》："千锤万凿出深山，烈火焚烧若等闲。粉骨碎身浑不怕，要留清白在人间。"

如果是抒情诗，则从描写的景物（具体名词）中理解诗人抒发的感情，在回答诸如"这样写有什么好处？""运用了什么样的艺术手法""请欣赏这句诗"等问题时，就考虑是否应该答直抒胸臆或间接抒情（借物抒情、情景交融）。

4.研读题干掌握答题技巧

(1)先观点后理由，解题时先表明观点，再陈述理由。

（2）先分后总式，答题时，先分说后总说。

（3）先总后分式，答题时，先总说后分说。

二、鉴赏古诗顺口溜

一看标题明题材，二读注释论人世。

三梳字句通大意，四抓诗眼定主旨。

五品意象展联想，六析手法寻意蕴。

诗读百遍意自现，心通古哲人自贤。

对点训练

训练 1

1.阅读下面的唐诗，然后回答问题。

山中留客

（唐）张旭

山光物态弄春晖，莫为轻阴便拟归。

纵使晴明无雨色，入云深处亦沾衣。

（1）请说说本诗第一句中"弄"字的表达效果。

_____

_____

（2）本诗运用虚实相生的表现手法，描摹出春山的美景，请结合全诗，作简要赏析。

_____

_____

_____

2.阅读下面的宋诗，然后回答问题。

闲居初夏午睡起二绝句（其一）

（宋）杨万里

梅子留酸软齿牙，芭蕉分绿与窗纱。

日长睡起无情思，闲看儿童捉柳花。

（1）这首诗选用了哪些物象来表现初夏这一时令特点？

_____

_____

（2）诗歌中哪一个字最能表达诗人的情感？请简要分析。

_____

_____

_____

3.阅读下面的唐诗,然后回答问题。

邯郸冬至夜思家

(唐)白居易

邯郸驿里逢冬至①,抱膝灯前影伴身。

想得家中夜深坐,还应说着远行人。

【注】 ①冬至:二十四节气之一,唐朝时一个重要的节日。

(1)诗中写到了"灯"这一意象,请联系诗歌的内容,分析这个意象在诗歌中表现了诗人怎样的情感。

_____

_____

(2)作者是怎样写"思家"的?

_____

_____

4.阅读下面的唐诗,然后回答问题。

子夜吴歌①

(唐)李白

长安一片月,万户捣衣②声。

秋风吹不尽,总是玉关③情。

何日平胡虏,良人④罢远征。

【注】 ①子夜吴歌:乐府旧题,相传是晋代一名叫子夜的女子所作,因属于吴地歌曲,所以又叫"子夜吴歌"。②捣衣:旧时制作衣服的布帛需要先放在砧上,用木棒捣平捣软,叫作"捣衣"。③玉关:玉门关,古代边关。④良人:丈夫。

(1)诗歌的一、二句描绘了什么画面?在全诗中的作用是什么?

_____

_____

(2)简述二联与三联各采用了什么样的抒情手法。

_____

_____

5.阅读下面的唐诗,然后回答问题。

春　望

(唐)杜甫

国破山河在,城春草木深。

感时花溅泪,恨别鸟惊心。

烽火连三月,家书抵万金。

白头搔更短,浑欲不胜簪。

（1）这首诗表达了诗人怎样的思想感情？

_____

（2）你认为"国破山河在，城春草木深"一句中哪个字用得好？请简要分析。

_____

_____

训练2

6.阅读下面的古诗，然后回答问题。

梁甫吟

步出齐城门，遥望荡阴里。里中有三坟，累累正相似。

问是谁家墓，田疆古冶子^①。力能排南山，文能绝地纪。

一朝被谗言，二桃杀三士。谁能为此谋，相国齐晏子。

【注】　①田疆古冶子：据《晏子春秋·谏下篇》载，公孙接、田开疆和古冶子三人，事齐景公，以勇力闻名于世。晏婴因觉他们三人，目无遵纪，劝景公设计除掉他们，景公于是将二桃赠给三士，让他们计功食桃。三人相互争功，在言语攻击中公孙接、田开疆二人被古冶子讥讽，羞愧自刎而死。古冶子见此，追悔莫及也自刎而死。

（1）诗歌中"一朝被谗言，二桃杀三士"两句包含了诗人什么样的情感态度？请简要分析。

_____

_____

（2）诗歌中采用了设问的形式，请找出并分析其作用。

_____

_____

7.阅读下面的唐诗，然后回答问题。

旅夜书怀

（唐）杜甫

细草微风岸，危樯独夜舟。

星垂平野阔，月涌大江流。

名岂文章著，官应老病休。

飘飘何所似，天地一沙鸥。

（1）这首诗前四句写景阔大雄浑，这似乎与后文的感情抒发相悖，谈谈你的看法。

_____

_____

（2）"飘飘何所似，天地一沙鸥"一句，塑造了一个怎样的形象？谈谈你的看法。

_____

8. 阅读下面的宋诗,然后回答问题。

春日游张提举园池

（南宋）徐玑

西野芳菲路,春风正可寻。

山城依曲渚,古渡入修林。

长日多飞絮,游人爱绿阴。

晚来歌吹起,惟觉画堂深。

(1)这首诗第二、三两联所描写的景物有怎样的特点?这表现了诗人怎样的情感?

_____

_____

(2)请结合诗题,简要分析尾联"惟"字的妙处。

_____

_____

_____

9. 阅读下面的宋词,然后回答问题。

踏莎行·芳心苦

（宋）贺铸

杨柳回塘①,鸳鸯别浦②,绿萍涨断莲舟路。断无蜂蝶慕幽香,红衣脱尽芳心苦③。　　返照迎潮,行云带雨,依依似与骚人语。当年不肯嫁春风,无端却被秋风误。④

【注】 ①回塘:曲折的水塘。②别浦:江河的支流入水口。③红衣脱尽芳心苦:红衣,形容荷花的红色花瓣。芳心苦,指莲心有苦味。以上两句说,虽然荷花散发出清香,可是蜂蝶都不来,它只得在秋光中独自憔悴。④不肯嫁春风:以上两句写荷花有"美人迟暮"之感。

(1)词上片描写了怎样的环境特点,请简要分析。

_____

_____

(2)词的最后两句"当年不肯嫁春风,无端却被秋风误"采用了什么手法,有何好处?请简要分析。

_____

_____

10. 阅读下面的宋词,然后回答问题。

点绛唇·蹴罢秋千

（宋）李清照

蹴罢秋千,起来慵整纤纤手。露浓花瘦,薄汗轻衣透。　　见客入来,袜划金钗溜。和羞走,倚门回首,却把青梅嗅。

(1)本词塑造了一个什么样的少女形象？

_____

_____

(2)"露浓花瘦"在词中采用什么表现手法,有何作用？

_____

_____

知 识 梳 理

磨刀不误砍柴工

一、古体诗

古体诗又称古诗或古风。古体诗格律自由,不拘对仗、平仄,押韵较宽,篇幅长短不限,句子有四言、五言、六言、七言和杂言。

四言古诗,是古代产生最早的一种诗体。《诗经》中的《国风》《小雅》《大雅》等都是以四言诗为基本体裁。在先秦两汉的其他典籍里,如《史记》所载《麦秀歌》,《左传》所载《宋城子讴》《子产诵》等,也都是以四言体为主。

五言古诗,是指每句五个字的诗体,全篇由五字句构成。它作为一种独立的诗体,大约起源于西汉成熟于东汉末年。大多是吸收民歌的形式而成的。《古诗十九首》、汉乐府中的《陌上桑》《孔雀东南飞》等都是五言诗。文人作的五言诗,一般认为最早的要算班固的《咏史》。

六言古诗,属古风类诗文,全诗都是六个字一句。六言散句最早散见于《诗经》。《离骚》的上七下六句式及《楚辞》中大量出现的整齐的六言句,为六言诗走向成熟奠定了基础。完整而规范的六言诗是在建安时期才出现的。现存最早最完整的六言诗,是孔融的三首六言诗。

七言古诗,全篇每句七字或以七字句为主的诗体。它起于民间歌谣。先秦时期除《诗经》,《楚辞》已有七言句式外,《荀子》的

《成相篇》是模仿民间歌谣写成的以七言为主的杂言体韵文。西汉时期除《汉书》所载的《楼护歌》《上郡歌》外,还有司马相如的《凡将篇》、史游的《急就篇》等七言通俗韵文。东汉七言、杂言民谣为数更多。魏曹丕的《燕歌行》是现存的第一首文人创作的完整七言诗。至唐代七言诗才真正发达起来。

杂言诗也是古体诗所独有的。诗句长短不齐,有一字至十字以上,一般为三、四、五、七言相杂,而以七言为主,故习惯上归入七古一类。《诗经》和汉乐府民歌中杂言诗较多。

二、绝句

绝句,又称截句、断句、短句、绝诗,属于近体诗的一种形式。绝句由四句组成,分为律绝和古绝,其中律绝有严格的格律要求。起源于汉魏六朝的乐府短章,常见的绝句有五言绝句和七言绝句,六言绝句较为少见。

就发展情况而言,五言绝句成长在先。初唐四杰以及沈佺期、宋之问、李峤、崔湜等人,已经写出了大量情景交融、音节和婉并具有一定个性色彩的优美篇什。到盛唐,一大批名家出现。李白、王维、崔国辅构成了盛唐五绝的三鼎足,致使这一诗体日后的发展也很少能超出其范围。

七言绝句起自南朝乐府歌行。初唐时七绝数量很少,艺术上也不够成熟。进入盛

唐之后，七绝有了长足的进步，完全可以与五绝并驾齐驱。代表其最高成就的是李白、杜甫和王昌龄。李白体现了盛唐绝句的典型风格，王昌龄开了中晚唐绝句的先河，杜甫则是绝句艺术变革出新的推动者。

晚唐绝句发展出了两种新的体式：一是尖新明快的议论体，一是委婉深曲的抒情体。两者都以李商隐、杜牧为主要代表。

宋元时代，通行把"绝句"称为"截句"。他们以为"绝句"是从律诗中截取一半。宋代以来人们所熟知的绝句，近体风貌占有压倒性的优势，元明的诗论家有绝句乃"截律"之说。

三、律诗

律诗是中国传统诗歌的一种体裁，属于近体诗范畴，因格律要求非常严格而得名。律诗起源于南朝齐永明时沈约等讲究声律、对仗的新体诗，至初唐沈佺期、宋之问等进一步发展定型，盛行于唐宋时期。律诗在字句、押韵、平仄、对仗各方面都有严格规定。其常见的类型有五言律诗和七言律诗。

律诗通常每首八句，超过八句的，则称排律或长律。以八句完篇的律诗，每二句成一联，计四联，习惯上称第一联为首联，第二联为颔联，第三联为颈联，第四联为尾联。每联的上句称为出句，下句称为对句，两句构成对句关系；前联的对句和后联的出句的关系则称为邻句关系。

四、词

词是诗歌的另一种形式。萌芽于南朝，是隋唐时兴起的一种新的文学样式。到了宋代，经过长期不断的发展，进入到词的全盛时期。词最初称为"曲词"或者"曲子词"，别称有近体乐府、长短句、曲子、曲词、乐章、琴趣、诗余等。从长度分小令（59字以下）、中调（59～90字）和长调（91字以上）。是配合宴乐乐曲而填写的歌诗，词牌是词的调子的名称，不同的词牌在总句数、句数，每句的字数、声调上都有规定。词有婉约和豪放之分。婉约词以柳永、李清照、晏殊等为代表；豪放词以苏轼、辛弃疾、陆游等为代表。

现代文阅读

第一章　现代文阅读总述

考情精析

技能高考怎么考

年份	标题/出处	体裁	题号	题型	能力层级	考纲考点	设问类型	分值
2018年	李德霞《雨还在下》	小说	15	简答题	分析综合C	环境的描写对刻画人物、加深主题、渲染气氛所起的作用	传达出主人公什么心情？	4分
			16	简答题	分析综合C	理解文中重点句子的含义和作用	句子在本文构思上起什么作用？	4分
			17	单选题	分析综合C	筛选文中信息，归纳内容要点	不恰当的一项是？	4分
					鉴赏评价D	分析文章主要写作特点		
2017年	林清玄《在微细的爱里》	散文	15	简答题	分析综合C	筛选文中信息，归纳内容要点	……？请简要概括	4分
			16	简答题	鉴赏评价D	评析文章的基本观点	为什么看重……？	4分
			17	单选题	鉴赏评价D	分析文章主要写作特点	选出不正确的一项	4分
2016年	《一只麻雀的故事》	小说	15	简答题	分析综合C	筛选文中信息归纳文章内容要点	……的原因是什么？	4分
			16	简答题	鉴赏评价D	辨析文中修辞手法的运用	举两例说说这一手法的作用	4分
			17	单选题	分析综合C	分析作品中人物及作者的思想感情	选出不正确的一项	4分
					鉴赏评价D	分析文章的主要写作特点		
小结	根据上表分析可知，近几年现代文阅读命题趋势： 体裁上以文学类作品为主，但不能排除将来会出现说明文、议论文等体裁的阅读； 题量、题型较为稳定，前两题为主观简答题，最后一题为客观选择题； 考点以"筛选文中信息，归纳内容要点""分析作品中人物以及作者的思想情感""分析文章的主要写作特点"为考查重点							

第二章　现代文阅读讲练

第一节　散文的阅读

文体精讲

文体概念

一、散文概说

散文是一种与诗歌、小说、戏剧等并列的文学体裁。它主要用于描写真实的现实生活，以其所见、所闻、所思、所感诉诸笔端，抒发作者独特的个人感受。例如朱自清的《背影》、巴金的《怀念萧珊》、沈从文的《湘行散记》、史铁生的《我与地坛》等都是现当代的散文名篇。

散文作为一个文类，是一座珍藏丰富的艺术宝库，一个广袤、深邃、绚丽多彩的艺术世界。进入到这个艺术世界之中，我们不仅可以超越时空，窥见不同历史时期社会生活的风貌及其所折射出的鲜活的精神世界，体会到作者的喜怒哀乐，感受到他们的人生体验和人生感悟，领略到他们对人生和宇宙的思索，而且还会受到强烈的艺术感染，得到一种审美的愉悦。散文是一种特殊而又广受欢迎的文学体裁，我们在对其相关文本进行阅读和鉴赏时，除了需要掌握一般文学作品的知识外，还要具备一些特有的知识。

二、散文分类

对于中学生来说，我们经常接触到的散文主要有以下几种。

1.抒情性散文：偏重于抒发创作主体的情感，多采用"托物言志""借景抒情"的手法，例如朱自清的《荷塘月色》、茅盾的《白杨礼赞》等。

2.叙事性散文：偏重于记人叙事，及时记录新鲜事物、新鲜感受。包括报告文学、传记文学、游记、日记等。

3.议论性散文：偏重于议论，夹叙夹议，思想性与艺术性的结合。包括杂文、小品、随笔等。

三、散文审美特征

散文作为一种独特的文学样式，它有着不同于其他文学体裁的特点，了解这些有助于我们更好地阅读和鉴赏相关文本。

1.情景交融

散文是一种非常有个性的文体，带有强烈的主观色彩。作者在文中要表达的情感通常不是直白的，而是蕴含在写景、状物或叙事当中。同样的自然景物，由于审美情感、审美情趣、审美经验的差异，产生的美感也不同。

阅读散文时，我们要体会作者所写的景或物是作者主观情感化了的景或物，或者说这里的景和物寄托了作者自己的主观情感，是景和情的统一。有了这个基础，进而体会作者是在什么情况下览物赏景，并通过览物赏景来表达自己什么样的感情。

2.形散神聚

散文是用自由、灵活的手段反映社会生活的语言艺术,人们总是凭借作者所描述的情境,结合自己的生活经验,获得直觉的形象感知,并从作品中所提供的"境",感知"形",从"形"中感知"美",进而从"美"中体味、产生"情"。

我们在品味散文时,一方面要"披文以入情",通过解读语言文字来感知作品中呈现的物象,进而感受作者的思想感情;另一方面还要尽可能多地了解作者自身的方方面面,了解作者的创作背景,从而更深层次地把握作者蕴含在文章中的情感。鉴赏就是要在形象感知的基础上进行思索和分析,进一步领会作品所蕴含的意义。

3.语言精当

语言不仅是散文的载体,也是散文的本体。全部语言所表达的是散文的精神韵致,也表现了散文的美学形式。作者对语言不懈追求,既表达新异的审美情趣,又创造散文的艺术风景线。

散文是语言的艺术,语文教材中不乏文质兼美的名篇佳作。我们欣赏散文,对语言的揣摩和品味也是必不可少的。作者深沉的情思、文章优美的意境都是通过一定的语言表现出来的。以《荷塘月色》中的月色为例,比喻、拟人、通感的巧妙运用,叠音词的广泛运用,都恰到好处地服务于内容表达的需要,服务于意境美的创设,值得我们仔细鉴赏和品味。此外,不同的作家大都有自己独特的语言风格,其叙事、抒情、议论都有自己特有的方式和韵味,例如鲁迅的散文和朱自清的散文就各具特色,这也是我们在阅读和鉴赏时,应当特别留意的地方。

题型示例↓

例1 (2017年湖北技能高考卷)阅读下面的文章,完成1~3题。

在微细的爱里

林清玄

苏东坡有一首五言诗,我非常喜欢:钩帘归乳燕,穴牖出痴蝇。爱鼠常留饭,怜蛾不点灯。

对才华盖世的苏东坡来说,这算是他最简单的诗,一点也不稀奇,但是读到这首诗时,我的心深深颤动,因为隐在这简单诗句背后的是一颗伟大而细致的心灵。

钩着不敢放下的窗帘,是为了让乳燕归来,看到冲撞窗户的愚痴的苍蝇,赶紧打开窗让它出去吧!担心家里的老鼠没有东西吃,时常为它们留一点饭菜。夜里不点灯,是爱惜飞蛾的生命呀!

诗人那个时代的生活我们不再有了,因为我们的家里不再有乳燕、痴蝇、老鼠和飞蛾了,但是诗人的心境我们却能体会,他用一种非常微细的爱来观照万物。在他的眼里,看见了乳燕回巢的欢喜,看见了痴蝇被困的焦急,看见了老鼠觅食的急迫,也看见了飞蛾无知扑火的痛苦,这是多么动人的心境。我们有很多人,对施恩给我们的不知感念,对于苦痛生活和我们身边的人吝于给予,甚至对于人间的欢喜悲辛一无所知,当然也不能体会其他众生的心情。比起这首诗,我们是多么粗鄙呀!

不能进入微细的爱里的人,不只是粗鄙,他也一定不能体味高层次的心灵之爱,他只能过着平凡单调的日子,而无法在生命中找到一些非凡之美。

我们如果光是对人有情爱,有关怀,而不知道日落月升也有呼吸,不知道虫蚁鸟兽也有欢喜与悲伤,不知道云里风里也有远方的消息,不知道路边走过的每一只狗都有乞求或哀怨的眼神,甚至不知道无声里也有千言万语,那么就不能成为一个圆满的人。

我想起一首杜牧的诗,可以和苏轼这首诗相配:

已落双雕血尚新,鸣鞭走马又翻身。凭君莫射南来雁,恐有家书寄远人。

1.文中"微细的爱"是什么样的爱?请简要概括。

_____

【参考答案】 含有对微小生命的爱,也含有细致入微的关爱。

【试题分析】 这道题考查学生筛选文章信息,归纳、概括要点的能力。抓住题目中的关键词"微细的爱"作答即可。前三段中苏东坡对于乳燕、病蝇、老鼠和飞蛾的怜爱,很容易理解到"微细的爱"含有对"微小生命"的爱的意思。也应该抓住第四段中"他用一种非常微细的爱来观照万物"这一句,此处的"微细的爱"的内涵就不仅仅局限于"微小的生命"了,后文中"对施恩给我们的不知感念,对于苦痛生活和我们身边的人吝于给予,甚至对于人间的欢喜悲辛一无所知……"都揭示出这份爱的外延,上升为对那些我们容易漠视甚至忽略的事物去进行细致入微的理解与关爱。

2.作者为什么看重这种"微细的爱"?

_____

【参考答案】 因为"微细的爱"能让人体味到高层次的心灵之爱,能在生命中找到非凡之美,能让人成为一个圆满的人。

【试题分析】 这是一道评析作者的基本观点的题目,也可以说是一道概括分析文章主旨的题目。作者看重这种"微细的爱"的原因,即是作者在文中所想要表达的主旨。作者通过前三段高度赞扬了苏东坡对于微小生命的爱,然后进一步扩大了这种"微细的爱"的内涵,扩展为对众多人与物的细致入微的关怀。接下来的第五段中"不能进入微细的爱里的人,不只是粗鄙,他也一定不能体味高层次的心灵之爱,他只能过着平凡单调的日子,而无法在生命中找到一些非凡之美",其实就已经给出了作者看重这种"微细的爱"的原因。结尾处的第六自然段"我们如果光是对人有情爱,有关怀……那么就不能成为一个圆满的人",更是为本文的主旨做了进一步的总结与诠释。

3.下列对本文的赏析,不正确的一项是 ( )

A.引用苏轼诗作开头,印证题目,引出下文。

B.运用反衬手法,以爱的微细衬托苏轼的伟大。

C.用一些人的粗鄙与苏轼的心境对比,突出微细的爱的可贵。

D.文章以苏轼的诗作开篇,以杜牧的诗作结尾,前后照应,使文本结构严谨。

【试题答案】 B

【试题分析】 本题旨在考查学生分析文章主要写作特点的能力,主要是从文章结构、写作手法两个方面来设置选项的。A项从文章开篇处可以看出,作者确实是引用苏轼的诗作为开头,不仅印证了题目,也引出了下文"因为隐在这简单诗句背后的是一颗伟大而细致的心灵",所以A项是正确的;C项从写作手法来设置选项,从文中第四段"我们有很多人,对施恩给我们的不知感念,……比起这首诗,我们是多么粗鄙呀!"可知,此处的对比,正是为了突出"微细的爱"的可贵,所以 C 项是正确的;D 项从文章结构写法上设置选项,开篇作者引用苏轼的诗,结尾作者说"我想起一首杜牧的诗,可以和苏轼这首诗相配",综合这些结构脉络看来,这个选项也是正确的。而选项 B,并非反衬手法,反衬即从反面衬托,而爱的微细是一种大爱,从正面阐述他的伟大,因此这个选项是错误的。

方法指导

散文阅读的应对方法

方法一:分析散文结构,概括文章主题

1.**整体感知是把握结构的第一步。**拿到一篇文章就要按部就班地去读,边读边给每个自然小节标上序号,以备下面做题之用。

2.**圈点勾画中心句、过渡句。**在阅读过程中要特别关注文章的开头、结尾,每一段的起始句、收束句,这些地方往往被作者安排放置中心句,以起到总领或收束内容的作用。

3.**总结每个自然段的段意。**在找出中心句后,综合分析每一个自然段表达的意思,给每一段来一个总结,用一句话简明扼要地概括出本段的段意。

4.**重视具有前后衔接、勾连、照应作用的语言标志**(语言标志,指那些表现或暗示作者思维进程或文章结构层次关系的标志性词语)**;重视有区分层次作用的标点符号。**譬如"首先""其次""第一""第二"之类表示顺序的词语。还有"一方面""另一方面"之类的范围词。同时还要注意分号、冒号、句号等标点符号的作用。在找出标志性的词语、句子后,结合每个段落的段意,把相同或相近意思的段落合并,即所谓合并同类项。

5.**要高度重视段与段之间的衔接,尤其要重视段落的起始句与上下文的联系。**对于重叠词语、重复词亦应重视。

方法二:联系散文的体裁特点,把握艺术手法和效果

散文具有"形散神不散"的特点,它的基本特征可以从多方面去看,在情感表达的方式上,常常通过记人、叙事、写景、状物来抒发作者的感情;在材料的选择上,常常通过联想的方式将上下几千年、纵横几万里的材料组成一个有机的整体,形散而神聚。

表现手法即"技巧",又称文学技巧,是散文的主要表现形式,是指文章运用了哪些写作原理、规律和方法来表现文章内容。对表现手法的评价鉴赏,就是分析文章运用了哪些表达技巧,表达了什么内容,达到了什么艺术效果等。表现手法从广义上运用也就是作者在行文措辞和表达思想感情时遣词造句的方式,包括表达方式、表现手法和修辞手法。

表现手法的分析是一种很泛的题目,答题时要注意完整地理解题目的答题要求,要简洁准确地答题,对分析体会写作技巧的题,应结合上下文语境、文章题材与体裁风格等来准确把握。

方法三:体会散文的优美语言,感悟重要语句的含义

1.**聚焦动词,选点切入。**"动词"具有两个特点,那就是"形象化"与"动作化"。

2.**明晰位置,强化意识。**重要词语的位置一般在:文章首段,"首句标其目";文章末段,"卒章显志";文章过渡段,"承上启下,前后照应"。因此,在阅读时要高度重视"题目""首段""末段"及"过渡段"。

3.**理清文脉,聚焦过渡。**解读文章时要高度关注过渡语句(段)中的动词或副词。这样既可理清文脉,也可品评妙处。

4.注意"双关"。解读词语或句子时可从"双关"方面入手。因为一般"精彩"或"重要"的词句,大多具有"虚实"两重含义的特征。

5.体察语境,还原分析。探究"语句的丰富含义",更要注重具体语境,对具体词语的语境进行"四问",即"时间""地点""对象""环境"四个方面,同时将答案代入分析印证。

6.强化技法,侧重表达。从修辞手法入手,可达到事半功倍之效。

7.要弄清重要句子的含义。富有特殊含义的句子,其特点是:运用修辞手法,或比喻,或拟人,或夸张,或排比,或对偶,内涵随语境而变化;或用象征、类比手法,使句子具有特殊含义。

方法四:欣赏作品的形象,赏析作品的内涵

1.品味文本,鉴赏意境。可以从三个"必须"入手:一是必须将重点聚焦在作品开头、中间、结尾部分;二是必须注意线索、标题、注解等信息;三是必须注重意境的外在形态与内在本质。

2.抓住核心,评点人物。欣赏作品人物形象主要指对人物的精神面貌和性格特征的评价。主要从以下几方面入手。

(1)人物精神风貌由人物的思想、人物的社会价值组成,特别要关注其思想特征。

(2)掌握文章背景与作者的情感倾向,特别要学会借助文章的关键句子来解读人物语言及其行为,找出其独特性。

(3)将人物置于文中的具体事件和特写中去把握。

(4)要善于鉴赏表达技巧。从表达方式角度分析人称的选择及作用;分析记叙顺序的安排;分析各种描写手段的使用及作用。从选材角度看材料与中心关系的处理,分析主次、详略安排是否得当,材料是否典型、真实、新颖。从表现手法角度分析是否运用了象征、衬托、先抑后扬、托物言志、借景抒情等手法。

3.善于联系时代背景,结合生活实际,调动自己的生活经历和感悟,设身处地地站在文中主人公的角度品味和感受人物的心理和感情。

方法五:全面把握散文要点,遵循答题规律

1.紧扣文本,尊重文本。在解读文本时,不能断章取义,必须依据文本的全部材料,特别是关键内容。同时也要学会尊重作者意图。作者创作文本时常常把自己的意图表现得比较隐蔽。阅读文本时要注意挖掘这样的意图,在此基础上方能进行一些延伸拓展的解读。

2.顺藤摸瓜,由内到外。含蓄是文学作品的一个普遍特性。为了表达情感,作者往往借助一些意象进行描述。解答这样的问题要能透过重要的意象把握作者的心理。这些意象就是解开作者"心思"的钥匙。我们要善于顺着重要意象的"藤"摸作品所蕴含的作者心理的"瓜"。

3.规范答题,用语简明。无论是描述性文字还是议论性文字,都要语言精练而畅达,考生切忌信马由缰,长篇大论。所以,答题时必须用三言两语点到要害,在组织语言作答时也应考虑到答案的规范性。

一、阅读下面的文章，完成1～3题。

月　夜

韩少功

月亮是别在乡村上的一枚徽章。

城里人能够看到什么月亮？即使偶尔看到远远天空上一丸灰白，但暗淡于无数路灯之中，磨损于各种噪声之中，稍纵即逝在丛林般的水泥高楼之间，不过像死鱼眼睛一只，丢弃在五光十色的垃圾里。

由此可知，城里人不得不使用公历，即记录太阳之历；乡下人不得不使用阴历，即记录月亮之历。哪怕是最新潮的农村青年，骑上了摩托用上了手机，脱口而出还是冬月初一腊月十五之类的记时之法，同他们抓泥捧土的父辈差不多。原因不在于别的什么——他们即使全部生活都现代化了，只要他们还身在乡村，月光就还是他们生活的重要一部分。禾苗上飘摇的月光，溪流上跳动的月光，树林剪影里随着你前行而同步轻移的月光，还有月光牵动着的虫鸣和蛙鸣，无时不在他们心头烙下时间感觉。

相比之下，城里人是没有月光的人，因此几乎没有真正的夜晚，已经把夜晚做成了黑暗的白天，只有无眠白天与有眠白天的交替，工作白天和睡觉白天的交替。我就是在三十多年的漫长白天之后来到了一个真正的夜晚，看月亮从树荫里筛下的满地光斑，明灭闪烁，聚散相续；听月光在树林里叮叮当当地飘落，在草坡上和湖面上哗啦哗啦地拥挤。我熬过了漫长而严重的缺月症，因此把家里的凉台设计得特别大，像一只巨大的托盘，把一片片月光贪婪地收揽和积蓄，然后供我有一下没一下地扑打着蒲扇，躺在竹床上随着光浪浮游。就像我有一本书里说过的，我伸出双手，看见每一道静脉里月光的流动。

盛夏之夜，只要太阳一落山，山里的暑气就消退，辽阔水面上和茂密山林里送来的一阵阵阴凉，有时能逼得人们添衣加袄，甚至要把毯子裹在身上取暖。童年里的北斗星在这时候出现了，妈妈或奶奶讲述的牛郎织女也在这时候出现了，银河系星繁如云星密如雾，无限深广的宇宙和无穷天体的奥秘哗啦啦垮塌下来，把我黑咕隆咚地一口完全吞下。我是躺在凉台上吗？也许我是一个无依无靠的太空人在失重地翻腾？也许我是一个无知无识的婴儿在荒漠里孤单地迷路？也许我是站在永恒之界和绝对之境的入口，正在接受上帝的召见和盘问？

我突然明白了，所谓城市，无非是逃避上帝的地方，是没有上帝召见和盘问的地方。

山谷里一声长啸，大概是一只鸟被月光惊飞了。

（选自韩少功散文集《山南水北》，长江文艺出版社2018年版）

1. 文章开头部分通过对比，凸显了城里月光什么特点？

_____

_____

2.请结合第四段内容,说说"叮叮当当""哗啦哗啦"这两个词的表达效果。

_____

_____

3.下列对本文的赏析,不正确的一项是　　　　　　　　　　　　(　　)

　　A.作者认为缺少自我反省,人就容易迷失在浮躁喧嚣的城市里。

　　B.文章用拟人手法把月光写得鲜活而有生命力。

　　C.月光是乡村区别于城市的显要标志,从而写出作者对于城市月光的喜爱和自豪。

　　D.本文结尾的景物描写,含蓄深沉,与"明月别枝惊鹊"的意境相似。

二、阅读下面的文章,完成 4～6 题。

乡土情结

柯　灵

　　每个人的心里,都有一方魂牵梦萦的土地。得意时想到它,失意时想到它。逢年逢节,触景生情,随时随地想到它。辽阔的空间,悠邈的时间,都不会使这种感情褪色:这就是乡土情结。

　　人生旅途崎岖修远,起点站是童年。人第一眼看见的世界,就是生我育我的乡土。他从母亲的怀抱,父亲的眼神,亲族的逗弄中开始体会爱。乡土的一山一水,一草一木,都溶化为童年生活的血肉,不可分割。而且可能祖祖辈辈都植根在这片土地上,有一部悲欢离合的家史,在听祖母讲故事的同时,就种在小小的心坎里。邻里乡亲,早晚在街头巷尾、桥上井边、田塍篱角相见,音容笑貌,闭眼塞耳也彼此了然,横竖呼吸着同一的空气,濡染着同一的风习,千丝万缕沾着边。童年的烙印,像春蚕作茧,紧紧地包着自己,又像文身的花纹,一辈子附在身上。

　　安土重迁是中华民族的传统。鸟恋旧林,鱼思故渊;树高千丈,落叶归根。但百余年来,许多人依然不得不离乡别井,乃至漂洋过海,谋生异域。有清一代,出国的华工不下一千万,足迹遍于世界。美国南北战争以后,黑奴解放了,我们这些黄皮肤的同胞,恰恰以刻苦、耐劳、廉价的特质,成了奴隶劳动的后续部队,他们当然做梦也没有想到什么叫人权。为了改变祖国的命运,孙中山领导的革命运动发轫于美国檀香山。第一代中国共产党人,很多曾在法国勤工俭学。改革开放后掀起的出国潮,汹涌澎湃,方兴未艾。这一代又一代炎黄子孙浮海远游的潮流,各有其截然不同的背景、色彩和内涵,不可一概而论,却都是时代浮沉的侧影,历史浩荡前进中飞溅的浪花。民族向心力的凝聚,并不取决于地理距离的远近。我们第一代的华侨,含辛茹苦,寄籍外洋,生儿育女,却世代翘首神州,不忘桑梓之情,当祖国需要的时候,他们都作了慷慨的奉献。香港蕞尔一岛,从普通居民到各业之王、绅士爵士、翰苑名流,对大陆踊跃捐助,表示休戚相关、风雨同舟的情谊,是近在眼前的动人事例。

　　"美不美,故乡水,亲不亲,故乡人",此中情味,离故土越远,就体会越深。科学进步使天涯比邻,东西文化的融会交流使心灵相通,地球会变得越来越小。但乡土之恋不会因此消失。

　　(选自《香港文学》七周年纪念号,有删改)

4.从文中看,乡土都给人们打下了哪些"童年的烙印"?

_____

_____

5.本文第三段写了一代又一代炎黄子孙浮海远游的潮流,并赞颂他们不忘桑梓之情,慷慨奉献,与祖国休戚相关。请结合乡土情结,说说这样写的作用和好处。

_____

_____

6.下列对这篇散文的赏析,正确的一项是 （　　）

A.本文以乡土情结的形成和表现为主线,脉络清晰,并做到了首尾呼应。

B.第二段所写的母亲、父亲、故乡、乡邻……这些童年的烙印,决定了自己一生的方向。

C."鸟恋旧林,鱼思故渊,树高千丈,落叶归根"的这些比喻,旧典活用,极富新意。

D.最后一段写乡土之恋,笔法生动具体、细致入微,读来令人深思,回味悠长。

三、阅读下面的文章,完成 7～9 题。

报　秋

宗　璞

似乎刚过完了春节,什么都还来不及干呢,已是长夏天气,让人懒洋洋的像只猫。一家人夏衣尚未打点好,猛然却见玉簪花那雪白的圆鼓鼓的棒槌,从拥挤着的宽大的绿叶中探出头来。我先是一惊,随即怅然。这花一开,没几天便是立秋。以后便是处暑便是秋分便是寒露,过了霜降,便立冬了。真的怎么得了!

这花的生命力极强,随便种种,总会活的。不挑地方,不拣土壤,而且特别喜欢背阴处,把阳光让给别人,很是谦让。据说花瓣可以入药。还有人来讨那叶子,要捣烂了治脚气。我说它是生活上向下比,工作上向上比,算是一种玉簪花精神罢。

我喜欢花,却没有侍弄花的闲情。因有自知之明,不敢邀名花居留,只有时要点草花种种。有一种太阳花又名死不了,开时五彩缤纷,杂在草间很好看。种了几次,都不成功。"连死不了都种死了。"我们常这样自嘲。

玉簪花却不同,从不要人照料,只管自己蓬勃生长。往后院月洞门小径的两旁,随便移栽了几个嫩芽,次年便有绿叶白花,点缀着夏末秋初的景致。我的房门外有一小块地,原有两行花,现已形成一片,绿油油的,完全遮住了地面。在晨光熹微或暮色朦胧中,一柄柄白花擎起,隐约如绿波上的白帆,不知驶向何方。

花开有十几朵,满院便飘着芳香。不是丁香的幽香,不是桂花的甜香,也不是荷花的那种清香。它的香比较强,似乎有点醒脑的作用。采几朵放在养石子的水盆中,房间里便也飘散着香气,让人减少几分懒洋洋,让人心里警惕着:秋来了。

秋是收获的季节,我却两手空空。一年,两年过去了,总是在不安和焦虑中。怪谁呢,很难回答。

久居异乡的兄长,业余喜好诗词。前天寄来南宋词人朱敦儒的《西江月》:

日日深杯酒满,朝朝小圃花开,自歌自舞自开怀,无拘无束无碍。

青史几番春梦,红尘多少奇才,不须计较与安排,领取而今现在。

我把"领取而今现在"一句反复吟诵,觉得这是一种悠然自得的境界。其实不必深杯酒满,不必小圃花开,只在心中领取,便得逍遥。

领取自己那一份,也有品味把玩、获得的意思。那么,领取秋,领取冬,领取四季,领取生活罢。

(选自《宗璞散文》,人民出版社 2016 年版,有删改)

7. 作者在第一段中写到看见玉簪花开,"先是一惊,随即怅然"。联系全文看,请回答作者为什么吃惊?又为什么怅然?

_____

_____

8. 作者在第三段中写自己种太阳花的经历,这样写有什么作用?

_____

_____

9. 下列对这篇散文的分析和鉴赏,不正确的一项是 （ ）

A. 玉簪花的芳香似乎有点醒脑的作用,可以提醒人们秋的到来,让人们减少一些惰性。

B. 作者对"领取而今现在"一句的吟诵让人体味到一种悠然自得、面对现实的人生态度。

C. 本文的主旨可以概括为主要赞美那种"生活上向下比,工作上向上比"的玉簪花精神。

D. 作者借助比较手法,巧妙地写出了玉簪花所散发出的与其他几种花不同的芳香。

四、阅读下面的文章,完成 10～12 题。

醉意的境界
单士兵

他又被贬了。临近不惑之年,命途却还如此多舛,这让他有些压抑不住内心的忧伤。在汴京的大殿前,他兀立良久,对着周遭静默的雕梁玉砌,喃喃悲叹:欧阳修呀,欧阳修,你还能回得来吗?

透过岁月依稀斑驳的影子,他看到了自己的身世浮沉。四岁时父亲就病死了,是母亲用荻草秆儿在泥地上教他认字,才有了袍笏加身的荣耀,才有了"文章名冠天下"的美誉。然而,现在却又以言获罪了,不是快不惑了吗?难道是自己越活越糊涂了?

人有时很奇怪,瘦削的肩头能扛起盛名与地位,却撑不起污名与委屈。忘记委屈,也许不难。不就有许多隐逸之士,或是亲近自然,或是沽酒买醉,忘却烦忧吗?就像陶潜,悠然饮于南山,还有阮籍、刘伶,常于竹林下,酣歌纵酒,忘怀避世。特别是那个李白,失意地离开长安后,游山玩水,饮酒作诗,不亦乐乎?

天更显阴沉了,大风乍起,皇家的亭台楼阁,在北宋的风沙中若隐似无。终于,欧阳修还是抬起了头,是该走了。

耳畔,传来了一声雁唳。振振长衫,撩抚一下长须,欧阳修骑上了那匹瘦马。

东京渐远,滁州在望,一片青山绿水,比东京要美多了。

在溪边喝一口泉水,水很清冽,山很秀丽。这让他更清醒了,处江湖之远,摆脱宦海纠葛,在这里,更要经邦济世。我见青山多妩媚,料青山见我应如是。做不好这地方父母官,岂不枉负了这一方山青水绿?

历史漫漫风尘淹灭了太多陈年遗踪。当初,又有谁会想到,曾经的醉翁亭台,竟然会成为后人公认的"天下第一亭"呢?的确,太守文章写得好,使"滁之山水得欧公之文而愈光"。不过,千古醉翁亭,恐怕还在于其笼罩着一种不朽的醉意,千年来,从未飘散,历久弥浓。这醉意,不会诱人避世沉沦,反而催人醒世勃发;这醉意,让人明白,这世间真正值得沉醉的,不是美酒,不是仕途,而是山水,而是黎民苍生的喜忧。带着这份独特的"醉意",此后,他在扬州,施行"宽简之政",那"文章太守"做得更是没话说。

现在,我们还真得感谢北宋庆历五年的贬谪事件。要不然,庆历六年,中国文坛上又怎么可能同时诞生《醉翁亭记》与《岳阳楼记》这样的千古雄文呢?这边厢,欧阳太守醉于山水,与民同乐;那边厢,范仲淹吁叹"先天下之忧而忧,后天下之乐而乐"。真可谓,生死一知己。欧阳太守在人生的起伏颠折中,自责自求,亲历亲为,其实不就是将范氏"忧乐"蕴含的至高境界,收归于"醉意"二字之上吗?这样充溢着入世精神的醉意,不就是世间最高境界的醉意吗?

(选自《重庆时报》2013年12月,有删改)

10.文题是《醉意的境界》,请用原文回答欧阳修的"醉意"是一种怎样的境界呢?

_____

_____

11.文中静默的雕梁玉砌、皇家的亭台楼阁、阴沉天气这些景物描写对于人物描写起到了什么作用?

_____

_____

12.下面对文章的分析不正确的一项是   (   )

A.文章开头这样写,意在欲扬先抑,更能充分展现欧阳修在遭贬谪时的心态和成就。

B.文章运用对比手法,有心情失意与乐观的对比,有少时的贫寒与后来名冠天下的对比。

C.文章将欧阳修不朽的醉意与陶潜的悠然,阮籍、刘伶忘怀避世,李白游山玩水进行对比。

D.文中这些对比展示了欧阳修及时行乐的人生态度,凸现了欧阳修与民同苦乐的伟大襟怀。

五、阅读下面的文章,完成13~15题。

感动是一种养分

何 蔚

常常有一些无法言说的感动。

譬如看见一只鸟儿,在我的窗台上跳跃盼顾,抖动漂亮的羽毛冲着我叫了那么一声。甚至只有半声，尔后又匆匆飞走。譬如看见一个朋友久违的眼神和手势，看见一颗滚动在草叶上的露珠被风摔碎之前的最后一次闪耀……总之，感动我的有时是一种声音，一种复杂的隐喻了生命幻象的声音；有时是一种色彩，一种沉重的、负载了诸多情感信息的色彩；也有时候，感动我的竟是一种细微、寻常得极容易被人忽略的场景。

更有时候，感动我的仿佛什么也不是，即使是，也仅仅只是事物的一粒元素而已。

不知道为什么要感动。

但有一点是可以肯定的：若是没有感动，我想我就会于不痛不痒中丢弃自己。因为我知道，这个世界上连一朵花、一茎草、一湖水、一尾鱼和一条狗，都那么持久地拥有着令人感动的特质。所有的生命几乎都离不开感动。如果对美视而不见，对春天也无动于衷，那么还有什么理由在美和春天之间迈动双脚呢？

想一想，一朵花因为什么而鲜艳妖媚，一茎草因为什么而摇曳多姿，一湖水因为什么而清波荡漾，一尾鱼因为什么而跃出河面？

常常被感动而充满激情的人是有福的。我或许属于其中之一。故我想：我感动是由于我深爱着世上一切美好的事物，我甚至比别人更留意也更钟情于它们。而这些美好的事物也仿佛是我的朋友和亲人，也同样爱着、留意着、钟情着我。我们永远保持着那种和谐友善、亲密真挚的联系，保持着深层的感情交流、碰撞与沟通。彼此间相互提醒、暗示。相互期许、关怀和给予。

对于我，感动始终是一种崇高的养分，如同丰盈甘美的母乳；对于感动，我则始终都是一个受益不尽的吮吸者，吸着母乳的精华渐渐长高、长大，健康、强壮，享有智慧与激情。

因此我敢说，一个人，只要他还能感动，就不至于彻底丧失良知与天性。只要能感动，即使将你放在生活的最边缘，你也决不会轻易放弃做人的资格以及与生俱来的发言权。

（选自《阅读与鉴赏（高中版）》2002 年 4 期，有删改）

13.为什么说"感动"是"无法言说的"？

_____

_____

14.在"美"和"春天"之间迈动双脚的理由是什么？

_____

_____

15.对文章的理解和赏析，不正确的一项是　　　　　　　　（　　）

A.作者在开头列举了种种使他感动的事物。可见作者是一个十分热爱生活并充满爱心的人。

B.文章写出了关于"感动"的许多感想和体会，表达人们要保持良知维护人格尊严的主题。

C.一个人如果要有更多的机会发现美好的事物，就应该爱着、留意着、钟情着美好事物。

D."感动始终是一种崇高的养分，如同丰盈甘美的母乳"用了比喻的修辞手法。

第二节 小说的阅读

文体精讲

文体概念

一、小说概说

小说,是以刻画人物形象为中心,通过完整的故事情节和环境描写来反映社会生活的文学体裁。人物、情节、环境是小说的三要素。情节一般包括开端、发展、高潮、结局四部分,有的还包括序幕、尾声。环境包括自然环境和社会环境。

小说刻画人物的方法:心理描写、动作描写、语言描写、外貌描写、神态描写。

小说的体裁极为丰富多样。

根据篇幅,可分为长篇小说、中篇小说、短篇小说、微型小说等;

根据表现形式,可分为叙述体小说、对话体小说、意识流小说等;

根据小说的内容,可以分为历史小说、社会小说、幻想小说等。

二、小说发展

小说,是一个发展的概念。我国的小说,从先秦两汉时期的古代神话、传说、寓言故事和传说文学起,经过不断演化,到魏晋南北朝时期的"志怪""志人"小说,才略具雏形。到了唐代,一些文人有意识地把小说作为独立的文学进行创作,这就是"唐传奇"。"唐传奇"受唐代诗歌的影响,带有清丽雅致的色彩。随着宋、明城市经济的发展,为了适应市民阶层的需要,小说逐渐迈向世俗生活,出现了"极摹人情世态之歧,备写悲欢离合之致"的宋、明话本和拟话本,出现了鸿篇巨制的章回体小说,成为中国文学史上的高峰。到了清代,《红楼梦》的出现,标志着中国小说文学的完全成熟。

在西方,诗歌和戏剧都在小说产生之前充当了文坛的主要角色,直到十八世纪,西方小说才逐步兴起,十九、二十世纪则取得了空前的发展。这一后起的文学样式,由于更紧地贴近世俗生活,更深地把握了人生,所以一旦成熟,就以磅礴之势席卷了整个文坛,所以有些理论家说,十九世纪和二十世纪是"小说的世纪"。

三、小说特点

1.小说的第一个特点是广泛、细致地反映丰富而复杂的社会生活。

迄今为止,没有一种文学样式,能够像小说那样,为读者提供更为广泛、细致的人生画面,《约翰·克利斯朵夫》描绘了一个作曲家由生到死的一生,这种详细展现人物漫长而曲折的生活道路的本领,其他文体难以望其项背。小说,可以被福楼拜用来无情地解剖包法利夫人极其复杂和细腻的内心活动,也可以被冈察洛夫用来刻画惰性十足的没落贵族勃洛摩夫的性格。小说能够把各种社会斗争、历史事件演绎得活灵活现,也能够将千万人的活动场面表现得有情有致、有声有色,总之,世界上有形、无形、具体、抽象的客观存在,只要人的思维能够达到,小说就可以生动地加以描绘、再现。

2.小说的第二个特点是内容高度生活化。

同其他一些文学样式相比较,传统小说对生活的描写更接近客观现实,诗歌的内容是生活的诗化,"十三能织素,十四学裁衣,十五弹箜篌,十六诵诗书""东市买骏马,西市买鞍鞯,南市买辔头,北市买长鞭",这一类描写在诗里是允许的,也是常见的,但在小说里却是不应有的,因为生活不会是那种样子。诗歌中人物的语言也要求诗化。《石壕吏》中老妇的哭诉,只能是五言诗,若写成小说则要求用老妇的口语来表现。与诗歌把生活诗化相比,影视总是把生活戏剧化、舞台化、屏幕化,这只要看戏剧和电视剧中武松打虎的场面就会清楚,那种"打虎"不过是做做样子了,而小说则要求尽力按照生活本身的样子描写生话。

3.小说的第三个特点是表现形式具有充分的自由性和综合性。

小说使用散文语言进行创作,它的篇幅又可以比散文长到几十倍、几百倍,小说不像戏剧那样主要依靠人物的对话和独白,而是将叙述、描写、抒情、议论、对话、独白熔于一炉,综合运用多种文学表现手法。小说有戏剧因素,也有散文和诗歌的因素,还可以代替人物作诗、写信、记日记。这一特点给小说家以极大的便利,同时也要求小说家熟悉多种艺术表现手法。

题型示例

例1 (2018年湖北技能高考卷)阅读下面的文章,完成1~3题。

雨还在下

李德霞

刺眼的一道闪电,震耳的一个响雷。

暴雨倾盆,天地间混沌一片……

老大扑腾腾坐起来,心也跟着扑腾腾地跳。老大拉亮灯,推推身边的媳妇。媳妇一骨碌爬起来,"咋?屋里进水了?"

"我是担心咱爹咱娘……"

"说梦话吧?爹娘不是住在咱家吗?咱住的可是爹娘的老屋。要塌,也是这里塌。咱那屋,结实着呢!"

"结实归结实,可那边地势低,万一进了水,也不是闹着玩的……"

"门前有土埂,屋后有排水……哪能呢?睡吧,睡吧。"

刺眼的一道闪电,震耳的一个响雷。

暴雨倾盆,天地间混沌一片……

老大扑腾腾坐起来,心也跟着扑腾腾地跳。这回,媳妇不用推,也跟着坐起来。

"你到底折腾个啥?还让不让人睡觉?"

"我还是不放心……咱爹咱娘都七十多岁的人了,屋里一旦进了水,跑又跑不得……"

"要不,你去看看?"

"嗯,看看。"老大麻利地穿衣,下地。

"把我一个人撇屋里?我也去!"

老大和媳妇拧开门,一头扎进暴雨里。

老大和媳妇跌跌撞撞来到自家门前,一切安好。

媳妇说:"我说没事,你偏不信。这回安心了吧?"

老大和媳妇磕磕绊绊地原路返回。刚到院门口,眼前的一幕把他们惊果了——

屋子塌了……

刺眼的一道闪电，震耳的一个响雷。

雨还在下……

1. 小说中三次写到雷雨，分别传达出主人公什么心情？

_____

【参考答案】 第一次描写雷雨，引发主人公对爹娘安危的担忧；第二次描写雷雨，加深了这种担忧；第三次描写雷雨，烘托了主人公看到老屋坍塌而感到惊恐、后怕、庆幸等复杂的心情。

【试题分析】 这道题考查学生分析文章写作特点的能力，尤其要学会从环境的描写对刻画人物、加深主题、渲染气氛所起的作用这个角度去答题。第一次描写雷雨，通过下文中的"我是担心咱爹咱娘……"说明雷雨引发了发主人公对爹娘安危的担忧；第二次描写雷雨，文字基本相同，这种反复更加体现出主人公此时内心的担忧加深了；第三次通过对雷雨闪电的描写，烘托了主人公看到老屋坍塌而感到惊恐、后怕、庆幸等复杂的心情，更是留给了读者思想回味的空间。

2. 文中画横线的句子在本文构思上起什么作用？

_____

【参考答案】 为"屋子塌了"埋下伏笔，与结尾形成呼应，让读者感到结局虽出人意料却又在情理之中。

【试题分析】 本题考查学生对于文中重点句子的含义和作用的分析理解，文题中已经提示考生从"构思"结构上去考虑。"咱住的可是爹娘的老屋。要塌，也是这里塌。"通读全文可知，小说结尾处"屋子塌了……"正是对于上文画线句子的呼应，作者在写作构思上就已经为下文埋下了伏笔，在结构上做到了前后呼应，更使得读者在读到结局后，虽感到出人意料却又在情理之中。

3. 下列对这篇小说的赏析，不恰当的一项是　　　　　　　　　　（　　）

　　A.主人公在雷雨交加之夜担心爹娘的安危，表现出孝敬、关爱父母的深情。

　　B.媳妇几次反对老大去看爹娘，是因为她始终坚信爹娘是安全的。

　　C.本文主要借助对话描写推动情节发展。

　　D.本文情节紧凑，语言简约。

【试题答案】 B

【试题分析】 本题旨在考查学生筛选文中信息，归纳内容要点以及分析文章主要写作特点的能力，主要从人物情节、写作手法几个方面来设置选项。A项从全文可以看出，主人公在雷雨之夜几次坐起，担忧爹娘的安危，所以A项是正确的；C项从写作手法来设置选项，纵观全文，确实是借助人物的对话描写来推动小说的情节发展，所以C项是正确的；D项从文章结构写法上设置选项，作为短小精悍的小小说，本文确实做到了情节紧凑、语言简约，所以这个选项也是正确的。而选项B，文中老大第二次在雷雨声中坐起时，媳妇"不用推，也跟着坐起来"，说明她其实也没有完全放心安睡，当老大再次说出自己的担忧时，媳妇更是主动提出"要不，你去看看？"因此选项B中"媳妇几次反对老大去看爹娘"是不符合文意的。

小说阅读的应对方法

方法一:整体把握小说结构,分析谋篇布局

1.句段的作用。考查某段、某句在全文结构中或相对于某些段落内容的作用,在做这类题目时,首先要分析题目指向的段落内容是什么,然后分析其对表现内容、主题的作用,与后文的关联。尤其要注意开篇、中间、结尾段落或语句的作用。

开篇:①总领全文;②引出下文或引出话题;③为下文作铺垫或与下文构成对比;④营造气氛,奠定感情基调。

中间:①起承上启下的过渡作用;②前后呼应。

结尾:①升华感情;②深化主题;③总结上文;④卒章显志,点明主题;⑤呼应开头,使文章结构首尾圆合;⑥言已尽而意无穷,使文章委婉含蓄。

2.布局谋篇。考查小说线索的题目,常常有"是如何组织到一起的"等提示,或直接提出问题。小说的常用线索有:感情线索、事物线索、人物线索、思绪线索、景物线索、行程线索等。回答时要点明文章的线索,并分析其作用——组织材料、贯穿全文、有机连接、结构清晰、情节集中、揭示主题、使行文富于变化。

方法二:根据小说的特点,把握作品特色

小说往往通过典型的人物形象、典型的社会生活环境和完整的故事情节来反映现实生活,它有三个基本特征:一是通过人物的外貌、对话、行动和心理等描写,塑造人物形象,表现人物或性格;二是要有一定的故事情节,通过对社会生活的细致描写,表现复杂的矛盾冲突,叙述故事的发生、发展、高潮和结局,在情节的发展中展现人物性格变化;三是描写具体的社会环境,以表现人物和事件产生的历史背景、社会条件,用来烘托人物,显示人物的性格特征。

方法三:分析小说的表现手法,提高鉴赏能力

小说的表现手法很多,体现在不同的层面。从人物性格的塑造方法看,有直接描写和间接描写;从故事情节的叙述方式看,有顺叙、倒叙、插叙等方法;从情节的安排看,有伏笔、照应、烘托、铺垫、悬念、突转、抑扬、对比等;从叙述的人称看,有第一人称、第二人称、第三人称。分析小说的"主要表现手法"就是通过文本阅读,找出作者表达主题的方法,体悟小说艺术特征,以此提高自身对文学作品的鉴赏能力。

方法四:体会重要语句的丰富含义,品味表达艺术

小说的语言一般具有准确简练、生动形象、含蓄丰富的特点。对语言的品味赏析包括:含义理解,作用分析,语言技巧和手法的赏析。品味语言,要抓住关键词去品味语言的丰富内涵;品味语言,要挖掘语言中的潜台词;品味语言,还要注意字句凝练,称谓变化,注意个性化的语言等。

体会重要语句的丰富含义和品味精彩的语言的表达艺术。首先,要理解句子的表层意义,即字面意义;其次,要理解句子的语境义,即在一定的语境中句子的临时意义;再次,要理解句子的"言外之意",以及各种转义的修辞手法,如反语、双关、婉曲等,表达的往往是言外之意。在考查中,体会重要语句的丰富含义和品味精彩语言的表达艺术经常是结合在一起的,要求在体会了词语、句子的含义之后,还要对这样写的好处加以品味赏析。

方法五:赏析小说的内涵,领悟艺术魅力

1.欣赏作品的形象,要求把握作品中人物形象的个性特征和典型意义。 欣赏小说中的人物形象,可以从下面几个角度人手。

①从分析人物描写切入。人物的性格特点往往从肖像、神态,典型的动作、行为,个性化的语言,细致人微的心理活动中折射出来。因此,通过分析作者对人物的各种描写,能够发掘人物的性格特征,进而发掘出各色人物善恶、美丑的精神世界。

②从分析故事情节切入。鉴赏人物形象,也可以从情节入手,据情论人。情节是人物性格形成的历史。鉴赏人物性格,离不开表现他们性格的事件。我们可以从人物之间的关系上,亦即从某人与其他人所发生的故事情节中去看他们各自的行为,并从他们不同的行为上透视他们的思想感情倾向。要学会在故事情节和矛盾冲突中把握住人物的内心动机,从而更好地理解人物性格。

③从分析环境角度切入。环境是小说存在的背景,为小说提供空间和时间范围,也是小说中人物活动的场所。小说的环境描写,通常包括历史背景、时代气氛、人物关系、人情风俗以及自然景物等方面。概而言之,即自然环境与社会环境两个方面。自然环境对人物的命运有时也有影响,但真正决定人物命运的往往是社会环境。分析环境时,必须注意社会环境中的复合因素,应透过当事人的言行深入挖掘社会历史内涵。注意人物与环境的辩证关系,善于从人物在社会环境中的走向,解读人物的思想性格,认识和评价人物的性格、品质、典型性、社会意义、作者的感情倾向等。鉴赏人物形象类题型应注意的问题:全面、恰当、实事求是;注意人物性格的复杂性、多重性,多角度进行分析,分清主次,把握其主要性格特征,把握人物性格的发展变化。

2.小说的内涵,大致指的是作者通过叙述故事所传达出来的对生活的感受,通过塑造人物表现出来的赞赏、贬斥的态度和喜怒哀乐的情绪,作品的主旨和写作意图,作品中特定的社会生活场景、风土人情、历史文化等所反映出的意义和价值等。

方法六:理解小说的内容,把握小说答题技巧

1.整体把握思路,深入了解作者的情感态度。

这就要求注意文中议论性和抒情性的语句,分析文章采用的表达技巧,捕捉作品在表达细节上的一些独特意蕴,并且结合作品现有的背景材料,品味其中所体现出的一些时代印记和精神,从而更好地理解作者的情感态度和价值观。

2.熟悉各类题型,掌握涉及的必要的知识。

小说类常见的题型有人物形象是否具有现实性、真实性,此形象是否具有概括性,或某一情节的设计是否合理,或结尾的方式是否恰当,或该作品有没有审美价值、有没有艺术价值,小说的主题是怎样的。

3.紧扣文题要求,回归文本多角度寻找依据。

现代文阅读虽然讲求个性化认识,却不能超出文本这一基础。它应建立在对文本的尊重、对规律的肯定的前提下,并根据题目要求,从不同角度进行辩证认知。

一、阅读下面的文章,完成1~3题。

马裤先生

老　舍

火车在北平东站还没开,同屋那位睡上铺的穿马裤,戴平光眼镜,青缎子洋服上身,胸袋插着小楷羊毫,足蹬青绒快靴的先生发了问:"你也是从北平上车?"很和气的。

火车还没动呢,不从北平上车,由哪儿呢? 我只好反攻了:"你从哪儿上车?"

他没言语。看了看铺位,用尽全身的力气喊了声:"茶房!"

茶房跑来了。"拿毯子!"马裤先生喊。

"请少待一会儿,先生。"茶房很和气地说。马裤先生用食指挖了鼻孔一下,别无动作。茶房刚走开两步。

"茶房!"这次连火车好似都震得直动。茶房像旋风似的转过身来。

"拿枕头!"

"先生,您等我忙过这会儿去,毯子和枕头就一齐全到。"茶房说得很快,可依然是很和气。

马裤先生又挖了鼻孔一下,坐在我床上。他把领带解开,摘下领子来,分别挂在铁钩上:所有的钩子都被占了,他的帽子,大衣,已占了两个。

车终于要开了,他爬上了上铺,在我的头上脱靴子,并且去打靴底上的土。枕着个手提箱,车还没到永定门,他睡着了。

我心中安坦了许多。

过了丰台,大概还没到廊坊,上面又打了雷,"茶房!"

茶房来了,眉毛拧得好像要把谁吃了才痛快。"干吗? 先——生——"

"拿茶!"

"好吧!"茶房的眉毛拧得直往下落毛。

"不要茶,要一壶开水!"

"好啦!"

过了天津,茶房给马裤先生拿来头一份毯子枕头和手巾把。马裤先生用手巾把耳孔鼻孔全钻得到家,这一把手巾擦了至少有一刻钟,最后用手巾擦了擦手提箱上的土。我给他数着,从老站到总站的十来分钟之间,他又喊了四五十声茶房。茶房只来了一次,他的问题是火车向哪面走呢? 茶房的回答是不知道;于是又引起他的建议,车上总该有人知道,茶房应当负责去问。茶房说,连驶车的也不晓得东西南北。于是他几乎变了颜色,万一车走迷了路?! 茶房没再回答,可是又掉了几根眉毛。

他又睡了,这次是在头上摔了摔袜子,可是一口痰并没往下唾,而是照顾了车顶。我的目的地是德州,天将亮就到了。谢天谢地!

我雇好车,进了城,还清清楚楚地听见:"茶房!"

一个多礼拜了,我还惦记着茶房的眉毛呢。

(选自《老舍经典短篇小说集》,北京燕山出版社 2011 年版,有删改)

1.小说开头第一段就描写马裤先生的衣着言行,这样写的意图是什么?

_____

_____

2.马裤先生有哪些性格特点? 请简要分析。

_____

_____

3.下列对小说有关内容的分析和概括,最恰当的一项是　　　　　　　　　　（　　　）

A.这篇小说故事虽然简单,但情节曲折、紧张,极富戏剧性。

B.小说善于运用细节表现人物内心,茶房的不满,就是通过眉毛的细微变化表现出来的。

C.马裤先生一上火车就向茶房要手巾把,是因为马裤先生比较讲究卫生。

D.马裤先生看起来不合常理的言行,就是通过"我"的言行反衬出来的。

二、阅读下面的文章,完成4～6题。

谁与我同行

严忠付

①我上初中时,学校每周总有二三晚的补习课。家中离学校有三里来地,白天不觉怎样,三蹦两跳便到了学校,夜晚就怵了。

②过一片稻田,翻一座山岭,而过岭是极惧怕的。一条窄窄的山道,铺着青石,是乡村独轮车行的路。两旁是过人的小树林,风一吹来,飒飒作响。间或林子里有夜莺和爬行动物鸣叫,全身毛孔大张,一身冷汗。有月亮时,从密密的枝丫间透出些淡淡的光亮来,洒在青石路上,行来可稍见轻松些;若遇伸手不见五指的夜晚,心口便如兜着一只小兔。

③这时就想起母亲的话来,将头顶的发毛尽力往后梳,露出亮堂的额头来。母亲说,年轻人额头有团火,能驱妖逐魔。走夜路最怕的是碰上"鬼"这东西,尽管谁也没见过。总之,晚上补习归来,见四周漆黑,便无端想起了"鬼"来。

④父亲见我害怕,便说:胆是锻炼出来的,你应该时时想到你是男子汉。

⑤一天晚上补习归来,刚上山岭,便见前面几十米远的地方有个火把在移动。我高兴极了,心里也不再有惧怕。我加快步伐,想赶上那火把,结伴过岭。谁知我的步子加快时,那火把移动的速度也加快了。

⑥我的心顿时一阵惊跳,莫不是碰上老人们说的"鬼火"! 夏天纳凉,老人们常说鬼的故事,都说荒郊野外有鬼火出没。一时间,我仿佛肩上压有千斤重担,两腿发软,寸步难移。

⑦想到了父亲的话,你是男子汉,我多少鼓了鼓勇气,艰难地一步步朝前走去。但当我放慢了脚步时,火把也放慢了移动的速度,始终与我保持几十米的距离。

⑧下了山岭,便可见人家灯光了,我也松了一口气。一摸额头,却是一头的冷汗,深知那是吓的。下了岭走在平阔的田野上,那火把便在我眼前消失了。

⑨回到家中,我把这件怪事告诉了父亲,父亲却不以为然地说:"世上根本就没鬼,夜晚的鬼火,是磷火。你在学校应该学过的,有啥害怕的。"从这以后,我每次晚上回来,都能见到山岭上一支火把走在我的前面。虽然害怕,但我壮着胆子跟在后面,它终究没有伤害于我,

并照亮我夜行的路。渐渐地，我便不再害怕了，我想那是与我一样夜行的路人。

⑩那天，我告诉父亲，我不怕独自走夜路了。我甚至渐渐地感觉出夜行的快乐来——万籁俱寂，抑或虫鸣蛙叫，都有一份怡人的意境。这是不敢夜行之人所体会不到的。

⑪从那以后，火把便在我夜行时消失了。毕业后，母亲告诉我，那是父亲打的火把。

（选自《海盗般的男孩》）

4.文章标题中的"同行"有哪些含义？

_____

_____

5.小说的主人公是"父亲"，他是一个怎样的人？

_____

_____

6.下列对本文的赏析，不正确的一项是 （ ）

　　A.文章塑造主人公主要运用了正面描写的方法。

　　B.第②段的环境描写烘托出"我"夜行山路时极度恐惧的心情。

　　C.对"我"的心理描写是贯穿全文的线索

　　D.文章对父亲的语言描写简洁而有深意。

三、阅读下面的文章，完成 7～9 题。

晚 秋

埃·格林

秋季里的这一天阳光明媚，风和日丽，但这样瓦萨卡的心情更加烦闷。温暖晴和的晚秋好像在故意戏弄他，嘲笑他，鄙视他……

又是一阵略带凉意的微风吹了过来，一种像翠菊似的黄色小花随风摇动着小小的脑袋。瓦萨卡想起了自己的童年。那时他们家住在市中心，后来他们的房子被拆掉了，只得到了一点点少得可怜的补偿金。他和父母颠沛流离，几经辗转，最后才在邻近的市郊的一个地方落下了脚，生活也随之落到了贫困线之下。

瓦萨卡低声骂了一句，两腿突然不听使唤地朝学校方向走了过去。是啊，他以前真的很喜欢学习，他可不像那个留级生梅鲁日。梅鲁日当年和他同桌，可现在这个梅鲁日已经是大富翁了……

突然他被一阵刺耳的刹车声和令人恐怖的尖叫声吓了一哆嗦。他顺着声音望了过去，一个穿绿风衣的女人一动不动地躺在了一辆大客车的底下。第一个从汽车驾驶室跳出来的是已经吓得半死的司机，随后乘客们也慌慌张张地从车上走了下来。

这时，瓦萨卡发现了一个绿色的东西，就在左边，离他只有一二十米远。好像是一个女式小包，崭新的。这个小包最有可能就是那个受伤的女人的。

阳光照到了那个小包上，包上的小锁扣和装饰链在阳光下熠熠生辉。小包真漂亮，肯定价格不菲！它就这么神奇地被抛到了离瓦萨卡十步远……

瓦萨卡心里一阵紧张，他屏住呼吸，朝那个小包的方向走了过去。他刚走了两步，马上又停住了：他心怦怦跳地想等身后响起的脚步声走远。同时，他又忍不住朝那个小包的方向看了一眼,结果他惊恐地发现,一个体态臃肿、手里拿着公文包的中年男人快速地倒着两条腿,像跳舞似的径直朝小包走了过去,一把捡起小包,然后又像什么事也没发生似的朝着一个小花园的方向走去。

瓦萨卡心里一阵慌乱,额头上立刻渗出了汗珠。这简直就是当着他的面把他偷光了!

那个胖男人已经从瓦萨卡的视野中消失了,但他还站在原地发愣,眼睛呆呆地盯着一个地方。

但过了一会儿,瓦萨卡突然又感到一阵轻松,如释重负。"我鬼迷心窍了,"他嘟囔了一句,"真是鬼迷心窍了……"

凉爽的秋风轻拂在他的脸上,他的呼吸也变得自如了。

(选自《外国微型小说百年经典》,有删改)

7.请指出小说开头画线部分的景物描写的主要作用。

_____

_____

8.简要概括瓦萨卡发现小包后经历的心理变化过程。

_____

_____

9.下列对这篇小说理解和分析,不正确的一项是 ( )

A.小说通过瓦萨卡的回忆,引出了他与梅鲁日不同人生际遇的对比,揭示出社会的不公。

B.小说的标题"晚秋"既是写实,又是象征,包含了丰富意蕴,体现了作者独特的艺术匠心。

C.中年男人当着瓦萨卡的面拿走了小包,这种偷窃行为激怒了瓦萨卡。

D.有关女式小包的细节,暗示了受伤女人的富有,也凸显了小包对瓦萨卡产生的心理冲击。

四、阅读下面的文章,完成 10～12 题。

永远的蝴蝶

陈启佑

那时候刚好下着雨,柏油路面湿冷冷的,还闪烁着青、黄、红颜色的灯火。我们就在骑楼下躲雨,看绿色的邮筒孤独地站在街的对面。我白色风衣的大口袋里有一封要寄给在南部的母亲的信。

樱子说她可以撑伞过去帮我寄信。我默默点头,把信交给她。

"谁叫我们只带来一把小伞哪。"她微笑着说,一面撑起伞,准备过马路去帮我寄信。从她伞骨渗下来的小雨点,溅在我眼镜玻璃上。

随着一阵拔尖的刹车声,樱子的一生轻轻地飞了起来,缓缓地,飘落在湿冷的街面,好像一只夜晚的蝴蝶。

虽然是春天,好像已是秋深了。

她只是过马路去帮我寄信。这简单的动作,却要叫我终身难忘了。我缓缓睁开眼,茫然站在骑楼下,眼里裹着滚烫的泪水。世上所有的车子都停下了,人潮涌向马路中央。没有人知道那躺在街面的,就是我的蝴蝶。这时她只离我五公尺,竟是那么遥远。更大的雨点溅在我的眼镜上,溅到我的生命里来。

为什么呢?只带一把雨伞?

然而我又看到樱子穿着白色的风衣,撑着伞,静静地过马路了。她是要帮我寄信的,那,那是一封写给在南部的母亲的信,我茫然站在骑楼下,我又看到永远的樱子走到街心。其实雨下得并不大,却是一生一世中最大的一场雨。而那封信是这样写的,年轻的樱子知不知道呢?

妈:我打算在下个月和樱子结婚。

(选自《华文微型小说大成》)

10.小说以"雨"开篇,并以"雨"贯穿全文,这样写的作用是什么?

_____

_____

11.小说运用了比喻的手法把樱子比作蝴蝶,请说说这一手法的作用。

_____

_____

12.下面对这篇小说的赏析,不正确的一项是   （   ）

A.该小说的故事情节极其简单,但具有很强的感染力,深深地打动了每一个读者的心。

B.小说三次写到"站在骑楼下",作用是显示"我"的思绪的流程和层次。

C.文中最能够表露"我"的悔恨的一句话是"为什么呢?只带一把雨伞?"

D."虽然是春天,好像已是秋深了",由于悲痛欲绝,"我"的感觉也已发生了错乱。

五、阅读下面的文章,完成 13～15 题。

严重问题

夏 阳

星期六下午,到任一个月的甄局长主持召开机关生活会。他说,今天他要搞点"特权",请大家专门给他提意见,越尖锐越好,捕风捉影、道听途说也无妨,就是不要听赞歌。但是,多数发言不过是不痛不痒的"温吞水",偶尔有几个重锤也是鼓槌举得高,落下来却又变成了蜻蜓点水。

会议进行到两个小时,卡了壳了。偌大一个会议室烟雾腾腾,暖气"嗞儿嗞儿"地叫得烦人。该说的都说了,不该说的谁也不想说,不冷场才怪呢。

"我提点——"

突然,秘书科的副科长严志广打破了沉默。"唰"的一下,大家把惊诧的目光全都对准了他。这位严副科长年方四十,赤红面子,连鼻子也红得发紫,因而他有一个当年曾令人艳羡不已的绰号——严红,并以长于抬轿而蜚声局内外。

"我考虑了很长时间,脑子里公与私也斗争了很长时间,想来想去,我还是要说,不要面子要真理嘛!我给甄局长提点意见,是个严重问题……"

开场白就非同小可。<u>大家的脑神经全都绷得紧紧的,连爱喝茶的人也不敢喝了,唯恐喝茶的声音影响了听觉效果。</u>

严副科长神情庄重,往上推了推珐琅架眼镜,停了一下,又一板一眼地说:"甄局长到局一个月来,早来晚走,兢兢业业,身体一天天消瘦下去,长此以往,会影响健康,作为一位老干部,身体并不是自己的,而是党的,是党的宝贵财富,怎么可以随随便便糟蹋党的宝贵财富呢?……难道这不是一个十分严重的问题吗?……"

关子卖完了,终于亮了相。全部发言充满了严密的逻辑、毫不含糊的推理和丰富的感情……

这回,轮到大家"唰"地一下把眼光对准这位"随随便便糟蹋党的宝贵财富"的甄局长了。

甄局长听着,记着,直到严志广讲完,他慢慢地走到窗前,"哒"地一声推开了窗户,顿时一股加着雪花的凉气涌了进来,烟雾随之慢慢地向外飘散。他咬了咬嘴唇仿佛在痛苦地抑制自己。然后,他把几张记录从本子上撕下来,交给打字员,说:"请把严志广同志的发言打印100份,它也许可以从一个特殊的角度告诉我们各级领导干部,什么是'严重问题'……"

(选自《微型小说月报》,2015年第6期)

13.作者描写"会议室烟雾腾腾,暖气'咝儿咝儿'地叫得烦人"的作用是什么?

_____

_____

14.听完了严志广发言,甄局长"咬了咬嘴唇仿佛在痛苦地抑制自己"。表明他已意识到了什么样的"严重问题"?

_____

_____

15.对文中画线部分所做的分析正确的一项是 ( )

A.大家平心静气,聚精会神,都想听听严副科长究竟要说些什么问题。

B.大家沉浸在严志广"充满了严密的逻辑、毫不含糊的推理和丰富的感情"的发言之中。

C.今天严副科长敢于当面指出刚到任的局长的"严重问题",大家感到震惊和不可思议。

D.作者以烘云托月的手法,用大家神情举止的变化,衬托出严副科长高度的政治责任感。

六、阅读下面的文章,完成16~18题。

与白马一起的夏天

(美)威廉·萨洛扬

凌晨四点,整个村庄都在沉睡中,突然,一阵轻敲窗户的声音惊醒了我,"阿兰姆。"一个声音在窗外轻轻叫唤道。

是我的堂兄穆拉德!我从床上一跃而起,迅速打开窗户。我简直无法相信我看到的一切。虽然还不是早上,但因为是夏天,黎明前的亮光已足让我知道我不是在做梦。我的堂兄穆拉德正骑在一匹漂亮的白马上。

我把头伸出窗外,揉揉眼睛。"你没看错,"穆拉德用亚美尼亚语说道,"是一匹马。你没有在做梦。如果你想骑的话，就快点出来。"

我知道我的穆拉德是所有同龄人中行为最疯狂的一个，但是我仍然无法相信眼前的事实。

我最早的记忆就是关于马的记忆，我的第一个愿望就是骑马。然而我们很穷，我们整个部落都处于贫困之中。每个家庭的钱都只能勉强维持一日三餐的食物。然而我们很诚实。我们因为我们的诚实而闻名。我们不会利用任何人，更不用说去偷别人的东西。

我知道穆拉德家没有马，他本人更不可能有钱买马。我猜测这匹马一定是他偷来的。然而，我对马太痴迷了，在我看来，偷一匹马来骑跟偷别的东西(比如偷钱)似乎是不一样的，也许这根本不算偷。

我迅速穿好衣服，然后从窗户跳到了院子里。穆拉德轻轻下马，把我扶到了马背上。

几分钟后，我们来到了乡间公路。空气无比清新。骑在马背上奔跑的感觉真是爽极了。我们跑了一圈又一圈。

……

太阳就要升起来了，"我们得回去了。要不大家都起床了，我们的秘密就藏不住了。"穆拉德说道。

"我们把它藏在哪里？"我问道。

"我知道一个地方。"穆拉德答道。

大约十分钟后，我们悄悄地牵着马走进了一个废弃的谷仓。

那天下午，我正在穆拉德家玩。一个叫约翰·拜伦的农民来穆拉德家做客。约翰·拜伦的家在另外一个村庄，离我们部落有十英里远。"我丢失了一匹马，一个月了也还没见它回来。可是这匹马花了我60美元啊！"约翰·拜伦对穆拉德的父亲说。

他们接下来说了什么，我不知道。我已经跑出去找穆拉德。

"那你打算什么时候把马还回去。"

"最多六个月。"说完，穆拉德站起来。

接下来的几个星期，穆拉德每天凌晨都来接我出去骑马。我们在田野旁的公路上尽情地驰骋。太阳升起来之前，我们就把马牵回那个废弃的谷仓。那是一段多么快乐的日子啊！

可是这一天还是来临了。那天早上，我们在牵马回去的路上碰到了正赶往镇上的约翰·拜伦。他盯着白马问道："请问，你这匹马叫什么名字？"

"小心肝。"穆拉德答道。

"我可以看看它吗？"约翰·拜伦问。

"当然可以。"穆拉德说道。

在仔细查看了几分钟后，约翰·拜伦说道："如果你们部落不是享有诚实的美誉，我几乎就认为这匹马就是我丢失的那匹马。嗯，也许它跟我的马是双胞胎。"说完，他转身就离开了。

三天后，约翰·拜伦又来到了穆拉德家。

"我的马回来了！而且，它比以前更强壮了！"他高兴地说道。

(选自《中学生阅读》2017年，有删改)

16.文中画线句子中的"无法相信"是文中第二次出现,这里"无法相信"的原因是什么?

_____

_____

17.小说开头部分说"穆拉德是所有同龄人中行为最为疯狂的一个",请联系全文概括作者这样说的理由。

_____

_____

18.下面对文章主旨的理解,不恰当的一项是 （ ）

A.肯定了人们应该坚持以诚实为荣,是非分明的原则。

B.鼓励解放孩子天性,让孩子率性自由成长的做法。

C.倡导大人们用约翰·拜伦的方式纠正孩子的错误。

D.教育孩子不能因为自己的兴趣和爱好而丢弃诚实的美德。

第三节　说明文阅读

文 体 精 讲

文体概念

一、说明文概说

1.所谓说明文,就是以说明为主要表达方式来解说事物、阐明事理而给人以知识的文章,它通过对实体事物的解说,或对抽象事理的阐释,使人们对事物的形态、构造、性质、种类、成因、功能、关系或对事理的概念、特点、来源、演变、异同等有所认识,从而获得有关的知识。以说明为主是说明文与其他文体从表达方式上相区别的标志。

2.在各种文章样式中,说明文体是一种相对独立的类别。在人们的社会生活中,说明文越来越显示出它的重要作用和实用价值。现实生活充分表明,说明文不是一种无足轻重的文章形式,而是运用范围极为广泛的常用文体,它与人们的生产、工作和生活的关系相当密切,而且由于社会生活的需要,说明文写作正在大量涌现,并更多地融入到我们生活中。

二、说明文分类

1.按说明对象分

①事物说明文:说明对象是具体事物。通过对具体事物的形状、构造、性质、特点、用途等作客观而准确的说明,使读者了解、认识这个或这类事物。例如《南州六月荔枝丹》。

②事理说明文:说明对象是某个抽象事理。将抽象事理的成因、关系、原理等说清楚,使读者既要知其然也要知其所以然,明白这个事理"为什么是这样"是其主要目的。如《敬畏自然》。

有时在一篇说明文中,介绍事物与阐述事理往往是交错使用的。不管是事物说明文还是事理说明文都要求作者对说明的对象进行真实的介绍,这其中,我们不乏感受到文中的科学精神。事物说明文是对事物进行详细介绍的文体形式,而事理说明文是对道理进行详细介绍的文体形式。区别是前者针对事物,后者针对道理。

2.按语言风格分(说明语言的特色、说明语言的生动程度等)

①平实说明文:平实说明文常常是直截了当地说明对象。不描写,不夸张,没有弦外之音,像数学、物理、生物等教科书。

选用平实说明的说明文一般是以解释科学原理,说明制作过程、步骤,或介绍建筑物等为主的文章。适用于说明科学性及条理性较强的说明文,更多的是给读者以理性认识。

②生动说明文:生动说明文又叫文艺性说明文(或科学小品文、知识小品文)。

常常用较形象的手法来说明事物,使被说明的事物具有生动性和形象性,易于引起读者的兴趣。采用生动语言的说明文大多是文艺小品和科普读物,这类文章在给人知识的同时,又强调文章的生动性。如《南州六月荔枝丹》就属于科学小品文。

3.按说明体系分

①自然科学说明文

所谓自然科学类文章,就是所说的科技说明文。主要指研究自然科学及科技发明或发现方面的文章,如环境保护、太空探测、生物进化、人体生理、物质微观探索、植物转基因研究等。初中学过的《大自然的语言》就属于这一类。

②社会科学说明文

所谓社会科学类文章，就是用科学的方法，研究与阐述各种社会现象及其发展规律的文章，社会科学方面的发展状况、科研动向和最新科研成果的文章都属于这一类。如《中国石拱桥》。

三、说明文结构

说明文的结构一般有两种。

1.总分式

这是事物说明文常用的结构形式。

①总——分，如《苏州园林》(先总体的概括，再分说，结尾没有总结性的语言)

②总——分——总，如《故宫博物院》(先总体的概括，再具体来说，最后再总结)

③分——总

2.递进式

这是事理说明文常用的结构形式。

各层之间的关系是由浅入深、由表及里、由现象到本质。各层之间的关系为递进关系，一层一层地剖析事理。如《向沙漠进军》。

四、说明顺序

说明要有顺序，这是使说明内容条理化的必要条件。常见的说明顺序有：时间顺序、空间顺序、逻辑顺序。

1.时间顺序

即按照事理发展过程的先后来介绍某一事物的说明顺序。凡是事物的发展变化都离不开时间，如说明生产技术、产品制作、工作方法、历史发展、文字演变、人物成长、动植物生长等等，都应以时间为序。

时间顺序在文章中使用恰当就可以起到画龙点睛的效果，说明清楚，使读者一目了然，所以在文章里运用时间顺序也是一种独特技巧。

2.空间顺序

即是按事物空间结构的顺序来说明，或从外到内，或从上到下，或从整体到局部来加以介绍，这种说明顺序有利于全面说明事物各方面的特征。

一般说明某一静态实体(如建筑物等)，常用这种顺序。如《故宫博物馆》按照先总后分的顺序，先概括说明故宫建筑物的总体特征，然后再具体介绍太和门、太和殿、中和殿、保和殿、乾清宫、御花园……而在介绍每一座建筑物的时候，则又按照先外后内、先上后下的顺序。这样安排合乎人们观察事物的习惯。

3.逻辑顺序

即按照事物、事理的内在逻辑关系介绍说明。

说明的逻辑顺序，是指依据事物之间或事物内部各部分之间的关系来确定说明内容先后的。事物之间的关系虽然错综复杂，但总是有主有次，有因有果，有一般的、有个别的，有普遍的、有特殊的，作者依据这些来安排说明内容的先后顺序，就容易把事物之间的关系说清楚，将繁复的内容介绍得有条不紊。

逻辑顺序主要分成12种——从原因到结果、从主要到次要、从整体到部分、从概括到具体、从现象到本质、从具体到一般、从结果到原因、从次要到主要、从部分到整体、从具体到概括、从本质到现象、从一般到具体。

五、常见说明方法

为了把事物特征说清楚,或者把事理阐述明白,必须运用相适应的说明方法。常见的说明方法有下定义、举例子、打比方、作比较、分类别、列数字、引用、作诠释、画图表、摹状貌等。写说明文要根据说明对象和写作目的,选用最适当的说明方法。

1.下定义

用简明的语言对某一概念的本质特征作规定性的说明叫下定义。下定义能准确揭示事物的本质,是科技说明文常用的方法。甲是乙＝乙是甲。使读者对概念有确切的了解。

2.举例子

通过举出常见实例来说明抽象、复杂的事物或事理。举例子能够使文章更加具体、更有说服力,更客观地说明事物,使比较抽象、复杂的事情或事物变得通俗易懂,让人信服。举例子必须让人觉得有真实感。

3.打比方

利用两种不同事物之间的相似之处作比较,以突出事物的形状特点,增强说明的形象性和生动性的说明方法叫做打比方。作用是使抽象的事物变得具体,使深奥的问题变得浅显,使陌生的事物变得熟悉,使文章的语言形象生动。

4.作比较

①说明某些抽象的或者是人们比较陌生的事物,可以用具体的或者大家已经熟悉的事物和它比较,使读者通过比较得到具体而鲜明的印象。

②利用两种不同事物之间的相似之处作比较,以突出事物的特点。

5.分类别

将被说明的对象有序地照一定的标准划分成不同的类别,一类一类地加以说明,这种说明方法,叫分类别。作用是帮助读者掌握特征,使说明的事物条理清晰。

6.列数字

为了使所要说明的事物准确化,还可以采用列数字的方法,以便读者理解。需要注意的是,引用的数字,一定要准确无误,不准确的数字绝对不能用,即使是估计的数字,也要有可靠的依据。

7.引用

即引用一些与被说明的对象有关的资料、故事、经典著作、名家名言、公式定律、典故谚语等来补充说明或作为说明的依据。作用是或引出说明对象,或增强文章趣味性,激发读者阅读兴趣等。

8.作诠释

对事物或事理的概念作出解释,或者用词语释义的方法来说明事物或事理的某些特点。作用是可以把抽象的概念说得更清楚具体。

9.画图表

为了把复杂的事物说清楚,还可以采用画图表的方法,来弥补单用文字表达的缺欠,对有些事物解说更直接、更具体。使读者直观、一目了然地了解事物的特征。

10.摹状貌

为了使被说明对象更形象、具体,可以进行状貌摹写,这种说明方法叫摹状貌。这种说明方法和描写要区分开,两者虽一样,不过是在不同的文体中的。

题型示例

例1 (2005年湖北高职统考语文试卷)阅读下面的文章,完成1～3题。

①俗话说:"民以食为天。"近年来,我们的食品安全环境日趋严峻,随着毒奶粉、染色馒头等事件的不断出现,人们不禁要问,食品添加剂安全吗?

②食品添加剂是指经国家批准的,因防腐保鲜、提高加工工艺等需要而加入食品中的化学合成物或天然物质。我国《食品添加剂使用卫生标准》将其分为防腐剂、凝固剂、品质改良剂、增味剂、营养强化剂等22类1500多种。当人类的食品进入工业化生产之后,除了极少数的天然野生食品外,几乎没有什么是不含添加成分的。目前,近97%的食品中使用了各类添加剂。可以说,食品添加剂已成为现代食品工业生产中不可缺少的物质。

③食品添加剂对食品的防腐保鲜效果十分明显。根据食品安全要求,每克食品的细菌总数不能超过8万个。假如不用防腐剂,即使在0℃—4℃的低温环境中,肉制品保存到第五天,细菌总数也将超过每克10万个。而防腐剂能遏制肉制品中的肉毒梭状芽孢杆菌的大量繁殖,有效延长肉制品的保持期。

④食品添加剂不但能防腐保鲜,还能改善食品的外观和口味。食品的酸、甜、鲜通常不是食品天然拥有的口味,往往是由添加剂"调"出来的。食品的诱人口感,如面条有弹性,点心酥脆,大多也是添加剂的功劳。

⑤现在,人们又发现不少食品添加剂还具有防病抗病的功能。如腐乳红曲是由大米发酵而来的,能够降低血脂,它既是色素又是功能性添加剂;从甘草里面提取的甜味剂,能改善肝功能;从玉米芯里面提取的木糖醇具有护肝、防龋齿的作用。

⑥除此以外,食品添加剂还能够调整食物的营养结构,如在面粉里面添加钙粉、维生素等,能使面粉的营养更加全面。

⑦现代食品工业发展离不开食品添加剂,食品添加剂的使用也直接影响食品安全。例如,摄入过多的膨松剂或防腐剂,轻则会引起流口水、腹泻、心跳加快等症状,重则会对胃、肝、肾造成严重危害。为规范食品添加剂的使用,各国都制定了严格的法律法规。如我国的食品卫生标准就明确规定,山梨酸钾可以作为食品防腐剂,但必须严格控制添加比例,它的许可添加量为0.5%以内。在美国,苯甲酸钠只允许在化妆品中使用,并且浓度必须在0.1%—0.2%范围内。世界卫生组织也规定了一个"ADI"值,即依照人体体重,一种无健康危害的食品添加剂的每日允许摄入量的估计值。例如:糖精钠的ADI值为5毫克/公斤,即糖精钠每日允许摄入量为每公斤体重5毫克。

⑧必须指出的是,一直受到人们谴责的苏丹红、三聚氰胺等都不是食品添加剂,而是非法添加物。这样的非法添加物常见的还有块黄、硼酸、硫氰酸钠、蛋白精、酸性橙等。一般来说,不违规不超量不超范围的使用食品添加剂,食品是安全的。

(选自《科学画报》,有删改)

1.选文第③④⑤⑥段的顺序能否颠倒?请说明理由。

【参考答案】　不能。这四段与第②段"食品添加剂是指经国家批准的,因防腐保鲜、提高加工工艺等需要而加入食品中的化学合成物或天然物质。"这句话中提示的顺序相照应,按照由主到次的说明顺序安排的。

【试题分析】　本题考查对说明文顺序的理解。本文第③④⑤⑥段具体介绍说明了食品添加剂在现代食品工业生产中的作用,对各项作用的介绍依据了由主到次的逻辑顺序来展开,且仔细阅读不难发现,这四段与第②段"食品添加剂是指经国家批准的,因防腐保鲜、提高加工工艺等需要而加入食品中的化学合成物或天然物质。"这句话中提示的顺序相照应。所以,不管从什么角度来说,这四段内容的顺序都不可颠倒。

2.选文第⑦段中画线句子运用了哪些说明方法? 有什么作用?

_____

【参考答案】　举例子、列数字。具体准确地说明了"为规范食品添加剂的使用,各国都制定了严格的法律法规",从而说明食品添加剂的使用也直接影响食品安全。

【试题分析】　本题考查对说明方法及其作用的辨析。第⑦段中画线句子举了我国的食品卫生标准的例子,应为举例说明;"它的许可添加量为 0.5‰ 以内"中的"0.5‰ 以内"运用了列数字的说明方法。这既具体准确地说明了"为规范食品添加剂的使用,各国都制定了严格的法律法规",也最终说明了本段说明对象的特征——食品添加剂的使用也直接影响食品安全。

· 例2 · (2006 年湖北高职统考语文试卷)阅读下面的文章,完成1～3题。

适应环境

沈岳明

美洲鹰生活在加里佛尼亚半岛上,由于美洲鹰的价值不菲,在当地人的大肆捕杀,以及工业文明对生态环境的破坏下,美洲鹰终于绝迹了。可是,近年来,一名美国科学家,美洲鹰的研究者阿·史蒂文,竟在南美安第斯山脉的一个岩洞中发现了美洲鹰。这一惊奇的发现让全世界的生物科学家对美洲鹰的未来又有了新的希望。

一只成年美洲鹰的两翼自然伸展开后长达 3 米,体重达 20 公斤,由于加里佛尼亚半岛上的食物充足,将美洲鹰养成了这样一种巨鸟,它锋利的爪子可以抓住一只小海豹飞上高空。可是令人奇怪的是,就是这样一种驰骋在海洋上空的庞然大物,竟然能生活在狭小而拥挤的岩洞里。阿·史蒂文在对岩洞的考察时发现,那里布满了奇形怪状的岩石,岩石与岩石之间的空隙仅 0.5 英尺,有的甚至更窄。那些岩石像刀片一样锋利,别说是这么个庞然大物,就是一般的鸟类也难以穿越,那么,美洲鹰究竟是怎样穿越这些小洞的呢? 为了揭开谜底,生物科学家阿·史蒂文利用现代科技在岩洞中捕捉到了一只美洲鹰。阿·史蒂文用许多树枝将鹰围在中间,然后用铁蒺藜做成一个直径 0.5 英尺的小洞让它飞出来。美洲鹰的速度迅速无比,阿·史蒂文只能从录像的慢镜头上细看,结果发现它在钻出小洞时,双翅紧紧地贴在肚皮上,双腿却直直地伸到了尾部,与同样伸直的头颈对称起来,就像一截细小而柔软的面粉条,它是用以柔克刚的方式轻松地穿越了蒺藜洞。显然,在长期的岩洞生活中,它们练就了能够缩小自己身体的本领。

在研究中,还进一步发现,每只美洲鹰的身上都结满了大小不一的痂,那些痂也跟岩石一般坚硬。可见,美洲鹰在学习穿越岩洞的时候也受过很多伤,在一次又一次的疼痛中,它们终于锻炼出了这套特殊的本领。为了生存,美洲鹰只能将自己的身体缩小,来适应狭窄而恶劣的环境,不然便很难得到新生!

千万年来,动物与人类都在为生存而战。如果想不被淘汰,就得像美洲鹰一样,以改变自己的方式,来适应不断变化的生存环境。尽管"缩小"自己的过程会千难万险,甚至流血流泪,但只有勇于"缩小"自己,才能扩大生存空间。"人不可能都生活在自己的意愿之中,只能是生活在对环境的适应之中"。

下列对文中画线句子的理解,不正确的一项是 （ ）

A.与美洲鹰庞大的体形形成强烈的对比。

B.形象说明美洲鹰生存的环境非常狭窄。

C.列举数字是为下文的实验提供依据。

D.与"那些岩石像刀片一样锋利"相呼应。

【试题答案】 D

【试题分析】 本题侧重考查句子在文中所起的作用,而要准确分析作用,则必须联系上下文语境考虑。画线句子所处的这段主要介绍了美洲鹰庞大的体形和狭窄而拥挤的生存空间,并通过实验告诉人们美洲鹰是如何缩小身体来穿越岩洞的。画线句子通过列举数字说明岩洞内的空间十分狭窄,而美洲鹰就是生活在这样的环境里,因此 B 项十分正确。本段开始就说一只成年美洲鹰身长达 3 米、体重达 20 公斤,并用"巨鸟""庞然大物"来形容它,说明美洲鹰体形庞大,显然,这仅有 0.5 英尺的空隙与美洲鹰形成强烈对比,因此 A 项分析也是正确的。本段后半部分在介绍史蒂文所做的实验时,说的是他用铁蒺藜做成一个直径 0.5 英尺的小洞让一只美洲鹰飞出来,而这个直径的尺寸与美洲鹰生活的岩洞里的空隙大小完全一致,因此 C 项正确。"那些岩石像刀片一样锋利"是为了说明岩石十分锋利,这和画线句子的内容不存在呼应的关系,因此 D 项不正确。

方法指导

说明文是以"说明"为主要表达方式,以传授科学知识为根本任务,介绍事物,阐明事理,说明事物运动、变化、发展规律的。因此,阅读此类文章,自然也应该抓住说明的对象及其特征,理清说明文的结构和说明顺序,看文章说明事物运用了哪些说明方法等。具体方法归纳如下。

方法一:把握说明对象及特征

阅读说明文,首先要准确地把握说明对象,从而区分事理说明文和事物说明文,进一步理解说明内容。对说明对象的把握,要从全文角度来理解和概括。看题目、首括句、结尾句或提问式语句。如果是事物说明文,被说明的事物即是说明对象。如果是事理说明文,被说明的对象则是对象加特征。

接着还要重点把握说明对象的特征。这是分析一篇说明文的关键。只有准确地把握说明对象的特征,才能深入理解说明对象,以此为突破口,进而理清文章的结构层次、中心内容。

要准确把握说明对象的特征,必须认真阅读、理解课文内容,尤其要注意仔细揣摩关键词句(中心句、过渡句、体现作者思路的句子以及文章中反复出现的句子)。

同时,要把握说明对象的特征还不能只停留在事物的表面,还要了解事物内在的本质。具体可以从分析材料入手,即逐段分析作者介绍了有关事物的哪一方面的特征,然后归纳小结。在文章中一般有两种表现形式:一是文章中有足以概括特征、本质的语句,通过对全文的阅读分析,可以把它找出来;二是文章中没有全面概括说明对象的特征和或本质的语句,或者虽然有但不集中,需要通过对全文的分析把它概括出来。

方法二:理清结构分析说明顺序

说明文的结构并不复杂。常见的结构形式有"总——分"式、"总——分——总"式、"分——总"式、并列式、递进式等。理清结构,可以帮助我们了解作者的思路,更清晰地领会内容要领。

说明顺序是多种多样的。采用什么样的说明顺序,取决于说明对象的特点和说明目的。常用的说明顺序有时间顺序、空间顺序、逻辑顺序。理清说明顺序,常见的方法有两种。

①看内容,辨顺序。介绍事物的特征、种类、成因、功用等,一般用逻辑顺序;说明事物发展变化过程,一般用时间顺序;说明事物的形状、构造,一般用空间顺序。

②找重点词句,辨顺序。空间顺序一般用方位词;时间顺序一般用时间名词;逻辑顺序一般用"因为""所以""首先""其次""总之""综上所述"等词语。

有时一篇文章可交叉使用几种说明顺序。

方法三:分析说明方法

为了说明清楚事物的特征,须采用恰当的说明方法。常见的说明方法有举例子、列数字、打比方、作比较、分类别、下定义、引用、作诠释、画图表等。阅读说明文,了解它采用的说明方法,一要看用怎样的说明方法,说明什么对象,有什么作用,二要看所用说明方法是通过怎样的语言形式表达出来的,这样分析才透彻、扎实。

方法四:体会说明文的语言特点

准确、简洁、平实是说明文语言的主要特点。当然,说明文的语言风格也是多种多样、各有特色的,有的以平实见长,有的以生动活泼见长。以此为据,可概括为平实说明和生动说明两种方式。一般来说,以说明事物为主的说明文,重在抓住事物的特点,用简明的语言平实地加以说明。而科学小品,讲究趣味性、文艺性,需要作必要的生动、形象地说明。

语言的准确、简明主要体现在以下几个方面。

①如实地反映客观事物,对知识表达要科学和严密,表示时间、空间、范围、特征、性质、程序等都要准确无误。

②要注意运用好表示修饰限制等作用的词语,如"基本上""大约""比较""一般""极个别""大多数"等词语。

③语言要简明、浅显、易懂,要言简意赅、明白晓畅,不要拖沓、含糊。

阅读中分析语言特点的常见题型一般有"加点词好在哪里?""加点词能否去掉或更换,为什么?""文章在语言上有什么特点?"等等。对于这类题型,答题格式一般是"用了加点词,生动(准确)地说明了……事物的……特征,能激发读者的阅读兴趣(符合实际,具有科学性)。""不能,用了加点词,生动地说明了……,能激发读者的阅读兴趣,去掉(或更换)就没有这种效果了。""删掉加点词句子的意思就变成了……,显得太绝对化,用了加点词,准确地说明了……"

方法五:注意摘取原文,在原文中寻找答案

所谓"词不离句,句不离段"阅读中某个词在句中的表达作用,更要根据具体的语言环境去理解,而不能离开句子作单独解释。对句子的分析理解不能离开具体的语段,不能离开具体的语言环境。如果离开具体的语段,离开具体的语言环境,许多句子只能狭隘的理解甚至于不知

所云。只有结合具体的语段和语言环境,才会知道这句话在全文中占着什么样的位置。

　　阅读中离开了原材料恐怕谁也答不准,答不全。因此,准确解答阅读题最重要最有效的方法是在原文中找答案。大多数题目在文章里是能够抠出答案的。当然,找出的语句不一定能够直接使用,还必须根据题目要求进行加工,或摘取词语或压缩主干或抽取要点或重新组织。即使是归纳概括整段整篇文意也必须充分利用原文。

对点训练
课后巩固训练

一、阅读下面的文章,完成1～3题。

奇招击退红潮
丹丘生

　　①在湖泊和海洋里,当藻类一生二、二生四,四生八……这样漫无节制地繁殖起来的时候,就形成了红潮。红潮来时,因藻类生长吸收了太多的氧气,致使当地的水域严重缺氧,大量水生植物窒息而死,此外,红潮还会在水中释放出神经毒素,使与之接触的人感染上呼吸道和神经系统疾病,甚至患上癌症。

　　②一直以来,人们都对红潮束手无策,他们所能做的,只是听天由命,按事物发展盛极必衰的规律,耐心等待着红潮自己消失,但现在,科学家终于找到了一种消除红潮的办法——用超声波消除藻类。

　　③藻类之所以能漂浮在水面,而不会沉到水底,是因为它们身体里含有一种浮力细胞,里面含有氮气气泡,它们就像藻类与生俱来的"救生圈",靠着这些气泡的浮力,就使整棵植株漂浮在水面上。

　　④而人们就抓住了藻类的这一特点,用特定频率的超声波引起浮力细胞里的气泡共振,当共振达到一定强度,气泡就会把细胞胀破,使得藻类失去浮力的支撑而下沉。一旦失去了水面的阳光,藻类在水下很快就会死亡。

　　⑤最近,一个英国研究小组利用三种不同频率的超声波对项圈藻进行了测试。他们发现,尽管三种频率的超声波在一定程度上都能起作用,但效果最好的是频率接近1兆赫的超声波,这个频率刚好是项圈藻中浮力细胞的共振频率。

　　⑥不同种类的水藻,因为大小不等,它们的共振也是不一样的。所以,这项技术可以有针对性地去除某一种类的水藻。此外,这种除藻办法不会伤及其他的水生植物,因为其他的水生植物的细胞对于超声波来说太致密了,不容易引起共振。

　　⑦由于高频率超声波在水中传播时,会很快被吸收,譬如1兆赫的超声波作用范围半径只有20米,所以这项技术在小范围的湖泊和池塘里,比在动辄方圆千米的大海里更为实用。

1.全文的说明顺序是什么? 请简洁概括作者是怎样按这种顺序进行说明的。

_____

_____

2.第③自然段运用了哪种说明方法? 它有什么作用?

_____

_____

3.下列说法或推断符合原文意思的一项是 （   ）

A.凡是红潮繁殖的水域,水生植物都无法生存。

B.击退红潮的"奇招"就是用特定频率的超声波来消除藻类。

C.藻类浮力细胞的共振频率是 1 兆赫。

D.频率为 1 兆赫的超声波对漂浮在方圆数千米的大海里的红潮不会起作用。

二、阅读下面的文章,完成 4～6 题。

VR 将怎样改变我们的生活

夏　斌

①戴上一个特制头盔,你就可以"身临其境"地站在火星上,直观感受这颗星球的奥秘;在房地产交易中,它可以立体呈现公寓房,让买家对室内状况一目了然,而无需每次都去实地看房;它还可以构建一个虚拟机舱,加入飞机颠簸等状况,帮助特定人群减缓飞行恐惧感……这些听上去不可思议的场景,都可以借助"虚拟现实(VR)"技术得以实现。那么,VR 到底是什么? 它将怎样改变我们的生活?

②VR,是英文 Virtual Reality 的简称,意为虚拟现实。这种新兴技术能利用计算机图形系统和各种接口设备,包括数据手套、眼球跟踪装置、超声波头部跟踪器、摄录像设备、语音识别与合成等,生成可交互的、提供沉浸感觉的三维世界。

③与 3D 的"视觉欺骗"不同,VR 不仅能让用户完全融入虚拟环境,真假难分,还能捕捉用户的意图、举动,及时进行调整和互动。报告显示,我国的 VR 潜在用户达 2.86 亿。预计到 2020 年,VR 市场规模有望超过 550 亿元。

④VR 应用系统一般分为三个部分:

一是体感输入,通过数据手套、摄像头等捕捉人的手、头等肢体姿态。

二是虚拟三维场景。VR 与 3D 最直观的区别就在于,VR 实现了 720 度全景无死角。720 度全景,即指在水平 360 度的基础上,增加垂直 360 度的范围,能看到"天"和"地"的全景。

三是显示与反馈,使用屏幕或投影将虚拟场景显示出来,并通过多自由度运动平台等反馈力和运动。其中,最有意思的是触觉反馈。当使用者玩射击游戏时穿上一件 VR 护具,它能够模拟出中弹的感觉。

⑤从目前的情况来看,VR 主要有六大应用领域,分别是娱乐社交、医疗保健、销售、教育、工程设计和军事训练。

⑥总之,VR 技术可能会提升个人能力、改变人类生活,但其长远影响值得慎重研判。一个基本准则应当明确,即避免现实生活与虚拟生活的混淆。

（摘自 2016 年 5 月《解放日报》,有删改）

4.请给"VR"下一个定义。

_____

_____

5.选文从几个方面介绍介绍"VR"?

_____

_____

6.下列对文章内容的理解,不正确的一项是　　　　　　　　　　　（　　）

A.戴上特制头盔,可以"身临其境"地站在火星上;构建虚拟机舱,可以感受飞机颠簸等状况。这些场景,都可以借助"虚拟现实(VR)"技术得以实现。

B.报告显示,我国的 VR 潜在用户达 2.86 亿。预计到 2020 年,VR 市场规模将超过 550 亿元。

C.VR 与 3D 最直观的区别就在于,VR 实现了 720 度全景无死角,能看到"天"和"地"的全景。

D.VR 技术最有意思的是触觉反馈。当使用者玩射击游戏时穿上一件 VR 护具,它能够模拟出中弹的感觉。

第四节 议论文阅读

文体精讲

文体概念

一、议论文概说

议论文,又叫说理文,是一种剖析事物、论述事理、发表意见、提出主张的文体。作者通过摆事实、讲道理、辨是非等方法,来确定其观点正确或错误,树立或否定某种主张。议论文应该观点明确、论据充分、语言精练、论证合理、有严密的逻辑性。

议论文是以议论为主要表达方式,通过摆事实、讲道理,直接表达作者的观点和主张的常用文体。它不同于记叙文以形象生动的记叙来间接地表达作者的思想感情,也不同于说明文侧重介绍或解释事物的形状、性质、成因、功能等。总而言之,议论文是以理服人的文章,记叙文和说明文则分别是以事感人、以知授人的文章。

议论是作者对客观事物进行分析、评论、说服,以表明自己的见解、主张、态度的表达方式,通常由论点、论据、论证三部分构成。

语言特点:①准确、严密;②概括性和简洁性;③使用修辞,体现其用词鲜明、生动和感情色彩。

二、议论文分类

1.立论文:以议论为主要表达方式,通过摆事实、讲道理,直接表达自己的观点和主张的文章体裁。

2.驳论文:论辩时针对对方的观点加以批驳,在批驳的同时阐述己方的观点。驳论文破立结合:首先指出对方错误的实质,再批驳已指出的错误论点,并在批驳的同时或之后针锋相对地提出自己的正确观点并加以论证。

三、议论文三要素

1.论点

论点是正确、鲜明阐述作者观点的句子,是一篇文章的灵魂、统率。任何一篇文章只有一个中心论点,一般可以有分论点。

论点应该正确、鲜明、概括,是一个完整的判断句,绝不可模棱两可。

论点的位置有五个:文题、开头、文章段落开头,文章中间、结尾。但较多情况是在文章的开头或结尾,段落论点也是如此。当开始与结尾出现类似的语句时,开头的为论点,结尾的是呼应论点。

有的议论文的论点在文章中用明确的语句表达出来,我们只要把它们找出来即可;有的则没有用明确的语句直接表述出来,需要读者自己去提取、概括。概括出的句子不应含有修辞等手法。

注意,反问句与比喻句不能作为论点,必须是陈述句。

2.论据

论据是支撑论点的材料,是作者用来证明论点的理由和根据,分为事实论据和理论论据两种。论据是为了证明论点的,因此,两者联系应该紧密一致。

3.论证

论证是用严密的论据来证明论点的过程。论证的目的在于揭示出论点和论据之间的内在逻辑关系。

论证方法有以下几种。

①举例论证(例证法):列举确凿、充分、有代表性的事例证明论点。[作用:具体有力地论证了观点(中心论点或分论点),增强文章的说服力。]

②引用论证:用经典著作中的精辟见解和古今中外名人的名言警句以及人们公认的定理公式等来证明论点。[作用:有力地论证了论点(中心论点或分论点),增强文章的权威性和说服力。]

③对比论证:拿正反两方面的论点或论据作对比,在对比中证明论点。[作用:全面地突出论证观点(中心论点或分论点),让人印象深刻。]

④比喻论证:用人们熟知的事物作比喻来证明论点。[作用:生动形象地论证了观点(中心论点或分论点),使文章浅显易懂,易于理解和接受。此外,在驳论中,往往还采用“以子之矛,攻子之盾”的批驳方法和“归谬法”。在多数议论文中往往是综合运用的。]

⑤归纳论证:也叫“事实论证”,它是用列举具体事例来论证一般结论的方法。

⑥演绎论证:也叫“理论论证”,它是根据一般原理或结论来论证个别事例的方法。即用普遍性的论据来证明特殊性的论点。

⑦类比论证:是从已知的事物中推出同类事物的方法,即从特殊到特殊的论证方法。

⑧因果论证:它通过分析事理,揭示论点和论据之间的因果关系来证明论点。因果论证可以用因证果,或以果证因,还可以因果互证。

四、议论文结构

议论文最基本的结构形式是:提出问题(引论)—分析问题(本论)—解决问题(结论)。议论文的论证结构有以下几种形式:总分式(包括总分式、总分总式、分总式)、并列式、层进式、对照式等。

题型示例

例1 阅读下面的文章,完成1~3题。

品味瑕疵

①我国有“金无足赤,人无完人”的谚语,英谚也有“世上没有不长杂草的花园”之说。由此看来,任何事物都有缺点,都有瑕疵。如何对待这些瑕疵,却因人而异:有些人斤斤计较,获得的是不满和不快乐;而有些人却学会品味瑕疵,从而收获了很多。

②瑕疵铸就了别样的美。最美女神维纳斯,成就其美的,不是无瑕绝伦的美貌,不是艺术家高超的技艺,而是一双无法修复的手臂。两只残缺的手臂,却激发了人们无穷的想象力,从而成就了一种撼人心魄的艺术美。月缺是瑕疵,但是“无言独上西楼,月如钩,寂寞梧桐深院锁清秋”中那一弯如钩的月,却把李煜的国破家亡之恨、孤独寂寞之情渲染得如此传神,从而写出了深深触动我们内心的凄清之美。正是瑕疵,酝酿出这些别样的风景。

③瑕疵也能超过完美,创造奇迹。在美国有个叫拉里恩的玩具商人开办了一家玩具娃娃公司,设计了一个可爱的娃娃名为 Bratz,却总是无法超越完美的经典——诞生于1959年

的芭比。当他为此苦恼时,他那只有 7 岁的孩子不小心把几滴墨水溅到娃娃脸上,令他感到意外的是,对这个脸上有瑕疵的娃娃,孩子反而更喜欢了。"你不觉得他跟我很像吗?看他那一脸的雀斑,很可爱!"他的孩子指着娃娃脸上的污渍说。拉里恩得到启发,大胆地设计了有五位成员的娃娃组合,最主要的是她们脸上都有一些雀斑,这就是如今的 Bratz。经过十年的发展,拉里恩用持续上升的市场销量说明了 Bratz 已经成为了世界上最受欢迎的玩具娃娃。美国《时代》杂志这样评价说:"拉里恩创造了一个不可思议的奇迹——用瑕疵超越了完美的经典!"

④品味瑕疵,能战胜挫折,获得更大成功。司马迁身受大刑之辱,成为他人生中抹不去的瑕疵,可他并没有因此消沉,却将此作为激励自己的动力,奋笔疾书,夜以继日,终于完成了《史记》,从而声誉斐然。卓别林因为相貌丑陋而被很多工作拒绝,但在喜剧方面逐渐显露出了他的优秀之处,从此,一位著名喜剧大师诞生了。正是他的瑕疵成就了他的事业。然而也有一些人却不是这样,比如一些运动员在自己事业上升时期,为了有个完美的结局,想方设法回避该有的挑战,早早结束运动生涯,失去了获得更大成功的机会。因此,有时瑕疵虽然使我们的人生不完美,却激发出更大的能量,绽放出更美丽的花朵。

⑤尼采说:"追求完美是正常而有缺憾的人性。"允许瑕疵的存在,是人生淡然的大智慧。学会品味瑕疵,才能感受到不完美的完美,才能创造奇迹,才会收获更大的成功。

(选自《读者》)

1. 阅读全文,请你概括本文的中心论点。

_____

【参考答案】 学会品味瑕疵,能够收获很多。

【试题分析】 这道题考查学生归纳文章的中心论点,归纳、概括要点的能力。中心论点的识别:一看题目,二看首尾,三看是否是明晰的判断,四看是否统率全文,五看论据证明的观点。考生在阅读文章时,从题目中看出议论的对象是"品味瑕疵",在阅读每一段时,要找到分论点,文章从三个方面论述了学会品味瑕疵,能收获什么。在文章结尾也总结了这一观点。

2. 第④段运用了多种论证方法,请你指出一种,结合具体内容,谈谈它的作用。

_____

【参考答案】 ①使用了举例论证的论证方法,举司马迁身受大刑之辱后激励自己,完成了《史记》而声誉斐然的例子(卓别林因为相貌丑陋而工作遭拒,最终成为著名喜剧大师),证明了"品味瑕疵,能战胜挫折,获得更大成功"的观点,从而使论证更具体真实,更具说服力。

②运用了正反对比论证的论证方法,将司马迁、卓别林两个例子与一些运动员过早退役的事例加以比较,突出强调"品味瑕疵,能战胜挫折,获得更大成功"的观点,使文章内容更全面,论点更鲜明。

【试题分析】 本题考查学生对议论文论证方法的识别,并分析作用。分析作用,就是分析议论文三要素之间的关系,用了什么论证方法,举了什么论据,证明了什么论点。把这个关系表达清楚,就分析出了作用。

3. 下面是对本文的有关分析,正确的一项是 （　　）

　　A.文章开头引用两句谚语,目的是告诉我们任何事物都会有瑕疵,我们应该正确看待这些瑕疵,从而逐步走向"完人"。

　　B.用最美女神维纳斯的例子,是为了证明"两只残缺的手臂,产生了撼人心魄的艺术美"这个观点。

　　C.本文采用"先总说,后分说,再总说"的论证结构,有力地证明了作者的观点。

　　D.第③段的事例说明了一个道理:有瑕疵的玩具,就能超越完美的经典。

【试题答案】　C

【试题分析】　本题4个选项都是分析论点与论据之间的关系。要在相应的段落中,去辨别选项的表达是否正确。

方法指导

常见题型及答题技巧

一、论点

1.文章提出中心论点的方式

(1)文章标题点明中心论点;

(2)文章开头提出中心论点;

(3)文章结尾归纳出中心论点;

(4)文章中间用某个承上启下的句子提出中心论点;

(5)文章没有直接提出中心论点,但始终围绕……展开论述。

2.中心论点的识别

一看题目,二看首尾,三看是否是明晰的判断,四看是否统率全文,五看论据证明的观点。

二、论据

1.分析论据的类型和作用

(1)论据的类型:事实论据和道理论据。

(2)具体分析作用。就其实质是考查论据与论点的关系,无论是与分论点与中心论点的关系还是论据与论点的关系,都是证明与被证明的关系,所以,规范性答题格式如下:

这是……论据,在文中起着证明……(论点,如果有分论点,则写出它证明的分论点,否则写中心论点)。

2.围绕中心论点补充论据

补充论据作为一种新题型正在流行,做这种题目,应注意以下几点。

(1)看清楚要求补充的论据类型,即看清楚要求的是名言还是事例。补充名人事例要注意字数限制。当然,作为应考,可以准备"勤奋""处世"等常见主题的名人事例和名言。名言字数要少,事例要熟悉,不要为求新而准备那些较长名言或不熟悉的名人事例。

(2)选用事实论据要注意。

①必须具有典型性,古今中外的都可以,是大多数人所知道的,最起码是登过报纸上过电视的;

②最好具有新颖性;

③论据的表述要准确,叙述要概括,能证明论点即可。

（3）选用的道理论据要注意。

①可以是名言、警句、俗话、谚语、定理、公式等；

②要精确,不能篡改、歪曲；

③和论点有必然联系,能证明论点的。

三、论证

1.论证方法的识别

①事例(含概括事例)——举例论证

②引名言,讲道理——道理论证

③运用比喻证明观点——比喻论证

④把正反事实或道理进行对比——对比论证

2.分析论证方法的作用

句式:使用××论证的方法＋论证了××观点＋效果

①举例论证:通过举具体的事例加以论证,从而使论证更具体、更有说服力。

格式:使用了举例论证的论证方法,列举……(概括事例),证明了……(如果有分论点,则写出它证明的分论点,否则写中心论点),从而使论证更具体更有说服力。

②道理论证:通过讲道理的方式证明论点,使论证更概括更深入。

格式:使用了道理论证的论证方法,论证了……的观点,从而使论证更概括更深入。

③比喻论证:通过比喻进行证明,使论证生动形象、浅显易懂。

格式:使用了比喻论证的论证方法,将……比作……,证明了……的观点,从而把抽象深奥的道理阐述得生动形象、浅显易懂。

④对比论证:对比论证的作用就是突出强调。

格式:使用了对比论证的论证方法,将……和……加以比较,突出强调了……的观点。

⑤引用论证:引用论证比较复杂,这与具体的引用材料有关,有引用名人名言、格言警句、权威数据、名人佚事、奇文趣事等各种情况,其作用要具体分析。如引用名人名言、格言警句、权威数据,可以增强论证的说服力和权威性;引用名人佚事、奇闻趣事,可以增强论证的趣味性,吸引读者阅读。

格式:使用了引用论证的论证方法,通过引用……,证明……的观点,使论证更有说服力。(或更有趣味性,激发读者阅读兴趣)

3.分析文章的论证思路

首先应该了解一般议论文的结构:提出问题(引论)——分析问题(本论)——解决问题(结论)。

分析议论文的论证思路,其实,就是在段落层次的基础上加上一些诸如“首先”“然后”“接着”“最后”一类表起承转合关系的词语。一般格式:作者先……然后……接着……最后……(其中省略号要补充的内容就是每一段所论述的内容)。做这个题目,尤其要注意开头结尾的表述。

（1）开头的内容有:

①提出中心论点;

②引出论题。

以上两个方面,要具体回答出提出中心论点或引出论题的具体方试,有的是通过名人名言、有的是通过名人佚事、有的是通过奇闻趣事等。

(2)结尾的内容有:

①深化中心论点,提出……的结论;

②强调……的中心论点;

③发出……的号召或希望人们……;

④补充论证了……。(其作用是使论证更严密)

四、写作特点分析

1.语言特点分析

议论文语言特点分析的角度有两个方面。

①语言特点:简明平实、形象生动、幽默风趣、含蓄委婉、富有文采等。

②语体特点:抓住逻辑严密四个字做文章就可以了。

特别注意:做这类的题目一定要有具体文句作支撑,也就是用文章中的具体例句为例子进行分析。

2.手法分析

①比喻:把××比作××,形象生动,把抽象的道理形象化,有力的论述了××的论点,便于读者理解和接受。

②排比:增强了文章论证的气势,增强了文章的说服力和感染力。

③引用:引用古诗文,使文章富有文采,同时有力证明了××论点。引用名言,有力证明了××论点。

④反问:增强语气,发人深思。

⑤设问:启发读者思考,强调某种观点。

对点训练

课后巩固训练

一、阅读下面的文章,完成1～3题。

警 句

徐懋庸

许多作者写作喜用警句,许多读者读书喜看警句。有些老师在学生的习作中看到一二警句,便大加赞赏,结果就连在一篇说明文中,学生们也必硬添入许多不相宜的奇警的字句。其实,作者喜用警句,是由于才力薄;读者喜看警句,是由于见识浅。才力薄,所以不能创作充实完善的文章,徒借警句以娱人;见识浅,所以不能理解一篇文章的全部内容及其每字每句所含的意义,徒摘警句以自欺。

真正的好文章往往是以平常的语言说真实的事理,所以无处不善,没有警句,也可以说句句都是警句;那些读者喜看的警句并非作者的刻意追求,而是自然天成的,有如锦上添花,与全文相得益彰。陶渊明的"采菊东篱下,悠然见南山",是本来人人能道的平凡的句子,在《饮酒》诗里与其他诗句浑然一体,并不独自出色。可有些人钟爱此句,硬用在自己的文章中,以为可以使文章增色,结果恰如在粗劣的土布上用金线绣花,极不相称,且所绣之花,绝不会佳。现在有一类人写作几乎全篇用警句凑成,使人如看万花筒,初看似乎繁花似锦,莫测高深,一经折穿,则不过是一些玻璃碎片乱凑而成,毫无意义。

喜欢看警句的读者,阅读伟大的作品定会因为没有警句而失望,而善读者并不在意是否有警句。就如赏花,真能欣赏名花的人,会到园地上,于阳光微风中,欣赏花儿的活泼生机、天然的姿色及其与环境相掩映之美。在这样境界中的花,无论大小开谢,各有其美。但不懂欣赏的人,只知折取一枝插在瓶中,自以为已尽得此花之美,却不知这是大煞风景的。

世上的语言,本无所谓"奇警"与"平凡",关键在于运用得当。好作品的语言无论有着怎样的特点,都能表达充实完善的内容。那些只追求"处处须警句"的文章,华而不实,实在是不足取的。

（选自《文章正宗》,天津人民出版社 2011 年版,有删改）

1.结合文章内容,回答问题。

(1)第二段中加点的"粗劣的土布"和"用金线绣花"分别比喻什么?

_____

_____

(2)第三段中的画线句有什么作用?

_____

_____

2.文中说:"好作品的语言无论有着怎样的特点,都能表达充实完善的内容。"请以朱自清的散文《春》和《背影》为例,对这句话作简要分析。

_____

_____

3.表达的主要观点是 （　　）

　　A.写说明文,不必硬添入许多奇警的句子。

　　B.好文章无处不善,是不刻意追求警句的。

　　C.写作时,如果多使用警句可使文章增色。

　　D.阅读作品,不应该因为没有警句而失望。

二、阅读下面的文章,完成 4～6 题。

读书与境遇

罗建军

读书的境遇是指人读书时所处的境况和遭遇。人总是活在特定的境遇之中,境遇不同,对客观世界的认知、理解和感悟也会有所区别。读书作为人们认识世界的一种重要方式,常常会与境遇发生千丝万缕的联系。不同境遇中的人读同一本书,会产生不同的理解和感悟。因此,科学地认识读书的境遇,是人们不容回避的问题。

顺境中读书,可贵的是精神愉悦。人在此时此刻的心境,既有"水光潋滟晴方好,山色空蒙雨亦奇"的明媚,也有"两岸猿声啼不住,轻舟已过万重山"的愉悦。身心轻松,兴趣大增,容易打开视野,汲取新知识。正如罗曼·罗兰所言:"你用神采奕奕的眼神看世界,世界也会用宽容的怀抱接纳你。"顺境中读书,关键是要确立"欲穷千里目,更上一层楼"的高远目标,广采博纳。同时还应保持谦虚谨慎的态度和清醒的头脑,平心静气,深思精进。顺境中读书,可以帮助一个人消除骄气,清醒地认识自己,理性地看待世界。

逆境中读书,可贵的是坚持不懈。逆境人人都可能遇到,一些人在逆境中消沉,另一些人却以此为机遇,砥砺磨炼,最终"鱼化为龙"。逆境中读书,因为外界的压力,也因为内心的苦闷,常常会获得不一般的感受,甚至得到对人生世理豁然开朗的认识。古今中外,在逆境中坚持读书学习而成就伟业的不乏其人。司马迁惨遭宫刑,仍持之以恒地博览群书,从而成就了《史记》这一伟大著作。海伦·凯勒失聪失明,却凭借超乎常人的毅力,坚持读书,学会了英、法、德、拉丁、希腊五种语言,把自己的一生献给了盲人福利和教育事业,成为人类发展史上的传奇人物。在这些人身上,我们看到的是"水滴穿石"的韧性,逆境中读书,可以帮助我们驱散心里积压的阴霾,重新鼓起战胜困难的勇气。

闹境中读书,可贵的是心无旁骛。当今社会,生活节奏越来越快,人们仿佛连同这个社会一起变得躁动不安,很难静下心来读书。社会愈是嘈杂,愈需要我们有"非宁静无以致远"的心态,书籍恰好具有这种功能。读书可以帮助我们闹中取静,摆脱嘈杂与喧嚣,丰富学识,增长智慧;能帮助我们摆脱急功近利的浮躁,心无纤尘地走进或厚重或轻盈的书中世界;也能帮助我们不被五光十色的世界所左右,追求灵魂与人格的崇高。

"心随境转是凡夫,境随心转是圣贤。"无论客观世界如何变化,人的因素始终具有决定性,只要我们始终坚守"书籍是人类进步的阶梯"这一信念,时刻把读书学习作为一种追求,一种境界,一种信仰,就一定能拓展视野,更新观念,振奋精神,不断进步。

(选自《人民日报》,有删改)

4. 请举名人事例证明"闹境中读书,可贵的是心无旁骛"这一观点。

_____

_____

5. 第五段"心随境转是凡夫,境随心转是圣贤"这句话的深刻含义是什么?

_____

_____

6. 对原文的分析理解,不正确的一项是 ( )

A.作者善于引用名言,如"非宁静无以致远""书籍是人类进步的阶梯"等,这些名言既恰当地证明了观点,又增添了文采。

B.本文采用总—分—总的结构,围绕"读书与境遇"的关系展开论述,先提出问题,后分析问题和解决问题,条理清晰,层次分明。

C.读书的境遇因人而异,只要我们在逆境中不消沉、不浮躁,坚持不懈,潜心读书,就能成就伟业。

D.文章告诉我们,无论身处何种境遇,如果把读书学习作为一种追求,就能不断拓展视野,更新观念,提升自我。

扫一扫,购详解

写作

第一章 记叙文写作

考点精讲

技能高考考什么

题型示例

例1 （2018年湖北技能高考卷）生活中,我们常收藏一些看似寻常,但却有特殊意义的物品,如一本书,一只笔,一朵制成书签的小花……因为他们背后往往有着动人的故事,能唤起我们的记忆、情感。请自选一物,自拟题目,写一篇不少于450字的文章,可叙事,也可描写抒情。

【试题分析】 生活中总有一些物品,在别人眼里普通寻常,而自己却爱不释手,甚至视为珍宝。因为某个人的出现,某件事的发生,这些物品已经不是普通意义上的物品了,它具有了特殊功能,"能唤起我们的记忆、情感"。本题要求围绕一件具有特殊意义的物品来作文,因此,文章的主体部分,不能写人与景。同时,作文文体应该选择记叙文,写叙事记叙文或状物记叙文均可。

【佳作欣赏】

那洁白的粉笔屑

那洁白的粉笔之魂,从老师的手上飘飘洒洒。落在苍苍的白发上,和那银丝融为一体;落在那整洁的衣服上,点缀出了梨花般的诗。

有一回,数学老师擦完黑板转过身来,同学们都哄笑起来。原来,在他的鼻子上抹了点粉笔灰。他怔了一下,轻声说:"请大家安静!"接着又开始进行他的课程。下课了,他带着一身的粉笔灰走了,有几个"调皮鬼"还在不断地笑。此时,我却没有笑,静静地望着他蹒跚离去的背影,似乎又看到了他鼻尖上那块圣洁的白灰。不,那是一枚精制的勋章!

不知有多少次,数学老师上课时的声音都是沙哑的。每次下课后,他的袖口几乎被粉笔灰吞噬,但他从来都没有抱怨过;而还没等他抖落掉袖口的粉笔灰时,下课铃又响了。记得有一次,当他拖着疲惫的身体准备离开教室时,一位数学成绩不怎么突出的女生拦住了他。于是,他留下来了,认真细致地给她分析,不紧不慢地给她讲解。后来才知道,因为这件事情,数学老师错过了回家的最后一班车。

飘飘洒洒的粉笔屑,是勤勤恳恳的数学老师的汗水!从他身上,我读到了一本立体的教科书,书中那点点的碎屑文字,让我懂得了应该懂得的一切。那飘飘洒洒的粉笔屑,是老师您最美的饰品。

生活中的美丽无处不在,而我认为那洁白的粉笔屑是最美好的,我要将它永远收藏在心中。

【简评】 作者视角独特,选取生活中容易被人忽略的粉笔屑来展开作文。围绕落在老师身上的粉笔灰,用诗意的语言为我们塑造了一位让人肃然起敬的老师形象。比喻的贴切运用,使文章极富感染力。

例2 (2017年湖北技能高考卷)大自然中有许多充满诗意、启迪思想、陶冶情操的景象,如日出、泉流、草长、莺飞等,请任选一个你经历和喜爱的景象,自拟题目,写一篇不少于450字的文章。

【试题分析】 本题要求围绕自己的经历和喜爱的景象写一篇作文,且这种景象或充满诗意,或启迪思想,或陶冶情操。如此一来,这道作文题的文体倾向很明确,那就是记叙文。大自然中的景象都是客观的,而之所以会"启迪思想,陶冶情操",是人类将自己的主观情感寄托在客观景象或物象之上。因此,所选的景象必须融入自身的主观情感。

【佳作欣赏】

冬日里的腊梅

世上花儿繁多,可爱者也很多,尤其一些文人墨客,好像天生和花儿结下了不解之缘。记得书上说过:晋陶渊明独爱菊;自李唐来,世人甚爱牡丹;而宋朝的周敦颐酷爱莲。我呢?虽然不能和他们相比,但我也钟情一种花,那就是冬日里的腊梅。

你看,立冬过后,北风一吹,万花凋零,耐寒的梅花却盛开了。"遥知不是雪,为有暗香来。"走近梅花,它那独特的淡淡清香,一直钻进我的心脾,那感觉,真像品尝了一口名贵的香茶。

细看那一朵朵淡黄而又透明的小花,像用绸子做的一样永葆鲜艳。人丹般大小的花蕾长在柔韧的树枝上,就像用胶水在树枝上粘上了一颗颗小金珠子。北风呼啸、大雪纷飞时,便一齐绽开笑脸,满株金黄,远远望去,就像雪地上燃起一堆金色的火焰。每朵花上的五片花瓣紧紧地围成一圈,把细长的花蕊拥在了中间,那花蕊的顶端还有一点点浅黄色的花粉呢!

我摘了一枝带花蕾的梅枝回家,把它插在一个注满水的花瓶里。妈妈认为它得不到阳光的照射,也许等不到开花就萎缩了。隔了几天,我发现这个"小黄球"咧开了嘴,开出了金黄色的小花,我不禁被这种顽强的精神所折服,它不需要春天那温暖的气候,也不需要足够的阳光和肥沃的土地,只要一点水,就能开花,它的生命力多么顽强啊!

我喜欢这普通的小花,喜欢它的朴素和典雅,更喜欢它的风格和品质。"梅花香自苦寒来",它坚强而不倔强,高雅而不高傲,它既不去与奇花异草争艳,也不去与骄阳绿柳夺一泓之水,而是默默无闻地装点寒冷的冬季。这不正是我们所需要的精神么?

我爱冬日里的腊梅。

【简评】 本文由周敦颐的《爱莲说》引出主角"冬日里的腊梅"。通过细腻的描写,表现出腊梅香气扑鼻,在枝头"永葆鲜艳"的特点;通过记叙"我"将带花蕾的梅枝插入花瓶后依然开出金黄色的小花,赞扬了腊梅顽强的生命力。本文综合运用记叙、描写和抒情,展现了冬日里的梅花"坚强而不倔强,高雅而不高傲"的风格与品质。

一、明确文体特点

　　记叙文是写人叙事的文章,是以描写和叙述为主要方式来表达思想感情的一种文体。这种文体主要通过记人的言行和事情的经过来表现中心思想。记叙文最重要的特点是记人叙事。其叙事要完整,即要有事件的起因、发展、高潮和结局。记叙文常见的表达方式共五种:记叙、描写、抒情、议论、说明。记叙文中可以兼有这五种表达方式,但一定要分清主次,记叙和描写应该是记叙文最重要的表达方式。其他表达方式如说明、议论和抒情,都要围绕记人叙事的目的展开,为表现文章中心思想服务。

二、记叙文审题"四留意"

　　1.留意用词语做题目的记叙文

　　用词语做题目的记叙文,有时用它的本义,如《尝试》就是记叙某个人或某些人有目的地去做以前没有做过的事;有时用它的比喻义,如《春风》,并非要你直接写春天的风,而是要你写像春风一样给人带来温暖与生机的人或事;有时则用其引申义,如《窗口》,不是要你去写窗前所见,而是要写"透过它能看到某个方面的基本情况"的某个地方。我们通常说,某学校是了解某地教育情况的"窗口",某村庄是了解某个地方政治、经济情况的"窗口",就是这个意思。

　　2.留意用短语做题目的记叙文

　　用偏正结构短语做题目的记叙文,审题时要注意定语对中心词的修饰和限制。如《平凡的岗位》,写作时要突出"平凡"的特点,通过对一位平凡的劳动者所做的平凡的事情的记叙,反映出他的不平凡来,而这不平凡必须是在平凡的岗位上体现出来的。再如《温暖的时刻》,这是一个偏正短语,"温暖"就是题眼,把握"温暖"一词是写作时立意的关键。

　　用联合短语做题目的记叙文,则要兼顾两个方面,如《我和母校》,既要写"我"又要写"母校",二者不可缺一,而且还必须写出"我"和"母校"之间的密切关系。

　　3.留意用句子做题目的记叙文

　　这类题目的记叙文审题重点一般落在谓语上,如《×××的事迹激励了我》,"激励"是重点:是什么激励了我?我受到了什么激励?我受到激励后结果怎样,应始终围绕"激励"来做文章。再如《我要把春光留住》,"留住"是重点:谁要留住,留住什么,为什么要留住,始终围绕"留住"做文章,突出"春光"之美好,歌颂精神文明建设的新风貌。

　　4.留意用材料做题目的记叙文

　　近年来出现的新材料作文一方面克服了旧材料作文的封闭性,另一方面则强化了作文选材立意、结构表达等方面的开放性,有利于考生的个性体验与自由表达。其材料的功能主要就是为考生确定话题提供蓝本、规定范围、提示思维方向,考生的审题、立意、行文必须以此为依据来进行,而不能信马由缰,这样考生就很难猜题押题,从而避免了话题作文过"宽"的弊端。另外,增加了考生审视材料与拟定话题的环节,将读与写结合起来,有利于强化考生的审题意识,培养他们提炼主题的能力。这就要求考生在读懂材料的基础上确定立意方向,大胆地挥洒才情。

三、记叙文立意"六技法"

1.反向立意法

"反向立意法"就是从某论点的对立角度去确立新观点,阐发新见解。科学合理的"逆向思维"可使我们的思维品质升华,会给人一种创新感。有意识地反向立意,往往可以收到出奇制胜的效果。例如《位置与价值》这个题目,一般同学会强调找准人生定位的重要,但如果从人生应在不断调整自己的位置中动态地找寻自己生命的价值这一角度立意,就会让人眼前一亮。

2.依题立意法

在命题作文中,有的文题本身就规定了这篇文章的中心思想应该是什么,此时,我们就要依据文章题目来确定中心思想。例如《可爱的家乡》应抒发热爱家乡之情,《辛勤的园丁》应歌颂老师不畏辛劳的精神。这种方法只适用于已经规定了题意的命题,运用时,首先要能准确判断文题中体现立意的词。一般说来,能体现立意的词语都是题眼。

3.量材立意法

这是一种根据所选定的作文材料确定中心的方法。有的文题没有规定文章的中心,如《游泳》只限定了事件,《济南的冬天》只限定了时间,《从百草园到三味书屋》只限定了事件发生的地点。对此,我们只能根据自己所选定的材料来提炼中心,力求立意新颖。如:篇题为《游泳》的习题,作者以"游泳"事件为线索,写一条清澈的小河,是孩子们游泳的乐园,但今年却被新建的工厂排出的废水污染了,不能游泳了。工人叔叔了解到这一情况,就动脑筋,想办法,从治理"三废"入手,变废为宝,净化了水流,河水又变清了,孩子们又能游泳了。这篇文章立意新颖,根据所选的材料,赞美了工人的创造精神,富有时代气息。

运用这种方法贵在"提炼"。有了材料并不意味着就有了好的中心。我们还必须对所掌握的材料进行提炼加工,去粗取精,透过现象抓本质。

4.引申立意法

确定主题时,不要停留在事物的表面,就事论事,要根据事物间的内在联系,由此及彼,深化主题,升华感情,这就是引申立意法。如叶圣陶《多收三五斗》,主要写一天农民去粜米,因丰收价跌,农民吃了亏。如果就此而止,只能表明事件的局部。可作者最后写道:"第二天又有一批敞口船来到这里停泊。镇上便上演着同样的故事。这种故事也正在各处市镇上表演着,真是平常而又平常的。"这样引申立意,就揭示出这种现象的普遍性,使主题深刻了起来。

5.托物言志法

托物言志,就是作者把文章主旨和浓厚的感情寓于客观事物或事件的描写叙述之中,而不是直接地、生硬地直接说出。它往往根据客观事物之间的某种联系,借助联想与想象的作用,通过熟悉的、具体的、自然的东西的状摩,表现生疏的、抽象的、社会的东西,从而形成象征性的手法,展示出某种象征性的哲理意义,使主旨深远,寓意深刻,使人深省、深味,受到启迪,得到教益。

请看下列材料:有一本书叫《虚掩的门》,你只需翻一下,上下五千年、大千世界就在你面前敞开了。生活中有许多神秘或美好的东西,似乎难以寻觅,难以理解,难以登堂入室,但只要你有勇气、善思考、敢行动,美好神秘的世界之门就会向你敞开,原来它只是虚掩的。请以"虚掩的门"为话题写一篇不少于600字的文章,题目自拟,文体不限。

这是一道极富文学特质的形象性创意作文题。"虚掩的门"并非字面意义的"实指",而是字面意义背后的"虚指"。"虚指"的对象究竟是什么?材料中已有揭示,如"生活中有许多神秘的或美好的东西"及"美好神秘的世界之门",这是命题的意义指向。只要你用哲学的见解或文学的眼光,诠释或描写出某个具体的美好而神秘的世界或境界,如数学趣味、写作快感、昆虫世界、秀丽山水等看似神秘、美好、难以登堂入室,却往往在有勇气、善思考、敢行动者面前敞开大门,敞开胸襟,让你登堂,还让你入室;相反,它常常在怯弱者、愚钝者、空谈者面前紧闭着,并遮掩着它美好而神秘的面纱。根据材料意义指向和话题中"虚掩"所指,此题显然是引导考生正面思考,突出"虚掩"的道理或顿悟。所以,具体生动地理解抽象命题的"虚指"意义,是写好此类文章的关键。

6.以小见大法

以小见大是记叙文构思立意的技法之一。所谓"小",是指从小处着眼,即选材小,写作的角度小;所谓"大",是说思想内涵容量大,这种方法的特点是以个别表现一般,以小事反映大主题。即选材虽小,而韵味无穷;取事虽小,而意义重大。王愿坚的《七根火柴》一文就用了以小见大法。运用该法时应注意两点:第一,要善于发现有深刻意义的小事,抓住富有表现力的细节。"细节是记叙的生命"。第二,胸中要有"大"。选取小事时要站得高,看得远,想得深。我们来看张晓风的《不知有花》这篇文章。

那时候,是五月,桐花在一夜之间,攻占了所有的山头。历史或者是由一个一个的英雄豪杰叠成的,但岁月——岁月对我而言是花和花的禅让所缔造的。

桐花极白,极矜持,花心却又泄露了些许微红。我和我的朋友都认定这花有点诡秘——平日守口如瓶,一旦花开,则所向披靡,灿如一片低飞的云。

车子停在一个小客家山村,走过紫苏茂盛的小径,我们站在高大的桐树下。山路上落满白花,每一块石头都因花罩而极尽温柔,仿佛战马一旦披上了绣帔,也可以供女人骑乘。

而太阳那么好,像一种叫"桂花蜜酿"的酒,人走到林子深处,不免叹息气短,对着这惊心动魄的手笔感到无能为力,强大的美有时令人虚脱。

忽然有个妇人行来,赭红的皮肤特别像那一带泥土的色调。

"你们来找人?"

"我们——来看花。"

"花?"妇人匆匆往前赶路,一面丢下一向,"哪有花?"

由于她并不在求答案,我们也竟然不知如何接腔,只是相顾愕然,如此满山林扑面迎鼻的桐花,她居然问我们"哪有花"。

但风过处花落如雨,似乎也并不反对她的说法。忽然,我懂了,这是她的家,这前山后山的桐树是他们的农作物,是大型的庄稼。而农人对他们的花,一向是视而不见的。在他们看来,玫瑰是花,剑兰是花,菊是花,至于稻花桐花,那是不算的。

使我们为之绝倒发痴的花,她竟可以担着水夷然走过千遍,并且说:

"花?哪有花?"

我想起少年时游狮头山,站在庵前看晚霞落日,只觉如万艳争流竞渡,一片西天华美到几乎受伤的地步,忍不住返身对行过的老尼说:

"快看那落日!"

她安静垂眉道:

"天天都是这样的！"

事隔二十年，这山村女子的口气，同那老尼竟如此相似，我不禁暗暗嫉妒起来。

不为花而目醉神迷、惊愕叹息的，才是花的主人吧！对那大声地问我"花？哪有花"的山村妇人而言，花是树的一部分，树是山林的一部分，山林是生活的一部分，而生活是浑然大化的一部分。她与花可以像山与云，相亲相融而不相知。

年年桐花开的时候，我总想起那妇人，步过花潮花汐而不知有花的妇人，并且暗暗嫉妒。

在当地生活的农妇眼里，桐树的花太普通了，看见桐树花的人也太多了；然而，作者的目光是犀利的，她敏捷地抓住了这件小事，并对看花一事进行了细致的分析，"花是树的一部分，树是山林的一部分，山林是生活的一部分，而生活是浑然大化的一部分。"因为那妇人是花的主人，可以与花相亲相融，所以那妇人"不知有花"：而自己却只是花外的人物，因此会感到花的存在，这是多么深刻的道理！运用以小见大法来构思立意，通过小事件揭示出大道理，这就是本文值得我们学习的成功之处。

四、记叙文多角度选材

写人记事，可以从以下四个方面选材。

1.截取横切面，多角度选材

写人记事类文章有个重要特点，就是写人离不开记事，记事离不开写人。因为人的思想品质、个性特征都是通过具体事例表现出来的。为了多方面反映人物品格，选材时可把有关的人和事的方方面面典型而又集中的材料加以分析归纳，然后分门别类，每类材料侧重体现人物一个方面的精神风貌。

2.纵连连接，多角度选材

《地质之光》写了李四光回国后二十年的经历，在这漫长的二十年中，作者选取了两次谈话和两次学术报告作为叙写的材料，纵向连接这些典型事物，充分表现了李四光的丰富学识及其为祖国做出的巨大贡献。

3.相互映衬，多角度选材

在表现主要人物活动时，选取其他人物种种反映的材料，从侧面烘托之。《猎户》中先写尚二叔、百中老人事迹是为了烘托新社会董昆的先进思想，从而显示社会主义制度的优越性。

4.时空变换，多角度选材

《为了六十一个阶级兄弟》作者按时空变换，选取了"求药""找药""备药""投药""用药"等材料，而且角度多变：从干部领导写到百姓群众；从不同单位写到种种职业。这样就多层次地推进了情节发展，多侧面歌颂了阶级兄弟友爱互助的共产主义风格。

描景状物，可以从以下两个方面选材。

1.方位变换

方位由观察点而定。观察点不外乎两点，"动点"观察和"定点"观察。所谓"动点"观察，也就是移步换景；所谓"定点"观察，是以作者立足点为固定点，由这个固定点或仰视，或俯瞰，或远眺，或近观……如此来观察景物，选取描写材料。比如李健吾《雨中登泰山》中的一段文字。

我们才过岱宗坊，震天的吼声就把我们吸引到虎山水库的大坝前面。七股大水，从水库的桥孔跃出，仿佛七幅闪光黄锦，直铺下去，碰着粼粼的乱石，激起一片雪白的水珠，脱线一般,撒在洄旋的水面。这里叫作虬在湾:据说虬早已被吕洞宾度上天了,可是望过去,跳掷翻腾,像又回到了故居。我们绕过虎山,站到坝桥上,一边是平静的湖水,迎着斜风细雨,懒洋洋只是欲步不前;一边却喑恶叱咤,似有千军万马,躲在绮丽的黄锦底下。黄锦是方便的比喻,其实是一幅细纱,护着一幅没有经纬的精致图案,透明的白纱轻轻压着透明的米黄花纹——也许只有织女才能织出这种瑰奇的景色。

这里既有"动点"观察,又有"定点"观察。从"虎山水库的大坝前面"到"我们绕过虎山,站到坝桥上",即从水库七股大水之景观移步换景到坝桥上观察到的两幅景象,是"动点"观察。而在"水库的大坝面前"所描写的从桥孔跃出的七股大水之景象和"站在坝桥上"所描绘的平静的湖水与坝桥下气势磅礴的泄水之景象,都是"定点"观察。"动点"选材可在读者面前展现巨幅画卷,使所描绘的景物有一个演进过程,引人入胜;"定点"选材能吸引读者细致地去领略每一幅画面。

2.多觉感受

为了使读者对笔下描摹的景物有身临其境之感觉,就必须综合地从视觉、触觉、嗅觉、味觉、听觉等角度去选取描写材料,立体地描景状物。这样,既加强了景物形象的真实感,又大大丰富了客观画面中的感情因素,创造出更为动人的艺术境界。比如朱自清的《荷塘月色》。

曲曲折折的荷塘上面,弥望的是田田的叶子。(视觉)叶子出水很高,像亭亭的舞女的裙。层层的叶子中间,零星地点缀着些白花,有袅娜地开着的,有羞涩地打着朵儿的;(视觉)正如一粒粒的明珠,又如碧天里的星星。微风过处,送来缕缕清香,(视觉、嗅觉)仿佛远处高楼上渺茫的歌声似的。(听觉)……

这里,作者写荷塘上的荷叶和荷花,就调动了多觉感受,使所要描绘的形象十分丰满、鲜明,给人以立体感,比诗歌更有形象性。

五、记叙文构思三注意

构思之于作文至关重要,记叙文的构思尤其如此。一般说来,记叙文的构思应注意如下三个方面。

1.构思要精巧,要别出心裁

记叙文的构思最忌平铺直叙,平铺直叙会使文章少却许多迷人的魅力。要想做到巧,对于同一个材料,同一个事情要从不同的角度全方位地来审视,正、侧、反、仰视、俯视……然后再选择一个最佳的角度着笔,这样一来,由巧及新,由奇及美。这样可以训练我们思考问题的能力,从而大大提高同学们在这方面的智力。

作家范小青曾聊到她一次去广州的经历:"众所周知,去广州的人总要到深圳去看看。到了深圳,又千方百计地要到沙头角中英街去,凡是到过中英街的,很少有人空手而归。大家的旅行袋里塞满了力士香皂、雀巢咖啡、透明丝袜、男女服装、电子手表等等,每天不知有多人进出中英街,这中间恐怕有许多人把自己积蓄了一年甚至几年的钱,带到这里来,轻飘飘地花在这条小街上,买吃的、买穿的、买用的,什么都买。到了这地方,大家的商品欲,购物欲自然而然地被挑逗起来,哪怕是一些平时最古板最吝啬的人,也难免不为之所动。倒不是说中英街的东西不值得买,这里的东西大多货真价实,价廉物美,惹人喜爱。问题在于,这些吃的穿的用的,原本并不是很需要或者急需要的,倘若不出来走这一趟,不买这些东西,家里的日子照常过。平时他们总是那样节俭,女人到布店买一块布料,要划算半天,小孩吃一块冰砖也要磨半天才能到嘴,男人理发涨了一角钱非要问明白。这种种小家子气,到了中英街却走到了另一个极端,他们在中英街不断地掀起一个又一个的花钱高潮,一直到回去之后一算账才会大吃一惊,后悔莫及,我在那里亲身感受并参与了这一切。"

在这里,如果我们每个人都冷静地反思一下这种疯狂购物的现象,相信每个人都会有不同的观点与看法,写下来自然就有不同构思。"一千个人眼中有一千个哈姆雷特",一千个人也有一千种构思。古人曾要求写文章要"取新舍旧",做到"脱旧去陈",由此我们还要求大家在占有材料时,也要去陈取新。只有选用新颖的材料,才能收到很好的效果。

2.构思要有起伏

记叙文的构思最重要的是将重要的事情放在最适当的位置,这样文章才会显得有起伏、有波澜,真正做到一波未平一波又起。情节的起伏不定,跌宕有致,会造成一种很好的气势,一下子便抓住读者的心。如《武松打虎》:武松在上景阳岗之前,连喝了十八碗大酒,别人告知他山上有大虫出没,可武松仍然摇摇晃晃地上了山,此为一波。此后,武松知道山上有虎,仍然要过山,而且准备在山上睡觉,此为又一波。谁知觉还没睡好,大虫便来打扰他清梦了,武松只得与之搏斗……此后文章起伏更加有致,更加扣人心弦。我们在写作时,就应该学一学这种构思方法。让读者随着我们笔触的流转时喜时忧,时急时缓,这样才能达到征服阅卷老师的目的。

3.构思要有详略安排

(1)根据文章中心安排详略。最能直接地、具体生动地表现文章中心意思的地方要详写;同表现中心意思有些联系的,如完全不写,就会使情节不完整,或者使内容显得单薄,或者使详写部分缺少陪衬,这些属于不能不写但又不必详写的,就要略写。例如根据题目"我的读书故事",把中心落在"读书"上,围绕这个中心,详细就要写"读书"的故事,而不爱读书到爱读书或者书的故事就略写。如果把这个安排颠倒了,喧宾夺主,就不能很好地表现文章的中心。

(2)根据文章的内容安排详略。详写的内容必须是主要的,次要的不能详写,否则文章就啰嗦、冗长,材料堆砌,淹没了中心意思;但详写必须有略写配合,略写补充详写,使文章繁简适当,重点突出。如果只有详写没有略写,就缺少了群体的普遍性;如果只有略写没有详写,又缺少了群体的典型性。例如一位学生写"等待"这篇作文,学生选择了生活中常见的场景:等待父亲开车接自己放学回家为主要内容,开头"父亲答应开车来接"和最后"父亲接到自己"略写,详细写在等待的四十分钟过程中"担心父亲出事的焦急心情",运用了心理、语言、动作等多种手法,描绘细致生动,虽平淡,但感情真挚,行文自然流畅,详略得当。

六、记叙文描写八技巧

仅有一般叙述,没有具体描写,文章就很难以情动人。如何进行描写呢?以下是几种常见的描写方法和技巧。

1.细节描写

真情实感离不开生动的、典型的细节,细节的多少和真实与否,反映出作者对生活的体验程度,也直接关系到文章的真情实感。如果文章中都是些笼统的、概括的叙述,即使是亲身经历过的,也往往会给人不真实的感觉。曹文轩说:"写作不过就是真实地、充分地、独特地表达自我的一种方式,当我们心底的真情爆发了、喷涌了,当我们的文字个性化了细节化了的时候,我们笔下的作文就一定会打动人心。"

我敬佩的一个人

让我敬佩的人有许多,但是最让我敬佩的还是那位顶着草帽,戴着口罩的清洁工。

记得那是一个星期三的晚上,我吃过晚饭,便跑到马路旁焦急地等待着从县城赶回家的妈妈。这时,一阵滚滚的灰尘向我扑来,我赶紧用手捂住鼻子。我知道是清洁工人在打扫卫生,于是我故意大声喊道:"哎呀,打扫卫生也不必扫得那么卖力吧!看,灰尘满天飞的,也不知道洒点水!"我赶紧从肮脏的马路旁跑到了一家商店门口。我知道我说的话有点过分,可话已经说出去了,我真有点后悔。

只见那漫天的灰尘中有一个模糊的影子在移动着,隐隐约约可以看到她低着头,蓬乱的头发上顶着一个草帽,戴着洁白的口罩,一双枯瘦的手紧握着扫把,默默地扫着。还不时传来一阵阵咳嗽声。她听了我的话之后,突然停住不扫了,那张沾满灰尘的脸朝着我这边望,她那双布满血丝的眼睛紧紧地盯着我,我却不敢对着她的眼睛看,因为我知道,刚才我说的话她都听见了。她没有埋怨我,只是埋头轻轻地扫,最后深深地叹了一口气。我惭愧地低下了头,那双捂着嘴巴的手也不知不觉地放了下来。尽管她没有责骂我,尽管她没有怨恨我,可我还是觉得脸上火辣辣的。满天弥漫的灰尘渐渐散开了,我偷偷地看了那位女清洁工那即将消失在夜色中的高大的身影,细细地体会着她那至高无上的品格。是呀,她整天在马路上这样默默地工作着,从早扫到晚,从街头扫到街尾。马路上洒落了她多少汗水,却从不叫苦叫累,不知疲倦。为的就是让行人能够呼吸到新鲜的空气,让人们怀着愉快的心情走在这干净的马路上。自己却得不到人们的赞扬,受不到人们的尊敬。

想到这里,我真想向那位女清洁工说声对不起,可我却没有。我想:何不把她那种高尚的精神移植到自己的身上来呢?老师、父母固然值得敬佩,但是那位默默奉献、心胸宽广的清洁工不是更值得我们敬佩吗?

【简评】 作者开篇运用动作描写、语言描写及心理描写,寥寥几句,便表现出我对清洁工的指责、嫌弃和轻视。接下来,作者运用外貌描写刻画了生活在社会底层的清洁工形象,而神态描写则表现了清洁工对"我"的隐忍,动作描写表现了清洁工对本职工作的认真和任劳任怨。不仅如此,作者还通过侧面描写即对"我"的心理描写,表现出"我"对自己言行的内疚与自责。这样一来,一位不辞劳苦、默默奉献的清洁工就这样高大起来了。而这一切,都源于作者生动细腻的细节描写。

2.特写镜头

有些影视剧看过后,我们对其中的情节、人物可能渐渐淡忘,但有些镜头却历久弥新,难以忘怀,这多半都是导演精心编排的"特写镜头"。富有生活味、哲理味的特写镜头常常是记叙文能否出彩的一个关键。请看《时光》这篇作文中的片段。

一时兴致起来了,便调皮地用左手握笔,艰难地在笔记本的封面上写了几个歪歪扭扭的字——"三年级一班,欧阳香玲",再将这笨拙的"孩童体"拿给妈妈看,妈妈笑了,我也笑了,嘿嘿地笑个不停,像从前那个傻孩子。而心里却隐隐地有种说不出的感觉,想唤回点什么,终又不能。

是啊,有太多的……都过去了。

就像那片于寥廓的天际悠悠打转而落的羽毛。

结尾这个比喻句,巧妙地化用电影镜头,使人产生无穷的感触和联想,顿生一种空灵的感觉。特写镜头又不完全等同于细节描写。特写镜头关键是一个"特",大写真,强刺激,有着巨大的视觉冲击力,因此也常被安排在高潮点上。

3. 设喻描写

即运用比喻等修辞手段的描写方法。用这种方法写景、状物、描摹事态,会使事物更明朗、更形象、更生动,从而产生强烈的感染力。如梁衡《夏》中的片段:"充满整个夏天的是一种紧张、热烈、急促的旋律。好像炉子上的一锅冷水逐渐泛泡、冒气而终于沸腾了一样,山坡上的芊芊细草渐渐滋成一片密密的厚发,林带上的淡淡的绿烟也凝成一堵黛色长墙。……火红的太阳烘烤着一片金黄的大地,麦浪翻滚着,扑打向公路上的汽车,像海浪涌着一艘艘的舰船。"这段文字,作者紧扣景物,通过恰切的比喻,展现了由暮春到初夏、再到盛夏的次第变化,从不同侧面准确表现了夏天的特点,给人以身临其境之感,这便是设喻的作用。设喻描写是常用的描写方法,它可以使模糊的东西清晰可见,抽象的东西具体可感。再如白居易的《琵琶行》:"大弦嘈嘈如急雨,小弦切切如私语,嘈嘈切切错杂弹,大珠小珠落玉盘。"读这样的句子,谁能不留下深刻的印象? 这效果正是来源于新颖恰当的比喻。

4. 白描手法

白描本是绘画技法之一,全部用线条勾勒,不借助色彩,单纯明快用在文学上,就成了一种描写手法。鲁迅把它归纳为:"有真意,去粉饰,少做作,勿卖弄。"(鲁迅《作文秘读》)它不加形容修饰,不加铺张扬厉,只用普普通通的话,简捷地反映出事物的特质,虽着墨不多,却能穷形尽相。许多名家大师,都把白描当作常用的方法。如:"正是严冬天气,彤云密布,朔风渐起,却早纷纷扬扬卷下一天大雪来。"(施耐庵《水浒传》)"时间既然是深冬,渐近故乡时,天气又阴晦了,冷风吹进船舱中,呜呜地响。从篷隙向外一望,苍黄的天底下,远近横着几个萧索的荒村,没有一点活气。我的心禁不住悲凉起来了。"(鲁迅《故乡》)这两段历来被评论家视为不同凡响的精彩描绘,都是不作任何修饰渲染的文字,虽然没有华丽的词藻,没有绮丽的修饰,但大雪漫天飞舞的气势和"故乡"的空旷、寂寥、荒凉的画面却会深深地烙进我们的脑海。

5. 烘托描写

烘托也是中国传统的画技名称,在画那些浅色东西时,往往用水墨或淡彩加以渲染,使物体明显突现出来,这便是烘云托月之法。把这种技法用在描写上,通过对彼事物的描写达到表现此事物的目的,就是烘托描写。《陌上桑》中对罗敷的描写便是最典型的例子:"……行者见罗敷,下担捋髭须;少年见罗敷,脱帽著帩头;耕者忘其犁,锄者忘其锄,来归相怨怒,但坐观罗敷。"作者从行者、少年、耕者、锄者等人见到罗敷后的种种行为上,烘托出这个少女的美丽,收到了正面描写达不到的艺术效果。

6. 动态描写

所谓动态描写,就是化静为动的描写。山水名胜,多是静物,静则无势,无势则不能动人。因此要尽量让静物动起来,去摇荡人的情怀,让读者与作者产生美的共鸣。如徐迟在《祁连山下》中,是这样描写敦煌壁画的:"他一进这洞窟,便掉进了染缸似的,整个都掉在色彩的世界中。奔马在四周跳腾,天鹅在空中打旋。花草失去了重力而浮动。蛟龙和人一起飞行。热烈的红色调子是基调。千万种色彩旋转在他的周围。"作者把壁画上的景物,用动态的文字加以描写,逼真地再现了奔马、天鹅、花草、蛟龙的种种姿态,使静止的画面栩栩如生。

7.发挥想象描写

描写的时候,不要只是局限于如实的描写,若能加入想象的因素,便能更生动、更丰富更富于文学性。如:"最难得的是,菜地西北的石崖底下有一个石窠,挖出石窠里的乱石沉泥,石缝里就溽溽地流出泉水。石窠不大,但是积一窠水恰好可以浇完那块菜地。积水用完,一顿饭的工夫又可以蓄满。水满的时候,一清到底,不溢不流,很有点像童话里的宝瓶,水用了还有,用了还有,不用就总是满着。泉水清冽,不浇菜也可以浇果树,或者用来洗头,洗衣服。"(吴伯箫《菜园小记》)作者用白描的文字写石窠,说它"像童话里的宝瓶",便是想象的因素,让我们联想起记忆中许多关于"宝瓶""宝葫芦"之类的神话故事,丰富了对石窠的感受,增强了描写的生动性和丰富性。

8.带着感情色彩描写

描写有时是较为客观的,有时却不免带有主观的色彩,渗进自己的思想感情。有感情色彩的描写,往往具有更强的感染力。例如冰心的《往事(二)》中的片段:

二月十六日,又有友人赠我六朵石竹花,三朵红的,三朵白的,间以几枝凤尾草……

回来倚在枕上,等着出到廊外之时,忽然看见了几上的几朵石竹花,那三朵白的,倒不觉怎样,只那三朵红的,红得异样的可怜!

灿然的灯下,红线般的瓣儿,重叠细碎的光艳照眼,加以花旁几枝凤尾草的细绿的叶围绕着,交辉中竟有动人的意味。

这时不知是"花"可怜,还是"红"可怜,我心中所起的爱的感觉,很模糊而浓烈……

作者写石竹花,"红得异样的可怜""动人的意味",都是从感觉的角度描绘的:描写带上了感情色彩,即使不是作为抒情的工具,这种文字也会生动感人。

上述几种有关描写的方法,并非各自独立互不关联。描写同一事物,不仅可以设喻,还可以白描;不仅可以写所见,还可以写所感;不仅可以写静态,还可以写动态;不仅要写主体,还要注意陪衬等等。关键在于不论怎样描写,都必须以突出事物的特点、增强感染力为目的,这样才能给读者留下深刻的印象。另外,什么地方要描写,什么地方不要描写,应从表现主题、刻画人物出发,不能随心所欲。

七、记叙文的结构形式

1.记事为主的记叙文

横向展开式:在同一事件中同时写几个人的语言行动,表现某一集体的精神面貌或社会风尚。一般结构为,点明事件及其意义——顺叙+平叙事件——回应开头,深化中心。

纵向连贯式:在一件事情的记叙中,随时间的变化,通过事件的发展,逐一推出人物,表现某一集体的精神或社会风尚。一般结构为,交代事件发生的时间、地点等——顺叙发展的过程——记述事件的结局——抒发感想,阐释事件的意义。表现为:顺叙、倒叙、插叙。

对照式:通过若干人在同一事件中的不同表现进行对照、映衬,从而表现主题。一般结构形式为,简介事件,设置悬念——顺叙过程,对照描写——回应开头,点明意义。

2.写人为主的记叙文

引联式:睹物思人——联想回忆——睹物议人,总结全篇。其中,"联想回忆"部分是记叙的重点。引起联想回忆的触发物可以是一张照片、一本日记或一封书信等。

寻访式:寻访缘由——寻访经过——寻访结果——寻访感想。其中,"寻访经过"是记叙的重点。"寻访感想"部分应简洁,情和理并举。

转情式:恨的产生——恨的淡化——爱的萌生——爱的发展——爱的深化。其中,"恨的淡化"和"爱的萌生"之间要有过渡的语句。

议论式:议论评价——具体叙写——总结全文,升华中心。其中,"具体叙写"部分应分段,形成并列式或层递式结构,展开记叙描写。

对点训练 课后巩固训练

1.阅读下面的文字,根据要求作文。

漫画家蔡志忠说:"如果拿橘子来比喻人生,一种橘子大而酸,一种橘子小而甜,一些人拿到大的就会抱怨酸,拿到甜的又会抱怨小。而我拿到了小橘子会庆幸它是甜的,拿到酸橘子会感谢它是大的。"

请全面理解材料,自主确定立意,确定标题,写一篇不少于450字的记叙文。

2.人生的舞台,让我们学会了生命的意义;历史的舞台,让我们变得睿智与正直;社会的舞台,让我们变得冷静与成熟;而心灵的舞台,则让我们有了梦想与追求。

请以"这里,也是我的舞台"为题,写一篇记叙文。

要求:①符合文体要求;②不少于450字;③书写要正确、规范、美观。

3.阅读下面的文字,根据要求作文。

社会是一所学校,生活是我们的良师。在人与人的交往中,我们学会了理解;在胸中怒火中烧时,我们学会了忍让;在被人触犯了自己时,我们学会了宽容;在别人遇到困难时,我们学会了关心;在不利的环境中,我们学会了生存……

请以"学会_____"为题,写一篇450字左右的记叙文。

4.阅读下面的歌词片段,根据要求作文。

一番番春秋,冬夏

一场场酸甜,苦辣

敢问路在何方,路在脚下

这段歌词引发你怎样的感悟和联想?请就此写一篇不少于450字的记叙文。

要求:①必须符合文体要求;②角度自选,立意自定,标题自拟。

5.阅读下面的文字,根据要求作文。

乐趣是什么呢?乐趣是你开心时的粲然一笑,是你忧伤时的双泪潸潸,也是你思念时的一封书信;乐趣是你指尖弹奏出的美妙乐曲,是你歌喉里飞出的动听歌声……乐趣好比是山的颜色,花的光影,即使是会说话的人也不能用一句话来描绘他,只有那些用心体会的人才能够知道。

请你结合自己的亲身经历或感受,以"享受_____的乐趣"为题,写一篇500字左右的文章,不限文体(诗歌除外)。

6.阅读下面的文字,根据要求作文。

林清玄说:"我们虽然在尘网中生活,但永远不要失去想飞的心,不要忘记飞翔的姿势。"

泰戈尔说:"即使翅膀折了,心也要飞翔。"

请自选角度,自选文体,除诗歌以外,写一篇不少于450字的文章,不要脱离材料内容及含意的范围。

扫一扫,购详解

第二章　说明文写作

考点精讲

技能高考考什么

题型示例

例1　（2015年湖北技能高考卷）自古以来,我国文人画家都喜爱"松梅竹",请选择它们中的任何一种,写一篇文章,可抒情赞颂,也可说明介绍,题目自拟,不少于400字。

【试题分析】　"松竹梅"合称"岁寒三友",这三种植物在寒冬时节仍可保持顽强的生命力。作为文人雅士笔下的"尤物",它们之所以被青睐,不仅仅是因为外在的形象特点,更重要的一点是,它们是中国传统文化中高尚人格的象征。本题可写记叙文,也可写说明文,对文体要求比较宽松。写记叙文,要写出"松竹梅"的象征意义;写说明文,要让读者增加对"松竹梅"的认识。同时需要注意,只能选取"松竹梅"中的一种来作文。

【佳作欣赏】

我喜欢你,松柏

我们学校大门口的左边有一棵高大的松柏。

松柏的树干是紫褐色的,足有碗口那么粗,笔直笔直的,挺直着腰干,就像一个威武的哨兵守护着校园。用手去摸一摸树干,非常粗糙,像一个老人的脸被刀割过一样,满脸皱纹。它的树枝斜着向上伸展,远看就像一座巨型宝塔。枝上插满了绿绿的、尖尖的、细细的、针形的叶子。要是你去碰一下松柏的叶子,你就会像被针刺到一样的痛。

冬天,北风呼呼地吹着,严寒侵袭着大地。在这滴水成冰的日子里,学校周围的花、草、树都沉睡了,只有那棵松柏在狂风的呼啸中傲然挺立,显出英雄本色,风雪在它面前也甘拜下风。严寒过后,春天到了,万物复苏,松柏经过冬天的考验,显得更加有生命力。春雨绵绵,雨水在松柏上,挂满了露珠,在阳光下闪闪发光。

夏天,迈着火辣辣的脚步来了。旁边有些树木在强烈的阳光下都耷拉着脑袋低下了头,只有松柏还傲然屹立着。秋天,白杨树、梧桐树等都纷纷落下叶子,准备过冬,但那松柏还是默默无闻地站着,把葱绿献给大家。

我喜欢松柏,不仅喜欢它的翠绿,更喜欢它那坚强不屈的品质。

【简评】　本文介绍了松树的形态特点和生长环境,并按照时间顺序介绍了松树在不同季节的风姿,言语中透露出对松柏不畏严寒、坚强不屈品质的折服。

例2　二十一世纪的今天,手机已经成了一种不可或缺的电子产品。甚至有人说,手机已经成了现代人的外挂器官。请以"手机时代的生活"为题,写一篇说明文,不少于450字。

【试题分析】　作为一种电子产品,手机已经普及。因此围绕"手机"写作文,难度不大。本题为命题作文,要围绕"手机"与"生活"的关系及"手机"给生活带来的影响来写文章。另外,要体现说明文的文体特点。

• 273 •

手机时代的生活

现代化的社会产生了许多现代化的工具。电话、手机、电视、电脑等电子工具越来越普及，使人们的生活也越来越方便。有了电话我们可以和任何人通话；有了手机我们可以把它放在口袋里，随时随地与别人交流，不受时间、地点等各种因素的限制。

手机大约在八几年开始使用，但只是出现在一些大城市中比较富裕的有钱人家和一些有特别需要的人手里。到了九几年手机开始普遍化、大众化、流行化，而不只是局限于个别的人。

一开始，手机只能用于通电话、发短信；渐渐地，我们可以用手机听音乐、玩游戏。而现在的手机除了那些简单的功能以外还加入了现代化元素，手机可以看电视，还可以上网、上QQ，还可以与别人视频通话聊天。如此可见手机在人们日常中的地位。

走在大街上，你会看到很多人都在使用手机。有了手机无论距离远近，无论内地还是海外，交流起来都畅通无阻；有了手机通话变得越来越方便，世界变得越来越小；有了手机你在哪里别人都可以找到你，与你通话；有了手机你不用坐在家里等别人的电话，在外面照样交流。手机让我们的联系更简单，通话更方便，我们的交流需要也得到了更高标准的满足。

然而，尽管有这么多的优点便利都是手机带来的，但它所带来的不良影响也是固然存在的。有的学生因为过早地使用手机而引发了诸多的弊端，例如：长时间玩手机中的游戏会使我们的眼睛因缺乏休息而酸累，甚至这会成为我们视力下降的元凶；长时间玩手机中的游戏有可能使我们无心学习；手机中的电子书会使我们过早的成熟，不利于我们的身心发展，更不利于我们的健康成长。

如果这样，手机就不是为我们的生活带来便利，而是给更多人的成长带来阻力。

我们如何让手机的弊端转化为利端呢？我想这就要靠人们的自我约束力了。

如果我们合理地利用手机管理好自己，不做游戏的奴隶而做手机的主人，那么手机一定会给我们带来无穷的福利。

【简评】 作者先亮出客观事实：手机作为一种现代化电子工具已逐步普及。接下来介绍手机的功能，进而介绍手机给人们生活带来的便利和不利影响。最后提出期望：希望我们能做手机的主人，利用手机管理好自己。文章思路清晰，紧扣"手机悄然改变生活"来展开，是一篇不错的说明文。

方法指导

说明文是以说明为主要表达方式，把事物的形状、性质、特征、成因、关系、生产功用等解说清楚，或者把事物的概貌、发生发展过程、变化规律、原理、原则等表述明白，使人获得有关知识的一种文体。被说明的事物，可以是实体的，也可以是抽象的事理。说明文与其他文体相比，除有明显的说明性之外，还具有知识性、客观性。

写作说明文需要注意以下几点。

一、明确文体特点

如果说记叙文是以"情"感人，议论文是以"理"服人，那么说明文则是以"知"明人。中职生难以写好说明文的一个重要原因就是不能清晰、准确地区分说明文与其他文体间的不同。由于文体间的表达方式之间联系过于紧密，导致学生较难区分。下面通过一组材料来加以说明：

片段1：那一阵风过处，只听得乱树背后扑地一声响，跳出一只吊睛白额大虫来……那个大虫又饥又渴，把两只爪在地下略按一按，和身往上一扑，从半空中撺将下来，武松被那一惊，酒都做冷汗出了。说时迟，那时快，武松见大虫扑来，只一闪，闪在大虫背后。那大虫背后看人最难，便把前爪搭下地，把肥胯一掀，掀将起来。武松只一闪，闪在一旁。大虫见掀他不着，吼一声，却似半天里起霹雳，震得那山岗也动，把这铁棒也似虎尾倒竖起来，只一剪。武松却又闪在一边。原来那大虫拿人，只身一扑，一掀，一剪；三般提不着时，气性先自没了一半。（引自小说《水浒》）

片段2：虎是哺乳动物，头大而圆，毛黄色，有黑色的斑纹。听觉和嗅觉都很敏锐，性凶猛，力气大，夜里出来捕食鸟兽。通称老虎。（引自《现代汉语词典》）

以上两个材料都是写的老虎：在前一个材料中，对老虎抓扑的动作进行细致描写，叙述了它的活动，这是记叙性的文字描述；而在后一个材料中，对老虎的样貌特征、生活习性进行了详细介绍，说明了什么样的动物是老虎，这是说明性的文字描述。从表达上看，在《水浒传》中通过对老虎扑打动作的细致描写，生动形象地写出了老虎的凶狠，并且向读者揭示了老虎本领的有限，流露出的是对打虎英雄武松的赞美之情；而在《现代汉语词典》中对老虎的介绍，属于客观解说，并没有带任何的个人感情色彩。简言之，说明文更偏重客观性，科学性。

二、合理安排说明顺序，巧妙运用说明方法

1.合理安排说明文的写作顺序。要写好一篇说明有序、条理清晰的说明文，必须依照被说明事物的特征及说明的目的来选择不同的说明顺序，力求说明的顺序符合人们对事物认识的思维过程。如果目的是说明事物发展变化的进程，说明的内容就得围绕着发展变化进程来写，这样的说明文应以时间为顺序来安排；若说明的是事物的形貌特征及构造，就可以以空间为序。如果为了阐明某些操作性过程，如产品使用说明书，工艺流程说明书等，可以条款式逐一加以解说；有的事物比较复杂，事物内部之间是因果关系，说明介绍这类事物就要按因果的逻辑关系来说明。

2.巧妙运用各类说明方法。比如下定义、作诠释、举例子、分类别、作比较、打比方、作引用、列数字、画图表等。

【片段欣赏】

北极燕鸥可以说是鸟中之王，它们在北极繁殖，却要到南极去越冬，每年在两极之间往返一次，行程数万公里。人类虽然为万物之灵，已经造出了非常现代化的飞机，但要在两极之间往返一次，也绝非一件容易的事。因此，燕鸥那种不怕艰险而追踪光明的精神和勇气特别值得人类学习。因为，它们总是在两极的夏天中度日，而两极夏天的太阳是不落的，所以，它们是地球上唯一一种永远生活在光明中的生物。不仅如此，它们还有非常顽强的生命力。1970年，有人提到了一只腿上套环的燕鸥，结果发现，那个环是1936年套上去的。也就是说，这只北极燕鸥至少已经活了34年。由此算来，它在一生当中至少要飞行150多万公里。

三、语言先求准确平实，后求生动有趣

通过说明介绍使读者对被说明介绍的事物有一个正确的理解和认识，这是说明文的突出特点。因此，说明文的语言特别要求准确。说明文写作中使用的术语和修饰限制性的词语，往往体现了说明语言的准确性。例如在《水的三态》中，"长江水能蕴藏量占我国水能蕴藏总量的 40%……"数字精确到位,读来清晰明了。再如《中国石拱桥》中,"我国的石拱桥几乎到处都有",其中"几乎"对"到处都有"作了限制,意思是接近于"到处都有",因为事实上不可能到处都有。所以,说明文要求语言必须做到确切无误,一就是一,二就是二,不夸大也不缩小,以期准确无误地反映事物本来的面貌。

另外,在进行说明文写作时,不能单纯为了让作文语言更加优美生动而选择过多的描写性词句,结果造成华而不实、修饰过当,影响了说明文的最大特点——科学性。其实,在有些时候,为了把说明对象的特征、本质及其规律性说得既具体生动,又通俗易懂,也常常运用描写性文字和修辞手法,但这些修饰手段的运用必须在说明的准确周密的基础之上。例如《看云识天气》中对卷云和积云的描写,"卷云丝丝缕缕地漂浮着,有时像一片白色的羽毛,有时像一块洁白的绫纱""还有一种像棉花团似的白云,叫积云""羽毛、绫纱、棉花团",这样生动形象的比喻,却准确抓住了云最明显、最突出的特点,使人一读便可以认出天上的云属于哪种。

四、认真观察生活,观察事物

在现实生活中要多接触感知,对各种大自然中的事物以及社会中的各种形象进行深入了解和感受。除了仔细观察平时周围所见之物,还要广泛查阅各种资料,发现和搜集材料,并将它们记录下来,以备写作之用。另外,观察要由外到内,由现象到本质,抓住事物的特征。所谓"特征",就是一事物区别于其他事物的标志。抓住事物的特征,这样会使我们对被说明的事物有一个清晰深刻的认识,写起来也会更加得心应手,言之有物。

【佳作欣赏】

蜜　蜂

我是一只小蜜蜂。我们蜜蜂是过群体生活的。在一个蜂群中有三种蜂:一只蜂王,少数雄蜂和几千万只工蜂。我就是这千万工蜂之一。

我的母亲就是蜂王,它的身体最大,几乎丧失了飞行能力。这没有关系,它有千千万万个儿女,我们可以供养它,也算尽了孝道吧!在我的家族中,只有蜂王可以产卵,它一昼夜能为我们生下 1 万到 2 万个兄弟姐妹。

在蜂群中还有一种蜂叫雄蜂,它和我们大不相同,它"人高马大",身体粗壮,翅也长。它的责任就是和蜂王交尾。交尾之后,它就为蜜蜂家族做出了全部的贡献。

要说家族中数量最多,职责最大的还是我们工蜂。我们是蜂群的主要成员,工作也最繁重:采集花粉、花蜜,酿制我们的"口粮",哺育我们的弟弟们、饲喂我们的母亲、修造我们的房子、保护家园、调节室内温度和湿度……别看我们的身体非常弱小,我们的寿命只有六个月,就像天空的流星一样一闪即逝,但我们总是尽量去闪耀自己的光辉。

我们蜜蜂是自然界最勤劳的了。开花时节,我们忙得忘记早晚,有时还趁着月色采花酿蜜。蜜是很难酿制的,我们要酿一公斤蜜,必须在 100 万朵花上采集原料。如果我们的蜂巢同采蜜的花丛距离一公里半,那么我们采一公斤就得飞上 45 万公里,差不多等于绕地球赤道飞 11 圈。看样子,我们的功业并不次于"阿波罗号"呢!虽然我们采蜜难,但每年一窝蜂都能割几十斤蜜。在广东的同族们一年四季都不闲着。如果动物世界也组织评奖活动的话,那么我们蜜蜂一定能获得"最热爱劳动奖章"。

也许您要问:在漫无边际的大自然中,你们怎么知道什么植物在哪里开花流蜜呢?告诉您吧,我们有很多"侦探",派它们去侦察,回来再把结果用我们的"语言"——舞蹈——告诉同伴。

我们的生命是短暂的，但不必担心，我们还有兄弟，还有接班人。它们会像我们一样继续劳动。我们的家族就这样不断繁衍下去。

【简评】 这是一篇关于动物的说明文，作者采用第一人称，通过自述的形式从一只"工蜂"的视角来审视蜜蜂世界，从而形象地介绍了蜜蜂家族的生活特点。文章按照先蜜蜂的种类，次工蜂的职责，再信息的获得和传递，最后是家族的繁衍这样的逻辑顺序进行说明，层次井然，条理清楚，语言生动。比喻说明、数字说明、拟人手法等多种方法的运用，进一步增强了文章的科学性和生动性。

对点训练

课后巩固训练

1.阅读下面的文字，根据要求作文。

"房间，一般指上有屋顶，周围有墙，能防风避雨，御寒保温，供人们在其中工作、生活、学习、娱乐和储藏物资，并具有固定基础，层高一般在 2.2 米以上的永久性场所。"（选自《百度百科》）

依据材料，以"我的房间"为题，写一篇不少于 450 字的说明文。

2.阅读下面的文字，根据要求作文。

笔，是大家在文化园地耕耘时的书写工具，我们每天用笔练字、作文、画画、计算。但是，你是否了解笔这一庞大的家族？

请根据你的知识沉淀，围绕"笔"写一篇不少于 450 字的说明文。

3.阅读下面的文字，根据要求作文。

"民间艺术"是艺术领域中的一项分类，冠以"民间"字样，显然是要与所谓的"宫廷艺术"与"贵族艺术"等有所区别。不过"民间艺术"的领域很宽广，而且也不乏很多"绝活"，像皮影、剪纸、编织、绣花、狮子舞等，都是很著名的民间艺术，也是中华文化的瑰宝。

请自选一种民间艺术，写一篇不少于 450 字的说明文，要求文体明确，书写规范、美观。

4.阅读下面的文字，根据要求作文。

"忽如一夜春风来，千树万树梨花开"、"瑞雪兆丰年"……雪，历来被人们所赞颂。

请以"雪"为话题，写一篇说明文，字数 450 字左右。

5.阅读下面的文字，根据要求作文。

爱花是古人的天性，"晋陶渊明独爱菊。自李唐来，世人盛爱牡丹。予独爱莲之出淤泥而不染……"北宋林逋更是爱花至极，他终身不仕，未娶妻，与梅花作伴。花是美的代名词，今人亦爱花，各地的花展活动更是一场又一场繁花盛宴。

请选取一种你喜欢的花，写一篇说明文，不少于 450 字。

第三章　应用文写作

考点精讲

题型示例↵

例1 （2011年湖北省高职机械类专业招生统一技能测试文化综合试题）

三年的中职学习生活就要结束了,转眼间,同学们将带着三年来的成长收获,带着老师的希望与嘱托离开母校,开始新的生活。此时此刻,同学们有好多心里话要说,尤其是对辛勤培养自己的老师充满感激之情。请代表全班毕业生给老师写一封感谢信。

要求:①感情真挚;②符合格式;③文中不能出现真实校名、人名;④不少于350字。

【试题分析】 仔细分析题头可知,它要求考生代表全班毕业生在中职毕业季给老师写一封感谢信,且明确提出四项要求。因此,我们在写作的时候,一要感情真挚,表达出对老师的真诚感谢;二要注意格式规范,尤其是落款项应为"××班全体学生"。

【佳作欣赏】

感谢信

尊敬的老师:

你们好!

我们是××级××班的学生,在此,对你们的用心良苦和孜孜不倦表示衷心的感谢与敬意。老师,你们辛苦了。

树木的成长,离不开阳光雨露,只有它们无私的施舍,才会有生机勃勃的森林。我们的生活,离不开老师,有了老师的热情帮助和循循善诱,才会有我们的健康成长。

正因为有老师的教育,我们才能有今天的见识,才会有今天的才学;正因为有老师的呵护,我们这些"祖国的花朵"才能茁壮的成长;正因为有老师的指正点拨,才使我们明白做人的道理。我们的每一点进步,都离不开老师的谆谆教诲。

三年来,感谢老师对我们的教导,让我们从无知逐渐走向成熟。受挫了,是您鼓舞我们再次挑战;摔倒了,是您教会我们勇敢地爬起来;失败了,是您教会我们吸取教训。我们的每一步成长,都离不开老师的教导。

感谢老师对我们的认真负责,感谢老师对我们的关心爱护,感谢老师对我们的无私付出。老师,你们辛苦了。

祝老师身体健康,工作顺利,桃李芬芳!

此致

敬礼!

××班全体学生

×年×月×日

【简评】 试题答案中的这封感谢信,不仅感情真挚,内容丰富,而且格式规范,符合应用文写作的基本要求。感谢信的格式要注意以下几点:第一,标题要居中,可直接以"感谢信"

为标题。第二,称呼要礼貌。第三,正文内容要具体,要交代清楚感谢的对象、事件、原因等。第四,落款要规范,按照信函格式写上"此致""敬礼"一类的敬语。

方法指导↘

一、应用文概述

(一)定义

应用文是各类企事业单位、机关团体和个人在工作、学习和日常生活等社会活动中,用以处理各种公私事务、传递交流信息、解决实际问题所使用的具有直接实用价值、格式规范、语言简约的多种文体的统称。

(二)特点

1.实用性强。应用文在内容上十分重视实用性。它是用来办事、解决实际问题的,具有很强的实用性。

2.真实性强。应用文反映的情况、问题,叙述的事实是客观存在的,不能经过任何艺术加工。

3.针对性强。它根据不同的领域、不同的具体内容、不同的行文目的,选用不同的文种。

4.时效性强。一般来说,应用文往往是在特定的时间来处理特定的问题,尽快地传递相关信息,因此时效性很强。

5.格式比较固定。应用文有其惯用的外观体式和主体风格。有不少体式是社会长期约定俗成的。不论体式如何,都是为了提高办事效率,更好地发挥它的工具作用。

(三)四要素

1.主题。每篇应用文都要围绕着一个主题展开。主题越具体专一,应用文就越容易写。

2.写作对象。私人信件为家人、朋友、爱人而写;商务信件为生意伙伴而写;广告为一般为大众而写。了解了为谁而写,就可以使应用文的内容适度而得体,使你的信息能全面地传达给对方。

3.写作目的。为什么要写这篇应用文?是要把你的信息提供给对方,还是要求对方给你提供信息?一篇应用文尽管确定了主题,有时却达不到目的,这是为什么?目的不明确,就会造成内容不确切,造成费解。

4.文章的格式和结构。不同类型的应用文的格式和结构是不相同的。信件有信件的格式和结构,挑战书有挑战书的格式和结构。不了解各类应用文的格式和结构,就写不好应用文。

二、通讯

(一)定义

通讯,是运用叙述、描写、抒情、议论等多种手法,具体、生动、形象地反映新闻事件或典型人物的一种新闻报道形式。它是记叙文的一种,是报纸、广播电台、通讯社常用的文体。它包括人物通讯和事件通讯两类,它和消息一样,要求及时、准确地报道生活中有意义的人和事,但报道的内容比消息更具体更系统。

(二)类型

按内容分,通讯一般分为人物通讯、事件通讯、概貌通讯、工作通讯。

人物通讯,是以英雄人物或先进人物为报道主体。通过人物的活动的典型事例,来反映人物的先进思想和崇高精神境界。

事件通讯，是以典型事件或先进单位作为报道的主体。人和事是分不开的，没有人就没有事，所以事件通讯也要写人，也要写出人的精神面貌。事件通讯，事件通讯就是以事件为中心的通讯，记叙了事件的发生、发展以及结果。

概貌通讯，也称风貌通讯，是勾勒某一地区、某条战线或某个单位面貌变化的一种通讯。报刊上标以"见闻""巡礼""侧记""纪行"一类字眼的通讯文章，大体皆属概貌通讯。

工作通讯，是反映贯彻执行党的路线、方针、政策中的成绩，总结实际工作中的经验和教训，或者探讨有争议的亟待解决的问题的报道。它是报纸上经常运用指导工作的重要报道形式。

（三）基本特点

严格的真实性；报道的客观性；较强的时间性；描写的形象性。

（四）写作要求

1.主题明确。有了明确的主题，取舍材料才有标准，起笔、过渡、高潮、结尾才有依据。

2.材料精当。按照主题思想的要求，去掂量材料、选取材料，把最能反映事物本质的、具有典型意义的和最有吸引力的材料写进去。

3.人与事。不仅写人物通讯要写人，而且写事件通讯、概貌通讯、工作通讯，也不能忘记写人。当然，写人离不开写事，离开事例、细节、情节去写人，势必写得空空洞洞。

4.角度新颖。写作方法要灵活多样，除叙述外，可以描写、议论，也可以穿插人物对话、自叙和作者的体会、感受，既可以用第三人称的报道形式，也可以写成第一人称的访问记、印象记或书信体、日记体等。通讯所报道的新闻事实，可以从各个不同的角度去观察，去反映，诸如正面、反面、侧面、鸟瞰、平视、仰望、远眺、近看、俯首、细察……角度不同，形象各异。

5.立场态度鲜明。通讯的态度立场要鲜明，不要过多的议论抒情。

【佳作欣赏】

温馨留蓝天　爱心在人间
——陈太菊家人向西南航空公司致谢

3月22日下午，因丢失一年血汗钱受到西航乘务员帮助的打工妹陈太菊的两位姐姐陈太凤和陈太翠，从广汉市专程赶到成都双流机场，亲手将书有"温馨留蓝天，爱心在人间"的一面锦旗赠送给西航总经理王如岑，以表达全家人的诚挚谢意。

12月30日，在广东中山一童装厂打工一年的陈太菊从珠海机场乘机到成都，过安检时忙乱中不慎将12900元血汗钱丢失了。当她痛不欲生之际，西航乘务员带头为其捐款，从而感动了全机123位旅客纷纷为其解囊相助。当晚23点后，同机旅客古和强、张其君夫妇在回家整理行李时意外发现了陈太菊的钱盒，于是连夜驱车冒着浓雾赶到双流机场，将钱盒交给西航乘务部值班领导。元月一日，西航派人到广汉寻找到陈太菊后及时归还了钱盒。陈太菊得到失款后，感动不已，当场将在飞机上所得的6000元捐款委托给西航的同志，请转捐给"希望工程"。四川省青少年发展基金会接到这笔捐款后，打破常规，速将该款划拨给朱德同志的故乡仪陇县，从而使15名失学儿童得助重返校园。

"这一串串动人的真实故事，就像是导演编的，简直令人不敢相信，然而它却实实在在发生在我们自家人的身上。"陈太凤噙着泪水，满怀感慨地握着王如岑的手说："你们培养了这么好的乘务员，我们全家人永远都会感激。"

作为全国人大代表,3 天前才从北京开完人大会议归来的王如岑托着锦旗说:"推进社会主义精神文明建设,是我们共同的大事,刚召开的全国人大会议把它放在了很重要的位置。陈太菊把款转捐给'希望工程'的举动,做得很好,它对我们继续抓好安全服务工作,也是一种激励。"

据悉,陈太菊已于 3 月 13 日重返广东求职打工去了。

【简评】 这篇通讯选取典型的材料,表现一人一事,线索单一而有故事情节,短小精悍,生动活泼。在事件的推进中,我们看到了人性的善良。

三、短评

(一)定义

短评指新闻评论,是对人和事物进行简短的评论,属于评论的一种。它篇幅短小、内容单一、分析扼要,是运用便捷的评论体裁,在报纸、广播、电视中都可以使用,其中报纸上的短评最为常见。

(二)形式

短评在运用时有两种形式:一是针对某一事物或问题发表的独立成篇的简短评论;二是为配合新闻报道就实论虚、就事论理的短小评论。其中,配发式短评的运用更为经常和普遍。

(三)特点

1.短小精悍。首先体现在篇幅的短小上,其次还体现在评析内容的具体、立论角度的集中、结构的简约和文字的精练上。短评抓住新闻报道或所评析事物的某一点进行议论,力求行文精粹,不蔓不枝。

2.新鲜独到。短评的"新",首先体现在选题更新鲜、及时,抓住最具时效性的新闻报道或新鲜事实做出分析和评价;其次表现在立论角度的新颖和观点的独到上;最后表现在引入新的论据,采用新的表述方式上。

3.生动活泼。首先,短评的分析说理应该生动引人,议论风生;其次,短评的结构方式应灵活多样,依据不同的评析对象变换文章开头、结尾与谋篇布局;最后,短评的语言文字应生动活泼,使文章在言之有物的同时短而有趣。

4.就实论虚。短评要"短"更要"深"。应注意依据报道中的新闻事实,或揭示其意义,或挖掘其根源,或剖析其本质,或预测其影响,就事务虚,缘事议理。

5.表达思想。对于别人发表的任何思想、文章等发表心语和思考。

(四)写作技巧

1.论题具体,一事一议。紧扣所依附的新闻报道,据事说理,以及抓住新闻报道中最值得议论之处,评其一点,一事一议。

2.长话短说,议在深处。在结构上要精心开头,简化结构;在文字表达上长话短说,评在实处。首先,构思抓住关键,开门见山。写短评必须抓重点,抓中心,抓要害,枝节的东西最好不涉及。其次,观点要鲜明,是就是是,非就是非。最后,语言要简洁明快,不拖泥带水。

3.源于报道,高于报道。短评的论点从报道中来又高于报道,从实际中来又高于实际,从群众中来又高于群众。有效的做法包括由点及面,提炼升华和补充深化,借题发挥。

遵守规则是最好的自我保护

近日,发生在北京八达岭野生动物园的老虎袭人事件引爆舆论。随着监控视频的公布,舆论场也一步步走向撕裂。

面对一条生命的逝去和一个家庭的悲剧,老虎"同情说"还是动物园"连累说"都显得太过轻浮和冷血,但这并不意味着要对当事人漠视规则的行为视而不见。虽然下车原因至今不明,但当事者在猛兽区罔顾"珍爱生命、禁止下车"的警示擅自下车的事实是明确的。老虎吃人是常识,当事人不可能不明白,与其说她是无知无畏,倒不如说是我行我素,在她打开车门的那一刻起,就注定要为自己的行为负责。

在现代生活中,我们每天都会遇到很多规则。比如过马路要走斑马线,红灯停、绿灯行,进入建筑工地要戴安全帽,比如考试不能作弊、看病要排队、竞争要公平透明等。信守和遵循规则,让个体在社会系统运行中极大地减少不确定性,降低不可预料的风险,从而得到保护,同时也让社会秩序得以保障。规则被无视必将导致社会失序,失序之下"安有完卵"?在规则被漠视和践踏的系统里,个人可能是加害者,但总有一天也会成为受害者。对规则的遵守就是最好的自我保护,也是最大的规则。生命的代价太过沉重,在喧嚣的舆论中,应该激起关于树立规则意识的波澜。

【简评】 这篇评论就社会热点现象进行评论。在评论时,概述新闻事实,三言两语,直接切题;评论深刻,观点集中,评议有理且生动;一题一议,清晰阐明自己的观点,遵守规则就是最好的自我保护。

四、总结

(一)定义

总结是社会团体、企业单位和个人对过去一定时期的工作、学习或思想情况进行回顾检查、分析评价的一种书面材料。

(二)分类

按内容分,可分为工作总结、生产总结、学习总结、思想总结、会议总结等。

按范围分,可分为全国性总结、地区性总结、部门性总结、本单位总结、班组总结等。

按时间分,可以分为月总结、季总结、年度总结、阶段性总结等。

(三)特点

1.回顾性。总结是回顾过去,对前一段时间里的工作进行反思。

2.客观性。总结是以实践活动为依据的,所列举的事例和数据都必须完全可靠,确凿无误,任何夸大、缩小、随意杜撰、歪曲事实的做法都会使总结失去应有的价值。

3.典型性。总结出的经验教训是基本的、突出的、本质的、有规律性的东西,在日常学习、工作、生活中很有现实意义,具有鼓舞、针砭等作用。

4.指导性。通过总结报告,深知过去工作的成绩与失误及其原因,吸取经验教训,指导将来的工作,使今后少犯错误,取得更大的成绩。

(四)写作方法

1.标题。总结的标题最常见的是由单位名称、时间、主要内容、文种组成,如《××学校2018年工作总结》。个人总结在标题下面另起一行署名。

2.正文。和其他应用文体一样,总结的正文也分为开头、主体、结尾三部分,各部分均有其特定的内容。

总结的开头主要用来概述基本情况。以简明扼要的文字写明在本总结所包括的期限内的工作根据、指导思想以及对工作成绩的评价等内容。

主体是总结的主要部分,内容包括成绩和做法、经验和教训、今后打算等方面。这部分篇幅大、内容多,要特别注意层次分明、条理清楚。工作总结主体部分常见的结构形态有三种。第一,纵式结构。就是按照事物或实践活动的过程安排内容。第二,横式结构。按事实性质和规律的不同,分门别类地依次展开内容,使各层之间呈现相互并列的态势。第三,纵横式结构。安排内容时,既考虑到时间的先后顺序,体现事物的发展过程,又注意内容的逻辑联系,从几个方面总结出经验教训。

3.结尾。结尾是正文的收束,应在总结经验教训的基础上,提出今后的方向、任务和措施,表明决心、展望前景。

【佳作欣赏】

2017学年度个人总结

×××

时光像水中的倒影,一晃一年就过去了,而今大二的生活正向我们走来。一年来,我在各级领导和同学们的关心、帮助下,通过自身不断努力,各方面均取得一定进步。

思想政治方面。始终保持与党中央高度一致,认真学习时事政治,积极参加学校及班上组织的思想政治学习活动,不断提高自身的政治素质。政治上要求进步,积极向党组织靠拢,在工作、学习和生活中增强自身的党性原则,虚心向身边的党员学习。

理论学习方面。我明白一个受社会肯定的优秀大学生,最基础的就是要有知识文化的功底。因此,我自始至终把学习摆在第一位,珍惜每一堂课,坚决不迟到不早退不旷课;按时完成老师布置的作业,不抄袭不作弊;还坚持每个月分别写一篇英语和汉语作文,期望以此能够提高自我的写作能力。课余时光,我还充分利用学校的图书馆资源,阅读各方面知识,以求提高知识面,拓宽自我思考问题的角度。

日常生活方面。我能够和同学们友好相处,互帮互爱。宿舍是一个大群体,每个人的生活习性都不同,大家互相理解和迁就,为我们的学习创造一个良好的学习和休息环境。大学就相当于一个小型的社会,作为步入社会的缓冲,我从中学到好多的东西。

社会活动方面。我用心参加各方组织的各项活动,有班级组织的春游和认识古老建筑文化的游览,有诗歌朗诵比赛和征文比赛等。我还积极参加适宜的社团,完成社团交给的任务,处理好各项事务。通过参加这些活动,我开阔了眼界,结识了新朋友,提高了自己的各项能力。

总的来说,大一一年,我勤奋学习,积极参加实践活动,团结同学,不断提高,也认识到自己身上的不足。新的一年,我将更加努力,驶向心中理想的目标。

【简评】 这篇总结从开头至结尾,简练而精到。正文的主体部分采用横式结构,从思想、学习、生活、社会活动四个方面回顾整个大一学年的生活,逻辑严谨,条理清晰。结尾部分,收束自然,既对过去进行概括,也对未来的自己提出了更高的要求。

五、书信

(一)定义

书信是一种向特定对象传递信息、交流思想感情的应用文书。

（二）分类

分为一般书信和专用书信两大类。一般书信主要有家庭成员之间的家书类书信，朋友和同事之间的问候类、规劝类、庆贺类书信等。这类书信多用于个人和个人之间。专用书信主要有感谢信、慰问信、倡议书、决心书、挑战书等。这类书信多用于单位与人、单位与单位之间。

（三）格式

1.称呼。顶格，有的还可以加上一定的限定、修饰词，如"亲爱的"等。

2.问候语。如写"你好""近来身体是否安康"等。

3.正文。这是信的主体，可以分为若干段来书写。

4.祝颂语。以最一般的"此致""敬礼"为例。"此致"在正文之下另起一行空两格书写，"敬礼"写在"此致"的下一行，顶格书写，后加上一个感叹号，以表示祝颂的诚意和强度。

5.署名和日期。写信人的姓名或名字，写在祝颂语下方空一至二行的右侧。最好还要在写信人姓名之前写上与收信人的关系，如儿××、父××、你的朋友××等。再另起一行写日期。

（四）写作方法

1.称呼，是对收信人的称呼。称呼要在信纸第一行顶格写起，后加"："，冒号后不再写字。称呼和署名要对应，明确自己和收信人的关系。

2.正文。正文通常以问候语开头，问候是一种文明礼貌行为，也是对收信人的一种礼节。问候语最常见的是"您好！""近好！"问候语写在称呼下一行，前面空两格，常自成一段。接下来便是主体文，即写信人要说的话。它可以是抒怀、辞谢、致贺、请托、慰唁，也可以是叙情说理、辩驳论证等。这一部分，要明白写信的主旨，做到有条有理、层次分明。

3.结尾。正文写完后，都要写上表示敬意、祝愿或勉励的话，作为书信的结尾。祝愿的话可因人、因具体情况选用适当的词，不要乱用。

（五）各类书信

1.一般书信

【佳作欣赏】

致妈妈的一封信

亲爱的妈妈：

您好！

月明，星稀。看着窗外来来往往的人群，看着那对岸透来的点点微光，我的心依旧如痴如醉。灯火阑珊处，一滴清泪莫名地滴落下来，才想起，只是身边少了个你。

或许，早已习惯了有你的日子，或许早已习惯了依偎在你怀里嗅着那淡淡的兰花的香味，那些日子飘啊飘啊，编织成一个美丽的梦。只想将时间定格，却为何依旧匆匆，只留给我那无数的牵挂。

妈妈，让我轻轻地告诉你。我爱你，喜欢你，喜欢那个在任何事情面前总是从容不迫的你；喜欢你，喜欢那个在爸爸骂我的时候总是护在我前面的你；喜欢你，喜欢那个在我哭泣时总是笑呵呵带我出去的你。

妈妈，让我轻轻地告诉你。对不起。还记得总是在睡觉前对你发脾气的我吗？还记得总是在你与我亲近时推开你的我吗？还记得总是在你伤心时说我再也不想当你儿子的我吗？其实，那是因为舍不得离开你啊。儿行千里母担忧，我深知，你含辛茹苦哺育了我15个春秋，我知道你对我的爱胜过了世上的一切，我知道你总是在为我着想。这个冬天，让我轻轻地和你说声对不起吧。我曾经给过你快乐，也曾经带给你伤害，请原谅。

妈妈，让我轻轻地告诉你。原谅我。原谅我曾经带给你的伤害，原谅我曾经的不懂事，原谅我曾经的自私，原谅我，让我自己能接纳自己。如果时间能够重回，我不会让自己再这样走过，原谅我在你面前的种种行为，好吗？

此致

敬礼！

您的儿子：×××

2017 年 12 月 3 日

【简评】　本文是儿子写给曾被他伤害的母亲的忏悔信，感情真挚深情，语言自然流畅，思路清晰，全文主要从"喜欢你""对不起"和"原谅我"三个角度写出了作者在信中想对妈妈说的话，非常感人。

2.感谢信

感谢信是集体单位或个人对关心、帮助、支持本单位或个人表示衷心感谢的信件。感谢信的结构一般由标题、称谓、正文、敬语和落款五部分构成。

感谢信的格式要注意以下特点：①标题居中要醒目。感谢信的标题可直接以文种"感谢信"为标题。②称呼顶格要礼貌。称呼要写明所感谢的单位名称或个人姓名。③正文事迹要具体。正文一般写三方面的内容，一是感谢的事由，概述感谢的理由；二是对方的事迹，具体叙述对方的先进事迹，交代清楚人物、事件、原因和结果；三是揭示意义，指出对方的支持和帮助体现出的可贵精神。④敬语落款要规范。按信函格式写上"此致""敬礼"一类的敬语。

感谢信的内容必须真实，不可夸大事实。表达谢意时要真诚，评誉对方时要恰当。

【佳作欣赏】

感谢信

尊敬的各位领导、各位同事：

你们好！

今天，我怀着十分感恩的心情，写下这封感谢信。我要衷心地感谢各位领导、各位同事在我母亲突患重病急需经费救治的危难时刻，是你们捧出一颗爱心，在并不宽裕的口袋里，掏出一张张人民币送到我的手中，使我母亲及时得到了救治，让母亲重新又回到了我们身旁。

近年来，我家家运不济，屡遭不幸。先是久病的父亲突然辞世，不但留给了我们无尽的悲伤和思念，还留下了大笔的债款。正当我们全家苦苦挣扎、奋力赚钱以期早日偿还父债时，苦难却再一次降临到我们这个已经不幸的家庭，我那凄苦的母亲因为悲伤过度，加上营养不良，竟在一次平常的行走中跌断了脊骨，敲响了死神的大门。刹那间，死亡的阴影再次笼罩在我们姐妹心头，我们抱头痛哭，我们悲痛欲绝，我们刚失去了父亲，我们不能再失去母亲，我们姐妹暗暗下定决心，一定要把母亲从死亡线上拉回来。

当我们好不容易将母亲送到医院时，高额的手术费用却让我们措手不及，正当我一筹莫展时，好心的工友提醒了我，我们有一个充满爱心的集体，有一批充满爱心的领导，有一群充满爱心的同事，也许他们能够伸出爱的手，帮我解决燃眉之急。于是，我冒昧地向厂领导作了汇报，领导当即表示同意，并带头捐出一万元，广大员工在厂领导的带动下，也纷纷伸出援助之手，在极短的时间内，为我募得两万多元，使我母亲及时得到了救治，脱离了危险。救命之恩，永世难忘！各位领导、各位同事对我的捐助，对我的深恩，我会长留心间！不管今后我走到哪里，我都会永远记住这份浓浓的情、深深的爱。虽然，我可能没有能力来一一报答各位领导同事对我的深恩，但我会以此激励自己，向你们学习，好好工作，好好做人，好好感恩！

最后，请允许我向所有支助过我的恩人们深深地鞠躬，并祝好人一生平安。

此致

敬礼！

您的同事：×××

2017 年 12 月 3 日

【简评】　这篇感谢信概述了感谢的事由，突出了领导和同事所体现出来的乐于助人的品质，对领导和同事的支持和帮助表达了真诚的谢意。情感真挚，语言规范，格式得体。

3.贺信

贺信是指党政机关、企事业单位、社会团体或个人向其他集体单位或个人表示祝贺的一种专用书信。贺信一般由标题、称谓、正文、结尾和落款五部分构成。

贺信的正文要交待清楚以下几项内容：第一，结合当前的形势状况，说明对方取得成绩的大背景，或者某个重要会议召开的历史条件。第二，概括说明对方都在哪些方面取得了成绩，分析其成功的主观、客观原因。贺寿的贺信，要概括说明对方的贡献及他的宝贵品质。这一部分是贺信的中心部分，一定要交待清楚祝贺的原因。第三，表示热烈的祝贺。要写出自己祝贺的心情，由衷地表达自己真诚的慰问和祝福。要写些鼓励的话，提出希望和理想。

【佳作欣赏】

贺　信

亲爱的×××：

你好！

喜闻 1 月 1 日是你和×××的新婚吉日，在此，公司全体同事为你们的喜结连理送上最衷心的祝福。祝你们幸福美满，百年好合。

作为公司的元老，你一直以勤勤恳恳、踏实工作为领导及同事所称赞，入职以来与公司命运相连、共同发展，取得了傲人的成绩。当然，在你取得的成绩背后离不开你的努力与聪慧，更离不开你家人与朋友的大力支持，在你取得成功的时候他们分享你的喜悦，在你遇到困难的时候他们分担你的忧虑，是他们的无私奉献与真诚关怀帮助你一步步地走向成功，走向更美好的未来。借此机会，公司全体同事对你的家人及朋友致以深深的谢意。

美丽的婚姻是一个归宿，也是一个新的起点，它意味着更多快乐，同时也带来了更多的责任。在今后共同的人生道路上，你们要互相理解，相扶相助，工作与生活齐头并进，共同打造属于你们的幸福家园。

祝白头偕老，永结同心！

此致

敬礼！

××有限公司

2018 年 1 月 1 日

【简评】 这篇贺信清楚地交代了祝贺的原因,表达了公司对企业元老新婚的祝福,倾注了深厚的感情,祝贺之情溢于言表。

4.慰问信

慰问信是有关机关或者个人,以组织或个人的名义在他人处于特殊的情况下(如战争、自然灾害、事故),或在节假日,向对方表示问候、关心的应用文。

慰问信的正文部分,首先用简要文字讲述原因、背景,提起下文;其次,较全面具体地叙述事实、表示慰问或学习;最后,结合形势提出希望,表示共同的愿望和决心,以勉励的话结束全文。

【佳作欣赏】

慰问信

尊敬的离退休教职工:

你们好!

金秋送爽,丹桂飘香,值此九九重阳节来临之际,谨向全校的离退休老同志们致以亲切的节日问候!

今年10月11日是我国传统的老人节,我们继承优良的"敬老"传统,向你们致以崇高的敬意! 老年人是社会成员的重要组成部分,老同志的经验和智慧是党和国家的宝贵财富。忆昔日,你们呕心沥血,任劳任怨,用辛勤的汗水谱写了一首首人生的赞歌。看今朝,学校的蓬勃发展,有你们不可磨灭的贡献。学校的不断发展更是蕴含着你们的劳动和智慧,凝结着你们的青春和汗水。今天你们虽然离开了工作岗位,但仍然为了学校的进一步发展壮大建言献策,发挥你们的优势。在你们身上凝聚着中华民族的优秀品质,永远是我们新一代学习的榜样。

"莫道桑榆晚,为霞尚满天。"衷心地希望全校离退休教职工活到老、学到老,与时俱进,老有所为;更期盼你们一如既往地关心学校的改革与发展,关心学校今年11月份本科教学评估,支持学校的建设。

祝全校离退休教职工家庭幸福、身体健康、延年益寿,在祥和、和谐的氛围中,幸福地安度晚年生活。

此致

敬礼!

×××学校

2017年10月9日

【简评】 这篇慰问信,慰问对象明确,重点突出;语言亲切,感情真挚,使离退休的教职工感到安慰。突出了慰问信针对性、鼓励性、亲切性的特点。

5.倡议书

倡议书是为倡议、发起某项活动而写的号召性的公开提议性的专用书信。

倡议书的正文要包含以下内容:一是写明倡议书的背景原因和目的。倡议书的发出贵在引起广泛的响应,只有交待清楚倡议活动的原因,以及当时的各种背景事实,并申明发布倡议的目的,人们才会理解和信服,才会自觉地行动。二是写明倡议的具体内容和要求。这是正文的重点部分,倡议的内容一定要具体化,要清晰明确,一目了然。

推广普通话倡议书

亲爱的老师们、同学们：

你们好！

普通话是国家的通用语言，也是世界上最美的语言，推广普通话是国家一项重要的语言政策，也是社会文明发展的要求。

普通话是校园语言，规范地使用普通话，可以提高同学之间、师生之间的交流效果，增强大家的文明意识。因此，我们向全校师生发出如下倡议：

1.全校师生员工积极学习、使用普通话。把学普通话、说普通话作为一种维护民族荣誉、崇尚祖国汉语言文化的行为。

2.教师使用普通话授课，使用规范汉字板书。

3.学生上课回答问题、下课与同学们讨论问题、向老师请教问题时要使用普通话，逐渐养成说普通话的习惯。学生作业必须使用规范汉字，各科教师要对不规范的语言、文字行为及时予以指正。

4.在工作、学习过程中，老师之间、师生之间、学生彼此之间的交流应使用普通话，形成良好的语言交际环境，让普通话真正成为我们的校园语言。

5.日常生活中时刻注意自己的口语发音，并且能和周围的同学、朋友相互督促，积极地纠正普通话的发音，使规范用语成为一种自觉行为。

老师们、同学们，普通话同青春携手，文明语和时尚并肩，让我们大家从现在做起，从自身做起，说普通话，做文明人，树新风尚，以实际行动"构建和谐语言生活，营造共有精神家园"。相信在我们全校师生的共同努力之下，我们的校园一定会成为一个语言规范、精神文明、环境优美的和谐校园。

×××学校

2017 年 11 月 9 日

【简评】 这篇倡议书主要内容是学校号召全体师生使用普通话，号召力强。正文部分，内容具体，清晰明确，逻辑严谨。

6.决心书

决心书是个人、集体、单位为响应上级号召而表示决心所用的文书。一般都是个人对组织和领导、下级对上级表达决心而用的。

决心书的写作格式一般由标题、称呼、正文、结尾和落款五部分组成。正文是决心书的主要组成部分。正文通常要由事情的缘由、决心的内容两部分构成。写决心书要遵守量力而行，留有余地；内容具体，措施落实；逐条叙述，主次分明；用语肯定，态度鲜明这四条原则。

【佳作欣赏】

军训决心书

尊敬的领导、老师、教官：

你们好！

军训是我们进入高中的第一堂课，对我们这些一直生活在父母羽翼下的学生来说，这无疑是一种挑战。在这短短的军训期间,我们要与原本不认识的同学相互认识,并且要做到互帮互助,团结一致;我们要从原本懒懒散散的暑期生活中脱离出来,参加严格训练,接受阳光的洗礼,面对种种的考验。

如果不去吃苦中苦,哪能成为人上人呢?不经历风雨,哪能见到彩虹?我们会把军训当作给我们的一次机会,一次磨练自己的机会;一次使我们成为人上人的机会;一次让我们见到风雨彩虹的机会! 把握机会,经过努力我们就一定会得到回报。军歌响起,绿色为伴,太阳为证,我们已下定决心:

一、吃苦耐劳,咬牙挺过每一个困难,争取在军训生活中使自己得到磨练,有所长进。

二、认真履行军训日程安排及指示,不违反军规,不打退堂鼓,不因一点挫折就退缩。

三、严格按照教官的规定要求自己,争取将每个动作做到位,不辜负教官的劳动。

"吃得苦中苦,方为人上人。"军训其实并不苦,只要我们咬牙挺过来,回头看看,这点苦算什么。我们一定会竭尽全力做到以上几点,请教官和老师们监督!

××班全体学生

2017 年 9 月 9 日

【简评】 这篇决心书,学生以"准军人"的身份,向领导、老师及教官表达了会克服困难,完成任务的决心。内容具体充实,感情饱满,充分体现了学生们的决心。

7.挑战书

挑战书是个人、集体和单位,为开展某项竞赛而发出的挑战,希望与其他个人、集体和单位共同参与竞赛而运用的一种书信。

挑战书的正文部分要写明活动的内容、意义、条件、决心、希望等。

【佳作欣赏】

挑战书

14 班的全体同学:

你们好!

有竞争才会有进步,为了能在期末考试中取得更好的成绩,我们特向 14 班的全体同学发起挑战。我们决定,我们班的期末总成绩一定要超越你们班。应对期末,我们百尺竿头;冲刺期末考,我们信心百倍。

辉煌需要奋斗,奋斗成就辉煌;毅然踏上征程,愿与长风为伍,困难挫折压不住我们的骨气,任何因素都阻挡不住我们奋勇前进的路。因为我们有用心进取的决心和勇气;我们有团结拼搏、永不服输的顽强意志和坚定信念;我们决不会因过去的成绩而骄傲,我们更不会因前途曲折而却步。虽然我们在扬帆前进的航程中,会遇到暴风雨的袭击;虽然我们在攀登高峰的路程中,会遇到荆棘的刺痛,但我们坚信:付出就能有收获和回报。为此,我们已经锁定目标,奋勇前进。13 班的全体将士都能,也必能经受住困难和挫折的考验,我们有不达目的不撒手,不出成绩不罢休的顽强毅力和拼搏精神。

从此刻起,已经没有回头路;从此刻起,我们要努力拼搏到永久;从此刻起,奋斗岂能停步。13 班的全体将士们,在期末考试前的这段时间里,我们要把握此刻,顽强拼搏,取鹰之志而凌云,奋发向上,发扬踏实认真、勤奋好学的优良学风,用我们百倍的努力去拼搏、奋斗、去实现我们的理想目标！

13班全体学生

2018年1月15日

【简评】 这篇挑战书写得斗志昂扬，气势十足，并且挑战的对象和内容十分具体，让接受挑战的人能迅速明了其意。

8.应战书

应战书则是个人、集体和单位响应有关方面的挑战而予以答复的一种书信。应战书是相对于挑战书而言的。

【佳作欣赏】

应战书

13班的全体同学：

你们好！

我们很高兴能接到贵班的挑战书。从贵班的挑战书中，我们读出了你们奋发向上的斗志，坚持不懈的毅力和高涨如火的激情！有你们这样上进的班级作为对手我们非常荣幸。

我们知道13班是一个优秀的班集体，但我们更自信，你们的挑战挡不住我们奔跑的脚步。勤奋是我们的资本，成功是我们的追求，百折不挠是我们的气魄，一鸣惊人是我们的必然结果！你们有誓拔头筹，舍我其谁的豪情；我们就有敢于亮剑，谁与争锋的霸气。命运让我们云集于此，命运让我们迎面相逢，勇者无惧，在此我们14班全体勇士欣然接受你们的挑战。

挑战面前，困难与希望同在。我们要攀登，谁也挡不住我们前进的脚步；我们要飞翔，谁也阻止不了我们腾飞的希望！我们已下定决心，我们会不畏艰险，我们能排除万难，我们终将迎来伟大的胜利！

13班全体同学，就让你们的勇气和我们的自信在这里碰撞，让青春燃烧的岁月见证我们14班的强者风范！

我们明白，战斗的号角已经吹响，真正的较量已经拉开了大幕。现在，我们郑重应战："谁英雄，谁好汉，接下来比比看！"

14班全体学生

2018年1月16日

【简评】 应战书是针对于挑战书而写的，此篇应战书豪情万丈，应对挑战，临危不乱，积极响应，充分体现出了应战书的特点。

对点训练

课后巩固训练

1.近日，各校纷纷举办技能高考誓师大会。请结合实际情况，为此次活动写一篇通讯稿。

要求：①真实客观；②符合格式；③文中不能出现真实校名、人名；④不少于350字。

2.伴随着手机、平板等智能移动终端的高速发展和普及，功能愈加强大的终端在为大众带来便利和提供娱乐的同时，也催生出了越来越多的"低头族"，而其中开车、行走时玩手机的马路"低头族"正逐渐成为交通安全的新"杀手"。2018年3月28日，中国司法大数据研究院发布的一份报告显示，近年来机动车交通事故发生原因多样，排名第三的事故诱因是开车玩手机，比例高达10.56%。此新闻一播出，人们议论纷纷，也引发了我们的思考。你如何看待这一现象？请写一篇短评。

　　要求：①观点明确；②符合格式；③文中不能出现真实校名、人名；④不少于350字。

　　3.三年的中职学习生活就要结束了，转眼间，同学们将带着三年来的成长收获，开始新的生活。为了明日更好的成长，请就三年的中职生涯写一篇个人总结。

　　要求：①条理清晰；②符合格式；③文中不能出现真实校名、人名；④不少于350字。

　　4.近期，学校食堂里总是出现满桶的剩饭剩菜，铺张浪费现象十分严重。请你以全班同学的名义向全校学生发起节约粮食的倡议，写一封倡议书。

　　要求：①内容具体；②符合格式；③文中不能出现真实校名、人名；④不少于350字。

第四章 议论文写作

考点精讲

题型示例↵

例1 （2018年上海高考卷作文真题）阅读下面的材料，根据要求作文。

生活中，人们不仅关注自身的需要，也时常渴望被他人需要，以体现自己的价值，这种"被需要"的心态普遍存在，对此你有什么样的认识？请写一篇文章，谈谈你的思考。

要求：1.自拟题目；2.不少于800字。

【试题分析】 本材料中的关键词是"被需要"，即渴望被他人需要，以体现自身价值的一种心理需要。"需要"是一种"想得到"的心理，而"被需要"是一种给予他人，帮助他人的心理，体现个人的获得感。学生可以从自身的需要和被需要写起，从现实来看，学生可以写需要父母的关爱，但又可以成为父母的精神支柱；需要同学、朋友的支持和陪伴，又可以成为同学和朋友的依靠；从未来来看，需要社会的帮助，又将成为社会的栋梁之才，所以写的范围非常广大。同时，我们要看到这个作文题的精心之处就是将关注点落实到每个生命的意义和价值，体现了当前整个时代发展的特点，即每个个体的获得感，有很强的人文关怀的色彩。

【佳作欣赏】

被人需要，是一种幸福

都说"给永远比拿快乐"，自愿的"被需要"，不仅让人在忙碌中感到快乐，看到对方接受了自己的帮助，更是一种爱的满足，更是一种幸福。

人最大的需要，不一定是金钱，也不一定是地位，而是人的价值，人的价值体现在，被社会需要，被工作需要，被家人需要，甚至被陌生人需要。

他人有需求，自己正好能助一臂之力，这种发自内心的愉悦，胜过一切。有人说幸福是相濡以沫，幸福是腰缠万贯，幸福是身强力健，幸福是儿孙满堂……能相濡以沫，是因为你需要我，我需要你，彼此成了依靠。能腰缠万贯，是因为社会需要你发挥聪明才智去建设，金钱是你创造价值过后的回报。能身强力健，是因为你知道还有很多事需要你去完成，还有很多人需要你去爱。能儿孙满堂，是因为有了你，才能维系一个家的纽带，是你养了一代又一代人，家人需要你这根主心骨。

人只有在无助的时候，才会懂得，自己是多么需要一个肯出手相助的人。而那个被需要的人，或许帮不上什么忙，但有那么一个人可以倾诉，这个世界就不会太孤单。于是，也就懂得了，能在关键时刻成为被需要的那个人，是多么重要。而作为被需要的那个人，或许能帮上忙，或许又只是陪伴，一种幸福感油然而生。

真正聪明的人，宁愿人们需要他，而不是感谢他。我觉得这不仅仅是聪明，更是高尚，回报和付出，他更在意的是付出，而付出在自己看来是实现价值，而从外界分析这是大爱。大爱中实现自我价值，很聪明地诠释了"高尚"二字。

但是，有些人利用自己的能力，使别人不得不需要他，臣服于他，从而敛财甚至伤天害理,这是要遭天谴的。这样的人,他们痴迷于被人需要,已经扭曲了人生观,从而心生邪念,所以上天不会因为他扭曲的"及时行乐"而眷顾。

爱,与狭隘,出发点往往是一样的,但就在某一个节点出现了念头上的偏差,就有可能会造成天堂与地狱的差别。被人需要,是一种幸福,这种幸福是用来灌溉自己,而不是用来放纵自己。

【简评】 本文紧扣关键词"被需要",以"被人需要,是一种幸福"这一中心论点来展开,并从三个角度来论述"被人需要"的意义:一、被人需要所带来的发自内心的愉悦胜过一切;二、被人需要,世界就不会太孤单;三、被人需要,更重要的是付出,这是高尚的体现。最后,文章从对立面论述:如果"被需要"是为了让他人臣服自己,那是对"被需要"的亵渎,并顺势升华主题。

方法指导

审题与立意

审题与立意的总原则是:审题要准,立意要深。

"千里之行,始于足下",审题是写好作文的第一步,切不可"信马由缰"。

"意犹帅也,无帅之兵,谓之乌合",没有好的立意,很难取得好的作文成绩。

一、材料作文的审题与立意

材料作文不同于有明确话题的话题作文,题目中所提供的材料既是审题的出发点,又规定了作文符合题意的范围,要根据它"不脱离材料内容及含义的范围作文,选择一个角度构思作文"的特点,逐步去应对。

1.材料性质不同,审题方法不同

(1)比喻性材料:用自然界或人类生活中的某一种现象作为喻体,来比喻人类生活中的某种做法或道理。

审题方法:喻体、本体对应法。把材料中的"喻体"一一找出来,并找出与它们一一对应的"本体",把这些"本体"串起来,材料的深层意义就出来了。

(2)寓意性材料:寄寓着一个或者若干个生活哲理的寓言或者故事。

审题方法:主题分析法。梳理故事中的人物、事件,尤其是人物的语言,探求故事所蕴含的生活哲理。需要注意的是,当材料中的构成要素都指向一个方面的时候,它就只能从一个角度立意;当构成材料的要素不是指向一个方面的时候,它就可以多个角度立意。

(3)社会现象类材料:材料说的是社会生活中的一种现象或一个事件。

审题方法:就事论事,类比联想。"就事论事"就是指写作对象必须是作文材料所展示的社会现象,但这样又容易造成文章内容单薄。为了弥补这种缺陷,可以运用相似联想或相反联想,寻找一些和作文材料同类的素材以充实文章内容,支撑自己的观点。

(4)观点性材料:材料本身提供的就是观点,有时是一个独立的观点,有时是两个相似、不同或者互补的观点。

审题方法:观点阐释法。分两种情况:若材料提供的是一个独立的观点,可以同意并阐述这种观点,也可以反对这种观点,提出自己的观点;若材料提供的是两个相似或不同的观点,可以运用"异中求同法"或者"互补法"来确立观点。

总之,材料议论文审题要注意:要"全"不要"漏",要"准"不要"偏",要"活"不要"死",要

"深"不要"浅"。

2.依据材料确定有深度有现实意义的立意

(1)立意力求深刻,但不要"故弄玄虚"。所谓深刻,就是透过现象深入本质,揭示事物内在的因果关系,观点具有启发性,不能刻意说大话,唱高调。

(2)剥茧抽丝,追根溯源。"剥茧抽丝"就是解决"是什么"的问题,看材料说的基本内容是什么,搞清楚材料各要素之间的关系;"追根溯源"就是解决"为什么"的问题,运用因果推论、类比推论、联想推论等方法,去发现事物内在的因果关系,去探讨材料类比、联想的方向。

(3)认识独特,避免"落入俗套"。如果立意停留在一般层面,往往会让读者审美疲劳,那些让阅卷老师眼前一亮的文章,往往立意新颖独特。

总之,材料议论文立意要注意:方向要正确,情感要鲜明,思考要深刻,思维要创新,表达要肯定。

二、话题作文的审题与立意

话题作文从材料作文嬗变而来,包括单一话题作文和"材料＋话题"作文两种形式。话题作文有自身的特点:一是写作范围更具开放性,话题作文常提供一个由头、一个范围,让写作者由此出发向外辐射,具有写作思维的开放性和文章内容的丰富性等特点;二是写作思路更具创新性;三是写作风格更具个性化。

1.单一话题作文的审题

对单一话题作文的审题,关键在于理解清楚话题的含义。如以"坚韧"为话题,我们要明确"坚韧"不是"宁为玉碎,不为瓦全"的脆;也不是"宁折不弯,视死如归"的刚,二是不畏困难,不怕挫折,为了达到目的,甚至可以以退为进的一种坚持精神。如果把"坚韧"理解为"刚强"或"不软弱",就会偏题甚至离题。

单一话题作文的审题需要注意两点。第一,话题是写作的范围,不是写作的题目,要注意话题和我们曾经接触过的题目间的细微区别,一旦看到作文题似曾相识就去套用,往往会出现失误。比如以"尝试"为话题,要区分清楚"尝试"与"第一次"的细微区别才行。第二,话题不等于"话头",不能把"话题"当作"话头",以为它只起一个"引子"的作用。

2."材料＋话题"作文的审题

对"材料＋话题"作文的审题,关键在于读懂材料,把握材料的主旨,然后结合所给话题确定写作的主题和角度,切记架空材料作文,话题前的提示性材料是对话题的制约。另外要弄清楚写作的要求,现在话题作文的考查多是"材料＋话题＋要求"形式。"要求"既是限制,又是启发;既是规定,又是启示,在审题时务必注意。

3.话题议论文立意创新"三招式"

面对丰富多彩的话题作文,若按照传统的思维方式构思,则很有可能陷入平庸。只有灵活恰当地掌握创新构思的方法,才能写出漂亮的佳作。话题作文创新立意的方法主要有以下三种。

(1)多角度思考,力求出新。要善于从不同角度去观察分析材料,找准材料从各个方面表现出的属性,多推敲,多琢磨,去粗取精,由浅入深,从中选择独特的新"意"来。许多话题作文中的话题具有多义性,若只盯住其本义或者常用义,则构思很难出新,若转而从其引申义或者比喻义的角度切入,构思定能出新。

(2)反弹琵琶,逆向思维。"反弹琵琶"即反其意而用之,是一种逆向的求异思维。古今中外,许多文学家都会以其独特的逆向思维,使自己的作品立意不俗,文章常新。如唐代诗人刘禹锡一反古人悲秋叹秋之情,写出了昂扬向上、催人奋进的咏秋名作《秋词》。当然,立意创新要植根于现实,要言之成理,符合常情,不能把逆向思维错误地理解为是与人唱反调,是发奇谈怪论。如考场满分作文《逆境,一样心怀感恩》,作者在文中写到:"在逆境中怀揣着感恩的心,明天就会更加美好。"一反常规思维,极富创意。

(3)由此及彼,联想出新。联想是一种思维活动,它有相似联想、接近联想和对比联想等。在立意时我们可以运用联想,写出自己对某一事物和某一问题的新看法和新见解。比如启动联想和想象,从话题的"过去时空"或"未来时空"角度去构思,只要联想和想象的人、事、景、物合乎情理,只要能含蓄、曲折地反映话题的"现实时空",便能写出颇具新意的作文来。联想话题作文要求考生放开手脚,尽情驰骋在想象的空间,善于多方位地展开联想。比如话题"风",可以联想到自然界的风:微风、大风、狂风、龙卷风等等;还可以联想到社会风气:拍马风、送礼风等等;可以联想到一种像风一样的流行时尚:韩寒风、金庸风等等;甚至可以联想到假如你是风,假如你遇到风等等。

行文与表达

一旦确立好议论文的立意,就要开始行文表达了。议论文以"理"服人,行文必须严谨准确,这种"严谨准确"主要体现在以下四个角度。

1.结构严谨有序,具有逻辑之美

议论文常用结构有以下六种。

(1)论点阐述式。这是议论文最基本的一种结构方式,即"引论",提出问题(论点)——"本论",分析问题(论证)——"结论",解决问题(论点)。其中,"分析问题"部分是重点,要注意采用并列、对照、层进等结构方式,有章法地充分展开。

(2)比喻引申式。即:"引",引出喻体(原材料),把喻体所说明的道理加以抽象概括——"析",分析议论"喻体"或其他理论性材料,进一步阐明"喻体"的重点或实质——"联",联系实际,展开论证,抓住"喻体"和"实际"二者的相似点做文章——"结",回扣"喻体",得出结论。

(3)评论式。即:"述",选好评论点,简述评论对象,亮出观点——"析",紧扣中心,恰当引用原材料,逐条分析评论——"结"总结全文,归纳论点,深化题旨。

(4)读后感式。即:"引",概述材料,引出感点——"议",扣住中心,就原材料议论阐述——"联",由此及彼,转而说开,联系实际(相类、相关或相反的现象或问题)——"结",归纳看法,总结全文。

(5)驳论式。即:"摆",摆出敌论,树起批驳的靶子——"亮",否定敌论,亮明自己的观点——"驳",选用恰当的方式(驳论点、驳论据、驳论证),选用恰当的结构(并列式、对照式、层进式等),反驳敌论——"结",收束上文,得出结论。

(6)提供材料式。即:"述",简述所供材料,提出论点或评论点——"析",对所供材料进行分析,证明论点——"联",联系实际,进一步论证论点——"扣",回扣材料,收束全文,深化中心。

2.论证方法得当,具有说理之美

一篇议论文,无论是中心论点还是分论点,都需要通过论证的方法来证明。论证的方法基本有两种:一种是摆事实,一种是讲道理。下面介绍几种较常用的论证方法。

（1）归纳法。即根据一些个别事物的分析和研究，推导出一般结论的论证方法。如司马迁的《报任安书》："盖文王拘而演《周易》；仲尼厄而作《春秋》；屈原放逐，乃赋《离骚》……此人皆意有所郁结，不得通其道，故述往事，思来者。"

（2）例证法。即列出观点后举出具体实例证明观点的论证方法。事实胜于雄辩，例证法在议论文中用得最为普遍。

（3）演绎法。即从普遍性结论或一般性事理推导出个别性结论的论证方法。

（4）类比法。即通过讲故事、打比方的办法将相类似的两件事进行比较，从而由此及彼，自然地得出新结论的论证方法。它以浅寓深，以近比远，形象鲜明，有很强的说服力。

（5）分析法。即通过对事理原因或结果的周密分析，从而证明论点的正确性、合理性的论证方法。

（6）引证法。即引用经典作家的言论、科学原理以及人尽皆知的常理等作为论据来直接证明论点的论证方法。

（7）对比法。这是一种常用的、有说服力的论证方法。把两种事物加以对照、比较，从而推导出它们之间的差异点，使结论映衬而出的论证方法。

（8）反证法。即证明与自己的论点相反的论点是错误的，从而证明自己论点的正确性。其特点是通过间接论证或间接反驳，使自己的论点的正确性获得充分有力的证明。运用反证法要注意文中必须有正反两种观点，它们不可共存。要指出错误论点的荒谬，才能使正确的论点得到确立。

（9）递进法。即围绕一个中心论点，对论题进行层层深入论证的方法。运用递进论证的方法要注意各层次之间的内在逻辑，要层层衔接，环环相扣。

（10）比喻法。即运用比喻，以具体的事物把抽象的道理形象地表达出来，借以增强文章的感染力的论证方法。

3.材料选择合适，具有贴切之美

材料，即议论文的论据，论据是论点成立的基础，用以充分地强有力地支撑中心论点。论据的选择须遵循以下原则。

（1）论据要真实，准确，经得起推敲。对那些道听途说而未加证实的材料，或未经仔细斟酌信手拈来的材料，决不能轻易拿来充当论据。

（2）论据要典型，有代表性，有震撼力。论据越典型，越具有代表性，就越能深刻揭示事物的本质，具有以一当十的作用。

（3）论据要丰富，要充足。可以从不同领域（政治、经济、军事、思想、文化等）、不同性质（正面、方面）、不同国别（中国、外国）、不同时间（古代、近代、现当代）的不同角度选材。

（4）论据要新颖。新颖的论据可以使论点具有现实性、时代性，有生活活力，更易于让读者接受。

用材料证明论点的正确，是最常见也是最简便的论证方法。材料可以是事实，也可以是理论。运用事实材料更易上手，也最常规，但需要注意以下几点。

（1）用例要"准"。所用的事例一定要能证明自己论点的正确，必须服从论点的需要。

（2）用例要"精"。这里的"精"，既指质量，也指数量，真正精当的事例，一两个也就够了。

（3）用例要"新"。最好不要用那些已被许多人用滥了的例子，如果一定要用老例子，就得选出新角度，论出一番别人没有说过的新道理来。

(4)举例时要用概括性的语言,而不是用描写性语言。

(5)如果用概括性语言连举数例,得讲究例子的排列顺序,或从古到今,或由内而外,或由小到大等等。

(6)要对例子进行分析,不能以例代论。

4.语言准确严密,具有精确之美

语言,是思想的直接体现,是论证的载体,是文章的建筑材料,最能够表现学生的个性、生活阅历与思考、阅读积累与修养。议论文语言表达的基本要求如下。

(1)准确。议论文是靠摆事实讲道理说话的,列举例证语言要准确,保证事实确凿;阐述分析要准确,保证分析严谨。

(2)鲜明。鲜明的立论,是靠鲜明的议论语言来实现。鲜明的立论语言,可以使论证更有说服力和感染力。

在准确、鲜明的基础上,要想让议论文语言出彩,有以下四种方法。

(1)巧用寓言,哲理思辨出彩。现在很多学生在课堂内外都有机会阅读不少短小精悍的寓言故事,这些对议论文的写作大有裨益。小故事,大道理,这些寓言大多言简意赅,通俗易懂。既耐人寻味又便于记忆,是议论文写作非常不错的论证素材。

(2)积累典故,人文风韵出彩。历史的长河往往流淌着一个国家、一个民族的精神血脉。学生们如果能够自觉地搜集各种历史故事或者人物事迹,并分门别类地加以梳理,等到运用的时候就能得心应手,从而使论证显得厚实、有力度、有思想。

(3)巧用修辞,妙化表达出彩。灵活掌握多种修辞手法,根据不同的表达目的选择合适的句式、词语,能使文章达到"文似看山不喜平"的效果。

(4)精当借用,提升境界出彩。古诗文的名言警句是学生作文时旁征博引的好材料,除了简单的直接引用外,还可以推陈出新、移花接木,进行大量有别于原来意义的"再创造",达到"旧瓶装新酒"的目的。

对点训练

1.阅读下面的文字,根据要求作文。

最近,一首《生僻字》歌爆红网络,不仅上了热搜,相关微博话题引发2.4万人讨论,阅读量超过1500万,在某短视频平台发布仅3个小时,就获得100万点赞。据悉,演唱者是一位90后的苏州小伙,他写这首歌的初衷,是想让更多人了解中国的汉字文化。正如歌词中所说:"我们中国的汉字,一撇一捺都是故事。"

请以"中国的汉字"为话题,写一篇不少于450字的文章,自主立意,题目自拟。

2.阅读下面这首诗,根据要求作文。

星 星

雷抒雁

仰望星空的人,

总以为星星就是宝石,

晶莹,透亮,没有纤瑕。

飞上星星的人知道,

那儿有灰尘、石渣，

和地球上一样复杂。

读这首诗可以产生不同的联想或感悟。请根据你的联想或感悟写一篇文章，题目自拟，不少于450字。

3.阅读下面的材料，根据要求作文。

有个老人在河边钓鱼，一个小孩走过去看他钓鱼，老人技巧纯熟，所以没多久就钓上了满篓的鱼，老人见小孩很可爱，要把整篓的鱼送给他，小孩摇摇头，老人惊异地问道："你为何不要？"小孩回答："我想要你手中的钓竿。"老人问："你要钓竿做什么？"小孩说："这篓鱼没多久就吃完了，要是我有钓竿，我就可以自己钓，一辈子也吃不完。"

可是小孩不知道，不懂钓鱼的技巧，光有鱼竿是没用的，钓鱼重要的不在"钓竿"，而在"钓技"。

你是如何理解"钓技"的呢？请结合材料，自主立意，自主拟题，写一篇不少于450字的文章。

参考答案

第一部分 语言知识和语言表达

第一章 汉字

第一节 识记字音

训练1

1.C 2.B 3.A 4.C 5.D 6.B 7.B 8.A
9.C 10.A 11.B 12.B 13.C 14.B 15.A
16.D 17.C 18.A 19.C 20.B

训练2

21.A 22.C 23.C 24.B 25.A 26.A
27.C 28.A 29.A 30.A

第二节 识记并书写字形

训练1

1.A 2.C 3.D 4.B 5.A 6.A 7.D 8.D
9.A 10.C 11.B 12.A 13.D 14.C 15.A
16.B 17.B 18.B 19.D 20.D

训练2

21.B 22.B 23.A 24.A 25.B 26.D 27.D
28.A 29.D 30.D

第二章 词语

训练1

1.D 2.B 3.D 4.A 5.D 6.B 7.B 8.C
9.D 10.A 11.A 12.A 13.B 14.A

训练2

15.A 16.C 17.B 18.D 19.C 20.D 21.C
22.D 23.A 24.C 25.D 26.A 27.A 28.C
29.C 30.C

第三章 判断病句、分析病句

训练1

1.A 2.B 3.D 4.C 5.A 6.D 7.B 8.A
9.D 10.B 11.C 12.C 13.A 14.A 15.C
16.A 17.C 18.D 19.C 20.A

训练2

21.B 22.D 23.A 24.C 25.C 26.A 27.C
28.B 29.C 30.A

第四章 标点符号

训练1

1.A 2.C 3.B 4.B 5.A 6.B 7.D 8.C
9.C 10.B 11.C 12.A

训练2

13.A 14.C 15.D 16.A 17.C 18.B 19.C
20.A 21.A 22.D 23.A 24.A 25.A 26.D
27.C 28.D 29.C 30.D

第五章 修辞手法

训练1

1.C 2.B 3.C 4.C 5.B 6.C 7.D 8.C
9.D 10.D

训练2

11.A 12.D 13.C 14.B 15.B 16.D 17.D
18.D 19.B 20.B

第六章 语言表达

第一节 变换句式

训练1

1.经过一个星期的抢救,姑母终于苏醒过来了,这真是创造了一个生命的奇迹。

2.《国家中长期教育改革和发展规划纲要(征求意见稿)》提出的多次考试、多元录取的高考改革方向被多数受访的学生所肯定。

3.为我们唱一支歌吧,欢乐的百灵,活泼的溪流,自由的清风!

4.大家无不(没有不)赞美东湖这颗镶嵌在江城的明珠。

5.一大滴松脂滴下来,正好把一个苍蝇和一个蜘蛛包住了。

6.他抚摸着琴弦,轻轻地、轻轻地。

7.我也看过"雷峰夕照"的真景,我以为并不为佳。

8.请把压在你心灵的重荷放下,好吗?你生活的天空就会是一片蔚蓝。

9.难道我们愿意看到这个结局吗?

299

10.①改成一重否定句:大家都不反对这么办。

②改成双重否定句:大家没有不同意这么办。

11.忽啦,大门外涌进来十多个梳两条大辫子、剪短发的、一个个唱着、大声说笑着的女同志。

12.我不知道你今天能来。

13.风仿佛把街上的幌子、小摊、行人都卷走了,全不见了,只剩下柳枝随着风狂舞。

14.否定句:那只可爱的麻雀不会不(不可能不)是我喂养的。

反问句:难道那只可爱的麻雀不是我喂养的吗?

15.房后河边上有许多好看的石子儿,红的、黄的、粉的。

训练 2

16.怎么了,您?

17.我们的祖国多么令人骄傲,多么让人自豪啊!

18.祈使句:出门时请一定把门紧紧关上!

疑问句:你出门时能把门紧紧关上吗?

陈述句:出门时,把门紧紧关上了。

19."要谈五四以来的散文,就不能不提到朱自清;而要谈到朱自清,就不会不(不能不)提到《背影》。"这话不无道理。

20.但儒家学者就逐渐掩盖它的本来面目,断章取义,歪曲篡改,拿去附和剥削阶级需要的道德伦理观念。

21.因为相传这园里有一条很大的赤链蛇,所以长的草里是不去的。

22.中国人民哭泣的日子,低着头的日子,终于过去了。

23.讲桌上的那束鲜花,难道不正是表达着我们对老师的一片深情吗?

24.既然我的老师们播下的种子在他们学生的身上开花结果了,那么我们播下的种子应该会在自己的学生身上结果。

25.未来的社会一定是"多元"的社会。

26.姐姐把一件最有意义的礼物送给我。

27.否定句:那只可爱的小麻雀不可能不是我喂养的。

反问句:难道那只可爱的小麻雀不是我喂养的吗?

28.今天,我征服了最后一个部落。

29.房后河边上有许多好看的红、黄、粉的石子儿。

30.许多外国朋友来到桂林游览,从伦敦,从纽约,从巴黎,从世界各地。(状语后置)

从伦敦,从纽约,从巴黎,从世界各地,许多外国朋友来到桂林游览。(状语前置)

第二节　根据语言环境仿句

训练 1

1.①笼中的鸟,你安于现状时,自由便夭折了。②墙角的花,你孤芳自赏时,天地便小了。

2.如果我是清风,我将吹散所有的愁云;如果我是春雨,我将滋润所有的禾苗。

3.雄鹰划破长空奋力翱翔,是一种力量的美。

4.你却给了我整个海洋;我原想撷取一枚红叶,你却给了我整个枫林;我原想亲吻一朵雪花。

5.①憧憬是心的窗户,透进多少灿烂的未来?②友情是冬日的火焰,温暖过多少冰封的心灵?

6.勤奋是一艘迎风击流的航船,常常满足你学海探求的愿望

7.没有一本书的家,是没有一滴水的湖泊;没有一本书的家,是没有一点雪花的寒冬。

8.我是植物,我被春天翻译成花朵;我是花朵,我把秋天翻译成果实。

9.奋斗就是一支搏击风浪的船桨。

希望就是一座亮在前方的灯塔。

10.①如果你是一泓清泉,就滋润一方土地;如果你是一棵小草,就增添一抹绿色。②如果你是一颗星星,就点缀一角天空;如果你是一朵鲜花,就装点一分春色。

训练 2

11.人生如一首诗,应该多一些热烈,少一些愁苦;人生如一幅画,应该多一些亮丽,少一些灰暗。

12.历史是一首曲谱,时间是跳动着的音符。

13.就像鸟儿离开了天空,就像猴子离开了森林。

14.少年是一幅画,色彩绚丽,浪漫天真;青年是一支歌,朝气蓬勃,优美动听(激越豪壮,催人奋进)。

15.西子湖的绿,绿得幽深,绿得潇洒,绿得充满活力。

16.白色是天真,纯洁无瑕;蓝色是宁静,深沉幽雅(或者:黑色是沉重,冷漠无声;紫色是神秘,深邃悠远)(要求填写至少两个句子)

17.它们不是鱼群,而是会喷射的火焰山。

它们不是鱼群,而是会闪光的水母群。

它们不是鱼群,而是会升降的潜水艇。

18.友谊是温暖怡人的阳光,让人倍感温暖。

友谊是涓涓的细流,可以滋润荒漠的心田。

友谊是激昂的号角,可以鼓舞奋进的斗志。

19.落叶是秋天的叹息,飞雪是冬天的舞步。

20.成功道路上的一位良师,热情地将你引向阳光的地带。

第三节 扩写语句、压缩语段

训练1

1.①就像我们为了清洁,为了去掉灰尘,天天洗脸,天天扫地一样

②就像我们为了攀登上更高的山峰,除了为自己鼓劲外,还必须学会时时倒掉"鞋里的小沙粒"一样

2.①她那婉转的歌声,如同黄莺的啼鸣一般,打动了我的心。(因为"婉转的歌声"与"燃烧的火焰"无法搭配)

②她那激越的歌声,如同燃烧的火焰,打动了我的心。(因为"激越的歌声"与"燃烧的火焰"能够搭配)

3.①(这温馨能)取代一切恶浊与卑劣,(这光明能)驱散心灵里的一切阴暗与悲观

②(这温馨能)荡涤人世间的一切丑陋和卑鄙,(这光明能)照亮心底里的一切卑微与怯懦

4.情景一:讲台前,站立着我崇敬的老师。真愿意永远与老师的那双眼睛对望。因为在那双眼睛里,燃烧着对生活的深刻理解,闪烁着知识与智慧的光辉。在那双眼睛里,我看得见对我的哪怕是很小的一点进步的肯定,也看得见我偶然犯下过错的宽容。和这样的眼睛对望,即使是在雨天,我也会感到头顶上的天空,永远是蓝的!

情景二:就要走了,曾经围绕着老师飞来飞去的小鸟们,就要远走高飞了。一瞬间,我们的眼睛都湿了。透过泪雾,再一次与老师那深情的眼睛对望在了一起。我猛然发现老师那炯炯有神的眼睛里,竟有着太多的疲累,太多的牵挂。这可是我从来也没有发现过的呀!望着望着,我不由得哽咽了起来:老师,对不起!只因为那时的我,对知识的攫取,过于贪婪,竟没有想过,您也不是钢铁铸成的!

5.①如一泓清澈的泉水,流入她们寂寞的心田,使她们感到滋润于欢愉。

②如一阵温馨的清风,温抚她们燥热的脸庞,使她们感到凉爽和轻松。

6.把我们的理想也叫醒了,把我们的希望也叫醒了,引导着我们走向曙光,走进新的一天。

7.如果你是一株小草,就洒下一点新绿;如果你是一只雄鹰,就化作一道箭影;如果你是一只蜜蜂,就酿造一份甜蜜——让我们共同创造明天的辉煌。

8.月,升起在大江面上,溶溶的月光,似金又似银,平铺在波平如镜的江面之上,仿佛一条梦幻铺就的甬道,诱引着游人,走上去,走进那离人似乎只有几尺之遥的月宫中去。

训练2

9.作者要锤炼自己的语言。

10.环境污染已到临界点,渤海将成为第二个死海。

11.运行平稳安静,成本低,适合短途(城郊)快速运输。

12."咖啡因"导致或降低心脏病发作的危险,取决于两种相反的遗传特点。

13.弯急路陡,谨慎驾驶。

14.竞赛并不适合所有学科。

15.人们所消费的,不是商品的使用价值,而是它们的象征意义。("使用价值""象征意义"为答案的关键词)

第二部分 文学常识

第二章 文学常识讲练

训练1

1.B 2.B 3.C 4.B 5.A 6.C 7.B 8.B

9.B 10.C 11.D 12.D

训练2

13.D 14.C 15.D 16.B 17.C 18.D 19.D

20.C 21.B 22.C 23.D 24.C

第三部分 文言文阅读

第一章 文言文考点讲练

第一节 文言实词

训练1

1.B 2.C 3.A 4.D 5.C 6.C 7.B 8.D

9.A 10.D

训练2

11.D 12.A 13.D 14.B 15.A 16.B 17.D

18.A 19.D 20.C

第二节　文言虚词

训练1

1.A 2.C 3.D 4.C 5.B 6.D 7.A 8.A

9.C 10.C

训练2

11.D 12.A 13.D 14.C 15.B 16.B 17.B

18.A 19.B 20.C

第三节　文言句式与词类活用

训练1

1.B 2.A 3.B 4.C 5.B 6.D 7.A 8.D

9.D 10.B

训练2

11.D 12.A 13.C 14.C 15.B 16.A 17.C

18.B 19.A 20.D

第四节　文言翻译与阅读

一、1.D

2.别人都受不了那种苦生活,他却自得其乐,孔子也觉得他贤能。

二、1.B

2.(我)听说你很正直,今天才看到,所以给你赏赐。你应该保持这份正直的品行,不要改变啊。

三、1.D

2.臣听说只有国君仁德,臣子才可能正直。刚才任座言辞正直,我才得以知道。

四、1.D

2.必须让(他)做这件事情时有余力,然后才不会被这件事所困扰。

五、1.C

2.我怎么知道次山你将来不会说圆滑的话、做圆滑的事,一辈子都圆滑呢?

六、1.C

2.沿山的居民果然大乱,(纷纷)向内迁徙,有的被强盗掠夺(抢掠)。

七、1.A

2.孝基慢慢观察他,知道他能改过自新,不会像以前那样。

八、1.B

2.医生把多年的船舵把手放在栀工手出冷汗

的地方,刮成末、掺和丹砂、茯神这一类东西,栀工喝了这药就痊愈了。

第二章　文言文整体阅读

一、1.C 2.D 3.C

4.现在,我是以精神去接触(牛)而不用眼睛去看,(我的)视觉停止了而精神在活动。

二、1.C 2.D 3.A

4.我们没有去想到它罢了,哪是什么遥远的事呢!

三、1.C 2.D 3.D

4.道同严厉地说:"您是大臣,怎么能受小人的指使呢!"朱亮祖不能使他屈服。

四、1.C 2.C 3.D

4.用槌击着鼓快速前进,很快就遭遇了大风浪,他就四下张望吓破了胆,桨也掉了,舵也失去操控了。

五、1.D 2.C 3.C

4.吕将军功名一天天显扬,不可以用原来的态度对待他。

六、1.B 2.B 3.A

4.就凭我一个平民,手提三尺之剑,最终取得天下,这不是由于天命吗?人的命运决定于上天,纵然你是扁鹊,又有什么用处呢!

七、1.C 2.B 3.A

4.可是作为老百姓的领导人而不与民同乐也是不对的。

八、1.B 2.D 3.B

4.(我)从老远的地方来看望你,你却让我离开,败坏道义而求得生存,这难道是我荀巨伯应该做的吗?

第四部分　古诗词鉴赏

第一章　古诗词考点讲练

第一节　诗歌的内容理解

训练1

1.首联写自己晚年"万事不关心"的情况,中间两联写自己回归自然、融入自然的情景,尾联含蓄的指出,人生穷通的道理,就在于归隐。

2."醒醒"原意指肮脏污秽,品行卑劣或气量狭小等意思,第一句意思是以前失意落魄的处境就不值得再谈了,因此在本诗中"龌龊"指处境不如意,思想上拘谨局促。"放荡"原指任意妄为,行为不检点。这里是说金榜题名后心花怒放、自由称心的样子,因此本诗中的"放荡"指自由自在,无拘无束。

3.本诗是一首投赠诗,诗歌的三四两句表面上是写新娘子羞涩低声询问夫婿打扮是否合适,能否讨得公婆欢心。实际上是表达自己作为一名应试举子,在面临关系到自己政治前途的一场考试时所特有的不安和期待。

4.一至四句写五月的天山不见鲜花不见春色,只有大雪和思乡的《杨柳曲》,极力描写了边地苦寒的环境;五六句描写将士们苦战的情景;时间紧凑,战斗生活紧张。后两句直接抒情,表达为国立功的豪情壮志。

5.不是厌烦。因为那离别之曲,搅动乡愁,实在是叫人想听又怕听,无尽的思乡之情让人欲罢不能。

训练2

6.诗歌描写了渔童行舟过江,以伞作帆,张伞使风的情景,为我们塑造了两个无忧无虑、充满童趣和奇思妙想的小童形象,表现了诗人对儿童的喜爱和赞赏之情。

7.诗歌一、二句描写了兰花的成长环境。在山岩的顶处,长在突出的岩石和岩峰中,香气四溢、浓郁芬芳。诗人通过描写兰花生长环境的艰险,突出了兰花卓尔不群、脱俗高雅的高贵品质。

8.四月的乡村一派欣欣向荣的景象,草木茂盛,烟雨迷蒙,杜鹃声声,农忙正盛,动静结合,描绘了一幅江南农村初夏时节生机盎然的画面。

9.诗中通过一组精彩的特写镜头描写了将军狩猎的壮观场面,运用侧面烘托和用典的手法,一方面勾勒出一位英姿飒爽豪情万丈的射雕英雄,另一方面也表达了诗人豪迈的情怀。从而刻画了姿态英武、动作灵巧敏捷、斗志昂扬的射雕英雄形象。

10.本词寓静于动、情景交融,生动形象地描绘了一幅优美如画、恬静自然的夏日山村夜景图。明月、清风、稻香、蛙声交融在一起,词人不仅描绘了一幅优美醉人的乡间画卷,也表达了他对丰收所怀有的喜悦之情以及对农村生活的热爱之情。

第二节　诗歌的思想感情

训练1

1.这首诗一、二句抒写了诗人思念家人、渴望

与家人团圆的思想感情以及思念不得的悠悠愁绪。"北雁"南归,"归梦"梦回萦绕,"私书""难分"将诗人思家与难以实现的情感表露无遗。诗歌最后两句的景色描写也烘托出难以团聚的愁绪。

2.这首诗通过写梨花盛开抒发了诗人感叹春光易逝,人生短促的愁情,也抒发了诗人淡看人生,从失意中得到解脱的思想感情。开头两句写出了柳色深青柳絮飞舞、梨花淡白盛开的情景,烘托出春意之浓。第三句中的"惆怅"是全诗的诗眼。作者由花开花谢,春光易逝,想到人生短暂,年华似水,发出"人生看得几清明"的感慨。"惆怅"一词包含了作者对生命短促的感慨,而如雪的梨花也正是诗人清廉洁白,正道直行的象征。

3."绿树无人昼梦余",可知新晴后,诗人在无人打扰的情况下,在白天恬然入梦;而后面的"唯有南风旧相识,偷开门户又翻书",运用拟人的手法把南风写得情趣实足,饶有风趣,进一步烘托了作者久雨初晴后的闲适、清静、愉悦的心情。

4.①惜春之情。杏花开放了,带来春天的消息,却无蜂蝶采赏,只能自开自落;自己行色匆匆,更无法等到花朵开尽。②流离之苦(或:身世之叹)。诗人飘零在外,纵逢赏心悦目之景也难停留;杏花独自盛开于早春,无蝶欣赏,正是诗人孤独寂寞的写照。③故国之思。诗人由眼前鲜艳的杏花联想到当年在京城看到的千万树杏花盛开的绚丽景象,这幅长安杏花图代表着作者深情怀念着的长安生活,与今日的流离在外形成对比,说明诗人虽然落魄飘零,却依然心系朝廷,点出了自己的愁怀所在。

5.春到横塘,绿满平川,石桥依旧横卧,朱塔依然屹立,可是诗人却要与友人分别了。"依然"一词,以景物的不变反衬出人事的变化,流露出依依难舍、留恋难分的情味。

训练2

6.这位女主人公索性端着漂亮的瓷盆到清池边玩水,水花散溅到荷叶上,像珍珠那样圆润晶亮,真切地展示了这位少女喜悦、兴奋的心情。

7.全诗抒发了诗人对忠君爱国但报国无门的屈原的爱慕、缅怀之情,又抒发了自己怀才不遇、壮志难酬的悲伤愁苦之情。

8.这首诗抒发了词人由于金兵入侵、中原沦陷,而被迫辞乡去国、漂泊江南的离愁别绪。词中"江南客"与"去国人"点明了词人漂泊江南的游子身份,"旅雁孤云"点出词人因金兵入侵被迫离乡的

孤独愁苦。全词有"泪"有"愁",漂泊他乡的离愁别绪充斥字里行间。

9.反衬的手法。以人(动物)皆有所归,反衬自己独无所归;以人皆归得及时、亲切、惬意,反衬自己归隐太迟,以及自己混迹官场的孤单、苦闷。诗人借此以抒发自己归隐田园的心情。

10.这首诗描写的是离群独飞、思念同伴的孤独凄苦、热烈执着的大雁形象。诗歌通过孤雁表达了诗人对战乱中颠沛流离的亲人和朋友的思念之情,对漂泊生涯的苍凉感慨,以及不坠青云之志的高远追求和执着精神。

第三节 诗歌的表达技巧

训练1

1.本诗运用了对比手法。昔日霓裳羽衣,歌舞升平;今朝杂树丛生,宫殿荒凉。通过今昔(或时间)对比,咏史抒怀,感叹王朝兴衰,突出统治者荒淫误国的主旨。

2.本诗运用了虚实相生的手法。"钓罢归来不系船,江村月落正堪眠"是写实,写出了渔翁夜钓归来时的情景。"纵然一夜风吹去,只在芦花浅水边"是诗人的想象之景,即使小船被风吹走,也只会停留在芦花浅水边上,这种想象的虚景与上文的实景相互呼应,使诗人悠闲随性的生活态度得以凸显。

3.第一句"二月江南花满枝"描绘江南二月繁华的美好景象,与第二句"他乡寒食远堪悲"形成反衬,鲜明地写出诗人寒食节远在他乡悲苦孤寂之状,以乐衬哀,凸显"堪悲"之情。

4.运用拟人和反衬手法。写"庭树不知人去尽",依然繁花盛开,用乐景反衬哀情,形象生动地表达了诗人凭吊古人的伤痛之情。

5.诗歌三、四句采用了情景交融的手法。诗人借望月写怀远,将女子的相思之情与秋夜之月结合起来,间接地抒发了女子寂寞惆怅的心情,也从侧面烘托了该女子思念之情的纯洁、深远、坚贞,深化了诗歌的主题。

训练2

6.此诗在形式上采用了白描手法描写蝴蝶在风中、花中的飞舞的情况,同时运用了衬托手法,以及动态描写和静态描写相结合的方法将蝴蝶飞舞的姿态描写得十分形象和逼真。借以抒发自己徒负才华,只能追随他人,仕途起起伏伏,不能为人赏识、施展才能的感慨。

7.①借代,如"烟尘"代边境战争,与后文"鼓角"相应,从视角和听觉两方面突出了战争的紧张,渲染了时局的艰危。②用典,如"请缨",典出《汉书·终军传》,在诗句中暗示朝中无人为国分忧,借以表达诗人对国事的深深忧虑。③对比,如朝廷之臣无人请缨与江湖之士的作者"敢爱死"对比。

8.诗歌的最后两句运用了对照(或对比)的写作手法。作者将城里愁风畏雨的桃李,与山间溪头迎春开放的荠菜花相对照,借景抒情,表达了他解官归居后鄙弃城市官场,热爱田园生活的感情,题为"代人赋",实则为己赋,采用代人填词的形式,以荠菜花自况,效果独特。

9.本词通过对比、反衬的手法表达词人情感。词的上阕写初春的景色及词人的感受,是为下阕抒发思乡的悲情作反衬。"忘了除非醉"则直抒胸臆,说明这种思乡之情只有在醉时才能忘却。

10.这首诗运用了对比和以乐景写哀情的手法。诗歌前三句极力渲染月宫昔日的繁华,结尾聚焦在今日荒凉的遗址上,以强烈的反差抒写了姑苏今日的荒凉,通过昔盛今衰的对比,表达了作者对人事变化、盛衰无常的感慨。

第二章 古诗词整体鉴赏

训练1

1.(1)"弄"字用拟人的手法,表现了"山光物态"在春日中所呈现出的勃勃生机,赋予万物以活跃而又和谐的情态和意趣。

(2)诗歌先以"山光物态弄春晖"的实写,从整体入手,渲染出春山满目生机、引人入胜的意境,再以"入云深处亦沾衣"的虚写,引导人们去想象云卷雾绕的深山奇景,虚景与实景相互生发,渲染出极富诗意的意境。

2.(1)梅子、芭蕉、柳花。

(2)闲。闲居的诗人,在初夏长长的午睡之后,内心无所牵绊,在绿荫环抱的庭院,悠闲地看着儿童捕捉戏玩空中飘飞的柳絮,心情格外舒畅。诗中用一个"闲"字,不仅把诗人心中的那份恬静闲适和对乡村生活的喜爱之情淋漓尽致地表现了出来,而且非常巧妙地呼应了诗题。

3.(1)诗歌中的"灯"是思念之灯,通过冬至佳节的反衬,抱膝细节的刻画,以及三四句想象手法的使用,可以看出,此"灯"的意象表现了诗人旅途漂泊中的凄清怅惘和孤寂思家之情。

（2）本诗采用想象（悬想），不以自己直写，反以想象家人思念自己来描写思家之情。诗人思念家人，却没有直接表示，而是转而描写冬至夜深时分，家人围坐在灯前，谈论着自己这个远行之人，通过一幅想象的画面表达自己的"思家"之情，读来更能打动人心。

4.（1）诗歌的一、二句写景，描绘了皎洁的月光下远近起伏不断的捣衣声，表现了冬寒将近，家家户户为戍边的亲人准备寒衣的情景，为后面的玉关情作了解释，并为全诗描写环境渲染了气氛。

（2）第二联是借景抒情，以阵阵不息的秋风写出了思妇的思念之情，表达出思念之情就像习习的秋风一样，永不停息。第三联是直抒胸臆，直接表达了思妇的心情。

5.（1）这首抒发了作者忧国伤时，念家悲己的思想感情以及对亲人的思念之情。

（2）例一："破"字用得好。一个"破"字，写出了国都沦陷，城池残破的景象，使人触目惊心。

例二："深"字用得好。一个"深"字，写出了乱草遍地，林木苍苍的景象，令人满目凄然。

训练 2

6.（1）"一朝被谗言，二桃杀三士"两句包含了诗人对三士的同情和惋惜，也包含了对主谋者的谴责。

（2）诗中两次用了设问句。第一次"问是谁家墓"，明知故问，是为了突出所咏对象。答曰："田疆古冶子"，这是以两人之名代三人之名，其中包括公孙接。第二次"谁能为此谋"。答曰"国相齐晏子"。诗中两用问答句式，都处在诗的关键处，既起醒目作用，又使文气免于平实。

7.（1）前四句所写之景虽然雄浑开阔，但雄浑开阔中流露出淡淡的孤寂，景色的阔大，正可以反衬出诗人内心的孤独与凄凉。

（2）塑造了一个孤独寂寞，漂泊异乡，苍老多病，穷愁潦倒的诗人形象。

8.（1）幽深古朴（或幽僻淡远等）。反映了诗人对淳朴自然（或清瘦闲逸等）情趣的喜爱之情。

（2）"惟"有"只"的意思。作者用了一个"惟"字表达自己对张提举园池的最深印象。"惟觉"画堂"之"深"，巧妙地强化了自己对山林野趣的追求。

9.（1）词的上片描写了一幅优美、幽僻而恬静的环境。

（2）借物抒情。词的最后两句将咏物、拟人与自寓完美结合。作者巧妙地将荷花开放与凋谢的时节与它的生性品质、遭遇命运联系起来，一方面表现出美人、君子不愿趋时媚俗的品质，同时又显示出他们年华虚度、抑郁不得志的悲哀。

10.（1）本词塑造了一个天真活泼、憨态可掬而又不失勇敢的少女形象。

（2）采用了拟人和比喻的手法。形象生动地写出了春天早上露水还未散去，花朵还未绽放的情景，同时以花喻人，形象地勾勒出一个少女荡完秋千后的娇美神态。

第五部分　现代文阅读

第二章　现代文阅读讲练

第一节　散文的阅读

一、1.城里的月光暗淡、短暂、呆板（没有神采）、稀少。

2.作者将视觉上的月光写成听觉上的，化静为动，"叮叮当当"生动形象地写出了月光的轻盈灵动，"哗啦哗啦"生动形象地写出了月光一泻千里的情态。

3.C

二、4.①父母亲族的爱；②家乡的山水草木；③悲欢离合的家史；④邻里乡情。

5.①把乡土情结提高到民族凝聚力的高度来认识，丰富并深化了乡土情结的内涵。②具体说明乡土情结不因时间的悠远（历史）和空间的阻隔（地理）而褪色。③既照应了前文，也使本文的主题得到深化。

6.A

三、7.吃惊是因为时间飞逝，没几天便是立秋了；怅然是因为秋天是收获的季节，自己却两手空空。

8.反衬玉簪花的生命力强。

9.C

四、10.欧阳修的"醉意"，是一种不会诱人避世沉沦，反而催人醒世勃发，醉于山水却能与民同苦、与民同乐的境界。

11.对静默的雕梁玉砌、皇家的亭台楼阁、阴沉天气的景物描写，渲染了气氛，衬托了人物忧伤的感情。使文章所表之情、所达之意更具艺术美，更耐人寻味。

12.D

五、13.①无法言说有多少事物让"我"感动；②无法言说感动的原因。

14.欣赏美，热爱春天。（或欣赏美好事物，内心充满对春天的热爱。）

15.B

第二节　小说的阅读

一、1.①勾画出一个衣着言行与众不同、令人发笑的人物形象；②为后文即将发生的幽默、可笑的故事作铺垫；③引发读者的阅读兴趣。

2.①颐指气使，目中无人，缺乏公德；②斤斤计较，爱占小便宜，自私自利；③不讲卫生，不顾他人感受，趣味低下。

3.B

二、4.既指父亲与"我"一起走夜路，也指父亲通过夜间同行帮助"我"成长。

5."父亲"是一个用恰当的话语教导和默默的行动帮助，科学理智地教育关爱孩子的人。

6.A

三、7.①反衬瓦萨卡心情烦闷，处境凄凉。②照应标题（或渲染氛围）

8.心动——紧张——惊恐——慌乱——失望——轻松

9.C

四、10.雨是全文的线索，贯穿全文始终；雨是悲剧的起因；雨是泪水和痛苦的象征；雨营造出笼罩全文的阴冷凄凉的氛围。

11.把樱子比喻成蝴蝶，一是蝴蝶是美的象征，樱子长得像蝴蝶一样的美；二是樱子的生命像蝴蝶那么短暂，蝴蝶的生命虽然结束了，但它将永远活在"我"的心里。

12.D

五、13.①烘托了会议室里的沉闷的气氛；②为人物活动提供了背景，有助于塑造严副科长和甄局长等人的形象。

14.表明他已意识到了单位里存在着对上司阿谀逢迎、拍马抬轿的恶劣作风。

15.C

六、16.因为贫穷，部落和堂兄都不可能买到白马，这让我觉得疑惑，不知道马是从哪里来的。

17.①穆拉德对马的痴迷到了狂热的程度，竟然不顾部落诚实的美誉，长时间私藏（偷）约翰·拜

伦家的马。②穆拉德仅仅因为知道我非常渴望骑马，竟然在凌晨四点敲窗叫醒我，约我骑马，并连续几个星期都陪我骑马。③约翰·拜伦来穆拉德家做客时，穆拉德得知马主人在寻马，仍然不还马。④穆拉德和我在牵马回去的路上，碰到约翰·拜伦，穆拉德还是不承认私藏了约翰·拜伦的马。（概括出其中三点，言之成理即可）

18.B

第三节　说明文阅读

一、1.逻辑顺序。本文按照这种顺序依次说明了击退红潮的原因、方法及科学原理，用超声波消除红潮的优势和不足。由因到果，由表及里，条理清晰。

2.打比方。形象生动地说明了藻类能够依靠气泡的浮力漂浮在水面上的特点，便于读者理解。

3.B

二、4.VR，意为虚拟现实，是利用计算机图形系统和各种接口设备生成可交互的、提供沉浸感觉的三维世界的新兴技术。

5.VR 的定义；VR 的应用系统；VR 应用领域。

6.B

第四节　议论文阅读

一、1.(1)"粗劣的土布"比喻水平低劣的作品；"用金线绣花"比喻硬用警句。

(2)这句话形象地指出了不善读书者只重警句的错误，与上文构成对比，突出了"善读者并不在意是否有警句"的观点。

2.例：《春》的语言生动形象，充分展现了春天的美好景象（表达了作者对春天的热爱）；《背影》的语言朴素平实，具体描写了父亲送别儿子的感人情景（抒发了真切的父子之情）。

3.B

二、4.著名历史学家顾颉刚常常手不释卷，有时在排队打饭或候车的喧嚣环境中还津津有味地阅读《尚书》。艾思奇在日本求学期间，课余时间别的同学常常唱歌跳舞，而他却一个人埋头读书，仿佛周围的一切都不存在似的。毛泽东在湖南第一师范学校求学时，特意到长沙街头的菜市场读书，身边人来人往、嘈杂不堪，他始终不为所动。

5.这句话是说心态随着境遇的变化而改变的人是凡夫俗子；心态不受境遇影响，甚至能改变境遇的人，就是圣贤。运用对比手法，强调要把握读

书的境遇,力求境随心转。应该驾驭环境,用于读书;而不是被环境左右,影响读书。

6.C

第六部分 写 作

第一章 记叙文写作

1.【写作提示】这是一则比喻式的材料,是用橘子和对待不同橘子的态度来比喻人生。有两个方面的提示必须抓住:一是"如果拿橘子来比喻人生"这句话,就是指用橘子来说人生,人生有顺利有坎坷,有挫折有失败,有如意有不如意,常言说"人生不如意事常八九";另一提示是"一些人"会"抱怨酸""抱怨小",而"我""庆幸它是甜的""感谢它是大的",两种态度形成了鲜明的对比。两个方面的提示一结合,中心寓意就出来了:人生状况不同是客观存在的、无法改变的,要想活得轻松快乐,只能改变自己的人生态度。本题参考立意有:①心态决定人生。②任何事情都有利弊,积极的人生是多看利,少看弊。本题要求写记叙文,所以要围绕关于好坏"心态"的人和事来写,突出文体特征。

2.【写作提示】题目中"我的"这一限定性词语限制了文章必须要写自己,规定了叙述人称是第一人称,要写自己的亲身经历和感受。"舞台"有两层含义:一是真实的舞台,即提供演出的平台;二是它的引申义,即展露身手,展示才华的地方。写的时候要善于发掘自身长处,思考生活内涵,探寻生命价值,展现属于自己"舞台"的丰富、深刻的内涵。

3.【写作提示】这是一个填充式话题作文,先要把话题补充完整。补充的过程就是选择的过程,要"学会"的对象,材料已经列举了几种,我们还可以自己另外选择,但要符合"在生活中学会做人"这个总话题。本题参考立意有:①学会理解、忍让和宽容,这些都是在和别人发生矛盾时我们需要的品质。②学会关心、怜悯和帮助,这些都是在别人遇到困难时我们需要的品质。

4.【写作提示】这是一道以歌词为材料的作文,歌词用语往往生动含蓄,而作为作文材料的歌词,又往往具有哲理气息,内涵丰富。因此,把歌词的内涵解读出来是关键。通过分析,这段歌词的核心短语是"路在脚下",而"春夏秋冬""酸甜苦辣"可以理解为平地坦途或荆棘坎坷。也就是说,人生中,有风雨,也有晴天;有一帆风顺的时候,也有遭遇不

顺的时候。路在脚下,摆好心态,迎来的将是更美好的前程。按照此思路作文,写出的文章才会扣题,且有深意。

5.【写作提示】有人视学习知识、游历山川为乐趣,也有人视追求物质、获取利益为趣,前者则高雅乐观,后者则失去了纯朴的心境,非但无趣可言,甚至以至丧失人性。所选内容最好能展示当代中学生精神风貌,否则主题容易出现失误。要写出新意丛生的好文章,可从两方面努力:一、挖掘美丽清纯的精神源泉。情趣是一种品位,也是一种气度。人有情趣,会招人喜欢;文有情趣,也就具备了获得高分的基础。命题者标举一个"趣"字,其实就是要倡导人的身心高尚,回归人的美好本性。二、状写美丽动人的幸福感受,这是文章出彩的一个重要方面,我们可以调动动作、心理、肖像等描写手段,学会运用比喻、排比等修辞,将自己对某项活动、特长的喜爱,写得细腻逼真、淋漓尽致、活灵活现。

6.【写作提示】从这两句名言里提炼出的关键词是"飞翔","飞翔"即是我们审题立意的关键词。"即使翅膀折了,心也要飞翔","永远不要失去想飞的心",由此可见,这里的翅膀更多指的是无形的翅膀,一切可以助我们"飞翔",飞得高飞得远的好的品性、习惯、爱好等,都可以成为我们的翅膀,使其成为一股强大的精神力量来支撑渴望飞翔的内心。写作时,多问几个为什么,放飞自己的想象。

第二章 说明文写作

1.【写作提示】每个人的小房间都是自己独有的小天地,以"我的房间"为题,比较容易写出个性。在构思行文中最好运用空间顺序来介绍说明,并可适当运用描写来透露"我"对自己"房间"的喜爱。

2.【写作提示】本题要求根据已有的知识沉淀来展开作文,可见以"知"明人是作文的主要目的。因此,本题要以说明为主,可按照时间顺序介绍"笔"的发展历史,也可按照逻辑顺序选取一种熟悉的笔种,从多个角度来加以介绍。

3.【写作提示】民间艺术是劳动者为满足自己的生活和审美需求而创造的艺术,包括民间工艺美术、民间音乐、民间舞蹈和戏曲等多种艺术形式。它们带有浓郁的地方特色和民族风格,与生活密切相关。而从功能上看,民间艺术包括侧重欣赏性和精神愉悦的民间美术作品,也包括侧重实用性和使用功能的器物和装饰品。本题要求选取一种民间

艺术展开作文，以说明为主，可以介绍它的工艺流程等。

4.【写作提示】这是以事物名称为话题的作文，完全可以写成说明文。调动自己的生活积累，就你观察到的雪花的形状、成因等加以说明，可以采用恰当的说明方法和生动的语言，让读者在轻松活泼的氛围中学习了解有关"雪"的知识。

5.【写作提示】选取一种自己喜欢且比较了解的花，运用多种说明方法，从花的生长环境、形态特征、主要价值等方面进行作文即可，能托物言志更好。

第三章　应用文写作

1.【写作提示】在写通讯时，要将事件表述清楚，要及时、准确地报道此次誓师大会中有意义的人和事。此外，还要注意通讯的格式，用语清晰而准确，态度立场要鲜明，不要过多的议论抒情。

2.【写作提示】此篇短评要求考生针对社会上出现的"低头族"现象发表评论，与我们的生活十分贴近。在写短评时，考生首先要搭建出文章的逻辑框架，层层递进地分析问题，发表自己的评议。一题一议，则能成为佳作。

3.【写作提示】考题要求总结的是三年的中职生活；那么在写作的时候，主体部分既可以采用横式结构，从学习、思想、生活等多个角度展开；也可以采用纵式结构，从时间的角度着手。

4.【写作提示】考题要求的是以全班同学的名义向全校发起倡议，那么在写作的时候一定要注意倡议的范围；其次，在写倡议书的具体内容时，分条开列，这样写往往清晰明确，一目了然。

第四章　议论文写作

1.【写作提示】这是一道"材料＋话题"式作文

题，生僻字歌的走红，彰显了汉字文化的魅力与博大精深。话题前的提示性材料与话题"中国的汉字"的指向性一致，因此，围绕关键词"汉字"与"文化"来行文就可以了。

2.【写作提示】这是一道诗歌类材料作文题，诗歌的语言生动形象，含蓄深刻，跳跃性强，因此要善于抓住诗歌中的意象，明确寓意，善于联想，透过现象看到本质。看星星由远及近反映的是认识论中表象和本质的关系问题。由此，我们可以从这样四个角度来思考：一是从"近观"的角度来认识，可以写近观发现本质，要脚踏实地，深入地看问题；二是从"远看"的角度来审视，可以写距离产生美，人应该怀有梦想；三是将"近观"和"远看"结合起来分析，可以写理想与观察，梦想与现实，我们不能一味地沉浸于自己的幻想之中，但也不能让自由飞翔的思想湮没在无情的现实里；四是用唯物辩证法的观点来看，应辩证地对待"仰望"和"近观"。然后我们再想"星星"这一意象的象征意义，因为人们常常把自己喜欢的或向往的东西比喻成"星星"，它美妙至极，无与伦比。正是这种强烈的喜爱之情使人们放弃了冷静的思考，使自己的眼睛被假象和情感所蒙蔽，从而犯了一些不应该犯的错误。结合"星星"的象征意义去立意，也是一个不错的角度。

3.【写作提示】这是一道寓言性材料作文题，最能揭示寓意的关键句为最后一句：钓鱼重要的不在"钓竿"，而在"钓技"。老人与小孩的对话告诉我们：能够吃到鱼，有没有钓竿不重要，掌握钓鱼的技巧最重要。结合现实生活，"能吃到鱼"即能够生存乃至较好地生活，"钓竿"即帮助自己更好生存和生活的一些外在因素或条件，"钓技"即能够让自己生存乃至较好生活的技能本领。因此，围绕技能相对于人生的重要性来展开作文即可。